本书受到昆明市哲学社会科学学术著作出版专项经费资助

 鼓楼史学丛书·区域与社会研究系列

阳正伟 著

"小人"的轨迹：
"阉党"与晚明政治

中国社会科学出版社

图书在版编目（CIP）数据

"小人"的轨迹："阉党"与晚明政治/阳正伟著 . —北京：中国社会科学出版社，2016.8（2017.9 重印）

ISBN 978-7-5161-8724-1

Ⅰ.①小… Ⅱ.①阳… Ⅲ.①宦官—研究—中国—晚明 Ⅳ.①D691

中国版本图书馆 CIP 数据核字（2016）第 182724 号

出 版 人	赵剑英	
责任编辑	宋燕鹏	
责任校对	董晓月	
责任印制	李寡寡	

出　版	中国社会科学出版社	
社　址	北京鼓楼西大街甲 158 号	
邮　编	100720	
网　址	http://www.csspw.cn	
发 行 部	010-84083685	
门 市 部	010-84029450	
经　销	新华书店及其他书店	
印　刷	北京明恒达印务有限公司	
装　订	廊坊市广阳区广增装订厂	
版　次	2016 年 8 月第 1 版	
印　次	2017 年 9 月第 2 次印刷	
开　本	710×1000　1/16	
印　张	17.5	
插　页	2	
字　数	287 千字	
定　价	65.00 元	

凡购买中国社会科学出版社图书，如有质量问题请与本社营销中心联系调换
电话：010-84083683
版权所有　侵权必究

序

阳正伟君，2006年考入南京大学历史系，从事明清史方向的研究，撰写了较为优秀的硕士学位论文《善恶忠奸任评说——马士英政治行迹研究》，2013年其论文正式出版。他对马士英重新评价，认为马士英不是"奸臣"，而顶多只是"骑墙者"。获得硕士学位后，正伟君百尺竿头，更进一步，考为博士生，继续从事晚明政治史的研究。在前番研究的基础上，他精心修改充实博士学位论文，最近又推出新著《"小人"的轨迹："阉党"与晚明政治》。全书多所考辨，以崇祯二年的"钦定逆案"为线索，先弄清阉党入案原由，然后探讨阉党的形成及相关政治活动，认为"东林总体上或许要优于阉党，但也并非毫无瑕疵"，"东林为了私利，也会抛却公义"，进而说"这些也是我对其难以产生好感的原因所在"，因为，"东林的阵营、行事均非纯忠，说他们成员龙蛇混杂，在不少事情上是公义与私心夹杂，或许更为客观；以东林的是非为是非，先入为主以东林为'忠臣'，反对者则为'奸臣'，是有失公允的"。他认为："本书立论都力求依据史料考据与事理推断，不同于以往褒东林贬阉党的基调，而是对东林有较多批评，为阉党说了些'好话'。"正伟君憨厚朴实，勤于思考，时有心得，本人忝为他的博士生导师，于他的晚明政治史事研究，未能有所指点，而承他信任，现在先期通读全书，看到他敢于创新立新，在学业上不断有所收获，倍感高兴。此书也确如作者所自诩的那样，搜集了诸多第一手材料，凭借史料分析推断，故全书基础牢靠，殊少凿空之言，持论也切合晚明时势，较为客观，一定程度上推进了晚明史尤其是晚明政治史的研究。

近年来，随着明史研究尤其是明清社会经济研究的不断深入，晚明研究似又重放光彩，鸿篇巨制源源推出，有谓晚明社会转型的，有谓晚明社会变迁的，有谓社会转型与文化变迁的，有谓晚明大变局的，更有高度评价晚明的。毫无疑问，晚明社会发生了明显变化，这种变化在中国历史的进程中有着极为重要而突出的地位。从这个意义上说，进一步探讨晚明时代变迁中的人物群像，看看时代活动者在变迁的时代是如何活动的，他们的活动又对那个时代的变化产生了哪些影响，在那个时代的盛衰过程中占有什么样的分量，换句话说，他们应该担负什么样的时代和历史责任？阳正伟的《"小人"的轨迹："阉党"与晚明政治》一书，全面展示阉党及其对立面的众生相，无疑为我们认识晚明、评价晚明提供了历史活动者和创造者方面的丰富内容。

　　说到晚明，说到对晚明人物的评价，正伟君对东林多所批评，而为阉党说了些"好话"。其实明末清初的人，包括东林遗孤、东林后人，痛定思痛，即对东林有所批评指正。如夏允彝说东林与非东林一样，"疑其异己，必操戈攻之"，"异己者虽清必驱除，附己者虽秽多容纳"，"东林中亦有败类，攻东林者间亦有清操独立之人"（夏允彝《幸存录》"门户大略"条）；吴暄山所谓"南党固多小人，东林岂尽君子"（史惇《恸余杂记》"东林缘起"条）；清初《明史》撰稿者朱彝尊所谓"究之东林多君子，而不皆君子，异乎东林者不皆小人"（朱彝尊《曝书亭集》卷32《史馆上总裁书》）。诸如此类，持论为人习见。然则夏允彝还有话："其领袖之人殆天渊也。"当局者迷，旁观者清，经过了四百年左右，我们似乎可以更加超脱、平允、客观地来评价晚明时代的众生相了。东林不皆君子，但毕竟多君子，异乎东林者不皆小人，但毕竟多小人。如果我们硬要对晚明人物群体分类贴标签的话，东林的人品风节，总体而言，优于非东林及阉党，殆可断言。此外，我们评价东林与非东林各色人群，似乎应将其领袖人物、主体骨干与一般人员分开，前期和后期分开，群体与个别分开。如果各打五十大板，不分早期晚期，不分主要骨干还是附丽之徒，恐怕无益于真正认识晚明社会。

　　明末清初人费密说，"论事必本于人情，议人必兼之时势"，今人钱锺书先生说，"追叙真人实事，务要遥体人情，悬想事势，设身处地，揣摩忖度，庶几入情入理"。说到对晚明人物的评价，说到晚明人物的历史责任，也许这是本论题主旨所在，正伟此书殊少涉及晚明诸位皇帝。在我看来，明朝之亡国，东林与非东林，正人与阉党，乃至晚明时代的所有人均逃脱不了干系。如果我们探讨明朝覆亡的原因，硬要寻找负担历史责任的人物，晚明的万历、天启、崇祯三位皇帝，应该首先进入我们的视野。

我们依循从史料出发的路子，来看看时人和后人是如何评价晚明这三位皇帝及其统治下的世风的。

万历后期，吏部尚书赵南星说："天下之私最便而得利最厚者，莫过于吏部。今之士人以官爵为性命，以钻刺为风俗，以贿赂为交际，以嘱托为当然，以徇情为盛德，以请教为谦厚。闻有司管选者，每过朝退则三五成群，如墙而遮留之，讲升、讲调、讲地方、讲起用。既唯诺矣，则又有遮留者，恒至嗌干舌敝而后脱。一至署中，则以私书至，其三五联名者谓之公书，填户盈几，应接不暇，面皮世界，书帕长安。"（《赵忠毅公文集》卷3《陈铨曹积弊疏》）。万历四十三年（1605），致仕乡居的嘉兴人李日华记当时情形道："对客，阅邸报。客因举时政阙失，曰：'主上不郊不庙二十余年。储宫撤讲又十余年。瑞王逾二十五六而请婚无期。惠、桂二王年俱十六七以上，而选婚无日。福邸宠数逾制，田连三省，管业召佃不属有司，同于有土，有人。开店卖淮盐，又侵入长芦，分国利病。边臣希功邀赏，阉竖四出为虐。八坐之位，止三尚书，五侍郎，而侍郎注籍者三，尚书未任者一。……闽浙弛禁，番舶恣行。今岁大比遣试，时至五月，云贵尚未有人。修桥建寺，动支巨万，浸浸福利之惑。夫主厌事则纲维不张，相无权则股肱废坠。'因相与咨久矣。"（《味水轩日记》卷7，万历四十三年五月二十三日，上海远东出版社1996年版，第462页）。崇祯初年，上虞人倪元璐说："自神庙中江陵相以健败，后之执政者阴擅其柄，而阳避其名。于是乎以瞆眊为老成，以顽钝为谨慎，以阴柔为和平，以肉食素餐为镇定，一切疆事、朝事置之度外，而日与传灯护法之流弥缝补苴，以固其富贵。"（《倪文贞集》卷19《与杨武陵相国》）。明末人陆启浤记崇祯二、三年间，"有人揭长安门云：'督抚连车载，京堂上斗量。好官昏夜考，美缺袖中商。'又有人续其后云：'铨司二万外，科道十千头。今日求人了，明日受人求。'癸未有二十四气之谣，又有人题其后云：'二十四气，酒色财气。金银满赢，便是一气。正人君子，只怪铅气'"。（《客燕杂记》第99条，邱仲麟标点，《明代研究》第15期，第173页，2010年12月）。崇祯六年（1633），归国的朝鲜奏请使洪雯被仁祖问及明朝实况，回答说："物力不如昔日之全盛，而士大夫贪风大振云矣。"崇祯九年，朝鲜人金堉在其《朝京日录》中记："近来缙绅之间，贪风益炽，向贿者，以黄金作书镇，挟于册中，而进之。金价甚高云。"

他又记道："外有奴贼，内有流贼，天旱如此，而朝廷大官只是爱钱，天朝之事亦可忧也。"

清初万斯同批评崇祯朝朝臣争斗时说："矧其时生灵涂炭，锋镝满于天下，士大夫犹哄堂斗室，狱讼弗休，不知有宗社，何有于封疆耶！帝固曰诸臣尽败亡之徒耳，反而求之，不知将自居何等也！"（万斯同《明史》卷26《庄烈皇帝本纪四》）。清修《明史》本纪第21《神宗》赞曰："神宗冲龄践祚，江陵秉政，综核名实，国势几于富强。继乃因循牵制，晏处深宫，纲纪废弛，君臣否隔。于是小人好权趋利者驰骛追逐，与名节之士为仇雠，门户纷然角立。驯至忼、憸，邪党滋蔓。在廷正类无深识远虑以折其机牙，而不胜忿激，交相攻讦。以致人主蓄疑，贤奸杂用，溃败决裂，不可振救。故论者谓明之亡，实亡于神宗，岂不谅欤。"《明史》本纪第22《熹宗》赞曰："明自世宗而后，纲纪日以陵夷，神宗末年，废坏极矣。虽有刚明英武之君，已难复振。而重以帝之庸懦，妇寺窃柄，滥赏淫刑，忠良惨祸，亿兆离心，虽欲不亡，何可得哉。"《明史》本纪第24《庄烈帝二》赞曰："在廷则门户纠纷，疆场则将骄卒惰。……然在位十有七年，不迩声色，忧勤惕励，殚心治理。临朝浩叹，慨然思得非常之材，而用匪其人，益以偾事。乃复信任宦官，布列要地，举措失当，制置乖方。祚讫运移，身罹祸变，岂非气数使然哉。"乾隆时沈德潜《咏三朝要典》诗有谓："熹庙御极颓乾纲，疏远保傅亲貂珰。茄花委鬼互虬结，薰天势焰何披猖。守原之问史贬斥，况令妇寺萦朝常。顾命老臣半诛戮，朝应血裹投圜墙。清流白马祸更惨，一网尽矣空岩廊。"（方濬师《蕉轩随录》卷9"三朝要典"条）。

对于上述万历帝的怠政和崇祯帝的举措失当，辅弼之臣也随时提过建设性意见，试举二例。神宗时，大学士叶向高说："今天下必乱必危之道，盖有数端，而灾伤寇盗物怪人妖不与焉。廊庙空虚，一也。上下否隔，二也。士大夫好胜喜争，三也。多藏厚积，必有悖出之衅，四也。风声习气日趋日下，莫可挽回，五也。非陛下奋然振作，简任老成，布列朝署，取积年废弛政事一举新之，恐宗社之忧，不在敌国外患，而即在庙堂之上也。"（《明史》卷240《叶向高传》）。崇祯时，"帝操切。温体仁以刻薄佐之，上下嚣然。士升因撰四箴以献，大指谓宽以御众，简以临下，虚以宅心，平以出政，其言深中时弊。帝虽优旨报闻，意殊不怿也"。（《明史》卷251《钱龙锡传》）。然而，无论是叶向高所述的危亡五端，还是钱龙锡指出的皇帝应具的四箴，两位人主均未听进去，而稍作更张。

试想，万历帝二十几年晏居深宫，不理朝政，接到大臣奏章后往往留中不发，官员缺额往往不补，酒色财气举止乖张，国家财政入不敷出；天启皇帝不但庸懦，而且顽劣，宠信魏阉，完全不尽人主责任；崇祯皇帝操切疑忌，内廷边事，频繁易人，前后五十相，很少保全。前后三位最高统治者、大明国祚的延续人，可以说均无力驾驭大局，任用正人，而反倚重宦官，或坐视上下懈怠废弛，或放任大臣明争暗斗，终至溃败鱼烂而不可收拾，一步步走向覆亡。似这样始终未能反省求己而诿过于人，一味地将亡国的责任完全推至大臣头上的皇帝，难道不应负责？难道不应进入研究者的视野？

《战国策·赵策二》载苏秦之语曰："臣闻明主绝疑去谗，屏流言之迹，塞朋党之门。"嘉庆二十五年（1820）春日经筵讲题"为君之道，在知人，在安民"，嘉庆帝借题论述阐发道："安民为致治之要，知人为安民之本"，"为人君能哲而惠，则所知皆正人，所用尽贤臣，岂患民不安乎？既为人君，孰不愿天下乂安，兆民乐业？所以不能如愿之故，由于不能知人，不能用人也"（《清仁宗实录》卷367，嘉庆二十五年二月己丑）。反观晚明三帝，不能绝疑去谗，是以不能塞朋党之门，未能切实履行为君之道，是以不能知人用人安民安天下，是以覆国亡身，葬送了大明江山。

正伟君现在转换角度，探讨晚明政治，看到东林的缺陷，注意到阉党及非东林也有可取之处，虽然有些考述还显得不够有力，有些观照还不够全面，有些探讨分析还不够深入，但毕竟向全面客观评价晚明各阶层的所作所为迈出了有力的一步，相信朝着这个路子走下去，正伟君定会取得更大的学术成就。

范金民于金陵草场门外寓所
2015年12月15日

目　录

绪论 …………………………………………………………（1）
　第一节　选题来由与研究现状 ………………………………（1）
　第二节　主要内容与学术创新 ………………………………（9）
　第三节　预期目的与史料运用 ………………………………（13）

第一章　"阉党"的界定
　　　　——崇祯"钦定逆案" ………………………………（19）
　第一节　"钦定逆案"的背景 …………………………………（19）
　第二节　"钦定逆案"的基本情形 ……………………………（50）

第二章　万历党争与"阉党"的形成
　　　　——兼对东林性质、事功的再审视 …………………（74）
　第一节　万历党争起因新探 …………………………………（74）
　第二节　万历及以后门户相争局面的形成 …………………（87）
　第三节　对东林性质、事功的再审视
　　　　——从文献学角度的考察 ……………………………（99）

第三章　泰昌、天启时期的党争与"阉党"的形成 ………（119）
　第一节　东林党人清算宿敌 …………………………………（119）
　第二节　东林党人掀起的"讨魏斗争" ………………………（128）
　第三节　杨涟上疏
　　　　——东林与魏忠贤彻底决裂 …………………………（142）
　第四节　首辅叶向高调停失败 ………………………………（155）

第五节 "内外既合"
　　　　——阁臣魏广微投附魏忠贤 …………………………（159）
　　第六节 "阉党"专权 ………………………………………（162）

第四章 "阉党"及其后人在"钦定逆案"后的活动 …………（185）
　　第一节 翻案活动与崇祯政局 ……………………………（185）
　　第二节 阮大铖的个案 ……………………………………（196）
　　第三节 "阉党"部分后人的活动 …………………………（201）

第五章 "阉党"在南明弘光时期及清初的活动 ……………（208）
　　第一节 "定策"之争 ………………………………………（208）
　　第二节 阮大铖结交马士英及其在弘光时期的活动 ……（216）
　　第三节 "阉党"在清初的活动 ……………………………（228）

张廷玉《明史·阉党传》的编撰与政治意蕴（代结语） …………（234）

征引文献 ……………………………………………………（252）

后记 …………………………………………………………（265）

绪　　论

第一节　选题来由与研究现状

史学界对明代历史的分期，一般把洪武元年（1368）明朝建立至正统十四年（1449）土木堡之变，称为明前期；土木堡之变至万历十年（1582）首辅张居正去世，称为明中期；张居正去世、明神宗亲政至崇祯十七年（1644）李自成农民军攻占北京，称为明后期，其也常常被称作"晚明"。

然而学者们在自己的研究中，对"晚明"的时间断限又是较为灵活的。谢国桢先生最早将之界定为"由明季万历至崇祯，以迄清康熙年间平定三藩事件时为止"①，即明末万历至清初的一段时期。此后学者们基本上都是在这一基础上进行修订。李洵先生将它的上、下限都加以缩短，"具体来说就是从万历的二十四年左右，一直到崇祯的十七年，不足半个世纪的时间里的历史"②；樊树志先生则将上限提前至万历元年，即"上起万历元年，下迄崇祯十七年"③；刘志琴先生更是将上限提至嘉靖末年，"一般是指嘉靖末年、隆庆、万历、天启和崇祯王朝，为时不足一百年"④。由此可见学者们对"晚明"的界定，分歧主要在上限，有些相差达几十年，下限则基本上定在崇祯十七年。诚如万明先生所说："'晚明'一词应用的时间范围并无规范界定。有用为明末同意语

---

① 谢国桢：《增订晚明史籍考·凡例》，中华书局1964年版。
② 李洵：《论明末政局》，《史学集刊》1986年第1期。
③ 樊树志：《晚明史（1573—1644年）·导论》，复旦大学出版社2003年版，第4页。
④ 刘志琴：《晚明史论——重新认识末世衰变》，江西教育出版社2004年版，第3页。

的，有指称嘉靖以至明末的，也有以万历划线的；还有更为宽泛的概念。"① 本书所说的"晚明"，因为研究对象"阉党"所涉及的时间跨度在万历后期到清初，所以与谢国桢先生的界定较为接近。

近年来，晚明史研究已然成为明史界乃至整个中国古史界的一大热点，这很大程度上是因为："晚明社会发生了带有根本性的社会转型性质的变化，晚明是一个关键的历史转折时期，由此开始了中国传统社会向近代社会的转型。"② 综观学界对晚明史的考察，主要是从社会经济和思想文化的角度来论证当时存在所谓的"近代性"③。而本书以"阉党"为研究对象，则主要是对晚明政治史的考察。④ 从多种角度进行探究，或许可以使我们更全面深刻地认识和理解晚明社会。

笔者一直比较喜欢政治史。在南京大学攻读硕士期间，笔者阅读了一些关于南明的史料，逐渐对被列入《明史·奸臣传》的马士英产生兴趣。后来经过导师夏维中教授的同意并在他的指导下，笔者又继续搜集有关的材料，最终写成硕士论文《马士英与晚明政治》，探讨了马士英的主要政治行迹，尤其是本不是党局中人的他，如何逐步卷入党争，并最终导致身败名裂的过程。⑤ 马士英曾与一些东林、复社人士交好，本有意依附东林而被拒，虽然他无心与东林、复社交恶，并且在阮大铖肆行报复时还保护了不少东林、复社人士；但因为其结交阮大铖，并在弘光时期助其复出，从而导致他逐步与东林、复社走向决裂，也由此酿成了他的悲剧结局。而笔者通过对本是东林"同志"的阮大铖与东林、复社交恶的经过原委进

---

① 万明：《晚明社会变迁与问题研究》，商务印书馆2005年版，第2页。
② 同上，第20页。
③ "近代性"的含义，参见陈梧桐等《明史十讲》，上海古籍出版社2007年版，第167—168页。代表学者和著作，如陈宝良《中国的社与会》，浙江人民出版社1996年版；[日]沟口雄三《中国前近代思想之曲折与展开》，陈耀文译，上海人民出版社1997年版；冯天瑜、谢贵安《解构专制——明末清初"新民本"思想研究》，湖北人民出版社2003年版；万明《晚明社会变迁问题与研究》，商务印书馆2005年版；[日]小野和子《明季党社考——东林党与复社》，李庆等译，上海古籍出版社2005年版；[日]岛田虔次《中国近代思维的挫折》，甘万萍译，江苏人民出版社2008年版。
④ 樊树志先生的《晚明史（1573—1644年）》是第一部对晚明政治史进行整体观照的著作，该书主要论述了万历至崇祯时期政治之荦荦大端者，其关于"阉党"的论述给了笔者很多启发。另外，樊先生对晚明史的研究还有《万历传》（人民出版社1993年版）、《崇祯传》（人民出版社1997年版）、《大明王朝的最后十七年》（中华书局2007年版）等著作。
⑤ 该文后来经过大力扩充、完善，已由云南人民出版社于2013年出版，书名为《善恶忠奸任评说——马士英政治行迹研究》。

行分析，发现其被指责的诸多事情或者是捕风捉影，没有确据；或者是由于其言论触犯东林而招其忌恨，但所说却是事实。由此笔者不能不深深致慨于明朝那场起自万历中后期的持续不断的政治纷争，东林党与非东林党势同水火，各不相让，一派得势，则另一派必定被打压，从来都不能和平共处。两派汲汲于一己之私利，置国家危亡于不顾的习气，竟至那般根深蒂固，牢不可破。党局中个人的忠奸正邪，很多时候并不看具体的是非，而是完全以门户来定的。相对来说，东林党的门户之见、意气用事又更为严重。本书在完成过程中，一再涉及如何看待东林过激之举的问题。前人对此已有所指陈和批评，但多是将其视为清正刚直，眼里容不下沙子的体现，至于具体因何而起，有哪些表现，发展到什么程度，造成什么后果及影响，则谈得不多。笔者在研究中发现，如阮大铖、魏广微、温体仁、王永光、马士英甚至魏忠贤等人最终与东林走向对立，东林的过激之举都要负相当大的责任。①

党争是晚明政治的重要特征，正如张廷玉《明史·神宗纪二·赞》所说：

> 神宗冲龄践祚，江陵秉政，综核名实，国事几于富强。继乃因循牵制，晏处深宫，纲纪废弛，君臣否隔。于是小人好权趋利者驰骛追逐，与名节之士为仇雠，门户纷然角立。驯至熹愍（指天启帝、崇祯帝——笔者按），邪党滋蔓。在廷正类无深识远虑以折其机牙，而不胜忿激，交相攻讦。以致人主蓄疑，贤奸杂用，溃败决裂，不可振救。②

这正是对晚明万历、天启、崇祯三朝党争的简要概括。笔者的硕士论文就是在晚明党争的背景下探讨马士英的主要政治行迹，但还不是直接以

---

① 对于明末党争的是非，柴德赓先生说："读明季史文，每为叹息，然在当时，则各有其历史背景，亦各有其不得已，势不能两立，则两亡耳，正不必以后人眼光计划当世事而曲直之也"（柴德赓：《史学丛考》，中华书局1982年版，第5页），认为党争的发生有其不一定为今人知晓的历史背景，所以今人以现在的"眼光"对它做出是非判断是没有必要的。但笔者认为如果能将党争的事理尽量探究清楚，即使昔时与今日的情境已不同，但对它尽量做出较客观公允的判断应是可能的，这似乎也是史学研究者的任务之一，更何况当时以及之后的是非判断实际已经不少，也可资借鉴。

② 张廷玉：《明史》卷21《神宗纪二·赞》，中华书局1974年标点本，第294—295页。

党争为研究对象。为了更清楚、更深刻地了解这个问题，笔者在南京大学继续攻读博士学位期间仍然对它予以重点关注，在经过一定的阅读和思考后，便在跟导师范金民教授商量并得到他认可的情况下，将"'阉党'与晚明政治"作为毕业论文题目。

中国古代的士大夫向来瞧不起"刑余之人"的宦官，即使在事实上与其有所勾连也都要极力遮掩，讳莫如深。但在天启后期士大夫们竟明目张胆地拜倒在太监魏忠贤的脚下，其人员之众多，行径之乖张，影响之广泛，实为国史所罕见。正如清初万斯同所说："小人肺肠面孔，千古一辙，而举国若狂，良心丧尽，则载籍以来所未曾有。"①《四库全书总目》在提到《明史》设《阉党传》的原因时也说："貂珰之祸，虽汉唐以下皆有，而士大夫趋势附膻则惟明人为最夥，其流毒天下亦至酷，别为一传，所以著乱亡之源，不但示斧钺之诛也。"② 今人也感叹其时"士风官方"之不端，称之为士大夫的"集体堕落"③。究竟是什么原因使众多的士大夫不顾"道"，屈从"势"，抛却操守，不顾颜面，这实在是个耐人寻味的问题。

崇祯初期对魏忠贤及其党羽进行惩处，是为"钦定逆案"，清朝乾隆四年刊行的《明史》设《阉党传》，将除魏忠贤、客氏之外的所有入案人员都列入该传。④ 就笔者所见，在此之前成书的史籍，一般都称魏忠贤的党羽为"魏党""珰党""逆党"，而未有称其为"阉党"者，即使康熙时期成书的万斯同、王鸿绪各自修撰的《明史稿》中也没有设《阉党传》。由此当可断定，《明史》设《阉党传》这一体例，是在雍正重开明史馆至乾隆四年刊行《明史》这一时期，这也与史馆总裁张廷玉以王鸿绪的《明史稿》为基础，不纠缠于史实，而重在义例与论断的指导思想

---

① 万斯同：《明史》卷355《传论》，《续修四库全书》，上海古籍出版社2002年影印本，史部，330册，第295页。
② 纪昀等：《四库全书总目》卷46，史部正史类"《明史》"条，艺文印书馆1969年版，第1001页。
③ 钱穆：《国史大纲》，商务印书馆1991年版，第679页；谢谦：《论明末文人阮大铖的堕落》，《四川师范大学学报》（社会科学版）2003年第6期，第65页。据宋起凤《稗说》，"崔呈秀更范金铸己作跽状，首戴溺器，镂其名于背以进"（卷2，中国社会科学院历史研究所明史室编《明史资料丛刊》第二辑，江苏人民出版社1982年版，第60页），足见其廉耻丧尽。
④ 魏忠贤和客氏是阉党的党魁，在"钦定逆案"中被定为第一等"首逆"，但两人都被列入《明史·宦官传》（客氏附记于魏传），而未入《阉党传》，这或许是出于体例统一的需要，本书也将他们称作"阉党"。

相符。①《明史》列传开创的三个新例,其中"土司""流贼"在万斯同、王鸿绪的《明史稿》中已有体现②,只有"阉党"至张廷玉的《明史》中才出现。之后出现的史籍都称魏忠贤的党羽为"阉党",应是依据于此传。

魏忠贤党羽的"阉党"之称,形成于乾隆初期刊行的张廷玉《明史》,这些"阉党"人员又来自崇祯"钦定逆案"的入案人员,而有些入案人员的活动可以追溯至万历、泰昌、天启时期。一些论著在论述这些人员在晚明的活动时,均冠以"阉党"之名,实际是欠妥的,因为那时还没有这一称法。本书对此的处理方法是:对于万历、泰昌、天启初期的人物都只称其名,但也交代其齐楚浙昆宣诸党的归属,以及后来入逆案成为"阉党"的情形;对天启后期投附魏忠贤的人员称为"魏党",崇祯"钦定逆案"后的入案人员称为"逆案中人"。有些人物经历了以上三个时期,故分别对应三个称法。其他出于研究的需要,统称这一群体时,则称为"阉党"。

严格地说,"阉党"问题在"钦定逆案"之后的明末清初就已经受到关注,人们主要围绕某些"逆案中人"个人的是非,以及整个逆案的处理等问题提出异议。如明末复社名士夏允彝为杨维垣、虞廷陛、吕纯如等人被列入逆案辩护,并进而说逆案"草草罗入,致被处者屡思翻案,持局者自费提防,纠缠不已。至南都再建,逆案翻而宗社为墟矣。此当局者之咎也"③。逆案处理失于草率,加剧了政治纷争,翻案之风不断,至南京弘光政权时其终于被推翻,而弘光政权也随之灭亡,夏允彝认为这些都是当初负责处理逆案人员的过错。史惇更是尖锐地指出:逆案"无以服死者之心,只以郁生者之气,十七年间翻风作浪悉依于此","人谓《三朝要典》为乱国之刑书,而吾谓逆党一案则亡国之刑书也"④。逆案的处

---

① 乔治忠:《清朝官方史学研究》,文津出版社1994年版,第192—193页。
② 万斯同《明史》卷407、408为《盗贼传》,卷409至卷412为《土司传》(《续修四库全书》本)。王鸿绪《明史稿列传》卷288为《流贼传》,但不立《土司传》(周骏富辑:《明代传记丛刊》本)。
③ 夏允彝:《幸存录》"门户杂志"条,留云居士辑:《明季稗史初编》卷15,上海书店1988年版,第304—305页。
④ 史惇:《恸余杂记》"韩爌"条,《四库禁毁书丛刊》,北京出版社1997年影印本,史部,第72册,第155页。按:《三朝要典》是天启后期魏忠贤及其党羽为打击东林党人,以万历后期、泰昌及天启之初发生的"梃击案""红丸案""移宫案"为题,借天启帝的名义给东林党人定的铁案。

理存在不公,引起崇祯时期连续不断的翻案,其影响比魏忠贤的党羽炮制《三朝要典》更坏,是为"亡国之刑书"。文秉对"钦定逆案"不当让与魏忠贤有关联的王永光充任办理官员,以及存在的徇私枉法弊端提出批评:"王永光业已本兵颂美矣,以颂珰之人为定附珰之案,谬孰甚焉。且也,杨世芳为蒲州公也戚,薛国观为沈惟炳也友,俱邀恩一面之网",此外他还列举了许多"逆案漏网"及案中处置过轻之人。① 其用意在于更加扩大逆案的打击面,加大惩处力度。文秉是东林党人文震孟之子,他对逆案的意见是带着门户情绪的。多数人则认为某些逆案人员存在冤屈,或者其人在入案后的行迹有值得称道之处,而为其鸣不平。如崇祯时期的大学士黄景昉为王绍徽、吕纯如等人辩护②;李清为吴孔嘉、虞廷陛、傅櫆等人开脱③;邹漪指出朱国盛之冤,"以俟后之君子考论焉",更称名列逆案,但在南京陷落后以身殉明的杨维垣"大节过人,后之殉国,甘之如饴,门户之不可以定人如此"④;钱大昕非常推崇张瑞图的书法,称其因为为魏忠贤生祠撰写碑文而名列逆案,"笔墨遂不为世所珍",但除此以外,"未闻别有指摘","遽加以逆名,不亦甚乎",提出"勿以其素行而訾及翰墨"⑤;赵维寰为潘汝祯、吴嶽为贾继春、李文田为李思诚辩诬⑥;等等。由此可见,对"钦定逆案"、某些逆案人员的是非存在争议,循此而进,也表明晚明"阉党"仍是一个值得再加探讨的论题。

---

① 文秉:《先拨志始》卷下,上海书店1982年版,第259—268页。据张廷玉《明史》卷253《薛国观传》,薛国观曾为了逃避崇祯"己巳京察"而参劾沈惟炳(第6538页)。文秉说薛、沈是朋友,不知何所据?

② 黄景昉:《国史唯疑》卷11,上海古籍出版社2002年版,第324页。黄景昉于崇祯十五年六月入阁,次年即罢,张廷玉《明史》有传(卷251,第6503—6504页)。其为官时请求起用长期系狱的郑三俊等,政治上似倾向东林,但所著《国史唯疑》于东林有较多指摘。

③ 李清:《南渡录》卷,浙江古籍出版社1988年版,第207、225、227页。

④ 邹漪:《启祯野乘二集》卷6《太常朱公国盛》、卷5《副都御史杨公维垣》,《四库禁毁书丛刊》,北京出版社1997年影印本,史部,第41册,第182—183、151—152页。

⑤ 钱大昕:《潜研堂文集》卷32《跋张晋江札》,江苏古籍出版社1997年版,第560页。

⑥ 谈迁:《国榷》卷87,张宗祥点校,中华书局1958年版,第5330页;吴嶽:《清流摘镜》卷1《党祸根源》,《四库禁毁书丛刊补编》,北京出版社2005年影印本,第17册,第589页;缪荃孙:《艺风堂文续集》卷6《〈三垣笔记〉跋》,《续修四库全书》,上海古籍出版社2002年影印本,集部,第1574册,第254页。按:缪荃孙书中称为"顺德师"者,是指李文田。万斯同《明史》卷402《崔呈秀传》记崔呈秀嫁祸李思诚受贿(《续修四库全书》,上海古籍出版社2002年影印本,史部,第331册,第343页)。

今人对晚明阉党已有一些研究①，大致可以分为两类，一类直接以阉党人员为研究对象，如对阉党党魁魏忠贤的研究：傅同钦《魏忠贤乱政和客氏》、滕秋耘《魏忠贤专权探源》、苗棣《魏忠贤专权研究》、韩大成等《魏忠贤传》，主要对魏忠贤的专权乱政加以论述。② 拙文《〈明史·魏忠贤传〉考疑一则》《〈明史〉考疑一则》，对《明史》记载魏忠贤姓名的混乱、魏忠贤"不识字"的说法进行了厘清和考辨。③ 对阮大铖的研究：朱倓《明季桐城中江社考》、李玉栓《阮大铖结社考略》、尹玲玲《阮大铖研究综述》、郑雷《阮大铖丛考》（上、中、下）、张慧《阮大铖之死考辨》、陈友冰等《阮大铖创作论》、胡金望《人生喜剧与喜剧人生：阮大铖研究》，主要对阮大铖的文学活动、政治活动、结局及研究现状进行论述。④ 另外，阮大铖与马士英关系密切，二人活动多有关联，被并称为"马阮"，故学界对马士英的一些研究成果，也谈及阮大铖。拙著《善恶忠奸任评说——马士英政治行迹研究》⑤，即对阮大铖与东林、复社的交恶因由，阮大铖在南明弘光时期复出后的活动与结局等，作了一些新的探讨。对冯铨的研究：如张嘉沧《略论入清后的冯铨》、张升《冯铨史事杂考》，主要对冯铨的政治活动，尤其是入清以后的政治活动加以探究。⑥ 其他如对张瑞图、孙之獬的研究，也有一些研究成果出现，如黄江华《明大学士张瑞图及其夫人墓志铭浅析》、徐东树等《狂狷笔墨儒懦人——读张瑞图行草立轴》、孙启新《孙之獬事功述评》。⑦ 陈文豪《读明史"阉党"传——明史体例研究之一》，则是探讨《明史》为阉党立传的原因和意义。⑧

---

① 阉党涉及的问题较多，出于叙述的方便，这里所列只是相关的主要成果，其余论著将在具体章节中提到。
② 《故宫博物院院刊》1981年第3期；《文史知识》1985年第12期；中国社会科学出版社1994年版；人民出版社1997年版。
③ 《江海学刊》2009年第4期；《书品》2009年第2辑。
④ 《中央研究院历史语言研究所集刊》第1本第2分；《安庆师范学院学报》（社会科学版）2010年第1期；《长春工业大学学报》（社会科学版）2010年第5期；《华侨大学学报》（哲学社会科学版）2004年第1期、2006年第2期、2006年第4期；《广西民族大学学报》（哲学社会科学版）2008年第2期；《江淮论坛》2010年第1期；中国社会科学出版社2004年版。
⑤ 云南人民出版社2013年版。
⑥ 《史学月刊》1984年第2期；《清史研究》1998年第3期。
⑦ 《福建文博》2010年第4期；《福建艺术》2013年第4期；《山东理工大学学报》（社会科学版）2007年第1期。
⑧ 吴智和编：《明史研究专刊》（台北）第3期，1980年。

另一类以与阉党同时代的人物、党派、政治现象为研究对象，附带涉及阉党问题，如谢国桢《明清之际党社运动考》、赵令扬《论南明弘光朝之党祸》、王天有《晚明东林党议》、林丽月《明末东林运动新探》、冷东《叶向高与明末政坛》、徐凯《泰昌帝天启帝》、小野和子《明季党社考——东林党与复社》、林金树等《天启皇帝大传》、樊树志《崇祯传》。① 除此以外，一些断代史专著如孟森《明史讲义》、南炳文《南明史》、顾诚《南明史》、樊树志《晚明史（1573—1644年）》、牟复礼等《剑桥中国明代史》、司徒琳《南明史》、魏斐德《洪业——清朝开国史》等，② 以及对中国历代党争进行整体观照的如王桐龄《中国历代党争史》、朱子彦等《朋党政治研究》、陈宝良《中国的社与会》、雷飞龙《汉唐宋明朋党的形成原因》，③ 也对这一问题有所涉及。

以上这些研究成果，都对晚明阉党问题有或多或少，或深或浅的关注，给笔者以各种启发。但是它们或者是对阉党中的个别人物，如魏忠贤、阮大铖、冯铨等进行个案分析，尚未对阉党这一群体及其活动进行研究；或者虽然也谈到阉党人员的有关活动，但大多只是侧重于天启四年（1624）至七年其对东林党的迫害情形，其他方面则很少涉及。而且综观以往的研究，大多都倾向于东林党的立场，于阉党人员则存在严重脸谱化、简单化的问题，对于阉党人员的认识需要丰富和深化。另外，在材料的利用上也存在不足：一是选取的材料较为单一，只用《明实录》《明史》等基本文献，对其他的史料则挖掘、关注不够；二是对材料的可靠性缺乏考辨，倾向于使用出自东林及其支持者的材料，且先入为主地解读

---

① 谢国桢：《明清之际党社运动考》，中华书局1982年版；赵令扬：《论南明弘光朝之党祸》，载《明史论集》，史学研究会1975年版；王天有：《晚明东林党议》，上海古籍出版社1991年版；林丽月：《明末东林运动新探》，"国立"台湾师范大学历史研究所1984年博士论文；冷东：《叶向高与明末政坛》，汕头大学出版社1996年版；徐凯：《泰昌帝天启帝》，吉林文史出版社1996年版；［日］小野和子：《明季党社考——东林党与复社》，李庆等译，上海古籍出版社2006年版；林金树等：《天启皇帝大传》，中国社会出版社2008年版；

② 孟森：《明史讲义》，上海古籍出版社2002年版；南炳文：《南明史》，南开大学出版社1992年版；顾诚：《南明史》，中国青年出版社1997年版；樊树志：《晚明史（1573—1644年）》，复旦大学出版社2003年版；［美］牟复礼、［英］崔瑞德：《剑桥中国明代史》，张书生等译，中国社会科学出版社1992年版；［美］司徒琳：《南明史》，李荣庆等译，上海古籍出版社1992年版；［美］魏斐德：《洪业——清朝开国史》，陈苏镇等译，江苏人民出版社1992年版。

③ 王桐龄：《中国历代党争史》，北平文化学社1931年版；朱子彦等：《朋党政治研究》，华东师范大学出版社1992年版；陈宝良：《中国的社与会》，浙江人民出版社1996年版；雷飞龙：《汉唐宋明朋党形成的原因》，台湾韦伯文化国际出版有限公司2002年版。

材料的现象较多。这些都是本书的努力方向和要力图克服的。

第二节　主要内容与学术创新

"阉党"之称，就笔者目力所及的史籍，最早应见于《东观汉记》："荀昙，字元智，颍川颍阴人，为广陵太守，正身疾恶。其兄昱为沛相，乃相与共除阉党。后昱与大将军窦武谋诛中官，与李膺俱死。昙亦禁锢终身。"[1] 显然，这里的"阉党"是指东汉后期专权的宦官。后来史书中的"阉党"，则基本都是指某个朝代专权宦官的党羽，主要又指官僚士大夫，如《御批资治通鉴纲目》称唐代依倚宦官王守澄的郑注为"阉党"[2]。在各种史书中，"阉党"用于指称明朝魏忠贤的党羽最为多见。究其原因，应不外乎两点：一是明朝距今时间相对较近，流传的史料也较其他时期丰富；二是魏忠贤的党羽在人数、猖獗程度、影响等方面，都超过以往任何时候。也许正是如此，在中国古代二十四部正史中，只有《明史》列有《阉党传》。

《明史·阉党传》包括两部分，一为正德时期权监刘瑾的党羽，二为天启时期权监魏忠贤的党羽，而后者占绝大部分篇幅。对于刘瑾及其党羽的研究成果已较为丰富：如廖心一《刘瑾"变乱旧制"考略》，对于刘瑾的党羽，综合《明史》、王世贞、谈迁等人的说法，"统而计之，百有四人"。其中"有二十名以上被后来的史家列入各种省级方志名臣、名宦传"，任官期间较有政绩。"刘瑾专权有一定的积极内容，无论他的社会经济政策，还是他的用人政策，都不是简单的破坏性的。"[3] 毛佩琦、张自成《中国明代政治史》，于刘瑾擅权的主要恶迹有所论列，但也提到他办的一些实事。[4] 相对而言，对魏忠贤及其党羽的研究，则还有许多有待拓展和深化的地方，因此本书所关注的是后者。

---

[1] 刘珍等撰：《东观汉记》卷21《荀昙》，《文渊阁四库全书》，台湾商务印书馆1983年影印本，史部，第370册，第205页。

[2] 朱熹撰，清圣祖批：《御批资治通鉴纲目》卷49下"唐文宗太和七年九月以郑注为右神策判官"条，《文渊阁四库全书》，台湾商务印书馆1983年影印本，史部，第691册，第622页。

[3] 中国社会科学院历史研究所明史研究室编：《明史研究论丛》第三辑，江苏古籍出版社1985年版，第157、161页。

[4] 人民出版社1994年版，第109—114页。

本书主要探讨了阉党的界定及其人员构成，阉党的形成原因及过程，阉党在万历、泰昌、天启、崇祯、弘光、清初等各个时期的主要活动，以及部分阉党后人的活动、张廷玉《明史·阉党传》的形成等问题。章节安排及主要内容如下。

第一章："阉党"的界定——崇祯"钦定逆案"。

张廷玉《明史》设有《阉党传》，但是它只对魏忠贤党羽中的较为显著者作了简单介绍，而且没有全部列出所有成员姓名。因此，要确定阉党的具体成员，进而探讨阉党的形成、活动等问题，光是依据《明史·阉党传》显然是不够的，况且如魏忠贤、阮大铖等人还都不在该传中。由于《明史·阉党传》所列魏忠贤的党羽，是依据崇祯二年的"钦定逆案"而来，因此要对阉党成员进行更确切的界定，必须根据"钦定逆案"所列的名单。而且"钦定逆案"还列出每个入案人员的入案因由，以此为线索也可以探讨阉党的形成、政治活动等问题，所以本书的第一章即是对"钦定逆案"的相关问题进行探讨。

首先，本章对"钦定逆案"的背景，即阉党垮台、东林复出的过程进行了梳理。天启帝死后，崇祯帝继位，政局的突变使阉党内部本已存在的矛盾，顿时变得尖锐起来，一些人为了各自利益开始"自相携贰"，相互参劾，这是阉党逐渐走向分崩离析的开端。但是东林党人仍由于阉党极力阻挠而难于复出。为了确定官员贤奸的标准以便抑扬进退，阉党与东林在朝堂上掀起了所谓的"贤奸之辩"，东林最终获胜，逐渐得以复归，限制他们复出的《三朝要典》也被焚毁，阉党则相继被斥退。在两党的争斗过程中，崇祯帝的态度逐渐偏向东林，为了更彻底地惩处阉党，他起用新的科道言官、重用阁臣刘鸿训、实行"己巳京察"，使阉党中的一些较难辨识的人也被清除。其中"己巳京察"中的"南察"，重在参处魏忠贤的党羽，因而成为"钦定逆案"的重要依据。崇祯帝虽然憎恶阉党而对其大力扫除，其一开始本对东林有所期待，但东林后来的一系列所为使他将其视为朋党，逐渐丧失好感。通过这些论述，可以窥探到崇祯初期政局的某些特点，而这又对崇祯一朝后来的政治，乃至弘光时期、清初的政治产生了重要影响。

其次，本章对"钦定逆案"的基本情形进行了梳理。"钦定逆案"是崇祯帝令东林党人首辅韩爌等人办理的，最终区分情节轻重以八等定罪，将两百多人加以惩处。其间崇祯帝多次加以干预，亲自把一些人加入逆案，对阉党表现出除恶务尽、从严处理的态度。"钦定逆案"的入案人员主要由两部分人组成，一为客氏、魏忠贤亲属和心腹太监，一为官僚士大夫，后者占了入案人数的绝大部分，材料也相对较多，是本书所要重点探讨的对象。这些人到底是因何原因、怎样与魏忠贤结合、形成阉党的？这便是本书的第二、三章所要探讨的主要问题。

第二章：万历党争与"阉党"的形成——兼对东林性质、事功的再审视。

首先，本章探讨了万历中后期出现激烈党争的原因和情形，有别于学界以往从内阁制度的演变上寻找党争发生原因的做法，提出万历党争肇源于"言路"[①]势力"舒张"的观点。

其次，本章以"淮抚之争"和围绕"三案"的纷争为例，探讨万历时期及以后门户相争局面形成的原因和大致情形。晚明的党争之所以越闹越大，没完没了，主要是由于官员严重的好同恶异、任性使气之风习使然。如果具体而论的话，有些纷争的产生还带有利益冲突的背景。通过这一论述，也可以有助于厘清万历时期非东林党人后来入逆案形成阉党的情形。

最后，本章还对晚明门户之一的东林的性质、事功等问题，在已有研究的基础上，再度进行了审视。东林的性质，笔者主要从文献学的角度，对明末清初以来的有关言论进行归纳和阐述，从而认为东林就是传统政治社会一般意义上的朋党。至于东林的事功，笔者主要征引了前人相关的负面论述，可以看出东林在晚明时期虽曾几度掌握政权，但都没有什么实际作为。以往于东林多是推崇备至，颇为拔高，由此或许可以有助于对其得出更为全面客观的认识。

第三章：泰昌、天启时期的党争与"阉党"的形成。

对于天启时期，以往的研究较为注重后期，即天启四年到七年所谓的阉党专权时期的情况。学界主要对这个时期阉党的"劣迹"做了较充分的论述，包括阉党对东林党逐步展开的打击、魏忠贤等人的为非作歹、败坏辽东战局等等。相对而言，学界对泰昌、天启初期的认识，除了东林党人在万历末年被排挤出政局后又复出重掌政权外，其他方面则少有涉及。

---

① 关于"言路"的含义，可参见［日］小野和子《明季党社考——东林党与复社》，上海古籍出版社2006年版，李庆等译，第100—105页。

而实际上这个时期正是东林既与过去的政敌清算旧账，又新树了不少政敌，并且与客氏、魏忠贤逐步决裂的关键时期。

本章主要探讨了东林在泰昌、天启初期对夙敌的清算，东林与魏忠贤决裂的因由及其掀起的所谓"讨魏斗争"，首辅叶向高等人在两者之间的调停，以及该时期的党争导致官员后来与魏忠贤结合，从而列入逆案形成阉党的情形。此外，还对天启四年至七年阉党专权时期的一些问题重新予以检讨，如天启四年六月东林党人杨涟上疏参劾魏忠贤二十四大罪状，将"讨魏斗争"推向高潮，本书对其上疏的背景、动机、影响等进行了考察，可以看出杨涟此举是公义与私心夹杂的；再如对魏忠贤等人打击东林、引用非东林的情形，阉党的内部关系以及阉党与辽东战事等，也做了一些新的考述。由此，笔者希望在进一步阐释阉党形成问题的同时，还对天启朝的党争情形、政治状况等得出更全面完备的认识和理解。

第四章："阉党"及其后人在"钦定逆案"后的活动。

相对来说，学界对于崇祯时期阉党的相关研究是最为薄弱的。上述"钦定逆案"的背景、处理过程、入案人员情况、依据以及在明末清初受到的评议等问题，以往基本都无人提及。而本书对这一时期的关注，除了以上问题外，还试图对"钦定逆案"后阉党成员及其部分后人的主要活动进行探究。

这一时期阉党最主要的活动，就是试图推翻"钦定逆案"以求复出。首先，本章考察了翻案活动的起因、情形、对崇祯政局的影响、失败的原因等问题。

其次，阮大铖在所有阉党成员中，受辱最多，争议也最大，因此本章对他的个案进行了探讨。他由东林"同志"走向对立，其中原委颇能反映晚明党争的实况。而他在崇祯时期的遭际与活动，在阉党成员中也具有代表性。尤其是他与东林、复社的关系，对后来的弘光政治产生了重要影响。

最后，本章还对阉党后人的活动，以周镳、周钟和李清为个案做了考察，借此窥探崇祯朝对待阉党的某些特点，以及阉党后人卷入党争的情形。

第五章："阉党"在南明弘光时期及清初的活动。

弘光政权仍然延续了前朝的党争，东林、复社和以阮大铖为代表的阉党继续争斗，且贯穿于弘光政权的始终。阮大铖幕后操纵凤阳总督马士英与史可法等人进行"定策"之争,将福王扶上皇位后,又利用与马士英等人的关系得以复出,制造"顺案"等事端以打击异己,召还大量阉党人员,"倒行逆施",是导致弘光朝廷短期灭亡的罪魁祸首。学人多认为明亡于党争,而弘光时期的党争是晚明党争的延续,本书通过对这一时期东林、复社与阮大铖等阉党人员纷争的论述,冀可对明代党争问题以及弘光政治得出更全面深刻的认识,同时也为上述结论作一注脚。

阉党在清初的活动只存在于顺治时期,主要是以冯铨为首的阉党与以陈名夏为首的东林、复社的相争,仍然是明末东林与阉党党争的继续,同时也是它的尾声。本章对双方相争的基本情况、阉党的活动与结局等问题做了探究。

第三节 预期目的与史料运用

如前所述,明朝太监魏忠贤的党羽在人数、猖獗程度、影响等方面,相比于中国历史上曾出现宦官专权的东汉、唐朝都要"更胜一筹",而《明史·阉党传》所列只是其中的恶迹昭彰者,且内容过于简单[1],不足以窥见阉党的全貌,也势必影响对晚明党争的整体认识。因此本书的目的之一,就是丰富和深化对阉党及晚明党争的认识,力图弥补《明史》的这一不足。

另外,学界以往都较注重对东林的研究,其相关成果可谓蔚为大观[2],而对非东林则关注不多。这主要是由史书的记载状况造成的,往往详记和褒扬东林,而于非东林则过于简略和贬斥。但是不可否认,这也与研究者自身的主观倾向分不开。如周明初先生说:

> 按照传统的观念,一般地把晚明时期的党派划分为正直派和邪恶

---

[1] 谢国桢先生曾指出《明史》:"不为党人立专传,致启后人之讥也。"(《增订晚明史籍考》,中华书局1982年版,第23页)这里的"党人",应指东林党和阉党。《明史》列有《阉党传》,但语焉不详;对东林党人中的众多重要人物分别立传,但未立专传,谢先生所言或是指此。

[2] 相关的综述,见万明《晚明社会变迁问题与研究》,商务印书馆2005年版,第463页;[日]小野和子《明季党社考——东林党与复社》,李庆等译,上海古籍出版社2006年版,第1—5页。

派。东林党人被视作正直派，而其他诸党被看作邪恶派，这样的划分当然不是没有根据的。如到了天启年间，投向魏忠贤结成阉党集团的，有很多是原来与东林党对立的诸党的成员，而东林党人在魏忠贤专权时受尽了磨难，充当了悲剧的角色。①

站在东林的立场来著书立说，而相对轻视、贬斥非东林，这符合人们锄强扶弱、抑恶扬善的心理和愿望，而且似乎也更能显示出历史学的社会宣教功能。显然，"诸贤""众正"相比于"群小""逆党"，更能引起人们思想上的共鸣。东林总是让人想到光明、正气，阉党则常常与黑暗、奸邪连在一起，甚至一看其名号，便好恶立判。如孟森先生说："欲知当时之君子，大率为奄所戮辱之人；欲知当时之小人，但观崇祯初所定附奄之逆案。而君子又多在讲学之列，奄党则无不与讲学为难"②，正可反映这一倾向。但是也如美国学者贺凯所言："我们必须承认，要彻底解释清楚东林运动，而不对朝廷中的反东林集团进行广泛的研究是不可能的。"③只关注东林，偏重其言论，而忽视其对立面及其言论，将使研究失去参照而变为自说自话。本书以阉党为研究对象，希望依据对前人关注不够的材料的搜集和解读，更加全面地展现晚明党争的实在面貌。如果这能够有助于让有关的评价更加客观公正，那更是笔者的高远追求。

党争危害甚大。文秉曾指出晚明的党争导致"亡国败家"④。清初张岱说："烈矣哉，门户之祸人国家也。"⑤ 近人王桐龄在对中国历代的党争进行系统梳理后，也总结道："故党争者，祸国之具也"⑥。更重要的是，夏允彝指出党争还导致了人才的自相损耗和浪费：

> 朋党之论一起，必与国运相终始，迄于败亡者。以聪明伟杰之士，为世所推，必于党目之。于是精神智术俱用之相倾相防，而国事坐误不暇顾也。且指人为党者，亦必有党，此党衰彼党兴，后出者愈

---

① 周明初：《晚明士人心态及文学个案》，东方出版社1997年版，第104页。
② 孟森：《明史讲义》，上海古籍出版社2002年版，第305页。
③ [美] 贺凯：《晚明东林运动》，见费正清《中国的思想和制度》，Chicago Press, 1957年，第153页。
④ 文秉：《定陵注略·小序》，北京大学图书馆藏善本。
⑤ 张岱：《石匮书后集》卷32《乙酉殉难列传》，中华书局1959年版，第184页。
⑥ 王桐龄：《中国历代党争史》，北平文化学社1931年版，第234页。

不如前，祸延宗社，固其所也。①

天启时期的大学士朱国祯身历其事，也曾深有感概地说："吾惜逆贼（魏忠贤——笔者按）既害多少善人，又累多少才人"②。

晚明的党争主要是由官僚士大夫引起的。万历中后期至天启四年的东林党与齐楚浙昆宣等非东林党，天启四年至清初的东林党、复社与阉党，双方的成员主要都是官僚士大夫。这些人大部分都拥有进士、举人等高级科举功名，经过数十载寒窗苦读，科考中第才得以步入仕途；但是他们却没有把聪明才智和主要精力用在改善国计民生上，而是为了个人或集团的狭隘利益拉帮结派搞窝里斗，迨至亡国亦不能止息。天启时期，更是有不少人出于各种原因和目的，颜面丧尽地拜倒在宦官魏忠贤的脚下，百般献媚，助纣为虐。"阉党，宦官之鹰犬也，宦官非阉党相助，则与士大夫之斗争不若是烈。阉党之行媚魏逆，廉耻荡尽，搏击东林，凶焰弥彰，至二李四姓奴而极，然彼辈亦皆所谓士大夫也。"③ 这其中的原因是引人深思的。放眼今天的社会，国家应该如何培养、选拔、任用人才，个人应该树立什么样的人生观、价值观，如何才能真正做到德才兼备，或许也可以从中吸取一点教训和得到一些启发。这也算是本书的一个目的吧。

严格的史学论著必须有翔实可靠的史料作支撑。全祖望称"明野史凡千余家"④，这种状况固然为今人的研究提供了较充分的依据，但是有些史料严重失实，以致"事迹真赝相参，是非混淆莫辨"⑤，也为考辨真伪带来诸多麻烦。由于受到门户之见的影响，有关阉党的记载更是如此。正像贺凯所说：

---

① 夏允彝：《幸存录》"门户大略"条，第287页。
② 李逊之：《三朝野纪》卷4《崇祯朝纪事》，上海书店1982年版，第144页。李逊之说朱国祯所称"才人"，是指阉党刘廷元、霍维华等人。万斯同笔下也对不少阉党人员早年的才华、政绩有所称道，如称周应秋"有善政"，称刘诏"强敏以才称"（万斯同：《明史》卷354《周应秋传》、卷355《刘诏传》，《续修四库全书》，上海古籍出版社2002年影印本，史部，第330册，第273、287页）。
③ 黄云眉：《明史考证·本书内容挈要》，中华书局1984年版，第8页。
④ 全祖望：《鲒埼亭集·外编》卷44《与卢玉溪请借钞〈续表忠记〉书》，《四部丛刊初编》，上海书店1989年版，集部，第376册，第997页。
⑤ 温睿临：《南疆逸史》附录杨凤苞所作跋文九，中华书局1959年版，第476页。

可是要摆脱充斥于中国史书中有关这些争议的偏见是很困难的，在这些文字中常常将反对派官员划归没有道德廉耻的恶棍，而不提供任何关于他们的有意义的情况。连地方志中也对他们缄口不言，不管他们的职位有多高。反对过东林党的人就一定是不道德的坏蛋，这样的看法当然是错误的。①

如对于阉党人员阮大铖的结局，史料的记载就五花八门。一说降清后为与东林负气争胜而死，死状极其凄惨，如《所知录》《史外》《鹿樵纪闻》《弘光朝伪东宫伪后及党祸纪略》等②；一说降清后复通南明唐王政权，事觉被杀，见于张廷玉《明史》本传；更有荒诞不经如《石匮书后集》，说阮大铖导引清军攻破金华后，"大铖搜朱大典外宅，得美女四人，宣淫纵欲，过仙霞岭，中风坠马，已不能言，咋舌而死"③；《纤言》说其被明太祖显灵持斧击死④；《书事七则》《南疆逸史》说其为仇人雷縯祚显灵索命坠崖而死⑤。虽然死法各异，但是不得善终却相同，这也反映出史籍作者对阮大铖的极端憎恶之情。再如对弘光时期的阉党左副都御史杨维垣及与阉党关系较密切的吏部尚书张捷结局的记载，也存在这一问题。《石匮书后集》《罪惟录》《纤言》说两人是畏罪而死⑥，清初徐秉义《明末忠烈纪实》"殉福传"（福王政权灭亡时殉难的人物传记）中便没有他们⑦；而《南渡录》《启祯野乘二集》《幸存录》《续幸存录》《弘光朝伪东宫伪

---

① ［美］贺凯：《晚明东林运动》，载费正清《中国的思想和制度》，Chicago Press，1957年，第153页。
② 分见钱澄之《所知录》卷5"阮大铖本末小纪"条，《四库禁毁书丛刊》，北京出版社1997年影印本，史部，第72册，第187—188页；汪有典《史外》卷17《周礼部传附雷縯祚》，《四库禁毁书丛刊》，史部，第20册，第520—525页；佚名《鹿樵纪闻》卷上"马阮始末"条，《痛史》本；戴名世《弘光朝伪东宫伪后及党祸纪略》，见《忧患集偶钞》，《四库禁毁书丛刊》，集部，第187册，第14页。
③ 张岱：《石匮书后集》卷48《阮大铖传》，中华书局1959年版，第281页。
④ 陆圻：《纤言》卷下"越营首尾"条，上海书店1982年版，第53页。
⑤ 分见陈贞慧《书事七则》"留都防乱公揭"条，《昭代丛书》本；温睿临《南疆逸史》卷56《阮大铖传》，中华书局1959年版，第448页。
⑥ 分见张岱《石匮书后集》卷32《阮大铖传》，第194页；查继佐《罪惟录·传》卷32《阮大铖传论》，浙江古籍出版社1986年版，第2752页；陆圻《纤言》卷下"张捷杨维垣"条，第46页。按：弘光朝廷审理"王之明案"时，两人指王为伪太子。弘光帝出逃后，南京士民曾拥立王之明为帝，为期极短，两书认为张、杨二人以此畏罪自杀。
⑦ 徐秉义：《明末忠烈纪实》卷12，张金庄点校，浙江古籍出版社1987年版。

后及党祸纪略》《南都殉难诸臣》《冬青馆乙集》、万斯同《明史》、王鸿绪《明史稿列传》、张廷玉《明史》等史书则都认为二人是殉节而死①。这就要求笔者在采择和运用材料时必须十分审慎。

　　本书力图做到提出的每一个论点，都建立在翔实可靠的材料基础上。如以往都认为东林党与魏忠贤开始决裂是因为"移宫案"，本书对此提出了不同的看法，认为两者的决裂始于客氏、魏忠贤诛杀太监王安，而这是受到夏允彝《幸存录》启发的结果。再如本书不同于以往从内阁制度的嬗变来探究万历党争的做法，改从张居正死后"言路势力"的"舒张"来考察这一问题，也是从赵翼《廿二史札记》中的一条记载推衍而来。有些材料对同一事情的记载或评述，存在差异乃至完全相反，本书对这种情况的处理，是将各种典型的材料罗列对比，对它们进行考辨以理出头绪，并从中选出一种最为可靠者着重利用，如对南京"定策"之争的论述即是如此。在史料的采择上，本书根据史籍成书时间先后，优先选择成书时间在前的史料。清朝修纂《明史》取材众多，如能找到其记载之出处史籍，则用出处史籍。徐乾学《明史列传》和万斯同、王鸿绪各自的《明史稿》，与张廷玉《明史》有先后的继承关系，取用其中的材料时，也遵循这一原则。只有在未找到出处史籍的情况下，才用张廷玉《明史》的记载。对一些重要材料的征引或摒弃，本书都会说明原因，以防止为证明论点而取舍材料的情况发生。对史料出处与所论述问题的关系，本书一

---

　　①　分见李清《南渡录》卷6，浙江古籍出版社1988年版，第410页；邹漪《启祯野乘二集》卷3《张尚书传》、卷5《杨太仆传》，《四库禁毁书丛刊》，北京出版社1997年影印本，史部，第41册，第105、152页；夏允彝《幸存录》"门户杂志"条，留云居士辑：《明季稗史初编》卷14，上海书店1988年版，第310—311页；夏完淳《续幸存录》"南都杂志"条，留云居士辑：《明季稗史初编》卷16，上海书店1988年版，第328页；戴名世《弘光朝伪东宫伪后及党祸纪略》，见《忧患集偶钞》，《四库禁毁书丛刊》，北京出版社1997年影印本，集部，第187册，第13页；顾苓《南都死难纪略》，见《南明史料（八种）》，江苏古籍出版社1999年版，第751页；张鉴《冬青馆乙集》卷6《书复社姓氏录后四》，《续修四库全书》，上海古籍出版社2002年影印本，集部，第1492册，第161页；万斯同《明史》卷355《杨维垣传》、卷359《张捷传》，《续修四库全书》，上海古籍出版社2002年影印本，史部，第330册，第289、364—365页；王鸿绪《明史稿列传》卷225《杨维垣传》、卷240《张捷传》，周骏富辑：《明代传记丛刊》，台湾明文书局1991年影印本，第96、97册，第631、135页；张廷玉《明史》卷275《高倬传》，中华书局1974年版，第7047页。乾隆四十一年（1776）敕撰之《钦定胜朝殉节诸臣录》，对明朝自万历以降与清朝、农民军作战抗节而死者予以赐谥，却又规定阉党及与其有关之人除外，但是对张捷、杨维垣之"临难不屈"仍予以承认（舒赫德、于敏中等撰：《钦定胜朝殉节诸臣录》，《文渊阁四库全书》，台湾商务印书馆1983年影印本，史部，第456册，第402页）。

般也会有所交代，借以增强史料的可靠性，进而保证论点的说服力。

本书较多运用党局中人的材料。对于出自东林及其后人的材料，其门户之见前人已有较多论述，笔者对此也倍加小心①。而对于出自阉党中人的材料，复社人士吴应箕曾批评"借逆辞而助之攻"②的做法，认为信据阉党的言论就是助纣为虐，这当然是一种出于门户对立的看法。笔者以阉党为研究对象，征引阉党有关言论在所难免。对于其言论的可信度，除了借助其他材料相互印证外，"揆诸情理"的做法似乎也不可避免。如探讨阮大铖与东林、复社结怨的因由，主要通过对阮大铖天启时期背离东林投附魏忠贤和暗中赞导其倾陷东林，崇祯初期上疏将东林与阉党并观，罢归后受到东林、复社的过度逼迫和刺激等三事的考述，表明阮大铖与东林、复社结怨，后者的处事不公、护短遮丑、逼人太甚也难辞其咎。为了使"揆诸情理"不至于过多掺入自己的主观好恶，流为无谓的标新立异，笔者在完成本书的过程中，务求将讨论的问题放在当时的情境下，多方征引材料，且所使用的每一条材料，都是如实反映其原有的、整体的意思，避免随意的主观发挥和断章取义，期望丰富对晚明阉党问题的认识，在此基础上对其做出不偏不倚、不隐不溢的评价。

---

① 关于这一问题，可参见拙文《〈弘光实录钞〉辨误及其他》，《书品》2008年第4辑。
② 吴应箕：《两朝剥复录》卷1，《四库禁毁书丛刊》，北京出版社1997年影印本，史部，第19册，第121页。

第 一 章

"阉党"的界定

——崇祯"钦定逆案"

张廷玉《明史·阉党传》包括两部分,一为正德时期权监刘瑾的主要党羽,另一为天启时期权监魏忠贤的主要党羽,本书所要讨论的是后者。但是后者主要是对其中的恶迹昭彰者有所记载,于阉党搜罗不全,内容也过于简单。《明史·阉党传》所列魏忠贤的党羽,是依据崇祯二年(1629)的"钦定逆案"而来,因此如果要对阉党成员进行更确切的认定,必须根据"钦定逆案"所列的名单。不仅如此,要探讨阉党的形成、活动等问题,也首先有赖于对"钦定逆案"的解析。

第一节 "钦定逆案"的背景

"钦定逆案"是崇祯帝对魏忠贤及其党羽进行惩处的最终结果,魏党被罢斥的同时,东林则在天启后期遭受严重打击后得以复出,但这一过程却是逐渐推进且颇费周折的。

一 "阉党"内部的"自相携贰"

天启七年(1627)八月,天启帝驾崩,信王朱由检登基,是为崇祯帝。魏党内部本非铁板一块,各种纷争早已有之,在失去天启帝这个靠山、崇祯帝态度尚不明朗的情况下,其矛盾便开始凸显。他们中的一些人竞相弹劾党魁崔呈秀,指望把魏党所犯罪责都归于他,以此求得自保和维持部分魏党成员继续把持政权的局面,这也使当时的政局趋于复杂。

崇祯帝登基后不久,魏党副都御使杨所修即以天启年间"夺情"一事，上疏"首言"兵部尚书崔呈秀，请求令其"回籍守制"①。杨所修此疏还参及工部尚书李养德、太仆寺卿陈殷、延绥巡抚朱童蒙，请求让他们"回籍终制"，并因而纠及吏部尚书周应秋，未被采纳。之后崔呈秀、周应秋都疏请终制，均不允，李养德先是不允，后又允之。陈殷则被罢免，成为被处分的第一个阉党官员。杨所修此疏实际并未纠参崔呈秀，因此监生胡焕猷说："杨所修以不读礼一事微刺呈秀，此见地未定，欲侦探圣意者也"②，即只是想借此来试探崇祯帝的态度，是有道理的。但是不论如何，这次上疏产生的一个客观效果就是引起阉党内部的离心，可以说，它拉开了阉党在崇祯初期垮台的序幕。

杨所修这么做，看似是要维护儒家礼制，实际却是因为不满被授予南京通政使的职位，而且"见（魏）忠贤势将败"，于是"与（陈）尔翼及李蕃等谋以数年不法事尽归之崔呈秀，攻去之以自解。又以周应秋秉铨，贪声大著，议并去之，用孙杰代，仍留所修内台，然后纠合群力，共持残局。推所修先发，尔翼、蕃继之"。但是这几个魏党成员的谋划却被崔呈秀"侦知之"，他责骂李蕃、孙杰等人不念旧情、落井下石，并要挟孙杰，"必令尔翼出疏驳所修，差可恕耳"。后来陈尔翼果然上疏说："自所修有仰体圣孝疏，诸臣累累乞归，陛下已再四慰留，君臣上下自可相安无事"；又说："传闻东林余孽遍布长安，欲为覆雨翻云事"，请求加以禁缉，圣旨表示认可。③ 一方面他试图挽回杨所修参劾崔呈秀带来的后果，另一方面又对天启后期被排挤出政局，利用崇祯登基之机积极活动的东林党人加以参劾。暴露的裂痕似乎得到了弥合，魏党又转而共同压制东林。

但是此事并没有就此结束，继杨所修之后，魏党成员御史杨维垣也上疏参劾崔呈秀，并最终使其"免归守制"④。此举看似也是遵循礼制的做

---

① 《崇祯长编》卷2，天启七年九月丁丑，台湾"中央"研究院历史语言研究所1967年校印本，第28—29页。崔呈秀母死"夺情"之事，见谷应泰《明史纪事本末》卷71《魏忠贤乱政》，中华书局1977年版，第1161页。

② 《崇祯长编》卷17，崇祯二年正月庚申，台湾"中央"研究院历史语言研究所1967年校印本，第947页。

③ 参见文秉《先拨志始》卷下，上海书店1982年版，第210—211页；《崇祯长编》卷2，天启七年十月戊戌，第49—50页；万斯同《明史》卷354《杨所修传》，上海古籍出版社2002年影印本，史部，第330册，第280页。

④ 杨维垣参劾崔呈秀两疏，分见《崇祯长编》卷2，天启七年十月丁未、壬子，第60—62、66—67页。杨维垣虽然参劾崔呈秀，却仍回护魏忠贤，"厂臣公而呈秀私，厂臣忠而呈秀邪，厂臣犹知为国为民，呈秀但知贪钱坏法"。

法，但实际却是崔呈秀垮台的先声。同样，杨维垣此举也是魏党内部的小团伙所为，即是受了徐大化的指使，"以为翻身地"①。眼见崔呈秀已经保不住，陈尔翼马上就变卦了，并因此受到处分。户部员外郎王守履参劾他在上了前疏之后，"即见皇上采纳忠说，奸谋无用，乃复上圣治天新一疏，以反前疏而掩之顾左言他语"，奉旨"陈尔翼三疏矛盾，是非反覆，镌其秩"②。

  杨所修、杨维垣的举动，起初确实起到了混淆视听的作用，"遂俨然以正人自负，而国是益淆"③。天启年间因"忤珰"即触忤魏忠贤而受迫害、崇祯初期得到平反释放的耿如杞，就称他们的举动"皆绝世风节"④。杨维垣更因此由"差河东巡盐"改为"留佐大计"⑤，参与朝廷次年举行的考察官员的重要事务。

  崇祯帝登基之初，魏忠贤及其党羽仍然控制着政局，"忠贤党盛，莫发其奸"，即使皇帝在登基之初，也是"优礼客魏者，一如熹庙"⑥。据说天启皇帝病危时，魏忠贤曾欲"垂帘居摄"，为阁臣施凤来谏阻。天启帝遗命信王朱由检重用魏忠贤，而朱由检入宫时险象环生，甚至不敢吃宫中的食物，"心甚危，袖食物以入"。崇祯帝即位后，有人告发监生陆万龄等曾请求为魏忠贤建祠于国子监之旁，他也只是将陆万龄等下狱，而对魏忠贤则仍优旨宽慰，对所建生祠也是"前赐额如故，余俱罢止"。天启七年十月，"宣州之捷，犹叙功加荫。宁国公魏良卿、安平伯魏鹏翼铁券成，犹命给之"⑦。东林党人则在天启后期已被排挤出政局，他们在新皇登基时虽然已有所行动，仍不可能对魏党发起有力的进攻。但是当时魏党

---

① 文秉：《先拨志始》卷下，第211—212页。
② 《崇祯长编》卷3，天启七年十一月壬申，台湾"中央"研究院历史语言研究所1967年校印本，第110—111页。
③ 倪会鼎：《倪元璐年谱》卷1，中华书局1994年版，第12页。
④ 《崇祯长编》卷4，天启七年十二月己亥，第168—169页。耿如杞在天启后期因反对巡抚刘诏为魏忠贤建祠而被下狱论死，崇祯元年被起为山西巡抚，次年"己巳之变"率军入援，士兵因长期欠饷而哗变，耿受牵连被处死（万斯同：《明史》卷350《耿如杞传》，《续修四库全书》，上海古籍出版社2002年影印本，史部，第330册，第229页）。
⑤ 文秉：《烈皇小识》卷1，留云居士辑：《明季稗史初编》卷1，上海书店1988年版，第3页。
⑥ 文秉：《烈皇小识》卷1，第2页。
⑦ 计六奇：《明季北略》卷3"信王登极"条、"崔呈秀回籍"条，任道斌等点校，中华书局1984年版，第78、80页。

内部却自己先乱了阵脚，一些成员开始"自相携贰"，这是魏党内部已有矛盾尖锐化的体现，也表明维系这个朋党存在的基础原本非常脆弱，一旦所依仗的天启帝死去，他们中的一些人就会为了个人和小团体利益而相互拆台。杨所修、杨维垣等人弹劾崔呈秀，必将进而牵连到魏忠贤乃至整个魏党，不久陆澄源、钱元悫、史躬盛、钱嘉徵等人相继参劾魏忠贤，[①]魏忠贤、崔呈秀、客氏相继被惩处。[②] 崇祯帝逐步处理魏忠贤等人的做法也受到较多称赞，"时珰势甚炽，外廷汹汹，虑有他变。上不动声色，神明独运，无一人之助而诛逐元凶，再安社稷，天下翕然颂圣智焉"[③]。之后，不少魏党官员竞相揭举同党乃至举荐东林，直到其最后分崩离析。

二 东林党人复出受挫

如前所述，在崇祯帝登基之初的几个月里，魏党党魁客氏、魏忠贤、崔呈秀等人虽然已受到处分，魏党内部也开始离心，但他们仍然控制着政局，"当是时，魏珰虽诛，邪氛尚炽，其私人犹布九列，冀得阴阳反复，变乱是非"[④]。而东林党人则在天启末年受到魏忠贤及其党羽

[①] 四人之参疏，分见《崇祯长编》卷2，天启七年十月丙辰、戊午、壬戌、壬戌，第72—76、78—80、86、86—89页。陆澄源是第一个参劾魏忠贤的人，但并不能就此认为他是东林或亲近东林，他后来与东林背道而驰，对于其中因由，清初学者朱彝尊说他"厌薄门户，不屑附东林，其封章略云：'有市恩修怨，举劾失平者，虽东林亦可谓之小人，不得以杨（涟）、左（光斗）为护身之符。有特立独行，恪共厥职者，虽非东林，不失为君子，不得以崔、魏为陷人之阱'"，又云："臣宁寡援孤立为真正之小人，决不依草附木为疑似之君子""由是见嫉于东林，拒之惟恐不力，一官蹭蹬被察而归，放浪山水，以诗酒自娱，斯狂狷之流也"（朱彝尊：《静志居诗话》卷18《陆澄源传》，《续修四库全书》，上海古籍出版社2002年影印本，史部，第1698册，第421页）。认为他是在言论上于东林不利而受到排挤，有赞扬他的为人的意思。而东林后人李逊之则说："澄源后与东林反唇，所行多不简，以京察锢之。为善不卒，惜哉！"（李逊之：《三朝野纪》卷4《崇祯朝纪事》，上海书店1982年版，第132页）认为他被罢归，除了"与东林反唇"外，还因为"所行多不简"，批评之意很明显。南明弘光时期，逆案人员夤缘复起，已经亡故的陆澄源也受到赐恤（万斯同：《明史》卷355《孙杰传》，《续修四库全书》，上海古籍出版社2002年影印本，史部，第330册，第284页）。

[②] 天启七年十一月初，崇祯帝下令削去魏忠贤官职，贬往凤阳，之后又下令逮捕究治，魏忠贤在途经阜阳时闻讯自杀。同月崔呈秀畏罪自杀，客氏也在浣衣局被笞杀。之后三人之尸体还被戮尸、斩首（吴应箕：《两朝剥复录》卷6，《四库禁毁书丛刊》，北京出版社1997年影印本，史部，第19册，第191页）。

[③] 王世贞撰，王政敏订，王汝南补：《新刻明朝通纪会纂》卷4《熹宗哲皇帝》，《四库禁毁书丛刊》，北京出版社1997年影印本，史部，第13册，第97页。

[④] 邹漪：《启祯野乘二集》卷3《副使施公元徵》，《四库禁毁书丛刊》，北京出版社1997年影印本，史部，第41册，第114页。

的排挤和迫害，崇祯登基之初已没有什么政治能量，因此在那段时间里尚没有人敢为他们说话。相反他们仍然受到打压，如汪裕向朝廷报告刻成《三朝要典》，陈尔翼请求缉拿"东林余孽"被皇帝允准，① 等等。这种状况直到天启七年十一月才开始有所转变。当时崇祯帝敕谕部院，为天启时期遭到魏忠贤及其党羽迫害的官员平反昭雪，死者恢复名誉，生者起复。

> 魏忠贤、崔呈秀天刑已殛，臣民之愤稍舒，而诏狱游魂，犹然郁锢，含冤未伸。着部院并九卿科道，将已前斥害诸臣，从公酌议，采择官评。有非法禁毙，情最可悯者，应褒赠即与褒赠，应恤荫即与恤荫。其削夺牵连者，应复官即与复官，应起用即与起用，有身故捏赃难结，家属波累羁囚者，应开释即与开释，勿致久淹，伤朕好生之意！②

敕谕所指，无疑主要应为东林党人，但是当时的实际执行情况却并非如此。吏部据此开具的访单，完全以天启时期官员被崔、魏削夺的情况为据。这么做看似合理，但其实仍有不当之处，当时就有官员指出："诸贤之废锢因崔、魏，而为崔、魏所废者不必尽贤"，如曹钦程、乔应甲等人就是先投附魏忠贤，后又因故被其罢官，请求当事者对"如此类者"加以区别③。访单见外史氏辑《圣朝新政要略》，所列四百多人，主要为天启后期罢废者，东林和魏党中人均有。④ 朝廷同时还为已故太监王安复官、赐祭、建祠⑤。王安与东林党人有着密切的关系，他在万历末年东林党与政敌的争斗、"移宫"、泰昌及天启初期东林党人的复起等事件中，

---

① 《崇祯长编》卷2，天启七年九月乙丑，台湾"中央"研究院历史语言研究所1967年校印本，第11页；卷2，天启七年十月戊戌，第49—50页。按：《三朝要典》始修于天启六年正月，六月成书，此时刻成。

② 李逊之：《三朝野纪》卷4《崇祯朝纪事》，第133页；《崇祯长编》卷3，天启七年十一月癸酉，第114页。引文内容两书稍有不同，《崇祯长编》文句上有些不通之处，故此处引用从《三朝野纪》。

③ 《崇祯长编》卷6，崇祯元年二月乙未，台湾"中央"研究院历史语言研究所1967年校印本，第264页。

④ 《续修四库全书》，上海古籍出版社2002年影印本，史部，第438册，第698—712页。

⑤ 《崇祯长编》卷3，天启七年十一月癸酉，第115页。

都支持了东林党（详见本节后文论述）。这两件事情似乎都预示着，朝廷将要为东林党平反昭雪。于是一批官员开始为东林党人鸣冤，如刘应遇为杨涟、高攀龙等人，曾昌旸为万燝等人，都得到圣旨的许可①。但是这种局面没有持续几天就被杨维垣打断了，他上疏请求："若乃孙（慎行）党、熊（廷弼）党、赵（南星）党及邹（元标）党，无复人之启事"，反对为这些结党的东林人士平反，结果也是"旨是之"②。之后为东林党的平反活动降温，并出现反复。上述朝廷为王安平反后不久，他的兄弟就因为为其"乞赐恤录"被逐出北京城③。

杨维垣不仅打断了为东林平反的进程，还利用参与崇祯元年正月"大计"的机会庇护魏党，继续阻遏东林党人的起复。这次大计完全由魏党操纵：

> 主计者吏部尚书房壮丽、左都御史曹思诚、考功郎中李宜培、吏科都给事中魏照乘、掌河南道印御史安伸，佐计者杨维垣也。此举为圣天子第一新政，宜将媚珰诸奸痛加扫除，顾壮丽等皆珰孽也，互为容隐，咸逃吏议，人心颇为不平云。

而阁臣中也有人与他们呼应，"新参萧山、晋江（分别指当时的阁臣来宗道和杨景辰，两人均于天启七年十二月入阁——笔者按）系彼同志，协力护持"。"大计"对崇祯帝登基后仍投合魏忠贤或诋侮东林的官员"概置格外"，如江西巡抚杨邦宪、河南右参政周锵疏请为魏忠贤建祠并大肆称颂；四川右参政郭士望上疏痛诋东林党人左光斗，谀颂魏忠贤；江西副使李光春上疏诋斥旧辅叶向高等，都没有受到惩处。同时"大计"极力阻遏东林党人的复起，"削籍诸臣，虽屡奉起用之旨，维垣一手握定，百方阻遏"，韩爌、文震孟等东林党人的起复，就是因为受到杨维垣等人的阻挠而一再推延。④

---

① 《崇祯长编》卷3，天启七年十一月甲戌，第115—116、117页。
② 《崇祯长编》卷3，天启七年十一月乙亥，第119页。
③ 《崇祯长编》卷3，天启七年十一月壬辰，第149—150页。
④ 文秉：《烈皇小识》卷1，留云居士辑：《明季稗史初编》卷1，上海书店1988年版，第3—4、5—6页。

三 "贤奸之辩"——"邪正之分得此而定"

前文已经谈到，崇祯帝登基之初，杨维垣等人力图"护持残局"，魏党得以继续把持政局，而东林的复归则受到阻挠。这种情况表明，对于东林和魏党究竟孰忠孰奸、应当如何看待的问题，皇帝和众多官员尚认识不清。上述崇祯帝在为东林平反一事上的反复，可以表明这一点。"公论"不明，"邪正"不分，当时的局势正是所谓"正邪消长之机"。在这种情况下，朝堂上围绕确定贤奸标准而展开的"贤奸之辩"便开始了。

这场论争的双方，魏党以杨维垣为主，而东林则以翰林院侍讲倪元璐为主。双方的目的都是为了影响舆论，争取皇帝的支持，以维护己方的政治利益。在如何辨别贤奸的问题上，杨维垣主张以是否"通内"即结交宦官为标准，而反对以天启时期是否投附崔呈秀、魏忠贤为标准。"今之提衡君子、小人者，勿以门户为案，亦勿徒以崔魏为案，惟以有无通内为案"，"希王安之旨以号召天下者，岂得不谓之通内也"，"今之忠直，原不当以崔魏为对案，向之受抑于崔魏者，固为以燕伐燕，今欲取案于崔魏者，犹恐以病益病"[①]。概括其意，即"并指东林、崔魏为邪党"[②]，把都有通内之举的东林和魏党，并称为"邪党"。

杨维垣身为魏党中人，反东林自是必然，但同时也反自己的党派，看上去则颇令人费解。笔者认为，这应是为当时的局势所逼而不得不为。当时朝官竞相揭举魏忠贤及其党羽罪状，魏忠贤等党魁及许多曾投附他的官员已纷纷落马。在这种局势下，想要继续保全所有魏党成员，是不明智的，也没有可能。而杨维垣以是否通内为标准，"并指东林、崔魏为邪党"，虽然势必损害一部分魏党中人的利益，但也仍然可能保全一部分人。因为天启后期曾有一些官员，先投附魏忠贤，后又因故被其疏离，他们与魏忠贤的种种时合时离的关系，在当时的混乱形势下，可能使他们蒙混过关。如石三畏在天启后期先是投附魏忠贤，后因误命优人饰演刘瑾酗

[①] 《崇祯长编》卷3，天启七年十一月庚寅、卷5，崇祯元年正月壬午，台湾"中央"研究院历史语言研究所1967年校印本，第144—145、223页。

[②] 王鸿绪：《明史稿列传》卷287《阮大铖传》，周骏富辑：《明代传记丛刊》，台湾明文书局1991年影印本，第97册，第647页。由于形势的变化，杨维垣也不断调整策略，前后上疏，先参崔呈秀而保魏忠贤（《崇祯长编》卷2，天启七年十月丁未、壬子，台湾"中央"研究院历史语言研究所1967年校印本，第60—62、66—67页），继又参魏忠贤"目不识丁"（《崇祯长编》卷4，天启七年十二月庚戌，第185页），最后"并指东林、崔魏为邪党"。

酒剧目，触怒魏忠贤而被削籍，崇祯初期其乃借"忤珰"之名起复。① 此外，杨维垣提出这一标准还可能收到三个效果：其一，造成立言为公的印象。铲除朝中朋党的主张，易于博取皇帝和舆论的支持，同时也可以表明自己与朋党并无干系。其二，东林因为自身也曾有通内之举（详见本节后文论述），在揭举魏党时可能会有所顾忌，这无疑对魏党有利。其三，以东林为邪党的看法，如果被皇帝认同，那么东林复归政坛也必然受到影响，如此，魏党尚可以维持与东林相抗的势头，最终鹿死谁手，还有待一番角逐。由此也可见杨维垣之用心，在于尽量保全魏党，同时挟制东林。

而倪元璐则针锋相对地主张以天启时期是否投附崔魏作为官员贤奸的标准："杨维垣又以今日之曲直，不当以崔魏为对案，而臣以为正当以崔魏为对案也"，"夫品节试之于崔魏而定矣。故有东林之人为崔魏所恨其抵触，畏其才望，而必欲杀之逐之者，此正人也。有攻东林之人，虽为崔魏所借而劲节不阿或远或逐者，亦正人也。以崔魏定邪正，譬之以镜别妍媸，维垣不取案于此而安取案乎？"倪元璐主张采用这一标准来判别贤奸，用意也非常明显，就是要反对魏党而拥护东林。虽然他也指出："有攻东林之人，虽为崔魏所借而劲节不阿，或远或逐者，亦正人也"，并且指斥东林中李三才、王之寀等品节有亏之人，批评东林之不足："其所宗主者，大都禀清挺之标，而或绳人过刻；树高明之帜，而或持论太深。"② 但是总的来说，他是要为东林党人昭雪，为他们复归政坛扫清障碍。对东林有所指摘，似乎与杨维垣斥责一些魏党人员的手法相同，而且有些责备之词不如说是表彰。

当时休致在家的阮大铖也曾卷入这场争论：

> 大铖函两疏驰示维垣。其一专劾崔、魏。其一以七年合算为言，谓天启四年以后，乱政者忠贤，而翼以呈秀；四年以前，乱政者王安，而翼以东林。传语维垣，若时局大变，上劾崔、魏疏，脱未定，则上算疏。

---

① 万斯同：《明史》卷354《石三畏传》，《续修四库全书》，上海古籍出版社2002年影印本，史部，第330册，第292页。
② 《崇祯长编》卷5，崇祯元年正月己巳，台湾"中央"研究院历史语言研究所1967年校印本，第205页。

杨维垣"得大铖疏，大喜，为投合算疏以自助"①。如果这条材料可信②，则阮大铖真可谓是极尽官场投机之能事了。其"专劾崔魏"疏，是迎合当时朝堂上竞相揭举魏忠贤及其党羽罪状的形势，与倪元璐的主张相合；而"合算疏"将东林和魏党并观，则与杨维垣"并指东林、崔魏为邪党"的意旨一致。摇摆两端的奸猾品性展露无遗！只是他如此精心地筹谋，却托杨维垣代为上奏，虽曾嘱咐其根据朝堂形势的变化选择而上，"若时局大变，上劾崔、魏疏，脱未定，则上算疏"，但杨维垣正当论争之际，所以将"合算疏"投上以为自己之助。奉旨：

> 自神奸汪文言纳交王安，揽事纳贿，广报恩仇，遂开祸始，致奸恶魏忠贤承用其恶，益加毒惨。这本合算年来先后通内诸奸，俱有实迹，朕所鉴悉。人才摧折已极，而中立不倚者更为难得，今既报仇雪耻，消融方隅，应起应荐诸臣着都与分别，已有旨了。③

和东林关系密切的汪文言与太监王安内外勾结，开启祸端；魏忠贤承其余绪，又变本加厉，对阮大铖把东林和魏党"通内诸奸"的提法表示认同。这应当是由于当时的内阁，仍由魏党成员控制之故。

但是这场"贤奸之辩"，最终由于崇祯帝的亲自干预，而使倪元璐一方得以逆转形势，获得胜利。倪元璐先后上两疏，"初疏入，平湖施凤来拟票，有'持论未当'之旨，盖犹坚持珰局也。至再疏入，上亲览，心动，得奉俞旨，维垣辈毒网始无所施。人谓二疏实为廓清首功

---

① 王鸿绪：《明史稿列传》卷287《阮大铖传》，周骏富辑：《明代传记丛刊》，台湾明文书局1991年版，第97册，第647页。按：阮大铖此疏称《合算七年通内诸臣疏》，见于《崇祯长编》卷6（崇祯元年二月甲午，台湾"中央"研究院历史语言研究所1967年校印本，第262页）。当时助杨维垣论争的除阮大铖外，还有安伸、宋景云等人（吴应箕：《两朝剥复录》卷6，《四库禁毁书丛刊》，北京出版社1997年影印本，史部，第19册，第191页）。

② 与阮大铖同时的钱澄之《藏山阁文存》对阮大铖"合算疏"之事的记载（卷6《皖髯事实》，《续修四库全书》，上海古籍出版社2002年影印本，集部，第1400册，第645—646页），与《明史》相近，《明史》可能取材于它。

③ 外史氏辑：《圣朝新政要略》卷8，《续修四库全书》，上海古籍出版社2002年影印本，史部，第439册，第666页。

也"①。由此来看，上述为阮大铖"合算疏"拟旨的阁臣，可能也是施凤来。但是这并不意味着它不是崇祯帝的意思，以"聪察"著名的他不会放任臣下操纵圣旨，而且对东林"通内"知晓并不满、对所谓"中立"官员倍加青睐，之后也有诸多体现，详见本节后文论述。施对倪第一疏拟旨：

> 朕屡旨起废，务秉虚公，酌量议用，有何方隅未化，正气未伸。这所奏不当，各处书院不许倡言创复，以滋纷扰。王守履混乱朝仪，业经薄罚，岂容荐举市恩。

倪第二疏则得皇帝亲自拟旨："朕揽人才，一秉虚公，诸臣亦宜消融意见，不得互相诋訾。至于宣重郁、集群议，惟在起废一节，已下所司，着铨臣的确具奏。"② 倪元璐的论争达到了预期目的，即明确了东林为贤、魏党为奸的标准，如吴应箕说：倪疏"词严义正，议者以为邪正之分得此而定"③。夏燮对此说得更为明确："当是时，元凶（魏忠贤、客氏等——笔者按）虽殛，其徒党犹盛，无敢颂言东林者。自元璐疏出，清议渐明，而善类亦稍登进矣。"④ 之后杨维垣被罢去，魏党势力分崩离析，直至"钦定逆案"两百多人被废锢，东林则逐渐复归政坛。而阮大铖的"合算疏"也自然为东林所切齿，御史毛羽健对其予以参劾⑤，阁臣刘鸿训票旨："阮大铖前后反复，阴阳闪烁，着冠带闲住去。"⑥ 他遂于崇祯元年五月被罢，二年三月"钦定逆案"，他也名列其中。

阮大铖机关算尽，最终却作茧自缚，固然是心术不正，自作自受。但

---

① 李逊之：《三朝野纪》卷4《崇祯朝纪事》，上海书店1982年版，第138页。倪之两份奏疏，分见《崇祯长编》卷5，崇祯元年正月己巳、己丑，台湾"中央"研究院历史语言研究所1967年校印本，第205—209、245—252页。

② 金日升：《颂天胪笔》卷15，《续修四库全书》，上海古籍出版社2002年影印本，史部，第439册，第511、515页。按：第一份圣旨对倪元璐的批评之意很明显，但第二份圣旨为何是"俞旨"，则不大能看得出来。

③ 吴应箕：《两朝剥复录》卷6，《四库禁毁书丛刊》，北京出版社1997年影印本，史部，第19册，第191页。

④ 夏燮：《明通鉴》卷81，中华书局1959年版，第3109页。

⑤ 内容见李逊之《三朝野纪》卷4《崇祯朝纪事》，上海书店1982年版，第144页。

⑥ 文秉：《烈皇小识》卷1，留云居士辑：《明季稗史初编》卷1，上海书店1988年版，第8页。

是他与杨维垣等人对东林党"通内"的指控，又是否属实呢？揆诸史实，应当是属实的。明朝中叶以后，宦官在政治生活中的地位日益凸显。如熟谙明代掌故的万斯同谓："明自中叶，政在内珰。"① 近人孟森先生也说："朝廷大事，成败得失，颇系于阉人之赞否，兴安之于于谦，张永之于王守仁，冯保之于张居正，事皆然矣。"② 凡是想要有所作为的外廷官员，都必须借助内廷宦官的帮助。但是当时交结内侍即"通内"，受到法律的严厉禁止，"凡诸衙门官吏，若与内官及近侍人员互相交结……皆斩，妻子流三千里安置"③。而且交结内官也违背士大夫的政治伦理，被认为是"官邪之首恶，言路之奇丑"④。可举三例证明：万历时人何良俊说松江钱文通"曾在内书堂教书，怀恩太监出其门下。后恩得时，遂援引以至要路"，钱后欲入阁未果。何由此感慨道："盖交结内臣，文通之得力处在此，而损名处亦在此，士君子深当以此为鉴。"⑤ 万历时期吏科给事喻安性疏纠大珰卢受，营缮郎中张寰应为卢纠喻，因而受到沈德符的批评。⑥ 崇祯时期，大珰曹化淳倾慕大学士文震孟，"尝遣私人祈公，倘得循例往来，外廷事敢不惟命"，有人劝文往投谒，文哂曰："此谒一入，其辱尚可湔洗乎。"⑦ 所以即便在事实上与宦官存在诸多关联，士大夫们对此仍极力避忌。

前文已提到，东林党人与太监王安有着非常密切的关系，在万历末年东林党与政敌的斗争中，与东林交好的汪文言在齐、浙、楚各党之间"设奇用间"，"齐、浙果大搆，卒以两败，而楚遂归正。（王）安之谋居多，其奔走先后以卒成之者，文言也"⑧；"移宫"事件，据顾炎武说：王

---

① 万斯同：《明史》卷22《熹宗本纪》，《续修四库全书》，上海古籍出版社2002年影印本，史部，第324册，第260页。

② 孟森：《明史讲义》，上海古籍出版社2002年版，第302页。

③ 《大明律》卷2《职制》，《续修四库全书》，上海古籍出版社2002年影印本，史部，第862册，第433页。

④ 《明熹宗实录》卷32，天启三年三月戊申，台湾"中央"研究院历史语言研究所1967年校印本，第1654页。

⑤ 何良俊：《四友斋丛说》卷16《史十二》，见《明代笔记小说大观》，上海古籍出版社2005年版，第986页。

⑥ 沈德符：《野获编》卷20《言事·张寰应工部》，《续修四库全书》，上海古籍出版社2002年影印本，子部，第1174册，第496页。

⑦ 汪琬：《尧峰文钞》卷35《文文肃公传》，《四部丛刊初编》，上海书店1989年影印本，集部，第356册，第288页。

⑧ 黄尊素：《黄忠端公文略》卷3《汪文言传》，《四库禁毁书丛刊》，北京出版社1997年影印本，集部，第185册，第46页。

安"素不快于（李）选侍，为涟等内应"，"兵科给事中杨涟先上疏自明，被旨褒嘉过当。人谓其结王安以取旨如响答者"①，王夫之也说："杨大洪（杨涟——笔者按）之刚，而所用以卫主者王安"②；而东林党人在泰昌及天启初期得以复起，据复社人士夏允彝说，首辅叶向高的仲孙曾告诉他，是得力于汪文言向王安的举荐。③ 同样，东林党人对于与王安的这层关系，自然也是讳莫如深的。所以阮大铖等人指责东林党人"通内"，虽是实情，却触犯了他们的忌讳，如此则可以想见他们对阮大铖之奏疏的态度了。因此复社名士夏完淳曾毫不隐讳地揭示阮大铖此疏招致东林切齿的原因说："只七年合算一疏，曰杨（涟）左（光斗）已通王安，而呈秀之通忠贤，同为通内，遂犯君子之忌，不可解耳。"④ 将杨涟、左光斗在"移宫"事件中串通王安，与天启后期崔呈秀勾结魏忠贤相提并论，这是东林党人所不能容忍和接受的。这样，阮大铖因此而在东林逐渐复出掌权的形势下贾祸，也就顺理成章了。

归结起来，阮大铖在崇祯初期上"合算疏"，招东林忌恨而取祸，原因大致有两点：一是当"正邪消长之机"的关键时刻，出疏助魏党杨维垣论争，与东林为敌；一是指称东林党人通内，触犯东林之忌。但这是站在东林的立场而言，如果客观地说，阮大铖固然难逃"奸邪"之名，而当时的东林党人，也未必就是"正"和"贤"。比如"通内"一事，崇祯帝虽然没有采纳杨维垣的主张，以此作为对官员进退的标准，但"朕所鉴悉"，仍严谕禁止诸臣内外勾结⑤，显然已对包括东林在内的诸臣通内的说法有所触动。由此看来，所谓的"贤奸之辩"，其实质不过是东林和魏党在崇祯帝登基之初，为维护己方利益展开的一场角逐而已，从这一点来说，这场论争并没有什么是非曲直之分。所谓的"贤奸""正邪"，只不过是东林人士及其支持者事后美化自身、丑化政敌的言辞，并不足为据。

---

① 顾炎武：《顾亭林诗文集·熹庙谅阴记事》，华忱之点校，中华书局1959年版，第434、443页。
② 王夫之：《读通鉴论》卷25《顺宗》，中华书局1975年版，第874页。
③ 夏允彝：《幸存录》"门户杂志"条，留云居士辑：《明季稗史初编》卷14，上海书店1988年版，第297—298页。
④ 夏完淳：《续幸存录》"南都杂志"条，留云居士辑：《明季稗史初编》卷16，上海书店1988年版，第325—326页。
⑤ 孙承泽：《山书》卷1"禁交结内侍"条，《续修四库全书》，上海古籍出版社2002年影印本，史部，第367册，第8—9页。

"贤奸之辩"后不久,倪元璐又于元年四月请求焚毁《三朝要典》。他指出官员们围绕"三案"的争端本各有是非,与魏忠贤及其党羽借"三案"打击政敌编纂《三朝要典》不同:

> 主梃击者力护东宫,争梃击者计安神祖;主红丸者仗义之言,争红丸者原心之论;主移宫者弭变于几先,争移宫者持平于事后。亦各有是,不可偏非。……总在逆珰未用之先,群小未升之日,虽甚水火,不害埙篪。

因此他主张:"其议(指围绕'三案'的争议——笔者按)不可不兼行,而其书(指《三朝要典》——笔者按)不可不速毁。"① 此举受到翰林院侍讲孙之獬的反对,他跑到内阁哭求不要焚毁《三朝要典》,后来也因此被列入逆案。② 最终崇祯帝下旨焚毁了《三朝要典》这一套在东林党人头上的紧箍咒,为东林的复出进一步扫清了障碍。

四 崇祯帝进一步惩治"阉党"的措施

前文指出,崇祯帝登基之初,一些魏党成员为逃避罪责互相参劾,"一二宵小先附珰,珰败复劾附珰诸人,以冀解免者"③。另外,魏党中还有一部分人在天启后期先是投附魏忠贤,后来又由于各种原因被罢斥,"在天启时亦有附珰而遭斥者"④,在崇祯初期官员竞相揭举魏党罪状的情

---

① 《崇祯长编》卷8,崇祯元年四月己未,第447—452页。按:在倪元璐之前已有人建议修改《三朝要典》,如天启七年十一月户部广西司主事陈此心、大兴知县饶可久等人(《崇祯长编》卷3,天启七年十一月乙亥,第121—122页;天启七年十一月辛巳,第126页)。次月,工科左给事中陈维新还上疏对此加以反对(《崇祯长编》卷4,天启七年十二月己未,第156页)。崇祯元年三月,新授南京兵部主事别如纶又疏言:"《要典》中所指为奸邪而斥逐、诛窜者,孰非今日之济济在位与谆谆启事之人,孰非皇上许恤、许谥、许为理学节义之人"(卷7,崇祯元年三月戊子,第386—388页)。前文提到崇祯帝颁布谕旨为曾遭受魏忠贤及其党羽迫害的官员平反,主要是针对东林;而别如纶说崇祯帝将《三朝要典》中所贬斥之人予以起用和褒扬,也主要应是指东林而言。这表明倪元璐奏请焚毁《三朝要典》并得到崇祯帝首肯,此前的准备工作已就绪,这只是水到渠成之事。在倪元璐之前,瞿式耜对三案有相似的评论(计六奇:《明季北略》卷2"瞿式耜六不平",任道斌等点校,中华书局1984年版,第88—90页)。
② 崇祯元年五月,四川道御史吴焕参孙之獬,圣旨令其回籍(金日升:《颂天胪笔》卷14,上海古籍出版社2002年影印本,史部,第439册,第500页)。
③ 陈鼎:《东林列传》卷18《刘鸿训传》,《文渊阁四库全书》,台湾商务印书馆1983年影印本,史部,第458册,第406页。
④ 吴应箕:《两朝剥复录》卷1,《四库禁毁书丛刊》,北京出版社1997年影印本,史部,第19册,第118页。

况下，他们又纷纷借此疏陈自身的"忤珰始末"。当时即有官员指出所谓"忤珰"存在不实之处："逆珰初发难时，所处者尽皆君子，及其后珰意不测，有因媚得处者，又有人自应处，非关珰事者，一概蒙曰'忤珰'。"① 崇祯时期的大学士黄景昉也说："天启末削夺诸臣，非必尽由门户，盖有为崔、魏所夙交，惊怪罹是者。……事后率自诩忤珰。"② 如前述石三畏就是如此。③ 甚至还有一些人转而向东林示好，"被参饰词又欲依附于君子之林"。如李鲁生天启年间曾诋毁杨涟等人，此时又请免杨涟等人之诬赃。④ 再如贾继春在天启后期曾极力诋斥杨涟，此时却又称赞他，并举荐韩爌、倪元璐等人，"以求容于清议"⑤。魏党成员的这些举动势必淆乱视听，使人难辨真伪。而且魏党中的一些人当时仍然控制政府的许多重要部门，对同党极力加以庇护，"时刑部尚书苏茂相、左都御史曹思诚、大理寺署事少卿姚士慎，皆与珰党者，香火情深，曲加护持"。如对魏忠贤的主要党羽"五虎五彪"从轻定罪，对曾诬论国丈张国纪、倾动皇后的梁梦环，枉杀刘铎的薛贞，"皆相继论列逮问，而内外蒙狗，起解无期"。这种状况也受到给事中曹师稷、御史吴焕等人的批评。⑥ 内阁对惩治魏党也不敢全力主持，"时国讨虽伸，而群氛未靖，在直者倡执中之说以相持"⑦。在这种情形下，"贤奸之辩"中已对东林有所倾斜的崇祯帝，为继续推进对魏党的惩治，主要采取了三项措施。

---

① 孙承泽：《山书》卷1"辅臣冢臣忠告"条，《续修四库全书》，上海古籍出版社2002年影印本，史部，第367册，第18页。
② 黄景昉：《国史唯疑》卷11，陈士楷等点校，上海古籍出版社2002年版，第341—342页。
③ 万斯同：《明史》卷354《石三畏传》，《续修四库全书》，上海古籍出版社2002年影印本，史部，第330册，第292页。
④ 孙承泽：《山书》卷1"湖广试录"条，《续修四库全书》，上海古籍出版社2002年影印本，史部，第367册，第8页；万斯同：《明史》卷354《李鲁生传》，《续修四库全书》，上海古籍出版社2002年影印本，史部，第330册，第290页。按：杨涟在天启后期被魏党参劾收受辽东经略熊廷弼的贿赂，为他开脱失陷封疆的罪责，杨涟因此被追赃。
⑤ 万斯同：《明史》卷354《贾继春传》，第281页。
⑥ 李逊之：《三朝野纪》卷4《崇祯朝纪事》，上海书店1982年版，第140页。按："五虎"指：崔呈秀、吴淳夫、田吉、倪文焕、李夔龙，即魏忠贤的所谓义子，"主谋议"。除崔呈秀在魏忠贤死后畏罪自杀又被戮尸外，其他四人都在崇祯初期被逮治论死（张廷玉：《明史》卷306《阉党传》，中华书局1974年版，第7851页）。"五彪"指：田尔耕、许显纯、崔应元、杨寰、孙云鹤，都曾掌管锦衣卫、东厂等特务组织，"主杀戮"，是魏忠贤迫害东林的爪牙（张廷玉：《明史》卷305《魏忠贤传》，第7821—7822页）。
⑦ 陈鼎：《东林列传》卷18《刘鸿训传》，《文渊阁四库全书》，台湾商务印书馆1983年影印本，史部，第458册，第406页。

一是于元年四月"特下考选之令",起用新的科道言官,意在让他们更广泛地揭举魏党的罪行。此举收效非常明显,科道言官"咸以纠弹珰党为事,而朝端渐见清明矣"①。

二是重用阁臣刘鸿训,使其得以主持进一步惩治魏党的事务。刘鸿训天启时期因触忤魏忠贤被罢斥,于崇祯元年四月被召还朝,以其才干受到崇祯帝的赏识,"帝数召见廷臣。鸿训应对独敏……帝初甚向之"。他一改内阁的疲软之态,对于进一步斥退魏党成员起了重要作用。

> 当是时,忠贤虽败,其党犹盛,言路新进者群起抨击之。诸执政尝与忠贤共事,不敢显为别白。鸿训至,毅然主持,斥杨维垣、李恒茂、杨所修、田景新、孙之獬、阮大铖、徐绍吉、张讷、李蕃、贾继春、霍维华等,人情大快。

另外,上述倪元璐请求焚毁《三朝要典》,也是由他票旨施行。②

刘鸿训也因此受到与杨维垣关系密切的御史袁弘勋、史𡒄、高捷等人的攻击,后来三人都由其票旨褫革。但当刘鸿训不久因私改敕书被罢去后,吏部尚书王永光又请求恢复了三人官职。之后他们更借崇祯二年"己巳之变"清军兵临北京城下一事,指责东林党人阁臣钱龙锡与袁崇焕同谋招引清军,想要罗织多名东林党人罪状以泄私愤。杨维垣受人参劾后,已奉旨斥革,但之后仍有人纠其与徐大化"虽奉谴斥,潜居辇毂,日与阉官往来"。阁臣来宗道票旨"不必苛求",而崇祯帝御批"杨维垣不许潜住京师,徐大化着回原籍"③。杨、徐后来都入逆案,杨在南明弘光时期复起,详见第五章论述,徐则死于戍所。当时魏党"五虎"之一的倪文焕也曾欲贿赂东林党人姚希孟以脱罪,但被拒绝④。由此也可以看

---

① 文秉:《烈皇小识》卷1,留云居士辑:《明季稗史初编》卷1,上海书店1988年版,第3页。当时言官参劾魏党的情形,可参见万斯同《明史》卷354和卷355各魏党人物传记。按:考选科道官名单,见《崇祯长编》卷8(崇祯元年四月丙午,第427—428页)。另外,在天启七年十二月也有一次考选科道,见《崇祯长编》卷4(天启七年十二月甲辰,第176页)。或许是此次考选结果不合崇祯帝之意,而又于元年四月"特下考选之令"。

② 张廷玉:《明史》卷251《刘鸿训传》,中华书局1974年版,第6482页。

③ 文秉:《烈皇小识》卷1,留云居士辑:《明季稗史初编》卷1,上海书店1988年版,第10—11页。

④ 叶绍袁:《启祯记闻录》卷1,《痛史》本。

出魏党被惩处后仍图谋再起、朝堂上大臣对他们加以护持，以及崇祯帝惩治魏党的强硬姿态。

三是于崇祯二年初进行"己巳京察"，为处理逆案提供依据。据受命处理逆案的首辅韩爌等人上疏说："臣等遵照前圣谕及钦定续款，通将在外红本，及部院开来各官，并昨南计附逆，奉旨候议"，可见"南计附逆"是他们处理逆案的主要依据之一。所谓"南计"是指这次京察中以南京官员主持的南察。吴应箕所著《两朝剥复录》记载这次京察的情况说：

> 王永光为北总宰，曹于汴总宪，沈惟炳掌吏科，蒋允仪为河南道。南道南冢宰缺，摄之者为户部尚书郑三俊，都察院陈于庭，署吏科者为典科钱允鲸，河南道则陈必谦也。二察以除逆党为主，北察王永光犹有所庇，然已尽之于南矣。①

"二察以除逆党为主，北察王永光犹有所庇，然已尽之于南矣"，南察参处"逆党"即魏忠贤党羽较为彻底，这当是韩爌等人以"南计附逆"作为定案主要依据的原因所在。《两朝剥复录》对南察、北察及其与逆案处理的关系有较详细的论述，以此为据，再结合《崇祯长编》等相关记载，可以窥见其中的具体情形。

关于如何处理京察与"附逆"（投附魏忠贤的官员）的关系，摄理南京吏部尚书、主持南察的郑三俊曾上疏说："南北科道等臣条陈察典，俱称媚珰诸奸应于计前另疏列名，奏请定夺，余照常年察典分别处置，盖所特重附逆之条，毋留计典之玷"，并开列谢启光等18人及其"附逆"罪状②。他认为投附魏忠贤的官员即"媚珰诸奸"之罪责比京察受处分官员更重，所以主张在京察之前对他们先行参处，"媚珰诸奸应于计前另疏列名"；但他同时也主张对"媚珰诸奸"，"照贪酷、不谨、浮

---

① 吴应箕：《两朝剥复录》卷6，《四库禁毁书丛刊》，北京出版社1997年影印本，史部，第19册，第201—202页。
② 吴应箕：《两朝剥复录》卷6，《四库禁毁书丛刊》，北京出版社1997年影印本，史部，第19册，第210—216页。按：《崇祯长编》亦载此疏，但不够完整（卷19，崇祯二年三月壬戌，台湾"中央"研究院历史语言研究所1967年校印本，第1112—1120页），而吴应箕说："郑公三俊察前先劾诸奸……故录其全疏"，故此处引用从后者。

躁分别处分"，即对其仍按京察考功法来处理。他所开列的18人后来全部列入逆案。郑三俊的这一主张渊源有自。崇祯元年十一月，湖广道御史张慎言疏言："考功之法，原以课职业，故止曰才力不及，曰浮躁，曰罢软，曰不谨，曰贪酷。乃从前附逆者，考功将以何目弊之？即坐以贪酷、不谨之例，与诸臣面目未肖，实藉之口矣"，"伏乞圣上敕谕该部院，先将年来邪媚附逆诸臣，或有事迹，或有章疏，或已、未经人论劾，尽令该部科彻底清查，列名上请，注实迹于员名之下，分别处治，取旨定夺。……此外方课以本等职业，以考功法处之"；十二月，陕西道御史赵延庆疏言："'媚珰'、'冒衔'诸臣宜悉入计典，明著'媚珰'二字，庶不为将来翻案地"；二年正月，广东道御史侯恂疏言："媚珰诸臣非寻常职业不修，可坐以考功法者"，"务于计前了却此案，庶永绝葛藤耳"①；后来参与南察的南京河南道御史陈必谦疏言："此皆珰门义儿走狗，何足以辱考成之法，而与待察诸臣，一律共视，以为冠绅羞。臣谓当核其媚珰有据者，另列而严惩之，以惧乱贼，而明分谊"②；御史吴甡疏言："言此辈（魏忠贤党羽——笔者按）罪恶非考功法所能尽，宜先定其罪，毋混察典。"③ 以上即郑三俊所谓的"南北科道等臣条陈察典"的几个例子。张慎言、侯恂、陈必谦、吴甡四人主张将"附逆"和京察分开处理，并且反对用考功法名目处理"附逆"人员；而赵延庆则主张将"附逆"纳入京察处理。郑三俊显然是折中了这两种主张，即将京察和"附逆"分开处理，但同时又采用京察考功法来处理"附逆"。

南察重在参处"附逆"人员，或许是因此之故，郑三俊上述所列谢启光等18人，后来全部被列入逆案，却均不在《崇祯长编》所载"考察京官"名单中④。而同时参与南察的南京署吏科都给事中钱允鲸所拾遗的

---

① 分见《崇祯长编》卷15，崇祯元年十一月丁丑，第869—870页；卷16，崇祯元年十二月戊戌，第916页；卷17，崇祯二年正月癸亥，第951—956页。
② 归庄：《归庄集》卷8《工部尚书陈公行状》，上海古籍出版社1984年版，第444页。
③ 张廷玉：《明史》卷252《吴甡传》，中华书局1974年版，第6521页。
④ 《崇祯长编》卷18，崇祯二年二月己酉，台湾"中央"研究院历史语言研究所1967年校印本，第1079—1085页。

房壮丽等人，与南京河南道御史陈必谦所拾遗的王之臣等人①，后来绝大部分都被列入逆案，但大多数人也都不在《崇祯长编》所载"科道拾遗者"中。其他如崇祯二年三月南京户科给事中陈尧言所拾遗胡继先等人，南道御史张继孟所拾遗杜其初等人，② 也都不在"科道拾遗者"中。与南察相反，参与北察的吏科都给事中沈惟炳所拾遗林宗载等人，与河南道御史蒋允仪等所拾遗王之臣等人，以及因拾遗被处刘斌等人，③ 却均在"考察京官"之"科道拾遗者"中。

综上所述，上文《崇祯长编》所载二年二月"考察京官"所列被处分官员名单，应是吏部尚书王永光等人主持的北察所为，其中"科道拾遗者"则为参与北察的沈惟炳、蒋允仪等所拾遗之人。而郑三俊所纠"附逆"18 人，以及钱允鲸、陈必谦等拾遗之人，则为南察之举，均不在《崇祯长编》"考察京官""科道拾遗者"名单中。南、北"二察"在处理魏忠贤党羽上的作用不同，"二察以除逆党为主，北察王永光犹有所庇，然已尽之于南矣"。观北察"考察京官"所列官员，后来入逆案者极少；而南察所纠官员则后来大部分被列入逆案，且开列之罪名，亦多为后来韩爌等人参定逆案时所沿用。④ 前已言之，在这次京察之前，官员们对于如何处理京察与"附逆"的关系，有不同意见。或许是因为北察官员

---

① 分见《崇祯长编》卷19，崇祯二年三月己巳、丁卯，第1156、1134—1144页。按：钱允鲸、陈必谦之拾遗人员，亦分见于吴应箕《两朝剥复录》（卷6，《四库禁毁书丛刊》，北京出版社1997年影印本，史部，第19册，第216—219、219—224页）。其所载钱允鲸所拾遗房壮丽等7人，较《崇祯长编》少马之骐、郭允厚两人，而多张鹤鸣、张文熙、孙国祯3人，此3人或在《崇祯长编》"郭允厚等另议处分"中。如粗略按9人算，有房壮丽、张文熙、孙国祯、郭允厚等4人后来列入逆案。而所载陈必谦所拾遗之人，则与《崇祯长编》完全相同，有王之臣、邵辅忠、徐大化、曹思诚、徐绍吉、郭增光、刘廷元、霍维华、郭允厚、吕纯如、潘士良等11人后来列入逆案。

② 《崇祯长编》卷19，崇祯二年三月丙寅，第1127、1128页。

③ 分见《崇祯长编》卷18，崇祯二年二月乙巳，第1072—1079页；卷19，崇祯二年二月乙卯，第1091—1096页；卷19，崇祯二年三月己未，第1099页。按：沈惟炳、蒋允仪所拾遗之人，亦分见于吴应箕《两朝剥复录》卷6（《四库禁毁书丛刊》，第202—204、204—210页）。但两者所载出入较大，《两朝剥复录》载沈惟炳所拾遗，少吕纯如、王之臣、潘士良3人；载蒋允仪所拾遗，则少王之臣、田仰、李栖凤、蒋一聪4人，而多刘斌、王廷谏、白鲲、李桂芳、苗胙土、张元芳、朱慎鉴、周锵、虞德隆、王登三、郭文衡、王鼎新、张元玘、汤本沛、沈德先、吕下问、汤齐、徐四岳18人。而且，《崇祯长编》所载沈、蒋此时所拾遗之人，绝大部分已在崇祯二年正月被两人拾遗（《崇祯长编》卷17，崇祯二年正月壬午，第1009、1010—1011页），不知为何重复？

④ 文秉《先拨志始》所列逆案人犯罪名，多按曰"此本南察疏"。

主张两者应分开处理，南察官员则主张两者应结合处理，才会产生这样的差别。但如果结合"二察"的主持者王永光、郑三俊分别与魏党、东林党存在不寻常的关系来看，他们各持不同意见，不排除是出于庇护和打击魏党的用意。而《崇祯长编》所载"考察京官""科道拾遗者"，只载侧重考察官员的北察，不载侧重参处"附逆"人员的南察，倒也"名副其实"。

表1　　　　　　　"钦定逆案"前魏党成员受处分情况

姓名	官职	参劾事由	参劾之人	所受处分
天启七年九月				
陈殷	太仆寺卿			回籍守制
陆万龄	监生	请为逆珰建祠于国子监	朱之俊	严行提究
天启七年十月				
朱童蒙	延绥巡抚			回籍守制
李养德	工部尚书			回籍终制
崔呈秀	兵部尚书		杨维垣	回籍守制
吴淳夫	工部尚书			归养
魏忠贤	太监			回私宅调理
魏良卿	国公			改锦衣卫指挥使
魏良栋	侯			改指挥同知
魏鹏翼	伯			改指挥佥事
魏文焕	御史			回籍侍养
孙如洌	经历			送刑部拟罪
潘汝祯	浙江巡抚		吴弘业	削籍追夺诰命
田吉	兵部尚书			回籍
天启七年十一月				
刘志选	南操江都御史	离间母后	张文熙	削籍为民
周应秋	吏部尚书	献媚崔呈秀	段国璋	回籍调理
李春茂	顺天府尹		李梦湖	冠带闲住
陈尔翼	吏科都给事中	三疏矛盾，是非反复	王守履	冠带闲住
陈九畴	刑部侍郎			回籍
张我续	户部尚书			回籍

续表

姓名	官职	参劾事由	参劾之人	所受处分
薛贞	刑部尚书		陈维新	回籍
刘诏	蓟辽总督			回籍
许显纯	北镇抚司			劾罢
李夔龙	副都御史			回籍
孙云鹤	锦衣卫理刑			劾罢
孙杰	工部尚书			回籍
魏持衡	光禄卿			回籍
田尔耕			许九皋	削籍，籍家
倪文焕	御史			法司会议

天启七年十二月

姓名	官职	参劾事由	参劾之人	所受处分
黄立极	大学士			驰驿归里
许志吉	大理寺丞		贾继春	撤回该部议处
李精白	巡抚			终养
李若珪	刑部尚书			回籍
门洞开	工部主事	肆詈挟持非礼		削籍
客光先				会官处决
梁梦环	太仆寺卿		贾继春	冠带闲住
乔应甲	副都御史		薛国观	再加勘处
季寓庸	祥符知县		同上	下所司议处
许其进	扬州推官		同上	下所司议处
杨梦衮	工部尚书			免
张体坤①				下狱

崇祯元年正月

姓名	官职	参劾事由	参劾之人	所受处分
周良材	验封司郎中		仇维祯	降级调用
徐四岳	工部郎中		林栋隆 仇维祯	降级调用
薛凤翔	工部尚书			回籍
朱国盛	工部侍郎		林栋隆	回籍调理
何宗圣	工部侍郎			回籍

---

① 逆案中有"张体乾"，不知与此是否是一人？

续表

姓名	官职	参劾事由	参劾之人	所受处分
崇祯元年二月					
牟志夔	巡抚			
徐大复	学佥			看议来说
苏茂相	刑部尚书			回籍
郭允厚	户部尚书			回籍
秦士文	兵部尚书			回籍
杨梦环				提解来京究问
张九德				回籍
周维京				回籍
李若琳	检讨			回籍
崇祯元年三月					
单明诩				削籍为民
何宗圣				削籍为民
张文郁	工部侍郎		魏照乘	回籍
王之臣	督师		薛国观	回籍
黄运泰				回籍
董茂中				该部看议
张讷				部院议处
智铤				部院议处
王瑊	户部侍郎			吏部看议具奏
李鲁生				回籍
李蕃				回籍
李嵩	户部侍郎			回籍
冯时行				致仕
聂慎行				部院看议
王继曾				议处
施凤来	大学士			驰驿归里
张瑞图	大学士			驰驿归里
阎鸣泰	兵部尚书			回籍
杨维和				看议
袁燨				看议

续表

姓名	官职	参劾事由	参劾之人	所受处分
王之采				看议
吴孔嘉				看议
郭兴治	仆卿			回籍
许宗礼	吏部左侍郎			回籍
卓迈	御史			回籍
李寓庸	主事		张善政	削籍
石三畏				着实议处
曹钦程				着实议处
崇祯元年四月				
鲍奇谟	御史			议处
张养素	御史			议处
刘徽				回籍
庄谦				回籍
张朴				议处
郭增光	巡抚			回籍
房壮丽	吏部尚书			回籍
曹思诚	左都尚书	锦屏颂德，金杯镌名，且与魏良卿缔结婚姻，希图固结	兵科彭祖寿	回籍
杨邦宪	巡抚			议处
辛思齐	巡抚			议处
崇祯元年五月				
杨所修	副都			回籍
温皋谟	御史			回籍
杨维垣	御史		任赞化	革职为民
霍维华	戎政尚书			闲住
朱童蒙	巡抚			闲住
李应荐				回籍
徐绍吉				冠带闲住
谢启光				听自引退

续表

姓名	官职	参劾事由	参劾之人	所受处分
阮大铖			毛羽健	闲住
田景新				革职为民
孙之獬				回籍
白太始	十孩儿之一			革职为民
刘廷元	工部尚书			回籍
顾秉谦	大学士		张茂梧	削去两次恩荫
崇祯元年六月				
孟绍虞	礼部尚书			回籍（引疾去）
郭鞏	户科给事中		周延祚	闲住
李灿然	巡抚			回籍
安伸	河南道御史		余昌祚	着看来说
郭尚友	总督漕运尚书			回籍
周昌晋	提学			回籍
冯铨	大学士		张茂梧	削去恩荫
徐大化			黄正宾	着原籍去
李桂芳	员外		张国维	削籍提来问罪
郭兴治				削籍为民
范济世			田时震	闲住
杨景辰	大学士			驰驿归里
来宗道	大学士			驰驿归里
魏广微	大学士		刘大受	照焦芳例除名 追夺诰命恩荫
陈保泰	御史			回籍
崇祯元年七月				
陈九畴			汪应元	闲住
宋汉祯	巡抚			回籍
李从心	河道总督			回籍
刘溪	南山东道御史			回籍（劾免）
顾秉谦			汪应元	削去恩荫
李鲁生			汪应元	削职为民

续表

姓名	官职	参劾事由	参劾之人	所受处分
张我续	户部尚书		黄宗昌	革职（削籍）
岳骏声	通政使		黄宗昌	首议共覆（免职）
潘士闻	工科右给事中		黄宗昌	首议共覆（调外任）
王珙	南京广西道御史		黄宗昌	首议共覆（镌职三级调外）
张士范				下法司拟罪
张星				下法司拟罪
张晓	总督宣大			回籍
崇祯元年八月					
郭士望	参政			降四级
陈以瑞	新补御史		任赞化	该部着议具奏
曹谷	南学臣		施元徵	看议具奏
邵辅忠	兵部尚书		冯明玠	闲住
黄宪卿	湖广按察使		冯明玠	革职为民
游凤翔			陈良训	闲住（罢职）
周维持			陈良训	闲住（罢职）
张化愚				削籍
张汝懋				削籍
陈朝辅	山西道御史	湖广布政梁建廷削籍	李嵩	闲住
崇祯元年九月					
吕纯如	兵部侍郎			回籍
许其孝	御史			闲住
孙国桢	登莱巡抚			看议
许可徵	兵科给事中	媚珰速化	李长春	削籍
胡芳桂	黄州知府			削籍
魏应嘉				闲住
崇祯元年十月					
王绍徽	吏部尚书		蒋允仪	削前官阶，追停赠恤
郭如闇	南吏科给事中			回籍
刘志选			马思理	该部具奏

说明：该表天启七年九月至崇祯元年十月官员的削夺情况，据吴应箕《两朝剥复录》卷五、

卷六。吴应箕说："削除则书之,其昭雪登用不书者,以是时逆案未定,荐举多杂,前之不陷逆者,多登启事",而所记"削除"者大多是魏党成员,"诸奸以次削",较全面地反映了这段时间内对魏党的处理情况。由此表可以看出,参劾之人大多是支持东林的官员,但也有杨维垣、贾继春等魏党人员,当如前文已讲到的,是为了逃避罪责而为。《两朝剥复录》两卷对很多被参劾之人的罪名都没有说明,但仍可以看出与魏忠贤、崔呈秀等人有染,是被指责的重要罪名。两月后的崇祯二年正月即正式开始处理逆案,这些被参劾之人大多都入案,他们此时参劾、受处分,无疑为后来的"钦定逆案"做了准备。本表只记被参劾的魏党人员,不记其他被参劾的非魏党中人;只记魏党人员最初被参劾的情形,不少人后来又不断被人参劾,所受处分也渐次加重,均不予记。

五 "不忧国而植党"——崇祯帝对东林的态度

从上述所论可以看出,崇祯初期对魏党的处理是一个渐进的过程,在这个过程中,逐步复起的东林与魏党又开始相争。而皇帝的态度虽然总体来说是倒魏党而扶东林的,[①] 却并没有一意偏向东林,相反不少事情都反映出他对东林也心存疑忌,对某些被指为曾与魏忠贤有染的官员则多方袒护。

比如上述杨维垣反对为结党的东林人士平反,得到圣旨的认同,已可反映出崇祯帝对东林的看法和态度。在上述"贤奸之辩"中,崇祯帝虽然最终偏向了东林,没有如杨维垣所主张的那样,"并指东林、崔魏为邪党",但已对东林的"通内"有所警觉。他对东林的好感逐渐减少,在"贤奸之辩"后不久就直言东林"不忧国而植党"[②],且在以后的用人上,采用"贤奸杂用"[③] 的策略,对东林和非东林参互用之,使其互相制衡。如夏允彝说:"门户之说为上所深恶。幸上神圣,知两党各以私意相攻求

[①] 此时东林后人黄宗羲等人为其父鸣冤,参劾、锥击李实等人,行为过激,但得到崇祯帝的谅解。"崇祯即位,公年十九,袖长锥草疏入京讼冤,疏请诛曹钦程、李实。五月,会审许显纯、崔应元,公对簿。锥显纯流血蔽体,又殴应元胸,拔其须归而祭之其父神主前。又与周延祚、夏承共锥毙牢子叶咨、颜文仲。六月,李实辩原疏不自己出,忠贤取其印信空本,令李永贞填之,故墨在硃上,又阴致三千金于公求弗质。公奏明,对簿之日以锥锥之",狱竟,又"偕同难诸子弟设祭于诏狱中门,哭声如雷,闻于禁中"(全祖望:《鲒崎亭集》卷11《梨州先生神道碑文》,第126页)。而据谈迁《国榷》,黄宗羲等锥毙的牢子是叶文仲(卷87,张宗祥点校,第5331页)。当时还有其他东林后人纷纷上血书为其父讼冤,都得到崇祯帝的同情和认可(金日升:《颂天胪笔》卷20《讼冤》,《续修四库全书》,上海古籍出版社2002年影印本,史部,第439册,第612—635页)。

[②] 张廷玉:《明史》卷240《韩爌传》,中华书局1974年版,第6247页。

[③] 张廷玉:《明史》卷21《神宗纪二·赞》,第295页。

胜。上不欲偏听，故政府大僚俱用攻东林者，而言路则用东林为多。"①今人的研究也指出："在这个时期，崇祯皇帝显然想在真正的或传闻的东林支持者和他们的反对者之间搞平衡。"②但既然如此，崇祯帝先前为什么不借"贤奸之辩"之机将朝中朋党一并铲除，却是耐人思索的。笔者以为，原因可能有以下几点：一是他考虑到自己即位之初，根基未稳，大力铲除魏党已经斥退了很多人，如果再对东林进行清算，将可能导致无官可用的局面，造成政局的不稳；二是他对中国古代的党争以及明朝的党争应都有所了解，知道群臣结党自古如此，而且根深蒂固、盘根错节，不容易被彻底消除，相比之下，"贤奸杂用"，善为驾驭，可能更为现实；三是东林和魏党虽然都是朋党，但仍有所区别，魏党已臭名昭著，东林则声誉尚可，而且东林在受迫害后能得到平反，势必会对他感恩戴德，为他所用。所以他在"贤奸之辩"中，把天平偏向东林一边。

再如对阁臣刘鸿训私改敕书事件的处理。如前所述，刘鸿训由于受崇祯帝的信任，对于进一步惩治魏党起了重要作用，但是时隔不久他就因私改敕书之事被谪戍。关于崇祯帝对其信任发生转变的原因，各家说法不一，如张廷玉《明史》认为是"关门兵以缺饷鼓噪，帝意责户部，而鸿训请发帑三十万，示不测恩，由是失帝指"，以及"鸿训居政府，锐意任事。帝有所不可，退而曰：'主上毕竟是冲主。'帝闻，深衔之，欲置之死"③。刘鸿训对崇祯帝不敬，文秉也有所指责："长山（指刘鸿训——笔者按）恃有圣眷，颇肆招摇，复向人语：'皇上毕竟是冲主'，随有布此

---

① 夏允彝：《幸存录》"门户大略"条，留云居士辑：《明季稗史初编》卷14，上海书店1988年版，第291页。"政府大僚"指阁臣，说崇祯帝"俱用攻东林者"，并不准确。崇祯一朝先后任用五十位阁臣，除去初期黄立极、张瑞图、施凤来、李国𣚣、来宗道、杨景辰六人是天启政治的遗留且很快去位之外，真正始终与东林为敌的只有温体仁、王应熊（曾在天启后期因讽刺霍维华称颂魏忠贤而被罢官。计六奇：《明季北略》卷2"称功颂德"条，任道斌等点校，中华书局1984年版，第47页）、薛国观、张至发（万历时期是齐党的成员，与东林相争罢归，天启后期魏忠贤召用不出。张廷玉：《明史》卷253《张至发传》，第6533页）四人，顶多还可再加上钱士升、吴宗达，合计十二人，并非"俱用"。周延儒与东林和魏党都有关联，情况较为特殊，其他人则或者倾向东林，或者派性不明确（参见张廷玉《明史》卷251、252各人传记；林璀瑶：《从内阁人事嬗变看崇祯朝之政局——以"五十宰相"为中心之探讨》，《史耘》2002年第8期）。而夏允彝所说的"言路"应指科道言官，人数众多，难于统计。

② [美]牟复礼、[英]崔瑞德：《剑桥中国明代史》，张书生等译，中国社会科学出版社1992年版，第669页。

③ 张廷玉：《明史》卷251《刘鸿训传》，中华书局1974年版，第6483—6484页。

语于宫中者，上闻之怒甚。"① 李逊之则认为刘鸿训去位，与阮大铖的陷害有关。② 关于私改敕书之事，张廷玉《明史·刘鸿训传》所述甚详，兵部揭文有刘鸿训批文，缮写敕书的中书舍人田佳璧也供认是受刘主使，人证物证俱全，刘确实难脱干系。刘恃宠而骄，以致做出这样的不法之事，并非没有可能。③ 当然，联系前述刘惩治魏党结怨于人来看，也不排除他是受人陷害。不管怎么说，崇祯帝罢免刘鸿训，可见他对东林的态度于一斑。

从崇祯元年三月起，李标、钱龙锡、刘鸿训、韩爌相继入阁，组建所谓的"东林内阁"。九月刘鸿训因私改敕书被遣，是东林内阁的首度遭创。至崇祯三年三月，其他几人也相继去位，东林内阁存在了两年便告瓦解。④ 之后周延儒、温体仁等与东林存在嫌隙的人，长期担任首辅，由此也可以看出崇祯帝对东林态度的转变。

崇祯帝对东林进行压制，对东林的政敌却有意偏袒，如崇祯元年六月对苏杭织造太监李实的审理。李实因曾在天启六年三月疏参应天巡抚周起元等所谓东林"七君子"致其逮死，而拟大辟之刑。⑤ 李实与周起元、周顺昌结怨，是因为苏州同知杨姜不肯对他行下属礼，被他借故参劾，周起元为杨姜辩护，周顺昌予以相助，⑥ 但这并不涉及周宗建等其他五人。关于李实疏参周宗建等人的因由，文秉说："李实龌龊不识字，然实非忠贤党"，"黄尊素时至湖上，不避形迹，与实往来，人遂谓诸君子将以实为张永也。此语流传都下，忠贤疑之。实司房知其事，大惧，求解于李永

---

① 文秉：《烈皇小识》卷1，留云居士辑：《明季稗史初编》卷1，上海书店1988年版，第18页。
② 李逊之：《三朝野纪》卷4《崇祯朝纪事》，上海书店1982年版，第144页。
③ 刘鸿训还曾向人索贿。邹漪：《启祯野乘》卷3，《明代传记丛刊》，台湾明文书局1991年影印本，第112—113页。
④ 参见吕士朋《崇祯初年钱谦益事件与东林内阁的瓦解》，《明史研究》第12辑，黄山书社2012年版，第203—204页。
⑤ 李逊之：《三朝野纪》卷4《崇祯朝纪事》，上海书店1982年版，第146页。李实之参疏，见蔡士顺《傃庵野抄》卷6（《四库禁毁书丛刊》，北京出版社1997年影印本，史部，第69册，第487—488页）。"七君子"指：周起元、周顺昌、周宗建、缪昌期、黄尊素、李应昇、高攀龙。
⑥ 徐秉义：《明末忠烈纪实》卷1《周士朴传》，张金庄点校，浙江古籍出版社1987年版，第14页。

贞。永贞代草此疏，司房出实空头本上之"①。东林党人黄尊素被罢归后，当时正值魏忠贤及其党羽大肆打击东林党人之际，李实与黄尊素交往过密，因此遭到魏忠贤疑忌。李实的司房为此求救于魏忠贤的心腹太监李永贞，李永贞为撇清李实与黄尊素等人的关系，同时除去魏忠贤的眼中钉以示忠心，代李实写就参劾"七君子"的奏疏，并以盖有李实印章的空头本上奏。当此案争执不休时，崇祯帝召集众臣，找出李实所上奏本加以检验，发现字的墨迹在玉玺朱印之上，因而断定这一奏本确系李永贞代李实所写，故对李实予以减罪。熟稔晚明掌故的全祖望也指出："然丙寅（1626年）之祸，确由永贞填写空本，故永贞论死，而实未减。"② 但是"七君子"之一的李应昇的儿子李逊之，则认为这种处理并不合理而颇为不满。③

如对温体仁的宠信。温体仁在崇祯时期"执政八年，以禁锢东林为事"④。其与东林走向对立，时人林时对认为是"由钱谦益激成之"⑤，具体是指崇祯元年十一月的所谓"枚卜案"⑥。当时崇祯帝下旨会推阁臣，吏部所拟候选人名单，列于第一、二位的分别为东林党人成基命和钱谦益，而资俸在前的礼部尚书温体仁和以召对称旨备受皇帝赏识的礼部侍郎周延儒，却没有被列入。心怀不满的温体仁遂以天启二年的科场案参劾钱谦益，招致群臣的竞相攻讦。最后钱谦益被罢黜，众多参劾温体仁的官员

---

① 文秉：《先拨志始》卷下，上海书店1982年版，第187页。司房应为黄日新，蔡士顺指出黄尊素结纳的是他，而非李实。（蔡士顺：《傃庵野抄》卷6，《四库禁毁书丛刊》，北京出版社1997年影印本，史部，第69册，第488页）谈迁则认为是黄日新"宗附"黄尊素，后者后来因此招祸（谈迁：《国榷》卷87，张宗祥点校，第5331页）。按：就黄尊素和李实两人实力、时势条件等方面来说，都不可与正德时期杨一清和张永同日而论，说他们要联合铲除魏忠贤，当正如黄尊素之子黄宗羲所说是"呆人说梦"（黄宗羲：《南雷文定》卷11《辩野史》，《丛书集成初编》，商务印书馆1936年版，集部，第2463册，第173页）。拙著《善恶忠奸任评说——马士英政治行迹研究》，把上述谈迁《国榷》中的材料，用来佐证黄尊素联合李实铲除魏忠贤，解读有误（云南人民出版社2013年版，第119页）。

② 全祖望：《鲒崎亭集》卷11《梨州先生神道碑文》，《四部丛刊初编》，上海书店1989年版，集部，第372册，第126页。张廷玉《明史》也采纳了这一说法（卷245《黄尊素传》，中华书局1974年版，第6363页）。

③ 李逊之：《三朝野纪》卷4《崇祯朝纪事》，第146—147页。

④ 黄宗羲：《南雷文定》卷7《陈定生先生墓志铭》，第111页。

⑤ 林时对：《荷锸丛谈》卷3"温体仁误国"条，《清代稿本百种汇刊》，台湾文海出版社1974年影印本，第26册，第261页。

⑥ 关于"枚卜案"，详见樊树志《晚明史（1573—1644年）》，复旦大学出版社2003年版，第833—853页。

也都受到处分，而温体仁却得到皇帝的赞赏，并于崇祯三年六月入阁，担任阁臣八年，获得崇祯帝的长期信任，一直都与东林为难。正如日本学者小野和子所说：温体仁"由于没有被内阁会推，参预对钱谦益的弹劾，以后渐渐明确了反东林的党派性"①。

对于"枚卜案"，夏允彝认为钱谦益等人确有作弊之嫌②，且说"观钱立身本末原不足用"；而对温体仁则较为宽恕："国家元气剥丧良多，至于虏寇交讧，不展一筹，则凡居政府者皆然，不得独责一温也"，"平心言之，不纳苞苴是其一长"③。针对温体仁在这一事件中及以后秉政时期受到的众多弹劾，他也说："当温之秉政，台省攻之者先后相继，皆以门户异同，其言非尽由国家之起见也"④，并认为朝臣出于私利的弹劾不但没有扳倒温体仁，反而使他更受崇祯帝的信任，"时诸臣泄泄，然不思图实绩以回上意，惟疏攻温、周（延儒）无虚日，攻愈力而上愈任矣"⑤。无休止的弹劾也使温体仁更加决意与东林对立，"败坏国事，实在两人

---

① ［日］小野和子：《明季党社考——东林党与复社》，李庆等译，上海古籍出版社2005年版，第273页。

② 夏允彝：《幸存录》"门户杂志"条，留云居士辑：《明季稗史初编》卷15，上海书店1988年版，第305页。明末清初的蒋平阶也是这么认为的（蒋平阶：《东林始末》，《四库全书存目丛书》，齐鲁书社1997年影印本，史部，第55册，第632页）。另外，温体仁的族弟温璜，不趋附其兄，却与东林、复社人士交厚，"夷然自守，反与东林诸公结盟，名在复社第一集"，"而阁讼（'枚卜案'——笔者按）事颇不以复社之言为当"，并称钱谦益为"伪君子"（全祖望：《鲒埼亭集·外编》卷12《推官温公璜》，《四部丛刊初编》，上海书店1989年版，集部，第376册，第637页）。清人张鉴虽对温体仁有恶评："忌刻有之矣，阴鸷有之矣，蔽贤有之矣，误国有之矣。以思陵（崇祯帝——笔者按）之严且明，而谓昵阉以残党，此不核之言也"，但于此事也不直复社（张鉴：《冬青馆甲集》卷5《复社姓氏传略序》、卷6《书复社姓氏录后二》，《续修四库全书》，上海古籍出版社2002年影印本，集部，第1492册，第53—54、75页）。

③ 夏允彝：《幸存录》"门户杂志"条，第305页。林时对也说："余考体仁不植党，不徇私，不贪贿，亦自矫矫"（林时对：《荷锸丛谈》卷3"温体仁误国"条，第261页）；陈盟亦云：温体仁"小心谨愍，兢兢自持，既与门户不协，眈眈伺隙，遂绝私交、谢情面，一惟迎合上旨，以是上益推重之"（陈盟：《崇祯内阁行略·温体仁传》，《四库全书存目丛书》，齐鲁书社1997年影印本，史部，第116册，第7页）。

④ 夏允彝：《幸存录》"门户杂志"条，第305页。如崇祯初期御史毛九华参劾温体仁"附珰"，即在天启时期投附魏忠贤，"居家时，以抑买商人木为商人所诉，赂崔呈秀以免；又因杭州建祠，作诗颂魏忠贤"（夏燮：《明通鉴》卷81，沈仲九点校，中华书局1959年版，第3124页），吴应箕亦称"温曾为魏珰作诗"（吴应箕：《两朝剥复录》卷6，《四库禁毁书丛刊》，北京出版社1997年影印本，史部，第19册，第192页），但都不能拿出实际的证据。

⑤ 夏允彝：《幸存录》"门户大略"条，留云居士辑：《明季稗史初编》卷15，上海书店1988年版，第291页。

（温体仁和周延儒——笔者按），而实东林过激以至此矣"①。张鉴在较为详尽地论述了复社与温体仁结怨的因由后，也对复社批评道："古今阴阳消长，初由君子之过激，而其后祸遂中于国家，不独汉、唐、宋为然，胜国复社可见矣。"②

"枚卜案"不仅导致了温体仁与东林、复社的决裂，温体仁独自一人"与满朝为仇"③的情状，也使崇祯帝产生了群臣结党的深刻印象，"上疑群臣不足信矣"，"自是深疑朝臣有党"④。东林在这一事件上对温体仁群起而攻之，在崇祯帝看来就是一种"植党"行为："进言者不忧国而植党，自名东林，于朝事何补？"⑤而温体仁却通过此事被崇祯帝视为"孤忠"，因此在他后来与东林、复社的争斗中，他都受到崇祯帝的极力袒护，"凡劾体仁者，无不见责；为体仁劾者，无不立罢"⑥。

再如对王永光的重用。王永光是长垣人，万历二十年（1592）进士。他"雅不喜东林"，在天启初期"为东林所摈"，天启五年春又被魏忠贤等人起用。他"为忠贤引用，心颇不善其所为，然与相比久"，与其关系较为特殊，曾称颂魏忠贤"厂臣纯忠"，但最终因多次进言"忤珰"而被罢归。崇祯初期他又被召还出任吏部尚书，"奉诏同定逆案"，却受到众多东林官员的参劾。"永光遂发愤为难，谋引史𡐤、高捷、袁弘勋自助……而锦衣指挥张道濬亦附之，日以排东林为事。"除培植这些党羽以外，王永光还举荐"逆案中人"王之臣、吕纯如等，并与温体仁协谋，"欲借袁崇焕之狱（崇祯二年的'己巳之变'，崇祯帝中皇太极离间计，将袁崇焕下狱。王永光、温体仁以袁崇焕曾与主持逆案的大学士、'东林党魁'钱龙锡有来往，想要借此事推翻逆案，陷害东林，最终并没有得逞，但袁崇焕被杀，钱龙锡被罢官——笔者按），株连天下清流，尽翻逆案，已而事不果"。他因为与东林为敌而极受崇祯帝宠信，"帝深恶廷臣植党，永光初秉铨即以破散东林党为事，帝固已喜之。及见言路交击，谓永光孤立，益

---

① 夏允彝：《幸存录》"门户杂志"条，第305页。
② 张鉴：《冬青馆甲集》卷5《复社姓氏传略序》，《续修四库全书》，上海古籍出版社2002年影印本，集部，第1492册，第53页。
③ 夏允彝：《幸存录》"门户杂志"条，第305页。
④ 张廷玉：《明史》卷251《李标传》，中华书局1974年版，第6480页。
⑤ 张廷玉：《明史》卷240《韩爌传》，第6247页。
⑥ 计六奇：《明季北略》卷11"罢文震孟"条，任道斌等点校，中华书局1984年版，第167页。

眷永光",直至崇祯四年方才被人劾罢。① 然而有意思的是,王永光在崇祯初期也曾受到包括东林党人在内的一些人的举荐,如李觉斯②、张铃③、瞿式耜④、钱允鲸⑤等,这或许是由于王永光曾在天启后期援救东林党人,东林内部对他的态度并不一致。另据张廷玉《明史·瞿式耜传》,当王永光因受到参劾而请辞时,瞿式耜请求朝廷挽留他,并暗中要王永光推举其座主钱谦益入阁,而不推周延儒。⑥ 举荐王永光,不过是为了要利用他,也可以佐证上述钱谦益在"枚卜案"中确曾作弊。

崇祯帝不喜东林,而东林在崇祯时期的作为也确实让人失望,正如夏允彝所说:

> 是时东林诸臣为魏珰所罗织甚惨,其尚存者,人无不以名贤推之。为忠贤拔用自属下流,况"钦定逆案",列款煌煌,佥谓君子小人之分界至此大明,即无可复争衡矣。彼诸臣之死而生,皆上恩也。自应同心忧国以报上,乃急功名,多议论,恶逆耳,收附会,其习如故,上久而厌之,而偏党之疑以起。⑦

夏允彝表明了对东林的批评之意:东林诸臣在天启后期被魏忠贤及其

---

① 万斯同:《明史》卷348《王永光传》,《续修四库全书》,上海古籍出版社2002年影印本,史部,第330册,第206—207页。天启六年五月,王永光因王恭厂之灾,进言请求停用酷刑,被认为是营救陷入诏狱的东林党人杨涟、左光斗等人,触忌魏忠贤。关于这次灾变的详情,参见耿庆国等《王恭厂大爆炸——明末京师奇灾研究》(地震出版社1990年版)。之后他又因朝天宫灾,上疏请求"停刑",以申救身陷诏狱的东林党人周起元、周顺昌等人,受到魏忠贤矫旨"谯让"。王永光此疏是兵部职方司主事张履端所写,托王上陈(黄宗羲:《南雷文定》卷10《明司马澹若张公传》,《丛书集成初编》,商务印书馆1936年版,第2463册,第155页)。王鸿绪《明史稿》卷240《王永光传》,与万氏《明史》所记相同。但张廷玉《明史》则没有为王永光立传,称之为"珰孽""魏忠贤遗党"(卷258《许誉卿传》、卷259《袁崇焕传》,第6646、6719页)。

② 《崇祯长编》卷3,天启七年十一月丁卯,台湾"中央"研究院历史语言研究所1967年校印本,第100页。

③ 《崇祯长编》卷6,崇祯元年正月庚戌,第287页。

④ 瞿式耜:《瞿忠宣公集》卷1《任人宜责实效疏》,《续修四库全书》,上海古籍出版社2002年影印本,集部,第1375册,第171页。

⑤ 外史氏辑:《圣朝新政要略》卷10,《续修四库全书》,上海古籍出版社2002年影印本,史部,第438册,第692—693页。

⑥ 张廷玉:《明史》卷280《瞿式耜传》,第7256页。

⑦ 夏允彝:《幸存录》"门户大略"条,留云居士辑:《明季稗史初编》卷14,上海书店1988年版,第291页。

党羽迫害，崇祯初期得以平反，本应"同心忧国以报上"，却"其习如故"，还是要崇尚空谈，好同恶异，因此引起崇祯帝的厌恶。在夏氏看来，崇祯帝对东林"不忧国而植党"的印象，完全是东林自身造成的。东林人士方震孺在天启后期被迫害，崇祯初得到起复，曾不无感激地说："今既荷雨露之恩，宜永消报复之念。若才作樊篱之囚，便又种圈扉之果，愿以之为被罪诸臣规"①，表示要摒弃门户之见。可惜众多"被罪诸臣"，并没有听取他的规劝。

由此可见，崇祯帝虽然憎恶魏党，但对东林也谈不上有什么好感，而他此时对朝中朋党的这一态度和"贤奸杂用"的处理方法，也对其后来的用人与朝政产生了重要影响。

第二节 "钦定逆案"的基本情形

崇祯初期处理魏党，直到崇祯二年三月"钦定逆案"才告结束。史学界的已有研究，如张德信先生和谭天星先生合撰《崇祯皇帝大传》、苗棣先生《魏忠贤专权研究》、樊树志先生《晚明史（1573—1644年）》②等，都涉及这一问题，但可能由于侧重点的关系，对"钦定逆案"入案人员缺乏细微的分析。他们依据《崇祯长编》、文秉《先拨志始》、谈迁《国榷》、张廷玉《明史·阉党传》等史书统计逆案人员，却未注意到这些史书对逆案人员的记载，本身就存在不同之处，故其统计也自然难以信据。本书通过比对众多记载此事的史籍，发现唯有文秉《先拨志始》完整地记载了负责处理逆案的首辅韩爌等人的两份奏疏，由此可以厘清他们处理此案的基本情形。而在逆案人员基本情况的统计上，则以谈迁《国榷》所载最为详尽可靠。《崇祯长编》《明史》等官修史书，在记载"钦定逆案"时都存在一些问题，也有必要加以辨正。

一 "钦定逆案"的处理过程及入案人员的构成

崇祯帝命首辅韩爌等人处理逆案，《先拨志始》所载韩爌等人的两份

---

① 李逊之：《三朝野纪》卷4《崇祯朝纪事》，上海书店1982年版，第134页。
② 张德信、谭天星：《崇祯皇帝大传》，辽宁教育出版社1993年版，第67—95页；苗棣：《魏忠贤专权研究》，中国社会科学出版社1994年版，第223—232、248—250页；樊树志：《晚明史（1573—1644年）》，复旦大学出版社2003年版，第741—745页。

奏疏，正是其奉旨上奏的处理逆案方案。据该书所载韩爌等人第一疏说，崇祯二年正月十四日，崇祯帝命其处理逆案：

> 朕览吏部文书，见冢臣欲定附逆诸人项款。然必先正魏忠贤、崔呈秀、客氏首逆之罪，次及附逆之人。欲分附逆等次，又须有所凭据。今发下建祠、称颂诸疏，卿等密与王永光、曹于汴，在阁详阅。如事本为公而势不得已，或素有才力而随人点缀，须当原其初心，或可责其后效。惟是首开谄附，倾心拥戴，及频频颂美，津津不置，并虽未祠颂，而阴行赞导者，据法依律，无枉无徇，期服天下后世之心。此番惩治之后，纵有遗漏，俱赦而不究，务断葛藤，并不许借题参举。卿等只在数日内确定来奏。不许中书参预，不可延缓露泄，特谕，钦此。

这份圣谕提到的"冢臣"指吏部尚书王永光，崇祯帝说他"欲定附逆诸人项款"，由此来看，他应是首倡处理逆案之人。前文说他在"己巳京察"时庇护魏党成员，与此举看似自相矛盾，实际正可以印证笔者前文的推断：王永光主张将京察与逆案分开处理，故在其所主持的北察中重在处理不称职的官员，此事结束之后才提出单独处理逆案。王任职吏部尚书，执掌对官员的考察和进退，主张将京察与逆案分开处理，有其自身的道理，并不违反常例，而且其处理的"京察官员"并未见有何异议，说明是较为公正的；首倡处理逆案，似也是其职责所在。结合前文提到的此前已对众多魏党成员有所参劾、处分来看，办理逆案应是水到渠成的事情，故也不宜对王此举过于高评。当然，他在京察中对魏党"犹有所庇"，此时又首倡处理逆案，前后举动不同，也可能是因为受人弹劾与魏忠贤有染，为求自保而指望通过此举与魏党划清界限。上节指出，郑三俊等已在南察中参处了一些"附逆"官员，这份圣谕进一步提出处理这些人要"有所凭据"，按照情节轻重，"分附逆等次"。崇祯帝此时尚对处理逆案人员，抱以一定的从轻原则，如"发下建祠、称颂诸疏"，但仍有所区分；并且"此番惩治之后，纵有遗漏，俱赦而不究，务断葛藤，并不许借题参举"。他还指定内阁与吏部尚书王永光、左都御史曹于汴等重臣秘密从速处理此事，"不许中书参预，不可延缓露泄"。崇祯二年二月初九，崇祯帝又谕令刑部尚书乔允升加入处理此案。之后韩爌等人：

仰遵谕旨，先将发下祠颂等本逐一看详，续据部、院二臣开进各官姓名事迹互相参对。谨以圣谕分款奏为提衡并阴行赞导在祠颂诸款外者，分款书名，酌量拟议。再向乔允升据依律例，各附本款具本上请候旨间，本月二十六日蒙皇上召对平台，发下臣等原本，并前红本未入各官六十五人。又钦定：谋大逆"凌迟"；首犯，首逆，同谋，党孽"斩犯"；逆孽"军犯"；颂美"为民"四款。仍奉面谕："在外各官，轻者至为民止；其原不列名者，不妨酌定。"

由此可见，韩爌等人在上此疏前，曾另有一次上奏此案，但未获通过，即二月二十六日崇祯帝召对平台，"发下臣等原本，并前红本未入各官六十五人"，增加需要审理之人。崇祯帝后续的一系列意见，尤其是钦定四款罪名，与前述圣谕一起成为韩爌等人办理此案的指导思想。"臣等遵照前圣谕及钦定续款，通将在外红本，及部院开来各官，并昨南计附逆，奉旨候议。各官各满情罪重轻，俱依交结近侍律，并引名例，加减罪例，减等分款，勋武、内臣逐款附后，并当具奏。"韩爌等人在此还提到处理此案的主要依据和采用的律例条款。随后他们又对圣谕中所列"首逆之罪""首开谄附，倾心拥戴，及频频颂美，津津不置者""虽未祠颂，而阴行赞导者"等各项罪名予以明细化，并将"所有项款分名姓及应得罪名，开具于后"，列出七等罪名、各等获罪共210人和应得处分，奉旨允可。①

而《先拨志始》所载韩爌等人第二疏②，即崇祯帝所说的"其情罪未减者，另疏处分，姑开一面"③，是韩爌等人疏奏上述七等逆案人员之后，又依照圣谕"事本为公而势不得已，或素有才力而随人点缀，须当原其初心，或可责其后效"的要求，"谨依考功法不谨例一款，将诸臣并拟闲住"，开列黄立极等44人及其罪状，亦奉旨允可。以上两疏所列八等、254人即是《先拨志始》所载"钦定逆案"的入案人员。

但是谈迁《国榷》则统计逆案人员为260人，其中"逆孽军犯三十五人"，较《先拨志始》多出杨文昌、杨胤昌、杨祚昌、崔镗、冯继先、

---

① 文秉：《先拨志始》卷下，上海书店1982年版，第219—254页。
② 同上书，第254—259页。
③ 同上书，第219页。按：这句话出自崇祯帝给吏部、都察院的圣谕，详见本节后文论述。

傅之琮、董芳名7人，"谄附拥戴军犯十五人"则较之少胡宾1人，其他各等人数都与之相同。比较而言，《国榷》除与《先拨志始》一样详细列出各等罪名、获罪之人和应得处分外，还将各等获罪之人的官衔也予以列出。而且多数史书对逆案人员的统计也都与《国榷》相同，如计六奇《明季北略》、刘近思《四朝大政录》、李渔《古今史略》、谷应泰《明史纪事本末》、赵翼《廿二史札记》、夏燮《明通鉴》① 等等。因此，在逆案人员名单的统计上，似当从《国榷》所说。

另外，受命处理逆案的韩爌等人撰有《钦定逆案》，分八等定罪，开列252名人犯。其中"交结近侍又次等"一等开列127人，较《先拨志始》少张汝懋1人，第八等开列43人，较之少潘舜历1人，其他各等人数都与之相同。按说该书为当事人所撰，应是确定逆案人犯相关情况的最佳依据。但是该书开篇就注明："此系二年所定，后处分多有更改"，而具体做何改动、最终的处理方案如何，则未予交代。如对曹钦程本拟"下狱论死"，但直到崇祯十七年李自成攻破北京时，其仍能从狱中逃出投降。② 太监刘若愚本是定罪"首逆同谋，决不待时"，但据其自撰《酌中志》，其一直被系于狱中，崇祯六年春，其蒙恩改拟侯覆问，崇祯十四年又差一点遇赦，最终未果。③ 对另一太监李实的处理，也有所更改，已见于上节论述。这可能也是《钦定逆案》与《先拨志始》等所载不同的原因所在，由此也决定了不能将它作为确定逆案人犯相关情况的最佳依据。④ 不过该书所列人员，"夹注科分、籍贯"⑤，可以补《国榷》所载之

---

① 谈迁：《国榷》卷90，张宗祥点校，中华书局1958年版，第5473—5476页；计六奇：《明季北略》卷5"钦定逆案"条，任道斌等点校，中华书局1984年版，第108—109页；刘近思：《四朝大政录》卷下《定逆案》，清光绪十一年（1886）六世孙宝楠刊本；李渔：《古今史略》卷9《明纪》、卷10《明纪》，《四库禁毁书丛刊补编》，北京出版社2005年影印本，第16册，第149—150、153页；谷应泰：《明史纪事本末》卷71《魏忠贤乱政》，中华书局1977年版，第1170—1171页；赵翼：《廿二史札记》卷35《阉党》，王树民校证，中华书局1984年版，第813页；夏燮：《明通鉴》卷81，沈仲九点校，中华书局1959年版，第3127页。

② 万斯同：《明史》卷355《曹钦程传》，《续修四库全书》，上海古籍出版社2002年影印本，史部，第330册，第291页。

③ 刘若愚：《酌中志》卷11《外廷线索纪略》、卷15《逆贤羽翼纪略》，阳羡生点校，见《明代笔记小说大观》，上海古籍出版社2005年版，第2956、2974页。据张廷玉《明史·刘若愚传》，刘最终"得释"（卷305《刘若愚传》，第7826页）。

④ 苗棣《魏忠贤专权研究》即主要依据此书来统计逆案人员（中国社会科学出版社1994年版，第248—250页）。

⑤ 韩爌等：《钦定逆案》，《四库全书存目丛书》，史部，第55册，第171—185页。

不足，将此两书合观，当可基本确定"钦定逆案"入案人员的姓名、官衔、科举年份、籍贯、入案原因、所受处分等情况。①

还有今人韩大成、杨欣两先生所著《魏忠贤传》一书，统计逆案人员261人，除"逆孽军犯"35人，较《先拨志始》多出杨文昌、杨胤昌、杨祚昌、客璠、冯继先、傅之琮、董芳名7人外，其他各等人数都与之相同。但是该书的这一统计未注明出处。②

据此可以发现，逆案人员主要由两部分人组成：一为客氏、魏忠贤的亲属和心腹太监，即张廷玉《明史》所谓"忠贤亲属及内官党附者"③，包括上述《国榷》"逆孽军犯三十五人"和"谄附拥戴军犯十五人"共50人，约占逆案总人数的1/5；④ 二为朝廷的各级文武官员，其中的文官大多拥有进士、举人等高级科举功名，不少人位居显职，占逆案总人数约4/5。根据"钦定逆案"所列名单及其罪名，可以发现官僚士大夫入案，主要是以曾与东林对立和投附魏忠贤两条为依据。这些人有些既曾与东林对立，又曾投附魏忠贤，主要又包括三部分：其一为万历后期齐楚浙昆宣各党中与东林为敌，在天启初期和东林相争后投附魏忠贤，或者在天启后期被魏忠贤及其党羽起用对付东林者，如王绍徽、徐大化、徐兆魁、邵辅忠、姚宗文、徐绍吉、亓诗教、赵兴邦、乔应甲、刘廷元等人⑤；其二为除前一种情况之外，其他在泰昌、天启初期和东林相争后投附魏忠贤者，如贾继春、周应秋、孙杰、霍维华、郭鞏、郭允厚、郭兴治、朱童蒙、魏广微、阮大铖等；其三为天启后期由于各种原因和目的投附魏忠贤、迫害东林者，如崔呈秀、倪文焕、石三畏、刘志选、杨维垣、杨所修、李鲁生、李蕃、李恒茂、张讷、卢承钦、门克新、刘徽、智铤、曹钦程等。还有一些人则未曾与东林对立，天启后期也未迫害东林，而只是谄附魏忠

---

① 近人邓之诚《骨董琐记全编》曾提及《钦定逆案全稿》一书（卷4"庚子所失法物图书"条，中华书局2008年版，第132页），惜笔者无缘得见，不知是否对此有所补益？姑且存疑。
② 韩大成、杨欣：《魏忠贤传》，人民出版社1997年版，第326页。
③ 张廷玉：《明史》卷306《阉党传》，中华书局1974年版，第7851页。
④ 文秉：《先拨志始》，上海书店1982年版，第228—229、253页。关于魏忠贤主要党羽太监的情况，参见韩大成、杨欣《魏忠贤传》，人民出版社1997年版，第55—59页；徐凯《泰昌帝天启帝》，吉林文史出版社1996年版，第87—91页。
⑤ 万斯同：《明史》卷354《徐兆魁传》，《续修四库全书》，上海古籍出版社2002年影印本，史部，第330册，第274—275页。

贤，主要是指天启后期的"颂珰""建祠"之人，如阎鸣泰、王之臣、杨邦宪等①。前三种情况的人员，也有"颂珰""建祠"者。

表2　　　　　　　　"钦定逆案"入案人员基本情况

姓名	籍贯	出身或及第	任职
魏忠贤	北直河间		司礼监秉笔太监
客氏			奉圣夫人
崔呈秀	北直蓟州		兵部尚书
李永贞			司礼监秉笔太监
李朝钦			太监
魏良卿		魏忠贤之侄	宁国公
侯国兴		客氏之子	锦衣卫都指挥使
刘若愚			太监
刘志选	浙江宁波	万历十一年进士	右佥都御史、提督操江
梁梦环	广东顺德	万历四十一年进士	太仆寺卿
倪文焕②	南直江都	万历四十七年进士	太常寺卿署御史
田吉	北直故城	天启二年进士	兵部尚书
刘诏	河南杞县	万历四十七年进士	蓟辽总督、兵部尚书
孙如冽			太仆寺少卿
许志吉	南直徽州	官生	大理寺副
薛贞③	陕西韩城	万历二十九年进士	刑部尚书
曹钦程	江西德化	万历四十七年进士	太仆寺少卿
吴淳夫	福建晋江	万历三十八年进士	工部尚书
李夔龙	福建南安	万历三十八年进士	右副都御史
李承祚			丰城侯

---

① 苗棣《魏忠贤专权研究》亦根据政治地位的高低、投附原因和目的的不同，将魏党中的官僚士大夫分为三部分（中国社会科学出版社1994年版，第33—38页）。本书此处分类，依据万斯同《明史》各人传记及与本书有关的论述，主要以魏党的形成和原因为标准。

② 倪天启后期媚珰杀"七君子"中的周起元、周顺昌，崇祯初惊悸而死（林时对：《留补堂文集选》卷1《枉做小人论》，《四明丛书》本）。其参周顺昌疏，见蔡士顺《傃庵野抄》（卷5，《四库禁毁书丛刊》，北京出版社1997年影印本，史部，第69册，第476—477页）。

③ 以诗扇杀扬州知府刘铎，崇祯初被诛（林时对：《留补堂文集选》卷1《枉做小人论》，《四明丛书》本）。

续表

姓名	籍贯	出身或及第	任职
陆万龄	南直华亭	监生	
田尔耕	北直任丘	荫生	锦衣卫左都督
许显纯	北直定兴	武进士	锦衣卫左都督
崔应元	顺天大兴	市井无赖	都督同知（《明史》为锦衣指挥）
杨寰	南直吴县	锦衣卫籍	右都督（《明史》为东厂理刑）
张体乾	山西太原籍后军卫	棍徒	都督同知
孙云鹏	顺天霸州		右都督（《明史》为东厂理刑）
魏广微	北直南乐	万历三十二年进士	内阁大学士
徐大化	浙江会稽	万历十一年进士	工部尚书
霍维华	北直东光	万历四十一年进士	兵部尚书
张讷	四川阆中	万历四十四年进士	御史
阎鸣泰	北直清苑	万历三十八年进士	兵部尚书
周应秋	南直金坛	万历二十三年进士	吏部尚书
李鲁生	山东峄化	万历四十一年进士	太仆寺少卿
杨维垣	山东文登	万历四十四年进士	右副都御史署御史
潘汝祯	南直桐城	万历二十九年进士	南京兵部右侍郎
郭钦		魏忠贤姻亲	昌平都督
李之才			孝陵卫太监、指挥同知
魏志德		魏忠贤族叔	东平侯
魏良栋		魏忠贤侄	东安侯
魏鹏翼		魏忠贤侄	安平伯
魏抚民		魏忠贤侄	尚宝司卿
魏希孔		魏忠贤族孙	锦衣卫都督
魏希舜		魏忠贤族孙	都督同知
魏希尧		魏忠贤族孙	都督同知
魏希孟		魏忠贤族孙	都督
魏鹏程		魏忠贤族孙	都督
傅应星		魏忠贤外甥	都督
杨六奇		魏忠贤姻戚	都督
杨文昌		魏忠贤姻戚	锦衣卫指挥

续表

姓名	籍贯	出身或及第	任职
杨胤昌		魏忠贤姻戚	锦衣卫指挥
杨祚昌		魏忠贤姻戚	锦衣卫指挥
客光先		客氏弟	都督同知
冯继先		魏忠贤外甥	锦衣卫千户
傅之琮		魏忠贤外甥	魏忠贤亲信太监，都指挥使
董芳名		魏忠贤姻戚	魏忠贤亲信太监，都督佥事
崔镗			魏忠贤亲信太监，指挥佥事
徐应元			魏忠贤亲信太监
刘应坤	北直新城		魏忠贤亲信太监
王朝辅	北直文安		魏忠贤亲信太监
涂文辅			魏忠贤亲信太监
孙进			魏忠贤亲信太监
王国泰			魏忠贤亲信太监
石元雅			魏忠贤亲信太监
赵秉彝	北直新安		魏忠贤亲信太监
高钦			魏忠贤亲信太监
王朝用			魏忠贤亲信太监
葛九思	北直延庆州		魏忠贤亲信太监
司云礼			魏忠贤亲信太监
陶文			魏忠贤亲信太监
纪用	北直新城		魏忠贤亲信太监
李应江			魏忠贤亲信太监
胡明佐			魏忠贤亲信太监
顾秉谦	南直昆山	万历二十三年进士	内阁大学士，《三朝要典》总裁
张瑞图	福建晋江	万历三十五年进士	内阁大学士
来宗道	浙江萧山	万历三十二年进士	内阁大学士
冯铨	北直涿州	万历四十一年进士	内阁大学士，《三朝要典》总裁
郭允厚	山东曹州	万历三十五年进士	户部尚书
薛凤翔	山东滨州	万历三十五年进士	工部尚书
李蕃	山东日照	万历四十一年进士	太仆寺卿，视御史事

续表

姓名	籍贯	出身或及第	任职
孙杰	浙江山阴	万历四十一年进士	工部尚书
张我续	北直邯郸	万历三十八年进士	户部尚书
朱童蒙	山东莱芜	万历三十八年进士	巡抚延绥、右都御史
杨梦衮	山东青城	万历四十七年进士	工部尚书
李春茂	山西阳城	万历三十二年进士	右都御史
李春烨	福建泰宁	万历四十四年进士	兵部尚书
王绍徽	陕西咸宁	万历二十六年进士	吏部尚书
徐兆魁	广东东莞	万历十四年进士	刑部尚书
刘廷元	浙江平湖	万历三十二年进士	工部尚书
谢启光	山东章丘	万历四十七年进士	兵部右侍郎,纂修《要典》
徐绍吉	四川保宁	万历二十三年进士	户部左侍郎,纂修《要典》
邵辅忠	浙江定海	万历二十三年进士	兵部尚书
杨所修	河南商城	万历三十八年进士	右副都御史
贾继春	河南新乡	万历三十八年进士	右(《明史》本传为左)佥都御史
范济世	河南济源	万历二十六年进士	南京户部尚书
李养德	四川铜梁	万历四十七年进士	工部尚书
阮大铖	南直桐城	万历四十四年进士	光禄寺卿
姚宗文	浙江慈溪	万历三十五年进士	巡抚湖广、右佥都御史
陈九畴	北直内黄	举人	刑部左侍郎
亓诗教	山东莱芜	万历二十六年进士	巡抚河南、右佥都御史
傅櫆	江西临川	万历四十一年进士	太常寺少卿
赵兴邦	北直高邑	万历二十九年进士	太常寺少卿
安伸	山东淄州	万历三十五年进士	太仆寺卿
孙国祯	浙江慈溪	万历四十一年进士	巡抚登莱、右副都御史
郭翚	北直迁安	万历四十一年进士	兵部侍郎
冯嘉会	北直河间	万历二十三年进士	兵部尚书
曹思诚	北直景州	万历三十二年进士	都察院左都御史
孟绍虞	河南杞县	万历四十一年进士	礼部尚书
李恒茂	北直邢台	万历四十四年进士	礼科给事中
张朴	四川阆中	万历二十六年进士	宣大总督

续表

姓名	籍贯	出身或及第	任职
郭尚友	山东潍县	万历二十九年进士	尚宝司卿
李精白	河南颍州	万历四十一年进士	漕运户部尚书
秦士文	山东蒙阴	万历三十二年进士	兵部尚书
张文熙	北直景州	万历四十一年进士	太仆寺卿
杨惟和	南直武进	万历四十一年进士	右副都御史
何廷枢	广西富川	万历四十四年进士	御史
陈朝辅	浙江鄞县	万历四十四年进士	御史
许宗礼	北直长垣	万历四十四年进士	吏部右侍郎兼右都御史
卓迈	福建莆田	万历四十七年进士	御史
卢承钦	浙江余姚	万历四十四年进士	太仆寺少卿
陈尔翼①	浙江山阴	万历四十四年进士	太仆寺少卿
石三畏	北直交河	万历四十七年进士	御史
郭兴治②	北直东光	万历三十八年进士	右副都御史
刘徽	北直清苑	万历四十四年进士	太仆寺少卿
智铤	北直元氏	举人	太仆寺少卿
王珙	湖广蕲州	万历四十七年进士	太仆寺少卿
何宗圣	湖广随州	举人	工部左侍郎
汪若极	南直旌德	万历四十七年进士	太仆寺少卿
陈维新	浙江上虞	天启二年进士	给事中
门克新	河南汝阳	万历四十七年进士	山东巡按
游凤翔			御史
田景新	贵州	万历四十七年进士	巡按
吕纯如	南直吴江	万历二十九年进士	兵部尚书
吴殿邦	广东海阳	万历二十九年进士	尚宝司卿
黄运泰	河南永城	万历十七年进士	户部尚书
李从心	北直南乐	万历二十年进士	仓场户部尚书
杨邦宪	山东益都	万历三十五年进士	巡抚江西河南大同、右佥都御史

① 张廷玉《明史》卷305《魏忠贤传》,分别记为陈尔翌、陈尔翼（第7819、7823页）。
② 张廷玉《明史》卷243《邹元标传》,以之为太仆寺卿（第6306页）。

续表

姓名	籍贯	出身或及第	任职
郭增光	北直大名	万历三十五年进士	巡抚江西河南大同、右金都御史
单明诩	山东高密	万历四十七年进士	右都御史
王点	北直魏县	万历三十五年进士	右都御史
李嵩	山西蒙河	万历三十二年进士	南京工部右侍郎
牟志夔	四川南溪	万历三十二年进士	巡抚山西甘肃、右金都御史
张三杰	山东观城	万历四十一年进士	巡抚山西甘肃、右金都御史
曹尔祯	南直长洲	万历二十六年进士	户部尚书
毛一鹭①	浙江遂安	万历三十二年进士	南京兵部左侍郎
张文郁	浙江天台	天启二年进士	右副都御史
周维持	南直金坛	万历四十七年进士	御史
徐复阳	南直武进	万历四十四年进士	御史
黄宪卿	江西庐陵	万历四十四年进士	山东巡抚
许其孝	北直藁城	万历四十一年进士	太仆寺少卿
张养素	福建建安	万历四十一年进士	太仆寺卿
汪裕	河南商城	万历四十七年进士	太仆寺少卿
梁克顺	河南鄢陵	举人	尚宝司卿
刘弘光	山东临邑	万历四十七年进士	御史
温皋谟	广东东莞	万历四十一年进士	湖广巡按
鲍奇谟	浙江余姚	万历四十七年进士	河南巡按
陈以瑞	江西进贤	万历四十七年进士	御史
庄谦	山东莒州	万历四十七年进士	尚宝司卿
龚萃肃	南直合肥	万历四十四年进士	御史
李应荐	山东恩县	万历四十一年进士	太仆寺少卿
何可及	云南剑州	万历四十七年进士	太仆寺少卿
李时馨	陕西绥德	万历四十七年进士	尚宝司卿
刘渼	湖广沔阳	举人	尚宝司卿
王大年	山东寿张	万历四十一年进士	尚宝司卿

---

① 媚珰杀周起元、周顺昌，崇祯初惧罪自缢（林时对：《留补堂文集选》卷1《枉做小人论》，《四明丛书》本）。崇祯六年三月至五月，毛一鹭三疏述"开读之变"及关联人员（蔡士顺：《傃庵野抄》卷6，《四库禁毁书丛刊》，北京出版社1997年影印本，史部，第69册，第488—491页）。

续表

姓名	籍贯	出身或及第	任职
佘合中	南直铜陵	万历三十八年进士	大理寺少卿
徐吉	四川内江	万历四十四年进士	苏松巡按
宋祯汉	福建莆田	万历四十四年进士	太仆寺少卿
张汝懋	浙江山阴	万历四十一年进士	大理寺右丞
许可徵	河南尉氏	万历四十七年进士	右副都御史
刘述祖	河南陈留	万历三十八年进士	江西巡抚
李灿然	浙江缙云	万历四十七年进士	御史
刘之待	湖广兴国	万历四十四年进士	浙江巡按
孙之獬	山东淄川	天启二年进士	翰林院侍讲
吴孔嘉	南直徽州	天启五年进士	翰林院编修
潘士闻	江西宜春	万历四十七年进士	尚宝司卿
李寓庸	南直泰兴	天启二年进士	吏部主事
王应泰	顺天蓟州	万历四十七年进士	尚宝司卿
张元芳		崔呈秀之婿	吏部主事
阮鼎铉	河南洛阳	监生	中书舍人
李若琳	北直济南	天启二年进士	翰林院检讨
张永祚	南直宜兴	官生	上林苑监丞
周良材	云南永昌	万历四十四年进士	吏部员外郎
曾国祯	江西临川	官生	尚宝司卿
张化愚	河南内乡	官生	户部主事
李桂芳	北直南和	举人	户部主事
张一经			户部主事
陈殷	浙江山阴	天启二年进士	太仆寺少卿
夏敬承	湖广景陵	举人	尚宝司卿
周宇	四川成都	万历四十一年进士	兵部郎中
魏豸	北直南乐	官生	南京户部郎中
郭希禹	山西宣府	监生	
颉鹏	山西祁县	天启二年进士	徽州知府
李际明	山东安丘	万历四十七年进士	南京兵部郎中
魏弘政	湖广汉川	举人	南京工部郎中

续表

姓名	籍贯	出身或及第	任职
岳骏声	浙江嘉兴	万历三十八年进士	通政使
郭士望①	湖广蕲水	万历三十二年进士	参政
张聚垣	四川内江	举人	南京户部郎中
周锵	锦衣卫籍	万历四十一年进士	河南参政
徐四岳		官生	大仆寺卿
辛思齐		举人	永平道参议
胡芳桂	四川巴县	万历四十一年进士	黄州知府
李实			太监
李希哲			太监
胡良辅			太监
崔文昇			太监
李明道			太监
刘敬			太监
徐进			太监
冯玉			太监
杨朝			太监
胡宾			太监
孟镇宝			太监
刘镇			太监
王体乾			太监
梁栋			太监
张守成			太监
商成德			太监
黄立极	北直元城	万历三十二年进士	内阁大学士，《要典》总裁
施凤来	浙江平湖	万历三十二年进士	内阁大学士，《要典》副总裁
杨景辰	福建晋江	万历四十一年进士	内阁大学士，《要典》副总裁
房壮丽	北直安州	万历四十七年进士	吏部尚书
董可威	山东益都	万历二十三年进士	工部尚书

---

① 万历时即与东林相背。张廷玉：《明史》卷 245《周起元传》，第 6350 页。

第一章 "阉党"的界定——崇祯"钦定逆案" 63

续表

姓名	籍贯	出身或及第	任职
李思诚	南直兴化		礼部尚书
王之臣	陕西潼关	万历二十三年进士	督师辽东、兵部尚书
胡廷宴①	福建漳浦	万历二十三年进士	巡抚陕西、右佥都御史
张九德	浙江慈溪	万历二十九年进士	右佥都御史
冯三元	北直三河	万历三十八年进士	左副都御史
周维京	福建晋江	万历二十三年进士	南京通政史
徐扬先	南直吴县	万历四十一年进士	太仆寺少卿
陈序	山东曹县	万历四十七年进士	户科给事中
曹谷	浙江秀水	万历四十一年进士	御史
朱慎鋈	山西汾州	天启二年进士	礼部主事
郭如闇②	江西庐陵	万历四十一年进士	南京吏科给事中
何早	南直怀宁	万历二十六年进士	南京御史
虞大复	南直金坛	万历三十五年进士	江西参政
叶天陛	福建莆田	万历四十四年进士	广信知府、南京礼部郎中
邸存性	北直昌黎	万历四十四年进士	南京兵部主事
葛大同	湖广江夏	举人	袁州知府
乔应甲	山西猗氏	万历二十年进士	巡抚陕西、右佥都御史
杨维新	陕西高陵	万历四十七年进士	左都御史
朱国盛	南直松江	万历三十八年进士	工部郎中
冯时行	北直河间	万历十七年进士	通政使
吕鹏云	北直东明	万历四十四年进士	大理寺丞
董懋中	浙江山阴	万历四十一年进士	尚宝司卿
周昌晋	浙江鄞县	万历四十四年进士	御史
虞廷陛	浙江海盐	万历四十四年进士	兵科都给事中
杨春茂③	江西南昌	万历三十五年进士	应天巡按御史
徐景濂	福建莆田	万历四十一年进士	太仆寺少卿
陈保泰	福建惠安	万历四十一年进士	太仆寺少卿

---

① 张廷玉:《明史》卷306《阉党传》,写为胡廷晏(第7869页)。
② 张廷玉:《明史》卷306《阉党传》,写为郭如楚(第7864页)。
③ 张廷玉:《明史》卷305《魏忠贤传》,写为杨春懋(第7819页)。

续表

姓名	籍贯	出身或及第	任职
郭兴言	河南洛阳	万历四十四年进士	右副都御史
欧阳充材	江西泰和	万历三十二年进士	南京工部郎中、凤阳知府
夏之鼎	南直昆山	举人	江宁知县、工部主事
张九贤	山东历城	万历四十一年进士	刑部主事
李宜培	河南郏县	万历四十一年进士	吏部考功郎中加太仆寺少卿
谭谦益		举人	顺天推官
潘舜历			户部员外郎
吴士儁			中书舍人
徐溶	南直长洲	监生	中书舍人
李三楚			中书舍人
董舜臣	浙江山阴	监生	经历
陈守瓒			经历

资料来源：谈迁：《国榷》卷90"崇祯二年三月乙亥"条，张宗祥点校，中华书局1958年版，第5473—5476页；韩爌等：《钦定逆案》，《四库全书存目丛书》，齐鲁书社1997年影印本，史部，第55册，第171—185页；文秉：《先拨志始》卷下，上海书店1982年版，第219—259页；张廷玉：《明史》卷306《阉党传》，中华书局1974年版。

注1：《明史·阉党传》所列的建祠之人（第7868—7870页），大多都不在上表第八等"祠颂"（"建祠"和"颂珰"）44人中，而是分列于其他七等中。这应是他们除了建祠外，还有别的更严重的劣迹，故列于罪责更重的前七等中。韩大成等《魏忠贤传》附录一"各地生祠表"，从其收录来看，包括了《明史·阉党传》所列，但又不止于此，可见《明史·阉党传》所列并不全面。可惜"各地生祠表"未注明出处，故不知其所记《明史·阉党传》之外的建祠情况的依据。"各地生祠表"所列建祠之人，也大多不在表2第八等"祠颂"44人中。由此可推断，表2第八等"祠颂"44人，主要应是"颂珰"，因为如果这些人有建祠之举，应在"各地生祠表"中会有体现。另外，《明史·阉党传》所列的建祠之人，还有张素养（张廷玉：《明史》卷305《魏忠贤传》，写为张养素。第7819页）、张枢、张凤翼、李诚铭、梁世勋、郭振明、梁应泽、史永安、朱华奎、袁鲸10人，没有列入表2第八等"祠颂"44人中，也不在其他七等中。其中张枢、张凤翼、史永安3人已在"钦定逆案"前被人参劾受到处分，见表1。这10人都没有列入逆案，不知何故？

注2：根据表1，祥符知县季寓庸、吏部主事李寓庸在"钦定逆案"前都已为人参劾受到处分，而只有李寓庸后来入逆案，季寓庸则未入。又据张廷玉《明史·阉党传》，季寓庸与河南参政周锵共同在开封建祠（第7869页），周人逆案，季却不人，不知何故？

注3：孙云鹏，张廷玉《明史·阉党传》记为"孙云鹤"（第7852页）；韩大成等《魏忠贤传》记为"潘汝桢"，《明史·阉党传》写为"潘汝祯"，《明史》卷305《魏忠贤传》两种写法

都有（第7821、7823页）；崔镗，韩大成等《魏忠贤传》记为"锦衣卫指挥客瑶"，由于其未注明出处，故此处从《国榷》等所载，记为"崔镗"；李春烨，《明史·阉党传》记为"李春晔"（第5482页），韩大成等《魏忠贤传》写为"李春煜"；孙国祯、郭巩、卢承钦、王珙，韩大成等《魏忠贤传》分别作孙国桢、郭巩、卢钦承、王鉷，《明史》卷305《魏忠贤传》写作孙国桢（第7823页）；曹尔桢，《明史·阉党传》作"曹尔祯"（第7852页）；宋祯汉，韩大成等《魏忠贤传》作"宋祯议"；"谄附拥戴军犯"之"胡宾"，《先拨志始》有，《国榷》无，此表从《先拨志始》；欧阳充材，韩大成等《魏忠贤传》作欧阳元材；韩大成等《魏忠贤传》列"祠颂，照不谨例冠带闲住"44人，实际只列38人，缺潘舜历以下6人。

二 张廷玉《明史》《崇祯长编》对"钦定逆案"的记载订误

相比之下，张廷玉《明史·阉党传》虽也载有"钦定逆案"，但是未载前述韩爌等人的两份奏疏。它只开列七等逆案人犯，且有些并未全部列出姓名，如"交结近侍减等革职闲住者，黄立极等四十四人"①，不像《先拨志始》《国榷》等全部列出。《明史·阉党传》开列的七等逆案人犯，将《先拨志始》等诸书"逆孽军犯"和"谄附拥戴"两等，合并到"忠贤亲属及内官党附者又五十余人"一等中，所以比《先拨志始》等开列的八等少了一等。据《明史·韩爌传》谓逆案"列上二百六十二人"，则计算下来"忠贤亲属及内官党附者又五十余人"一等应为51人，这比上述《先拨志始》统计的44人、《国榷》统计的50人还要多。但是因《明史·阉党传》没有列出这等的具体人员，所以不知这51人究竟为谁？另外，《明史·阉党传》记"结交近侍又次等"一等为129人，比《先拨志始》《国榷》所记128人多一人，但也因其未具体列出名单，故不知此一人为谁？

《明史》记载逆案分几等定罪，也有些含混不清。如上，《明史·阉党传》开列七等逆案人犯，而《明史·韩爌传》却称"罪分六等"。据《明史·庄烈帝一》谓："自崔呈秀以下凡六等"，《明史·阉党传》也说："后定逆案，以呈秀为首。"②崔呈秀在"钦定逆案"中被列为第二等，所以《明史》所指"六等"，应不包括第一等"首逆凌迟者二人：魏忠贤、客氏"③。另外，清初赵吉士引卢宜语曰："逆案以七等定罪，自客

---

① 中华书局1974年版，第7852—7853页。
② 中华书局1974年版，第6247、311、7850页。
③ 但是《明史》并没有说明"逆案"除去第一等魏忠贤、客氏二人的原因，所以上文统计逆案人员时，仍然将这两人计算在内。

魏而下，凡奄寺逆孽以及文武各官共二百五十八人。"①"七等定罪"同于《明史》，但260人（包括客、魏二人在内）不同于《明史》262人，且除客、魏以外的258人，也不知具体为谁？

清朝修《明史》，因崇祯朝无实录可据，康熙十九年（1680）二月，史馆总裁听从史官汪楫的建议先作《崇祯长编》②，学界一般将其与明代历朝实录同等看待。该书记载逆案分九等定罪，列入203人。除韩爌等人开列黄立极等42名人犯，与诸书44人相差不远外，其他八等罪名、得罪之人和应得处分均与诸书不同。③ 这又是何故？

观《崇祯长编》所列各等罪名都是依照上述崇祯圣旨而来，如圣旨谓"先正魏忠贤、崔呈秀、客氏首逆之罪"，则开列"首恶引谋反大逆已经正法者四人：魏忠贤、崔呈秀、客氏、魏良卿"。所列"首开谄附""颂美津津不置""虽未祠颂，阴行赞导"等也皆是如此，由此说明这些确实都是韩爌等人奉旨上奏的逆案处理方案。但是再细察之，发现韩爌等人所开列黄立极等42名人犯，有些却与前八等开列人犯重复出现，如黄立极、房壮丽、董可威等。如前所述，韩爌等人在上第一疏开列一部分逆案人犯后，又奉旨对"情罪未减者，另疏处分"，上第二疏开列另一部分。如果《崇祯长编》开列的前八等人犯与黄立极等42名人犯，也是这样一种关系的话，就不应有人犯重复出现的情况。现在出现重复，说明两者并不是上述的那种关系。再观《崇祯长编》开列的黄立极等42名人犯，与诸书所载相差不远，而前八等各等罪名、得罪之人和应得处分均与诸书有较大不同，那么问题应该出在后者。前文已经指出，韩爌等人在上第一疏之前，曾另有一次上奏逆案的处理方案，但未获通过。这样看来，《崇祯长编》中所载前八等人犯，可能正是上述韩爌等人所上的未获通过的逆案定罪方案，而《先拨志始》《明史》等所载，则是其最后所上的并获圣旨允准的定罪方案，所以两者才会出现较大差异。《崇祯长编》将未获通过的第一疏开列人犯，与获得通过的第二疏开列人犯放在一起，以致出现人犯重复的情况。

---

① 赵吉士：《续表忠记》卷1《顾端文公传》，周骏富辑：《明代传记丛刊》，台湾明文书局1991年版，第64册，第502—503页。

② 参见朱端强《万斯同与〈明史〉修纂纪年》，中华书局2004年版，第143页。

③ 《崇祯长编》卷17，崇祯二年正月丁丑，第982—991页。按：《崇祯长编》所列42人，较《先拨志始》少李宜培、谭谦益两人。

关于"钦定逆案"的时间,《崇祯长编》系于崇祯二年正月。《明史·庄烈帝一》和《明史·韩爌传》都采用此说,这可能是因为该月崇祯帝谕令韩爌等人处理逆案之故。而《明史·阉党传》说:韩爌等人的处理逆案方案,于"崇祯二年三月上之,帝为诏书颁示天下";夏燮《明通鉴》说:"逆案之定在三月"①,则是指韩爌等人上奏此案,并最终获得通过的时间在崇祯二年三月。处理逆案用了两个月时间,即告完成。

又《崇祯长编》"定逆案"条下,首列吏部、都察院接出之圣谕,也是系于崇祯二年正月。②李逊之《崇祯朝纪事》、孙承泽《山书》等与之相同。文秉《先拨志始》亦同样是将其列于"钦定逆案"条之首,但未注明时间。③观这道圣谕的内容,首先严厉申斥了群臣勾结魏忠贤所犯的各种罪状,"逆监魏忠贤初不过窥觇笑以市阴阳,席宠灵而希富贵。使庶位莫假羽翼,何蠢尔得肆其鸮张。乃一时朋奸误国,实繁有徒。或缔好宗盟,或呈身入幕,或谋阴指授、肆罗织以屠善良,或秘计合图、擅利权而管兵柄。甚且广兴祠颂,明著首功,倡和已极于三封,称谓浸拟于无等。谁成逆节,致长燎原?"接着又说皇帝令韩爌等人处理逆案的情状,"命内阁、部院大臣将祠颂红本参以先后论劾奏章,分别拥戴、谄附、建祠、称颂、赞导诸款,据律推情,首正逆奸之案,稍宽胁从之诛。其情罪未减者,另疏处分,姑开一面。此外宥过,纵有遗漏,亦赦不究"。由此而言,这道圣谕的主旨是为"钦定逆案"作结,应是上述《明史·阉党传》所谓韩爌等人于崇祯二年三月上奏处理逆案的方案后,"帝为诏书颁示天下",而不可能下于处理逆案刚刚开始的崇祯二年正月。另外,王世德《崇祯遗录》将其具体系于崇祯三月十九日。该书作者王世德自称"日侍先皇左右","先皇"指崇祯帝,则其所说当为可信。④

---

① 夏燮:《明通鉴》卷81,沈仲九点校,中华书局1959年版,第3126页。
② 《崇祯长编》卷17,崇祯二年正月丁丑,台湾"中央"研究院历史语言研究所1967年校印本,第980—982页。
③ 分见李逊之:《崇祯朝纪事》卷1,《四库禁毁书丛刊》,北京出版社1997年影印本,史部,第6册,第487页;孙承泽:《山书》卷2"附逆罪案"条,《续修四库全书》,上海古籍出版社2002年影印本,史部,第367册,第29—30页;文秉:《先拨志始》卷下,上海书店1982年版,第218—219页。以上诸书对于这份圣谕内容的记载,文字稍有不同。
④ 分见王世德《崇祯遗录》,《四库禁毁书丛刊》,北京出版社1997年影印本,史部,第72册,第7—8页、《叙》,第2页。另外,时人林时对《荷锸丛谈》对此也有相同记载(卷3"威庙钦定逆案"条,《清代稿本百种汇刊》,台湾文海出版社1974年影印本,第26册,第230页)。

综上所述，韩爌等人于崇祯二年正月奉旨处理逆案，其所上的处理方案因搜罗人员不广，曾为崇祯帝所不允而发回重改；直到三月他们上奏的处理方案，才最后获得圣旨允可，而崇祯帝亦曾于是月谕示吏部、都察院为此案作结。《明史》《崇祯长编》在记载这个问题时都存在一些不足。尤其《崇祯长编》虽为编年记事，但在记载"钦定逆案"时，却未严格按照时间先后顺序编列事件，而是将相关事件混乱地编排在一起，加之搜罗材料又不全面，非但不能使人窥见这一事件之全貌，还导致其自身的记载出现前后矛盾。如《崇祯长编》载上述韩爌等人所上处理方案中已列入周昌晋、徐兆魁、孙之獬、曹钦程、霍维华、房壮丽、刘廷元等人，但之后又记他们受到弹劾。[①]

三 "钦定逆案"存在的问题

首先，"钦定逆案"存在徇私枉法的弊端。绪论已对"钦定逆案"某些入案个人的是非以及整个处理过程存在的问题，进行了论述。除此之外，在对某些与魏忠贤有染官员的处理上，也存在一些徇私枉法之处。如天启七年五月，监生陆万龄等疏请为魏忠贤建祠于国子监，司业朱之俊曾代为上奏。当崇祯帝即位后，朱为逃避罪责转而参劾陆万龄等人，后来的"钦定逆案"他因为受到首辅韩爌的庇护而逃过处罚。[②] 文秉还指出："杨世芳以蒲州公（指韩爌——笔者按）也戚，薛国观为沈惟炳也友，俱邀恩一面之网。"[③] 谈迁也说："时秉成于阁部，而太史姚希孟实阴主之，以

[①] 分见《崇祯长编》卷17，崇祯二年正月丁丑、辛巳，台湾"中央"研究院历史语言研究所1967年校印本，第991、994—998页；《崇祯长编》卷18，崇祯二年二月己丑、丙申，第1029—1035、1047—1050页；《崇祯长编》卷19，崇祯二年三月庚戌、辛亥，第1087、1088—1089页。

[②] 张廷玉：《明史》卷258《魏呈润传》，中华书局1974年版，第6651页。陆万龄等人的疏文，见蔡士顺《傯庵野抄》卷7（《四库禁毁书丛刊》，北京出版社1997年影印本，史部，第69册，第499—500页），将魏忠贤与孔子并论，魏忠贤迫害东林比于孔子诛少正卯，魏忠贤授意作《三朝要典》比于孔子作《春秋》。陆万龄的请求并未获得允准，因为有人提出如果这么做，将使皇帝巡幸国子监时，在行礼上造成不便（王世贞撰，王政敏订，王汝南补：《新刻明朝通纪会纂》卷4《熹宗哲皇帝》，《四库禁毁书丛刊》，北京出版社1997年影印本，史部，第13册，第96页），且又恰逢天启帝驾崩（张廷玉：《明史》卷306《阉党传》，第7870页）。朱之俊参陆万龄等人，并没有直接以其为魏忠贤建祠为由，而是说他们借此举谋取利益，"以其借行射利纠之，而尚未敢言其建祠之谬者"（吴应箕：《两朝剥复录》卷5，《四库禁毁书丛刊》，北京出版社1997年影印本，史部，第19册，第186页）。

[③] 文秉：《先拨志始》卷下，上海书店1982年版，第259—266页。

得蒲州意也。故苏人无一玷者。"① 由此来看，韩爌等人处理逆案并未做到"无私无徇"，明末清初的邹漪称赞其处理逆案"一出于公"②，恐怕不是客观的评价。

其次，"钦定逆案"的打击面过大，惩处力度过严。它惩治了两百多人，虽然在名义上按情节轻重分八等定罪，但实际上各等之人在整个崇祯时期都被剥夺了复出的机会。在天启后期为魏忠贤"颂德"的官员中，有些都是迫于形势而不得不为，"时中外章奏无不颂忠贤功德"③；为魏忠贤营建生祠也是举国成风，

> 时海内望风献媚，自督抚、巡按而外，宗室若楚王华，勋戚若武清侯李诚铭、保定侯梁世勋等，廷臣若尚书邵辅忠，词臣若庶吉士李若琳，部郎若郎中曾国桢，诸司若通政司经历孙如洌，上林监丞张永祚等，亦皆建祠恐后。下及武夫、贾竖诸无赖子，莫不攘臂争先，汹汹若不及。④

凡不尽力于这两事，或是对此有异议的人都会受到处分，"若蒙面屈膝者，竟叨不次之擢；如强项掉臂者，即加不测之祸。是以人心惶惑而希旨成风。……中立而不倚者，有几人焉"⑤。如浙江巡抚潘汝桢疏请建祠，"御史刘之待会稿迟一日，即削籍。而蓟州道胡士容以不具建祠文，遵化道耿如杞入祠不拜，皆下狱论死。故天下风靡，章奏无巨细辄颂忠贤"⑥。王应熊也是因为讽刺霍维华"颂珰"而被罢官。⑦

---

① 谈迁：《枣林杂俎·智集》"逆案"条，罗仲辉点校，中华书局2006年版，第73页。魏党人员倪文焕曾欲贿赂姚希孟以脱罪（叶绍袁：《启祯记闻录》卷1，《痛史》本)，也可以说明姚希孟在处理逆案中的重要作用。
② 邹漪：《启祯野乘二集》卷1《少师韩公爌》，《四库禁毁书丛刊》，北京出版社1997年影印本，史部，第41册，第55页。
③ 赵吉士：《二续表忠记》卷2《督师袁公传》，《四库禁毁书丛刊》，史部，第41册，第274页。
④ 夏燮：《明通鉴》卷80，沈仲九点校，中华书局1959年版，第3094—3095页。当时建祠情况，参见韩大成、杨欣《魏忠贤传》附录一《各地生祠表》，人民出版社1997年版。
⑤ 朱长祚：《玉镜新谭》卷7《建祠》，《四库禁毁书丛刊》，史部，第71册，第395页。
⑥ 王鸿绪：《明史稿列传》卷284《魏忠贤传》，周骏富辑：《明代传记丛刊》，台湾明文书局1991年影印本，第96册，第603—604页。
⑦ 计六奇：《明季北略》卷2"称功颂德"条，任道斌等点校，中华书局1984年版，第47页。

崇祯元年三月，贵州道御史宁光先率先提出惩处建祠者，"请将天启六、七年间建祠诸疏尽为查出，宣付史馆，刊刻成书，分布天下，使照然知原情重轻，以为言官论劾、铨司议处之据，报可"。次月，崇祯帝谕令六科将"建祠"并"称颂"魏忠贤红本均封进御览，① 之后他便将"建祠"和"称颂"两项也作为"钦定逆案"入案的主要依据。但是这么做存在不合理性，也是显而易见的。对于一些除了"建祠"和"称颂"外，还有其他显著劣迹的人，自然应该严惩；但对于上述迫于形势、不得不为魏忠贤"建祠""颂德"，没有其他劣迹的官员，就不宜一概纳入"逆案"，而应该给予一定的谅解。耿如杞曾因"入祠不拜"而差点丢了性命，但此时也主张应该对魏党区别对待，对"建祠"、"颂德"诸人从轻处理："清奸宜平"，"凡依附逆珰者，其为奸党不问可知。顾其间亦有区别：谋逆者服上刑，杀人者次之，骗官者又次之，建祠颂德诸人名为避祸，实是贪官，而从逆之诛似宜少恕，况诛之不可胜诛乎！"② "诛之不可胜诛"也可以反映出当时建祠的广泛。如江西巡抚杨邦宪疏请在南昌建祠，疏文上达朝廷的时候，天启帝已经驾崩，所以实际上并没有被批准实施，但杨邦宪后来仍以此入案。③ 而广西巡抚王尊德的建祠之疏，因为被右通政吕图南退回，"后尊德遂以未尝建祠，守正不阿，升两广总督"④。可见只以是否上疏建祠作为入案标准，在实际操作中也出现了问题。

不仅仅是"建祠"和"称颂"者，在天启时期还有其他趋附魏忠贤的官员，也有一些是逼不得已才为之。崇祯初期黄立极、施凤来、张瑞图、李国楷四位阁臣被监生胡焕猷弹劾曾阿附魏忠贤，他们辩解说：

（魏忠贤）假先帝之严命索臣等官衔，臣等能不与乎？与之亦臣等之罪也。然以忠贤之势，取旨如寄，而谓臣等敢惜其微衔以撄嵎虎之怒乎？至于取旨褒赞，则亦往日一二文书官称上命便依票拟之，一言不合，则令改票，甚至严旨切责，此事从来俱在。臣未承乏之先，

---

① 《崇祯长编》卷7，崇祯元年三月辛巳、卷8，崇祯元年四月丁酉，台湾"中央"研究院历史语言研究所1967年校印本，第368、406页。
② 《崇祯长编》卷7，崇祯元年三月戊子，第389—390页。
③ 夏燮：《明通鉴》卷80，沈仲九点校，中华书局1959年版，第3094—3095页。
④ 文秉：《先拨志始》卷下，上海书店1982年版，第211页。谈迁对此亦曾举例：陕西巡抚庄祖谦曾有"媚祠之请"，因最终未上而免议；湖广巡按姚宗文上之，则入"逆案"落职（谈迁：《枣林杂俎·智集》"幸脱党籍"条，罗仲辉点校，中华书局2006年版，第66页）。

为日已久，臣等不尽受罪。但票拟不能尽其职，计惟有见机之作，而彼且操虺蝎之毒以随臣等之后。盖彼不惟视臣等之去就轻，而视臣等之生死亦轻也。且夫以去就生死争之而有益于国，犹若可为也。虎狼之性，愈触则愈怒。今四年来乳虎养鹰，罗钳吉网，毒遍天下。去就生死之争，其效可见于此矣。不得已徘徊其间，冀有毫发之益于国，则亦少尽臣等区区之心耳。①

魏忠贤掌握朝政，操纵圣旨，阁臣的票拟实际形同虚设，无力与其抗争，只能在满足其要求的情况下，尽力为国家谋些利益。这番话固然有把责任都推给魏忠贤，为自己开脱之嫌，但也未尝不能反映他们当时的处境艰难，进退失据。其中的张瑞图也有类似言论："今日政府，譬承家之主伯，操舟之长年也。怒涛惊浪之中，有正舵法，无荡舟法；则当仆隶恣横之时，有匡正法，亦无决弃法。"② 所以明末清初的孙承泽曾同情李国𣏌说："夫人臣不幸而直浊乱之时，引去不能，眤就不可，惟在委蛇而不失其正，斯可为难矣"③，处于当时的情境下，委曲求全实出无奈。邹漪为列名修纂《三朝要典》、与上述四位阁臣同一处境的状元余煌辩解说：

> 议者谓公列名《要典》，终为白璧微瑕。然余闻史臣之在当日，亦自有难焉者。丹铅未下，斧锧先悬。然则公不幸而生虐焰之时，复

---

① 谈迁：《国榷》卷88，张宗祥点校，中华书局1959年版，第5406页。《国榷》此处所载是节文，四辅上疏全文见万斯同《明史》，他们详细列举了自己在天启时期的挽救成绩，如魏忠贤想要陷害国丈张国纪而对其加以保护，为惠世扬、耿如杞等人脱罪，"宁远大捷"为袁崇焕争得奖励，"黄山之案"避免官方的镇压，等等。四人得以礼遇而去，黄立极在"钦定逆案"中"居末等，落职闲住"，给事中马斯理上疏认为处罚太轻，应予重处，但未被采纳（卷354《黄立极传》，《续修四库全书》，上海古籍出版社2002年影印本，史部，第330册，第270页）。
② 转引自黄江华《明大学士张瑞图及其夫人墓志铭浅析》，《福建文博》2010年第4期，第75页。该文还依据张瑞图姻亲林欲楫所作《墓志铭》，提到张在魏党专权时期的一些匡救之处。
③ 孙承泽：《畿辅人物志》卷12《李文敏国𣏌》，《续修四库全书》，上海古籍出版社2002年影印本，集部，第540册，第702页。魏忠贤因李国𣏌是其同乡，天启六年七月援引其入阁，但李"每持正论"，曾保护张国纪、方震孺等人。崇祯初，国子监胡焕猷参劾李被褫夺衣冠，李为其求情得以免罚，时人称为"长厚"。他于元年五月请辞，举荐韩爌、孙承宗等东林党人（万斯同：《明史》卷225《李国𣏌传》，《续修四库全书》，上海古籍出版社2002年影印本，史部，第330册，第271页）。张廷玉《明史》对此记载与万氏相似（卷251《李国𣏌传》，第6480—6481页）。与其他三人不同，李未入"逆案"，表明其上述行为得到较普遍认可。

不幸而列词林之席，又不幸而值编纂之差，故未可以一眚掩其大节也。①

清人叶梦珠《阅世编》也称余煌"敦朴有器识，可大用"，对其受累于魏忠贤表示惋惜②。"钦定逆案"对这些人员的处理本应该网开一面，但实际上都是一概从严。它虽然名义上对有关人员依据情节轻重分八等定罪，但事实上各等人犯在整个崇祯时期都同样被剥夺了复起的机会，而且受到舆论的歧视，甚至贻骂名于后世。这也促使"逆案"人员势必要千方百计地"翻案"以求复出，以致带来更趋激烈的政治纷争，正如史惇说"钦定逆案""无以服死者之心，只以郁生者之气，十七年间翻风作浪悉依于此"③。（崇祯年间的翻案活动不断，见第四章论述）

这里要说明的是，首辅韩爌等人在处理逆案的过程中"不欲广搜树怨"，上述对一些与魏忠贤有染的官员加以回护，或者也是基于这一出发点，而且没有史料表明他们对以前的政敌借机报复，这或许表明韩爌等人此时的门户之见并不强烈，甚至有消融党见之意。真正要将"逆案"尽量网罗、从严处理的是崇祯帝。上述将"建祠"和"称颂"两项作为"钦定逆案"入案的主要依据，就是他的旨意。韩爌等人两次上奏"逆案"的处理方案，都因为搜罗人员较少而均为崇祯帝所不允。④ 崇祯帝坚持从严处理，并亲自将张瑞图、来宗道、贾继春等人增入"逆案"⑤。所以，清人叶珍说钦定逆案，"悉出睿裁，非臣下敢窃其议也"⑥，是很有道理的。上文指出，崇祯帝在谕令韩爌等人处理逆案之初，曾抱持一定的从轻原则，后来却又转为从严，究竟是出于什么原因，尚待考察。

最后，钦定逆案没有能够消除朝中朋党及其党争。如前所述，在

---

① 邹漪：《启祯野乘二集》卷6《状元余公煌》，《四库禁毁书丛刊》，北京出版社1997年影印本，史部，第41册，第180—182页。余煌之简况，另见温睿临《南疆逸史》卷30《余煌传》（中华书局1959年版，第210页）。
② 叶梦珠：《阅世编》卷10"纪闻"，来新夏点校，中华书局2007年版，第255页。
③ 史惇：《恸余杂记》"韩爌"条，《四库禁毁书丛刊》，北京出版社1997年影印本，史部，第72册，第155页。
④ 张廷玉：《明史》卷306《阉党传》，中华书局1974年版，第7851—7852页。
⑤ 文秉：《先拨志始》卷下，上海书店1982年版，第217页。
⑥ 叶珍：《明季编遗》卷3，《四库禁毁书丛刊》，北京出版社1997年影印本，史部，第19册，第64页。

"贤奸之辩"中,崇祯帝并没有采纳杨维垣的建议,"并指东林、崔魏为邪党",将朝中朋党都予以铲除,而是逐渐倾向东林。他亲自制造的钦定逆案,其实质是为天启末年魏党与东林党的纷争做个了结,体现出进东林而退魏党的原则,很多魏党人员的入案罪名即为曾经迫害东林。可见崇祯帝并不是要彻底消除朝中朋党,因为他扶持的东林实际也有"植党"行为,而他所重用的温体仁、王永光等人则被认为与魏党有染,且都曾有举荐"逆案中人"的"翻案"之举。或许他认为彻底消除朝中朋党不太可能而且并不是最好的做法,相比之下不如自己好好加以控制利用,在两者之间玩弄制衡,以达到"扬长避短"的效果。拙著《善恶忠奸任评说——马士英政治行迹研究》已对崇祯帝的这一心态做过一些推断,兹不复赘。①

但是不得不说,崇祯帝对党争的处理和控驭是不成功的。终崇祯一朝,东林和非东林(包括与魏党有关联的官员和持所谓"中立"立场的官员)之间的纷争,并没有因钦定逆案而结束,反而仍然或明或暗地持续不断。钦定逆案也和万历中后期以来的历次政争的结果一样,仍然是一派得势,另一派被打压的模式,只不过是朋党势力消长的结果。正如史惇所说:"人谓《三朝要典》为乱国之刑书,而吾谓逆党一案则亡国之刑书也。"② 禁锢东林的《三朝要典》与禁锢魏党的钦定逆案一样,只是某一朋党的暂时得势或失势,于改良朝政并无益处。

之后魏党的翻案活动连续不断,赖崇祯帝之力,始终都未能动摇钦定逆案。"案既定,其党日谋更翻……帝持之坚,不能动。"③ 直到南明弘光时期,"逆案中人"阮大铖夤缘复起,众多逆案人员随之纷纷复出,党争又趋激烈之时,弘光朝廷也迅即覆亡。

---

① 云南人民出版社2013年版,第55页。
② 史惇:《恸余杂记》"韩爌"条,《四库禁毁书丛刊》,北京出版社1997年影印本,史部,第72册,第155页。
③ 张廷玉:《明史》卷306《阉党传》,中华书局1974年版,第7853页。

第二章

万历党争与"阉党"的形成

——兼对东林性质、事功的再审视

如前所述,"钦定逆案"入案人员主要包括三部分,其一为万历中后期齐楚浙昆宣各党中与东林为敌,在天启初期和东林相争后与魏忠贤结合者,或者天启后期为魏忠贤及其党羽起复以对付东林者,如王绍徽、徐大化、徐兆魁、邵辅忠、姚宗文、徐绍吉、亓诗教、赵兴邦、乔应甲、刘廷元等人[1]。因此要探究阉党的形成过程,首先必须追溯到万历中后期的党争。

第一节 万历党争起因新探

一 万历党争起因研究概述

一般认为明朝的党争始于万历时期,"国朝自万历以前未有党名"[2],"有明万历间党目起"[3]。但这只是说万历时期的党争已明显地分化为不同的阵营,且政治纷争的规模、程度和影响都超过以往,并不能就此认为明朝到万历时才开始出现党争。实际上,官员出于各种动机和目的而拉帮结派相互争斗的现象,在任何朝代的任何时候都可能存在。

关于万历党争的起因问题,学界以往也有所研究。如台湾学者林丽月

---

[1] 万斯同:《明史》卷354《徐兆魁传》,第274—275页。
[2] 夏允彝:《幸存录》"门户大略"条,见留云居士辑《明季稗史初编》卷14,上海书店1988年版,第287页。
[3] 赵吉士:《续表忠记》卷1《顾端文公传》,周骏富辑:《明代传记丛刊》,台湾明文书局1991年影印本,第64册,第485页。

先生《阁部冲突与明万历朝的党争》一文,对明代内阁与吏部权力消长的基本过程进行了考察,认为万历时期两者围绕权力分配的冲突,是产生党争的重要原因。① 更多人则试图从明代内阁制度的嬗变上寻找原因,如何平立《明代内阁与朋党关系略论》、朱子彦《论明代的内阁与党争》、刘晋华《明代内阁制度与党争》。②

以上研究都强调万历时期阁权不断膨胀,如林丽月先生上文说:"申时行、王锡爵、沈一贯步其(指张居正——笔者按)后尘,交结中官,专断朝政",内阁权势熏灼,与吏部矛盾尖锐,官员对两者各有依违,从而引发党争。但实际上自首辅张居正死后,明代的阁权也逐渐式微,"自江陵(指张居正——笔者按)罹祸而惩噎委辔,纶扉始轻"③。之后的阁臣悸于万历帝亲操政柄后对张居正的严酷清算,多"依阿自守","循默避事"④。崇祯时期的阁臣黄景昉《国史唯疑》中的一段文字,颇能反映万历一朝张居正之后阁臣的这种心态:

> 或举江陵勋绩为当时对症药者。叶文忠(指阁臣叶向高——笔者按)曰:"上所为疑群臣,正鉴初年江陵专制擅权,浸淫至是耳。令江陵在,凛凛救过不暇,何勋绩之有?"李文节(指阁臣李廷机——笔者按)亦云:"江陵信对症,其如上之不冲年何?"⑤

阁臣上要应付已长大成人、猜疑心重的皇帝,下要驾驭百官,处在两者的夹缝中境遇艰难,明末的陈子龙说:

> 自江陵得罪,而政体始变。上不能无以擅权市恩之意重疑其下,而为政者务于矫前人之失,每阳为推远权势以释上疑,而时时能因人主之喜怒小为转移以示重于下。于是下疑辅臣者愈深,责辅臣者愈

---

① 《台湾师范大学历史学报》1982年第10期。
② 分见《上海大学学报》1986年第3—4期;《社会科学战线》1996年第1期;《社科纵横》2003年第6期。
③ 吴嶽:《清流摘镜》卷1《党祸根源》,《四库禁毁书丛刊补编》,北京出版社2005年影印本,第17册,第585页。
④ 张廷玉:《明史》卷218《赞语》,中华书局1974年版,第5768页。
⑤ 黄景昉:《国史唯疑》卷11,陈士楷等点校,上海古籍出版社2002年版,第317页。

重，至于揣摹摘觖，舛午胶戾。①

而身在其中的阁臣最得个中滋味，如叶向高在万历时期说：

> 窃意群情方哄之时，且宜镇之以静，示之以包容，俟其曲直既明，成败自判，如摧枯毁齿，因其自然，则可以不伤。而谈者又责其怯懦畏事，不知以如此之阁臣，事如此之英主，天颜隔千九阍，事权操于六部，而欲用一手一足之力，尽厌天下之人心，窃恐皋夔稷契而在，亦有所不能也。②

其天启初期再次出任首辅后，仍然抱怨阁臣肩负重大责任，却无相应之权力："国家革中书省，政事尽归六部，今之阁臣与古之宰相，其委任权力相去何啻天渊，而中外咎责丛集一身"③。张居正死后，万历帝对他的严酷清算，以及由此引起的对大臣擅权的猜忌，使之后的阁臣都害怕重蹈覆辙，不敢造次。

具体从阁臣与以言官为主的"言路"势力的相争来看，阁臣也处于弱势的地位。日本学者小野和子先生将万历时期的朋党划分为所谓的"内阁派"和"反内阁派"，这被林丽月先生发展为"阿内阁派"和"附吏部派"④。他们的这一观点应主要依据张廷玉《明史·赵用贤传》的有关记载，该传评述张居正死后言路势力要么比附内阁，要么与之相抗，以此"分曹为朋"：

> 明至中叶以后，建言者分曹为朋，率视阁臣为进退。依阿取宠则与之比，反是则争。比者不容于清议，而争则名高。故其时端揆之

---

① 陈子龙：《安雅堂稿》卷2《太保朱文懿公奏议·序》，《续修四库全书》，上海古籍出版社2002年影印本，集部，第1387册，第680页。周明初《晚明士人心态及文学个案》一书对张居正之后的历任阁臣在"依阿心态"下，依违于皇帝和群臣之间的种种表现，有较为详尽的论述（东方出版社1997年版，第61—74页）。
② 叶向高：《答刘云峤》，见陈子龙等《明经世文编》卷461，中华书局1962年版，第5049页。
③ 《明熹宗实录》卷21，天启二年四月乙酉，台湾"中央"研究院历史语言研究所1966年校印本，第1071页。
④ 林丽月：《阁部冲突与明万历朝的党争》，《台湾师范大学历史学报》1982年第10期。

地，遂为抨击之丛，而国是淆矣。①

但由此也可看出此时与内阁相抗者，已能获得士林清议的高评，而内阁则成为"抨击之丛"。到了万历后期言路势力更加膨胀，几至操纵政局，而内阁则完全为其所挟制。如万斯同《明史·夏嘉遇传》谓：

> 神宗久倦勤，而方从哲独柄国，碌碌充位，帝于中外章奏悉留中，无所处分。惟言路一攻，则其人自去，不待诏旨也。以故台谏之势，积重不返，有齐、楚、浙三方鼎峙之名。齐为给事中亓诗教、周永春，御史韩浚。楚为给事中官应震、吴亮嗣。浙则给事中姚宗文、御史刘廷元。而汤宾尹辈阴为之主，号为"当关虎豹"，放废天下清流殆尽。其党给事中赵兴邦、张延登、徐绍吉、商周祚，御史骆骎曾、过庭训、房壮丽、牟志夔、唐世济、全汝谐、彭宗孟、田生金、李徵仪、董元儒、李嵩辈与相倡和，务以攻东林排异己为事。其时考选久稽，屡趣不下，言路曾无几人，盘踞益坚；后进当入为台谏者，诸党人必钩致之门下，由是其党愈固，当事大臣莫敢撄其锋。而诗教为从哲门生，吏部尚书赵焕耄而暗，又诗教乡人。两人一从其指挥，以故诗教势尤张。②

万历帝怠政，缺官不补，章奏留中，内阁长期只有方从哲一人，"言路"也长期为几人所把持。言路攻击官员，由于得不到皇帝的裁断，被攻击的人往往会依照常规和表明自己的气节而离去，言路俨然已控制官员的进退。"台谏之势，积重不返"，形成齐楚浙昆宣等朋党与东林相争的局面，又不断吸纳"后进当入为台谏者"，即使内阁首辅、吏部尚书都受其控制。万氏《明史》卷354《刘廷元传》所载一事很能反映当时言路之横：朝廷召宣大总督涂宗浚为兵部尚书，刘廷元两疏反对，涂最终不敢履任。

---

① 张廷玉：《明史》卷230《传赞》，中华书局1974年标点本，第6027页。
② 万斯同：《明史》卷341《夏嘉遇传》，《续修四库全书》，上海古籍出版社2002年影印本，史部，330册，第122页。张廷玉《明史》卷236《夏嘉遇传》与之基本相同（中华书局1974年标点本，第6161页）。

万氏由此感叹"大僚非其气类者不得安其位,由是天下大权尽归言路。"①小野和子、林丽月两位先生认为万历时期内阁权力不断膨胀,由此引起官员对内阁或者比附,或者抗争,因而形成相互对立的两个朋党;但是她们没有注意到在政治斗争中内阁是处于弱势地位,到万历后期内阁有时甚至被架空。

今人一般多是同情言路而批评内阁,往往站在言路的立场上,而内阁的处境及其言论则被忽视。一些学者对当时言路的兴起及其言论予以各种高评,如小野和子先生将东林派"开通言路"的政治主张,与清末的变法运动、孙文"三民主义"中的民权主义联系起来②;冯天瑜先生、谢贵安先生也说:"东林党议政为黄宗羲等新民本代表人物提供了直接思想来源","新民本思想家与东林党有着密切的渊源关系,部分东林党人在抗议君主极端专制的斗争中,成长为新民本思想家"③。张廷玉《明史》说:"海内建言废锢诸臣,咸以东林为归"④,因此东林也可视作言路势力的代表,小野和子先生的《明季党社考——东林党与复社》即是这样来考察东林的。而实际上阁臣也有自己的苦衷,如叶向高说:"阁臣与廷臣所处不同,廷臣主发奸,不愤激则不尽情;阁臣主平章,若附和反致偾事"⑤,阁臣与廷臣的职掌不同,所以两者的政治表现也有异。钱谦益为阁臣申时行在"国本"之争中的所为辩护说:"神庙时储位未安,文定(指申时行——笔者按)从容调护,谊不得如疏贱小臣咋呼欢鸣,激聒上怒。言者不察,讹为将顺。流传曹饰,久而滋甚"⑥,这可以视为是对叶向高所说的诠释。有一例很能说明阁臣与言官的不同。东林党人邹元标万历时期因上疏言事两次被黜谪,泰昌时期起复为刑部侍郎,改而主张"和衷",他解释自己前后不同的原因说:"大臣与言官异,风采卓绝,言官事也;

---

① 万斯同:《明史》卷354《刘廷元传》,第275页。另外,该传所载五党人员与《夏嘉遇传》又有所不同,其中所列毛一鹭、房壮丽、牟志夔、潘汝祯四人后来都入逆案。

② 小野和子:《明季党社考——东林党与复社》,李庆等译,上海古籍出版社2005年版,《序》、第134—136页。

③ 冯天瑜、谢贵安:《解构专制——明末清初"新民本"思想研究》,湖北人民出版社2003年版,第2、8页。

④ 张廷玉:《明史》卷236《于玉立传》,中华书局1974年标点本,第6158页。

⑤ 赵吉士:《续表忠记》卷2《叶文忠公传》,周骏富辑:《明代传记丛刊》,台湾明文书局1991年影印本,第64册,第615页。

⑥ 钱谦益:《牧斋初学集》卷65《资政大夫兵部尚书赠太子少保申公神道碑铭》,《四部丛刊初编》,上海书店1989年版,第346册,第724页。

大臣非大利害，即当护持国体，可如少年悻动耶！"① 阁臣作为"大臣"，为"护持国体"，难免有一些隐忍包涵的举动。

综上所述，以往以内阁为中心来探讨万历党争的起因问题，是值得商榷的。

二 万历党争兴起原因的新线索——言路势力的发展

上文已提到张居正死后言路势力逐渐兴起，至万历后期甚至发展到主宰政局的程度，形成了齐楚浙等朋党，而内阁也受其操纵。这实际上提出了另外一条探讨万历党争兴起原因的线索，即言路势力的发展演变。②

明朝祖制允许臣民上书言事，"按祖训，大小官员并百官技艺之人，应有可言之事，许直至御前奏闻，其言当理，即付所司施行，诸衙门毋得阻滞，违者即同奸论。所以广耳目、防壅蔽，而通下情也"③。这一措施在明朝前期曾取得较好的成效：

> 明自太祖开基，广辟言路。中外臣僚，建言不拘所职。草野微贱，奏章咸得上闻。沿及宣、英，流风未替。虽升平日久，堂陛深严，而逢掖布衣，刀笔掾史，抱关之冗吏，荷戈之戍卒，朝陈封事，夕达帝阍。采纳者荣显其身，报罢者亦不之罪。若仁宗之复弋谦朝参，引咎自责，即悬鞀设铎，复何以加。以此为招，宜乎慷慨发愤之徒扼腕而谈世务也。④

但到了明朝中后期，它的弊端也逐渐暴露出来。赵翼《廿二史札记》卷35"明言路习气先后不同"条，总结了明代不同时期言路习气的变化情况。他认为从洪武至嘉靖时期，"建言者多出好恶之公，辨是非之正，不尽以矫激相尚也"，"出死力以争朝廷之得失，究不可及也"，言路呈良性发展态势。而万历时期是明代言路习气的分界线，此后以至明末，言路之势由萎靡不振到逐渐膨胀，终至各立门户，结党相争，迄于国亡。他说：

---

① 张廷玉：《明史》卷243《邹元标传》，第6301—6304页。
② 天启时已有官员这样认为："向来门户亦因言官议论混淆所致。"《明熹宗实录》卷26，天启二年九月庚子，第1303页。
③ 申时行等：《大明会典》卷80"建言"条，第459页。
④ 张廷玉：《明史》卷164《传赞》，第4461页。

万历初期张居正执政,"操下如束湿,异己者辄斥去之,科道皆望风而靡",此时的言路处于被打压的境地。张居正死后,继为首辅的申时行等人,"务反居正所为,以和厚接物,于是言路之势又张。……而阁臣与言路遂成水火。万历末年,帝怠于政事,章奏一概不省,廷臣益务为危言激论,以自标异。于是部党林立,另成一门户攻击之局,此言路之又一变也"。及至天启时期太监魏忠贤势盛,言路多与其勾结,"而科道转为其鹰犬","今则权珰反藉言官为报复,言官又借权珰为声势,此言路之又一变而风斯下矣"。"崇祯帝登极,阉党虽尽除,而各立门户,互攻争胜之习,则已牢不可破,是非蜂起,叫呶蹲沓,以至于亡。"很明显,赵翼认为言路势力在万历时期的演变,导致了党争的发生,"万历末年……于是部党林立,另成一门户攻击之局,此言路之又一变也"①。

赵翼指出张居正执政时,"科道皆望风而靡"②,待其死后,"言路之势又张"。而言路势力得以抬头,主要是因为得到万历帝的扶持。为报宿怨,万历帝支持李植、羊可立等言官攻击冯保、张居正及其阵营人员,掀起批张风潮。万历帝因愤恨张居正所为而对阁臣擅权的猜忌,也使继为首辅的申时行等人"务反居正所为,以和厚接物"。如申时行就曾说:"臣等才薄望轻,因鉴人前覆辙,一应事体,上则禀皇上之独断,下则付外廷之公论,所以不敢擅自主张。"③ 叶向高也说:

> 今日之壅隔,其受病甚深,由来甚久。盖当主上冲年,江陵为政,一切政事,不相关白,至于起居食息,皆不自由。上心积愤不堪,深恶臣下之操权矣。代者窥见此意,曲为将顺,后来相沿,无所救正。④

---

① 赵翼:《廿二史札记》卷35"明言路习气先后不同"条,王树民校证,中华书局1984年版,第803—806页。而据张廷玉《明史》卷215《传赞》:"世宗之世,门户渐开。若言路者,各有所主,故其时不患其不言,患其言之冗漫无当,与其心之不能无私,言愈多而国是愈淆乱也"(第5690页),则嘉靖时言路就已产生弊端并酿成党争。

② 小野和子先生《明季党社考——东林党与复社》指出张居正通过考成法压制言路(第7—10页)。

③《明神宗实录》卷219,万历十八年正月甲辰,台湾"中央"研究院历史语言研究所1962年校印本,第4100页。

④ 叶向高:《答刘云峤》,见陈子龙等《明经世文编》卷461,中华书局1962年版,第5049页。

而阁权的式微也使言路失去昔日的控驭而逐渐舒张，"于是言路之势又张"。

万历帝掀起的批张风潮，虽然满足了他的报复心理，但后来对张居正的清算渐趋高涨，甚至超出他的初衷。虽然这场清算运动，最后因为万历帝处分有关言官而逐渐冷却，① 但言路势力逐渐兴起的势头却不可遏止。

言路势力的兴起有利有弊。正如张廷玉《明史》评述以上李植、江东之等人的批张运动时所说："李植、江东之诸人，风节自许，矫首抗俗，意气横厉，抵排群枉，迹不违乎正。而质之矜而不争、群而不党之义，不能无疚心焉。"② 即是说，他们在批张时公义和私心夹杂，这也是以后言路普遍存在的问题，而且相比较而言，其显现出的弊端更为突出。如钱穆先生即对此论述道："明自正德、嘉靖以后，群臣言事渐尚意气。至万历末，怠于政事，章奏一概不省，廷臣益务为危言激论自标异。明末以廷议误国，事不胜举。"③

当时"建言成风"，如阁臣王锡爵说诸臣："近乃创为一种风尚，以为普天之下除却建言之臣，别无人品"④。其中因公陈言，切中时弊者固然很多，但是空发议论，借言求名的也不少。⑤ 如时人梅之焕说："言官舍国事而争时局，部曹舍职掌而建空言，全天下尽为一虚套子所束缚。"⑥ 而且"建言"的内容不少也是鄙言琐语，荒诞不经，"谑浪鄙言，每污尺牍；帷闼秽行，亦滥惠文"，"鄙俚之谈参之白简，戏谑之语达之紫宸"⑦。一些官员建言是别有所图，如当时的阁臣许国曾批评说："迩来建言成

---

① 李植、江东之、羊可立等人的罢斥，可参见樊树志《晚明史（1573—1644年）》（复旦大学出版社2003年版，第421—423页）。樊先生字里行间也对该时期的言官举动不满，并认为其导致了党争的发生（第415页）。

② 张廷玉：《明史》卷236《传赞》，中华书局1974年版，第6163页。

③ 钱穆：《国史大纲》，商务印书馆1991年版，第698页。

④ 《明神宗实录》卷164，万历十三年八月己酉，第2987页。

⑤ 言路借言求名的现象在前朝也存在，至万历时期尤为严重。如弘治时期的官员夏鍭曾说："言无流窜之祸则不足以彰其誉，有窜徙之苦则愈足以见其难。罪愈重而名愈高，言者之得罪，虽今日之苦，亦后时之利，但非人主之福耳。"（张萱：《西园闻见录》卷93《建言上》，《续修四库全书》，上海古籍出版社2002年影印本，子部，第1170册，第183页）。

⑥ 钱谦益：《牧斋初学集》卷73《梅长公传》，《四部丛刊初编》，上海书店1989年版，集部，第347册，第794页。梅之焕在对熊廷弼与荆养乔的争论中，与东林相左，应是非东林人员（张廷玉：《明史》卷236《孙振基传》，中华书局1974年版，第6154页）。

⑦ 张萱：《西园闻见录》卷93《建言上》，第183、188页。

风,可要名,可躐秩,又可掩过,故人竞趋之为捷径,此风既成,莫可救止。"① 首辅沈一贯的门生张邦纪,也感慨当时的不少建言都不得其法,因而引起君臣上下的否隔:

> 夫言非难也。苟不关天下国家之大计,尝试而漫言之;即关天下国家大计,而徒以意气恐吓于人主之前,无论其济与不济。下言津津,上听默默;下言娓娓,上听轰轰,如是而安取于言哉!②

而且这种风气逐渐走向极端,如叶向高曾谓:"朝廷之处分愈重,则言者之声名愈高,名归臣下则过必归朝廷"③,建言者刻意与朝廷对立,朝廷如对其施加处分,反倒会使其获得好的名声,即所谓"受斥者身去而名益高"④。越是与朝廷对立,越是因此受到严重的处分,就越是有人汲汲于此,如阁臣于慎行说:"近世士大夫以气节相高,不恤生死,往往视廷杖、戍遣为登仙之路。一遭斥谪,意气扬扬,目上趾高,傲视一世,正所谓意气有加也"⑤。而有些官员这么做,并不是真正出于气节,只不过是以此为手段谋取利益。时人沈德符将正德、嘉靖时期的官员王思连续两次进言而被杖死,与万历时期的情形进行对比,不禁慨叹今不如昔:"今建言之臣,一承谪贬便自名气节,比还朝声势赫奕,坐要显宦,孰肯再蹈不

---

① 张廷玉:《明史》卷231《薛敷教传》,第6047页。
② 张邦纪:《张文悫公遗集》卷3《西台疏草·序》,《四库禁毁书丛刊》,北京出版社1997年影印本,集部,第104册,第37页。
③ 叶向高:《续光扉奏草》卷5《再救帅御史并乞休第九疏》,《四库禁毁书丛刊》,北京出版社1997年影印本,史部,第37册,第529—531页。
④ 夏允彝:《幸存录》"门户大略"条,留云居士辑:《明季稗史初编》卷15,上海书店1988年版,第288页。按:崇祯时期,当吏科都给事中许誉卿被革职为民时,阁臣文震孟申救不成,遂对阁臣温体仁说:"言官为民,极荣事也,彼方德公玉成之耳。"(汪琬:《尧峰文钞》卷35《文文肃公传》,《四部丛刊初编》,上海书店1989年版,集部,第356册,第288页)文震孟此语虽为负气而发,但也从侧面反映了当时的风气。
⑤ 张萱:《西园闻见录》卷98《谴谪前》,《续修四库全书》,上海古籍出版社2002年影印本,子部,第1170册,第281页。时贤顾宪成也洞见到当时言路的这一弊端,并提出解决的办法:"莫若自反而已,自反则上何暇以言为罪,下何暇以言为名,为尽其在我而已"(文秉:《定陵注略》卷2《大臣党比》,北京大学图书馆藏善本),即希望"台省""庙堂""建言者"等各方面人员能够自我反省和约束。

测之渊哉。"① 有些言官对人对己奉行双重标准："至于科道，人号为抹布，言只要他人净，不管自己污名。"② 对于明末的这一风气，清初统治者也有所洞察，曾以此申诫群臣道：

> 明季诸臣窃名誉，贪货利，树党与，肆排挤，以欺罔为固然，以奸佞为得计，任意交章，烦渎主听，使其主心志眩惑，用人行政，颠倒混淆，以致寇起民离，祸乱莫救。覆辙在前，后人炯鉴。③

正因为如此，研究者对当时的这种借言求名的风气也不乏批评。如近人王桐龄先生说：

> 明季士大夫好以意气用事。对于君主及宰相之举动，督责太严，丝毫不相假借。朝廷有大事起，不能酌理准情，婉言规劝，动辄呼朋引类，明目张胆，喧呼聒噪以争之。彰君主之失，明己之直。使君主老羞成怒，无转圜之余地。图博一己之名，而于国事毫无裨益。④

孟森先生称万历十年（1582）张居正死后至四十六年清兵攻克抚顺一段时间为"醉梦之期"，并认为它是由言路所激成的：

> 万历间言官封奏，抗直之声满天下。实则不达御前，矫激以取名者，于执政列卿诋毁无所不至，而并不得祸，徒腾布于听闻之间，使被论者愧愤求去，而无真是非可言，此醉梦之局所由成也。⑤

苗棣先生也说："一些后进小臣如能切谏激怒皇帝并遭到廷杖处分，立刻就可以名满天下，成为忠臣的典范，不论他对皇帝的攻击是否正确，是否

---

① 沈德符：《野获编》卷20《言事·王思再谏》，《续修四库全书》，上海古籍出版社2002年影印本，子部，第1174册，等491页。
② 李逊之：《三朝野纪》卷4《崇祯朝事》，上海书店1982年版，第151页。
③ 《大清世祖章皇帝实录》卷18，顺治二年闰六月壬辰，日本东京大藏出版株式会社承印本。
④ 王桐龄：《中国历代党争史》，北平文化学社1931年版，第174页。
⑤ 孟森：《明史讲义》，上海古籍出版社2002年版，第267页。

有道理。"① 周明初先生更是将当时的建言之举都归结为"徼名心态"使然。② 这个论断或许过于绝对，但也一定程度上反映了当时的实情。冷东先生对万历时期官员危言危行求名的习气，也有所论述。③ 蔡明伦先生对明代的言官进行了较系统的研究，认为万历时期的言路竞起批判皇帝，"士风日下、部分言官沽名钓誉"是其原因之一④。

如上所述，万历帝的扶持导致了言路势力的复兴和发展。但复兴后的言路势力大有目空一切的架势，甚至常常把皇帝也作为攻击的对象，更重要的是他们不顾一切的建言之举，往往能够得到社会舆论尤其是士林清议的同情和共鸣，这反倒使皇帝常常处于一种两难的境地——对其加以处分，正好满足了其求名的本意，自己却落得骂名；不予理会，又实在不堪忍受。而且这种风气已然形成，正如上述阁臣王锡爵、许国所说的"创为一种风尚"，"此风既成，莫可救止"，不会因为皇帝处分几个言官就罢息。

三　万历皇帝的怠政

万历帝因为对言路的失控而逐渐厌薄其"渎扰"，以至于采用怠政的方式与之相抗，而这直接导致了党争的发生。

关于万历帝怠政的原因，历来说法不一。⑤ 而笔者认为主要是万历帝自身的性格，以及这种性格与当时言路的尖锐矛盾使然。万历帝多疑猜忌，刚愎自用，耻为臣下所挟制。如其对张居正的清算、在"国本"问题上一再与群臣相抗等事情，均能表现出这一性格。再如万历十六年二月，万历帝传谕阁臣经筵停讲《贞观政要》，并贬斥唐代著名的谏臣魏徵说："忘君事仇，大节已亏，纵有善言，亦是虚饰，何足采择"⑥，由此也可以窥见他的这一性格及其对进言者的态度。万历帝"雅不喜言官"⑦，

---

① 苗棣：《魏忠贤专权研究》，中国社会科学出版社1994年版，第106页。
② 周明初：《晚明士人心态及文学个案》，东方出版社1997年版，第74—89页。
③ 冷东：《叶向高与明末政坛》，汕头大学出版社1996年版，第92页。
④ 蔡明伦：《论明万历中后期言官对神宗的批判》，《史学月刊》2006年第4期。
⑤ 参见樊树志《晚明史（1573—1644年）》，复旦大学出版社2003年版，第629—640页。
⑥ 《明神宗实录》卷195，万历十六年二月乙丑，台湾"中央"研究院历史语言研究所1962年校印本，第3664页。
⑦ 张廷玉：《明史》卷236《李朴传》，中华书局1974年版，第6160页。

"不喜激聒"①，曾一再表露对官员为求名进言的反感。如万历十八年他曾因星变斥责言官"讪上要直"：

> 汝等于常时每每归过于上，市恩取誉。辄屡借风闻之语，讪上要直，鬻货欺君，嗜利不轨，汝等何独无言，好生可恶。且汝等不闻，"官中府中事皆一体"之语乎？何每每以搜扬君恶，沽名速迁为？②

阁臣于慎行也说："今上在御日久，习知人情，每见台谏条陈，即曰：'此套子也。'即有直言激切，指斥乘舆，有时全不动怒，曰：'此不过欲沽名尔，若重处之，适以成其名。'卷而封之。"③由严厉斥责变为"全不动怒"，其对进言者的这种反感情绪走向极端，便导致了他的怠政。

万历帝怠政的主要表现之一是章奏留中，就是被言路所激而致，"言官既多，攻击纷起。帝心厌之，章悉留中"④。对一部分建言者反感至极，又苦于无法遏止，使万历帝不加区分地对一切建言者，都采取了不予理睬的态度。张廷玉《明史》指出这一做法的危害说：

> （建言者）深结戚畹近侍，威制大僚，日事请寄，广纳贿遗。亵衣小车，游市肆，狎比娼优。或就饮商贾之家，流连山人之室，身则鬼蜮，反诬他人。此盖明欺至尊不览章奏，大臣柔弱无为，故猖狂恣肆，至于此极。⑤

没有了皇帝的裁断，一些品行有亏的官员，更可以明目张胆、毫无顾忌地诬陷排挤他人。而且章奏留中又更加助长了言路势力的恶性膨胀，"迨神

---

① 张廷玉：《明史》卷218《申时行传》，第5749页。
② 汤显祖：《汤显祖诗文集》卷43《论辅臣科臣疏》，徐朔方笺校，上海古籍出版社1982年版，第1211页。
③ 于慎行：《谷山笔麈》卷5《臣品》，《续修四库全书》，上海古籍出版社2002年影印本，子部，第1128册，第743页。
④ 张廷玉：《明史》卷240《叶向高传》，第6235页。
⑤ 张廷玉：《明史》卷236《李朴传》，第6159页。

庙倦勤，而舌战笔争，言路始炽"①。"留中弊至此，至养成言路骄蹇，亦惟此时为然。"② 言路操纵政局，把持人事大权，东林党人赵南星说："万历末年皇祖深居，政不在上，而在台省。强有力者，操六卿宰相之权，以作威福，总货宝。封疆大吏，关外将军，皆其荐引。"③ 近人王桐龄先生也指出言路利用万历帝章奏留中，任意操纵官员的进退："自帝倦勤，内外章奏皆留中不发，惟言路一攻，则其人自去，以故台谏之势积重不返。一人稍异议，辄群起逐之。大僚非其党，不得安于位，天下号为当关虎豹。"④

言路的肆言无忌与皇帝的怠政交相恶化，形成恶性循环，叶向高说：

> 又圣明深居日久，更防太阿旁落，臣下一言一动，皆以为窃权、为市恩。而士大夫日逐所争，阁部日逐所讲，无非官爵一事。上洞见其情，操之愈急。故虽千言万语，而卒不能入也。且如枚卜事，上本不欲速行，而言者又张皇其辞，以为大物。北人与南人争，外衙门与内衙门争，内衙门又自为争。即其人不争，而附丽推戴者又为之争。人各有心，众各有欲，累牍连章，烦渎天听，如此则安能而不厌，安得而乐从乎！⑤

这种局面发展到万历后期，言路势力遂把持政治，分门别户，终至酿成党争。

> 门户之祸，起自万历。人主心厌言官，一切不理；言官知讦切政府必不掇祸，而可耸外间之听，以示威于政府，政府亦无制裁言官之术，则视其声势最盛者而依倚之。于是言官各立门户以相角，门户中取得胜势，而政权即随之，此朋党所由炽也。⑥

---

① 吴嶽：《清流摘镜》卷1《党祸根源》，《四库禁毁书丛刊补编》，北京出版社1997年影印本，第17册，第585页。
② 黄景昉：《国史唯疑》卷11，陈士楷等点校，上海古籍出版社2002年版，第322页。
③ 李逊之：《三朝野纪》卷2上《天启朝纪事》，上海书店1982年版，第44页。
④ 王桐龄：《中国历代党争史》，北平文化学社1931年版，第202页。
⑤ 叶向高：《答刘云峤》，见陈子龙等《明经世文编》卷461，中华书局1962年版，第5049页。
⑥ 孟森：《明史讲义》，上海古籍出版社2002年版，第292页。

万历帝怠政的另一主要表现是缺官不补。① 叶向高曾揣摩其心迹说："其一必谓官不必备，年来悬缺许多，亦未至废事"，"其一必谓诸臣皆希图荣宠，自为身谋，甚者至相争相讦，此辈一用，必复多事，故为此以摧抑之"②。既然官员们总是无端建言渎扰，倒不如让其职位长期空缺，这是万历帝对言路反感，而采取的另一极端应对方法。叶向高极言这一做法的危害道："今日国家之事虽百孔千疮，而其根源窍系所在，实在于大僚之不补。大僚者，皇上之股肱，所与共图化理而领率群工以成明祚之治者也"，"自顷年大僚不补，列署空虚，至有经年累岁不入衙门，于是凡百臣僚皆怀苟且之心，日成偷堕之习，以歌呼宴饮为职业，以谈说是非为品格。官常尽坏，国宪荡如，盖较之昔人所称泄泄沓沓之病，殆有甚焉！"③ 如上述章奏留中一样，万历帝对官僚机构长期缺官不补，也犯了严重以偏概全的错误，因为毕竟仍有很多官员是黜虚务实的，国家的很多政务也有赖于他们的处理。万历帝此举极大地败坏了官场风气，政治也日益腐败，而言路的权势却不但没有被削弱，反而更加显赫，"时帝厌恶言官，有缺不补，六垣常不过十人，以故言路权益重"④。而且缺官不补更是直接加剧了党争，"当是时，帝在位日久，倦勤，朝事多废弛，大僚或空署，士大夫推择迁转之命往往不下，上下乖隔甚，廷臣中党争渐成"⑤。

综上所述，万历帝掀起的批张运动导致了言路势力的兴起，而其后来又因为对言路失控而采用怠政的方式与之对抗，这更助长了言路势力的恶性膨胀，及至其掌握政局，分门别户，酿成党争。

第二节　万历及以后门户相争局面的形成

言路势力的发展演变，导致了万历党争的产生。那么，万历及以后门户相争的局面，又究竟是如何形成的？综观万历中后期的诸多纷争，其最

---

① 有关情形，略见张廷玉《明史》卷225《赵焕传》，第5921—5922页。
② 叶向高：《纶扉奏草》卷2《条陈用人理财疏》，《四库禁毁书丛刊》，北京出版社1997年影印本，史部，第36册，第537页。
③ 《纶扉奏草》卷10《催请点用大僚揭》，第18页。
④ 万斯同：《明史》卷354《官应震传》，《续修四库全书》，上海古籍出版社2002年影印本，史部，第330册，第277页。
⑤ 张廷玉：《明史》卷240《叶向高传》，第6232页。

先大多是由小事发端，而之所以越闹越大，不可开交，主要是一方面相争的双方为攻击对手而大事牵引，使本来无关的人员和事情都被卷入进来；另一方面旁人也抱着不同目的纷纷介入。"诸臣意见，稍分门户，遂立藩篱，既树畔隙，弥开始而臭味，继而参商，又既而水火。始而旁观，继而佐斗，又继而操戈，株连蔓引，枝节横生。"① 东林也曾被牵入纷争，据吴应箕《东林本末》说：

> 南给事中段然怨翰林顾天埈，为恣词数千言，奏诋之。天埈与同官李腾芳相期许，两人皆郭正域所善也。腾芳疏言："臣与天埈同志，天埈被诋，臣义不得独留。"遂弃官去。段遂并攻李，恐不胜，辄走东林求助，东林许之。于是正域怒曰："东林私我所憎，攻我所亲，岂与我为难邪？"遂切齿东林。②

这样，本来较容易解决的小争端，便逐渐发展成朋党相争的态势，遂至难解难分。而且这些争端还延续到以后，并有越来越多的人掺入进来，情况也因而愈趋复杂。双方都寸步不让，都千方百计地打击对方，而暂时失利的一方日后又会伺机报复，于是便酿成了没完没了的纷争。观晚明官员所争之事，虽间或有是非之别，但好同恶异、任性使气，而缺少兼容并蓄、顾全大局的胸怀，却是相同的。雷海宗先生认为明末的党争，与东汉、宋代的党争一样，

> 都是在严重的内忧或外患之下的结党营私行为。起初的动机无论是否纯粹，到后来都成为意气与权力的竞争；大家都宁可误国，也不肯牺牲自己的意见与颜面，当然更不肯放弃自己的私利。各党各派所谈的都是些主观上并不诚恳、客观上不切实际的高调。③

其所言或许过当，但也未尝不能反映当时的一些实情。

---

① 陈鼎：《东林列传》卷17《叶向高传》，《文渊阁四库全书》，台湾商务印书馆1983年影印本，史部，第458册，第385页。

② 吴应箕：《东林本末》卷中，《四库禁毁书丛刊补编》，北京出版社2005年影印本，第16册，第514页。

③ 雷海宗：《中国文化与中国的兵》，生活·读书·新知三联书店2001年版，第113页。

第二章 万历党争与"阉党"的形成——兼对东林性质、事功的再审视

当时官员的好同恶异之风非常严重。万历时期的御史潘之祥曾以此指斥非东林的官员说：

> 以一人之进退，一事之得失，而牵扯画题，不知人各有意见，事各有原委。公疏未出而诽议已传，安在其为公也。夫必举天下之人而惟己之从，同己者谓之无门户，异己者谓之有门户，同异之间，有无必有辨矣。乃号于人曰：我无门户也。谁其信之！①

潘之祥为东林党人②，所说难免"是己非人"，其实他所说的非东林的弊病，在东林身上也同样存在。夏允彝就对东林和非东林的这种风气都加以批评："两党之最可恨者，专喜迎奉附会。若有进和平之说者，即疑其异己，必操戈攻之"，"异己者虽清必驱除，附己者虽秽多容纳"③。如果就程度和影响而言，东林的这种风气可能更为严重，他们不仅对政敌极力打击，而且对政治态度中立的人也予以排斥。如吴暄山说："南党固多小人，东林岂尽君子？第不走东林，辄以小人目之。"④ 张廷玉《明史》说：

> 崔景荣、黄克缵皆不为东林所与，然特不附东林耳。方东林势盛，罗天下清流，士有落然自异者，诟谇随之矣。攻东林者，幸其近己也，而援以为重，于是中立者类不免小人之玷。核人品者，乃专与东林厚薄为轻重，岂笃论哉？⑤

清代的赵翼也说："海内士大夫慕之……其名行声气足以奔走天下。天下清流之士群相应合，遂总目为东林。凡忤东林者，即共指为奸邪。"⑥ 而正是这种好同恶异的风气导致了朋党的形成：

---

① 文秉：《定陵注略》卷10《门户分争》，北京大学图书馆藏善本。
② 潘在对熊廷弼与荆养乔的争论中，和东林言论相同（张廷玉：《明史》卷236《孙振基传》，第6145页）。
③ 夏允彝：《幸存录》"门户大略"条，留云居士辑：《明季稗史初编》卷15，上海书店1988年版，第294页。
④ 史惇：《恸余杂记》"东林缘起"条，《四库禁毁书丛刊》，北京出版社1997年影印本，史部，第72册，第108页。
⑤ 张廷玉：《明史》卷256《传赞》，第6616页。
⑥ 赵翼：《廿二史札记》卷35"三案"条，王树民校证，中华书局1984年版，第801页。

> 朋党之成也，始于矜名而成于恶异。名盛则附之者众，附者众，则不必皆贤而胥引之，乐其与己同也。名高则毁之者亦众，毁者不必不贤而怒而斥之，恶其与己异也。同异之见岐于中，而附者毁者争胜而不已，则党日众，而为祸炽也。①

呼朋引类，只论与己同或异，而不管其人"贤"与"不贤"。

本章开头提到的王绍徽等人，都是在万历时期"淮抚之争"或围绕"三案"的纷争中与东林对立者②，因此下文以这两件事情为例，对明末的门户及其相争局面的形成加以论述。

"淮抚之争"指的是围绕淮扬巡抚李三才的纷争。李三才（1552—1623），字道甫，号修吾，北直隶通州人，万历二年进士，其人很有才干，在反对矿监税使、阻止王锡爵再次入阁上起了重要作用，被东林党人顾宪成、高攀龙等人所推重。万历三十六年十一月，阁臣朱赓卒于官，首辅李廷机由于受到众多弹劾而闭门不出，内阁只有倾向于东林的叶向高一人。东林党人想帮助时已为漕运总督、户部尚书的李三才入阁，"如果李三才入阁的话，支持首辅叶向高，如他一直主张的那样，东林党人士肯定就会一起回归政界。反东林派就会受到决定性的打击"。但这引起邵辅忠、徐兆魁、王绍徽、徐绍吉、王三善、周永春等人的反对，他们竞相弹劾李三才。当时官员对李三才的态度，"参者十一，保者十九"，但其仍在万历三十九年二月被罢免，政治生涯至此结束。③ 在这一事件中，已被罢职、在东林书院讲学的顾宪成写信给阁臣叶向高、吏部尚书孙丕扬，为李三才辩护，被一些人指责是"遥执朝权"④。"一时攻淮抚者，并攻锡山（指顾宪成——笔者按）"⑤，于是争淮抚又加进了争东林。对于当时围绕东林的纷争，给事中商周祚曾疏言：

---

① 张廷玉：《明史》卷232《传赞》，第6067页。
② 参见万斯同《明史》卷354和卷355各人之传记。
③ 参见小野和子《明季党社考——东林党与复社》，李庆等译，第211—213页。此处说对李三才，"参者十一，保者十九"，但是文秉《定陵注略》说"南北言官群击李三才"（卷9《淮抚始末》，北京大学图书馆藏善本），似乎要将"参者""保者"具体弄清楚后，才能最后定夺。
④ 文秉：《定陵注略》卷9《淮抚始末》所引万历三十九年二月沈正宗疏、万历三十年五月李朴疏。
⑤ 文秉：《定陵注略》卷9《淮抚始末》。

> 目前最水火者，则疑东林与护东林两言耳。疑者摘其一事之失，一人之非，或至混诋林泉讲学之人，则人心不服；护者因人摘其一事之失，一人之非，或至概訾论者伪学之禁，则人心亦不服。疑者不服不免牵淮抚以钳之，以淮抚李三才素窃林贤之誉，以自固者也；护者不服则亦牵苏浙之脉以钳之，以林下贤者素弹苏浙诸奸而被黜者也。意有主奴，袒遂分右左，而党议于是乎渐起。

"疑东林"和"护东林"两方相争，各自夸大其事，大事牵引，是以引起"党议"。御史过廷训也上疏指出当时朝野对东林讲学的三种态度："有真见其君子如皇甫规之耻不得预者矣，有真如孔文仲之力为排者矣，又有妍媸不随众喙，是非听之他年，如吕大防、范祖禹之两无所着者矣"，简言之，即希望加入、力加排斥、保持中立。他又对这三者加以调和说："此皆耳目见闻，各有濡染，神情意气，各有感触，非苟焉而漫分俦类者。第使琴瑟之相调，何妨左右之异袒。宁必强人使同己，又何必是己以非人。"针对当时的纷争，他主张"我见当融"，即各方的意见应予融容，"我见融则嚣争自息矣"①。

商周祚还指出东林中除于玉立被参论尚待勘定外，"其余尚多贤者，臣愿与诸臣共挽毂而推之"，并提出自己评定官员的标准："论人者采生平为实录，不必曰吾某党故及也，为三窟藏身之计；旁观论人与论于人者，听是非之自定，不必曰此某党故论之，此某党故被论也，为党同伐异之举"，应注重生平，不应依据门户。据文秉《定陵注略》所载，当淮抚之争时，东林人士于玉立曾欲援引韩敬相助，却最终把他推向对方阵营。于、韩为儿女姻亲：

> 于颇以纨绔畜之，敬深以为恨。及登第后，方喜葭莩之借光，而不知其饮恨甚也。时适当淮抚之事，因淮抚而并及锡山，徐兆魁前驱最力。于寓书于敬，授以疏稿，令攻兆魁，保举淮抚，且云不特一时之誉望攸归，而日后之爱立可握券以取也。敬接疏稿，反以授兆魁。于是彼党合喙以攻于，推驳无完肤。②

---

① 文秉：《定陵注略》卷9《淮抚始末》。
② 文秉：《定陵注略》卷9《庚戌科场》，北京大学图书馆藏善本。

"且云不特一时之誉望攸归,而日后之爱立可握券以取也",也可看出于玉立参与政争是想要捞取名位。另外商周祚、过廷训都是反东林之人①,两人在围绕韩敬科场案的纷争中与东林对立②,商周祚后来还被列入"逆案"。但观二人此时言论,却并非反对东林,称其为"林贤""君子",赞扬东林的讲学之举,称反对者为"苏浙诸奸",而且也确实指出了当时官员纷争的弊病。过廷训还曾疏纠宣党领袖汤宾尹,举荐东林党人邹元标、赵南星、史孟麟。③ 当时与东林立场、政见相同,而后来又走向对立的官员,还有如刘文炳、房壮丽参劾阁臣李廷机;周应秋疏荐于玉立。④

"淮抚之争"的双方,随后又卷入围绕工科右给事中王元翰是非的纷争。王元翰与吏科都给事中陈治则不和,陈治则的门人郑继芳参劾王元翰有赃私,刘文炳、王绍徽、刘国缙等助郑参王,史记事、胡忻等则为王辩护。"两党纷争久不息。而是时劾李三才者亦指其贪,诸左右元翰者又往往左右三才,由是臣僚益相水火,而朋党之势成矣"⑤,齐楚浙昆宣诸党与东林党相争的局面由此形成。之后争论的双方都极力借机打击对方,尤其是利用京察。如万历三十九年"辛亥京察",东林官员吏部尚书孙丕扬所主持的北察,"楚、浙党被斥者甚众"⑥。而掌南察的南京吏部侍郎史继偕,"齐、楚、浙人之党也,与孙丕扬北察相反,凡助三才、元翰者悉斥之"⑦。万历四十五年的"丁巳之察",东林党又受到打击,"正人摈逐殆尽"⑧。

再如围绕"三案"的纷争。三案本是发生于万历末期、泰昌及天启初期的三件不同的政治事件,而将它们串合起来,顾炎武认为始自焦源溥。泰昌元年十二月,御史焦源溥疏言:"张差之棍不中,则投以丽色之

---

① 张廷玉:《明史》卷236《夏嘉遇传》,第6161页。
② 文秉:《定陵注略》卷9《庚戌科场》。
③ 文秉:《定陵注略》卷10《门户纷争》。
④ 文秉:《定陵注略》卷8《晋江爱立》、卷9《荆熊分袒》。
⑤ 张廷玉:《明史》卷236《王元翰传》,第6152页。万历三十九年京察,吏部尚书孙丕扬斥退陈治则、刘国缙等,以浮躁贬王元翰。王在天启初期起复,后期魏忠贤专权,又将其贬黜,崇祯时由于受到吏部尚书王永光的阻挠而不得召用。
⑥ 吴应箕:《东林本末》卷下《辛亥京察上下》,《四库禁毁书丛刊补编》,北京出版社2005年影印本,第16册,第517页。
⑦ 张廷玉:《明史》卷236《金士衡传》,第6149页。
⑧ 文秉:《定陵注略》卷10《丁巳大计》。按:吴应箕曾对万历中后期的历次京察,以及东林与非东林的势力消长情况简略作过总结(《东林本末》卷上《门户始末》,第511—512页)。

剑；崔文昇之药不速，复促以李可灼之丸"，"及源溥上疏，始以三事串合为一，至发扬先帝燕私而有所不顾，于是三案之形成矣"。观焦源溥疏文，似乎只提及梃击、红丸两事，而未提移宫。另据顾氏同书所载，早在该年九月，御史郑宗周参劾崔文昇时已将梃击、红丸两事联系起来："张差之变，操椎禁门，几酿不测之祸。皇祖仁慈，未尽厥辜。故（崔）文昇今日尤而效之，其所由来渐矣。"①

对三案记载最详者当属《三朝要典》。该书为天启后期魏忠贤之党羽阁臣顾秉谦等人领衔编撰，其中虽然对东林党有较多诬蔑不实的内容，但是它也保存了许多重要的史料，尤其是关于三案纷争的史料。它将所有参与三案争论官员的言论，按时间顺序编排，对于了解三案纷争的具体情形非常方便。如天启时期的阁臣朱国祯说：

> 甚哉小人之愚！自供罪案，又代为他人发扬盛美也！《要典》一书，先列争者之疏，附以史断。曲诋妄詈，无所不至。然后附以驳者之疏，其人则杨维垣、赵兴邦、徐大化、刘志选、崔呈秀也。……前之争者，或死或废。其疏稿未必尽存，其子孙未必能一一搜集，而《要典》收之略备。借天子威灵，既藏内府，又遍散民间。未几内府毁，而散者不可收，人皆得而见之。于争者无不叹赏，于驳者无不唾骂，而史臣数语，段段可恨可羞。②

朱国祯所说固然是为了褒东林而贬阉党，但也道出了《三朝要典》在保存史料方面的作用。

朱国祯的说法以对三案"争"或"驳"的态度，来区分东林和非东林，其也影响了学界的看法，如王桐龄先生说：

> 争三案者为东林党，以梃击为贵妃主谋，以进红丸为（方）从

---

① 顾炎武：《顾亭林诗文集·熹庙谅阴记事》，华忱之点校，中华书局1959年版，第442—443页。
② 李逊之：《三朝野纪》卷4《崇祯朝纪事》，上海书店1982年版，第143页。清人王弘撰、万斯同也持这一看法（《山志·初集》卷6"《三朝要典》"条，何本方点校，中华书局1999年版，第155—156；《明史》卷354《传论》，《续修四库全书》，上海古籍出版社2002年影印本，史部，第330册，第282页）。

哲之罪，以不移宫为（李）选侍之罪。以三案为不足争者，为非东林党，以张差为疯癫，以红丸为有效，以移宫为薄待先朝嫔御。①

但这种绝对化的划分，是不符合史实的。如黄克缵在"移宫案"的态度上与东林相左，天启后期魏忠贤及其党羽炮制《三朝要典》，"率推克缵为首功"，但实际上黄氏并不依附东林或魏党，而是所谓"中立者"②。如亓诗教在万历后期为齐楚浙昆宣"诸党人魁"③，天启初期被赵南星视为"四凶"之一罢职④，后期被魏忠贤等人起用，崇祯时列入逆案。其在万历四十七年三月疏议"国本"，批评皇帝"竟视东宫如漫不相关之人，视东宫讲学如漫不切己之事"，"皇长孙（指朱由校——笔者按）十有五岁矣，亦竟不使授一书，识一字"⑤，立场与东林一致。而东林一方如对"移宫案"的争论，张慎言、周宗建等都曾上疏营救反对"移宫"的贾继春。⑥ 对于"红丸案"，当孙慎行等人参劾首辅方从哲处理不当时，韩爌、孙承宗等另一些东林党人则为其有所辩护。⑦ 前述倪元璐在崇祯初期奏请焚毁《三朝要典》时，即对最初争、驳三案的双方都有所肯定：

  主梃击者力护东宫，争梃击者计安神祖；主红丸者仗义之言，争红丸者原情之论；主移宫者弭变于机先，争移宫者持平于事后。数者各有其事，不可偏非，总在逆珰未用之先，虽甚水火，不害埙篪。⑧

---

① 王桐龄：《中国历代党争史》，北平文化学社1931年版，第203页。
② 徐乾学：《明史列传》卷93《黄克缵传》，周骏富辑：《明代传记丛刊》，台湾明文书局1991年影印本，第94册，第788页；张廷玉：《明史》卷256《传赞》，第6616页。
③ 张廷玉：《明史》卷236《夏嘉遇传》，第6161页。
④ 李逊之：《三朝野纪》卷2上《天启朝纪事》，第43—44页。
⑤ 《明神宗实录》卷580，万历四十七年三月甲申，台湾"中央"研究院历史语言研究所1962年校印本，第10969页。
⑥ 张廷玉：《明史》卷306《贾继春传》，第7871页。
⑦ 《明熹宗实录》卷23，天启二年六月甲申，台湾"中央"研究院历史语言研究所1966年校印本，第1164—1167页；孙承泽：《天府广记》卷34《方从哲传》，北京古籍出版社1982年版，第478页。
⑧ 《崇祯长编》卷8，崇祯元年四月己未，台湾"中央"研究院历史语言研究所1967年校印本，第447页。

在他看来，围绕三案的争论变了样，是因为在天启后期被魏忠贤及其党羽所利用。清人赵翼在分析了三案及其争端产生的由来后，也说："此三案者，本各有其是"，并称赞倪元璐的说法"最得情理之平"①。明人沈国元同样说道：

> 梃击一事，有神宗皇帝处分，情法两全；进药之人，票拟失当，葛藤不了；宫未移，自应谨慎，既移，适安其常。而一时怀千秋万世之虑者，急于持法；抱全伦弥衅之思者，曲于调停。②

东林党人文震孟则将"梃击""红丸"和"移宫"三事区别看待："三案是非，平心乃见。盖梃击一案，事干宫闱，岂能穷究，撑过亦是权宜。红丸一案，所多在一赏一优旨（指首辅方从哲对献红丸于泰昌帝的鸿胪寺丞李可灼的处理——笔者按）。至移宫一案，自是间不容发之事。"③

也有人对三案分别进行评论，如夏允彝具体以"梃击"事件为例，说刘廷元与王之寀虽然对此事的看法相左，前者后来更在"辛亥京察"中重处后者，"然操论与之寀合"，"二说者亦互相济而不得两相仇"④。身为天启帝老师的孙承宗也说：红丸事件"事关东宫，不可不问；事关皇宫，不可深问。庞保、刘成而下，不可不问也；庞保、刘成而上不可深问也"。他还曾委婉劝告天启帝要对李选侍亲睦，以此引起主导"移宫"的

---

① 赵翼：《廿二史札记》卷35"三案"条，王树民校证，中华书局1984年版，第800、801页。而清末的夏燮则仍然站在争三案者的立场，于倪元璐的观点不以为然："至谓三案之主者争者，'各有其事，不可偏非'，此则调停之见，非公论也"，尤其突出争"梃击案"之王之寀，"今《要典》不足论，而至谓等'三案'于莫须有者，则瞽说也。《要典》之秽，在史臣论断耳，若当日张差口供，法司原谳，具载其中，故《明史》王之寀一传，全录其词，具有深意"（《明通鉴》卷81，沈仲九点校，第3112—3113页）。
② 沈国元：《两朝从信录·述意》，《续修四库全书》，上海古籍出版社2002年影印本，史部，第356册，第7页。
③ 王弘撰：《山志·二集》卷5"三案公论"条，何本方点校，中华书局1999年版，第265—266页。王弘撰和顾炎武也赞同文氏的看法。
④ 夏允彝：《幸存录》"门户大略"条，留云居士辑：《明季稗史初编》卷14，上海书店1988年版，第289页。刘廷元在"梃击"事件发生时任巡皇城御史，对此事首倡"疯癫"说，与王之寀相对（张廷玉：《明史》卷244《王之寀传》，第6343页）。

太监王安的不快。① 再如对于在"移宫"事件中意见不同的杨涟、贾继春二人,当时的东林官员姚希孟说两人动机本相同,过错都在王安身上:"王珰意本忠爱,而不学无术,傅会圣怒,几以危法中继春。绎前后严旨,益使人心猜焉。涟虽以此举名震天下,然其意未始与继春忤。"② 崇祯时期的阁臣黄景昉认为两人的举动本应互补:"宫未移,机宜决断;宫既移,迹宜浑镕。杨涟之慷慨肃清,此前半截事;贾继春、王志道之委婉调护,此后半截事,不惟不相碍也,兼可相成。"③ 清人吴嶽说:

> 当主冲国疑,惊闻垂帘擅政之言,凡有社稷之虑者,谁能漠同越瘠,哑若寒蝉。移宫之请是也。特(杨)涟等张皇而少镇定,轻率而少审详,其意固曰君为重,无所不轻耳。王安之威逼无状,焉能逆忆宫闱之内乎?是安是安,涟是涟,安是修隙,涟是痴忠。如曰密谋,则缟素青衣是密是疏,如曰希功图富贵,则半月披梧,三年湘累,当日之富贵也;睛抉骨剔,蝇饱虫流,后日之富贵也。今有不爱身家性命以狥君父,吾必曰可矣。然则贾继春非乎?曰:涟,忠也,日月争光烈;继春,正也,天地祖宗可质无愧。无涟,社稷撼;无继春,伦纪绝。使以此时盖棺,并不朽矣。④

其对杨、贾二人的看法与上述姚、黄相同,但对太监王安的批评比姚希孟更为严厉,并认为要将"移宫"事件中的王安与杨涟区别看待,"安是安,涟是涟,安是修隙,涟是痴忠",这与第一章第一节两人联合"移宫"的说法相反。当杨、贾争执时,御史张慎言的调停说得更为简洁:杨、贾二人"合之双美,离之两伤"⑤。当时还有陕西道御史高弘图也是

---

① 钱谦益:《牧斋初学集》卷47《特进光禄大夫左柱国少师兼太子太师兵部尚书中极殿大学士孙公行状》,《四部丛刊初编》,上海书店1989年版,集部,第345册,第492页。
② 姚希孟:《公槐集》卷3《移宫论略》,《四库禁毁书丛刊》,北京出版社1997年影印本,集部,第178册,第328页。
③ 黄景昉:《国史唯疑》卷11,陈士楷等点校,上海古籍出版社2002年版,第330页。
④ 吴嶽:《清流摘镜》卷1《党祸根源》,《四库禁毁书丛刊补编》,北京出版社1997年影印本,第17册,第589页。
⑤ 蔡士顺:《傃庵野抄》卷2,《四库禁毁书丛刊》,北京出版社1997年影印本,史部,第69册,第375页。蔡士顺亦称两人为"两君子"。

这样认为的。① 就连杨涟本人，也并不否定贾继春言论的必要性："亦谓继春语虽相戾，意实为相成，移宫之后自不可无此一段议论。总之同归于爱主，何忍独伤此和衷一念。"② 帮助杨涟参与"移宫"事件的左光斗，也认为对待李选侍："惟是自移宫已后，自当存以大体，捐其小过。"③ 天启三年秋，他还疏请召还贾继春。④ 当时御史周宗建亦称杨涟"洁志远嫌"，贾继春"质心爱主"⑤。

但既是如此，这些事情在当时及后来，为何又会造成如许纷争呢？黄景昉说："竟以之战血玄黄，无术甚矣。宋光宗病不能执丧，谤四起，议者归咎执政，无承平诸君见识，而朝绅学士率多卖直钓名之人。事同是"⑥，认为是某些官员为"卖直钓名"，故意标新立异、唯务与人相左引起的。而得势的一方一有机会就极力打压另一方，又加剧了矛盾纷争。如天启时期的御史方震孺认为争、驳"梃击案"的双方本来各有其道理，但后来驳方对争方的打击太过严厉："善处人骨肉之间者，原不可无调停之法，然不当因己之调停而遂疑梃击之奸，化为乌有也；又不当谓发奸者尽小人而遂扫荡不留种也"，"王之寀诚非高品，察典自有处法，而中旨夺其敕命，可乎？"⑦ 黄景昉同样说道：

> 梃击之变，即非疯癫，而有不得不以疯癫结局者，情也，势也。……梃击一案，以神皇所处分，东宫所奏请者为善。时罪人已立决，内监庞保、刘成复刑毙，更复何言？惟问官王之寀、陆大受等不必过丽以察典，至滋口实耳。郑继之冢宰有云："此人本不职，当处，但迩来挟持题目甚大，处之适以成之"，信老成识虑也。如郑

---

① 徐秉义：《明末忠烈纪实》卷12《高弘图传》，张金庄点校，浙江古籍出版社1987年版，第214页。
② 蔡士顺：《傒庵野抄》卷3，《四库禁毁书丛刊》，北京出版社1997年影印本，史部，第69册，第424页。
③ 《明熹宗实录》卷1，泰昌元年九月己亥，台湾"中央"研究院历史语言研究所1966年校印本，第65页。
④ 张廷玉：《明史》卷244《左光斗传》，第6331页。
⑤ 蒋平阶：《东林始末》，《四库全书存目丛书》，齐鲁书社1997年影印本，史部，第55册，第620页。
⑥ 黄景昉：《国史唯疑》卷11，陈士楷等点校，上海古籍出版社2002年版，第330页。
⑦ 蔡士顺：《傒庵野抄》卷1，第374页。

言，省多少纷纭。①

沈国元也批评争、驳双方都各持己见、缺乏冷静，不能虚公相待：

> 心心有主，喙喙争鸣。横生功罪之疑，忽角玄黄之战。人情不胜反覆，世道顿成崄巇，试究竟静思熟审，自有一至公至平，千停百当道理所在。当惘然叹穴斗之非，室戈之惨，顷刻之间和风唱而庆云见矣。②

基于此，近人朱东润先生曾较为平允地总结道："这三个案子本来可以从容处理，但是当时的朝廷充满了虚憍之气，不但小人如此，连所谓君子的也在所不免。"③

总而言之，三案事关宫闱，本有许多不可公开，不便告人之处，是非对错不好穷究，争、驳双方如能抱持适可而止、兼容并包的态度，便不至于引起无休止的纷争。三案后来之所以成为官员政争的重要题目，主要并不是出于对它本身是非的不同态度，而是双方好同恶异、任性使气、偏狭矫激、好走极端之风习，使其都欲以此为名行党同伐异之实。如果具体而论的话，有些人在有些时候围绕三案的争论，还带有利益之争的背景。其他如围绕韩敬科场案、"荆熊分祖"等的纷争，也都是如此。④

---

① 黄景昉：《国史唯疑》卷11，第325、329页。
② 沈国元：《两朝从信录·述意》，《续修四库全书》，上海古籍出版社2002年影印本，史部，第356册，第7页。
③ 朱东润：《陈子龙及其时代》，上海古籍出版社1984年版，第59页。
④ 韩敬是昆党党魁汤宾尹的门生，万历三十八年会试，汤将本已被黜落的韩敬列为第一名，从而引发朝堂上长达七年的争论。而所谓"荆熊分祖"，指督学御史熊廷弼为庇护私交汤宾尹，杖杀暴露汤之劣迹的诸生芮永缙，受到巡按御史荆养乔的参论。朝官对于荆、熊二人孰是孰非、如何处置的问题，分歧很大，各有偏袒。两事参见文秉《定陵注略》（卷9《庚戌科场》《荆熊分祖》，北京大学图书馆藏善本）、张廷玉《明史》（卷236《孙振基传》，第6153—6155页）。当时党争所借题目，还见于张廷玉《明史·顾宪成传》："比宪成殁，攻者犹未止，凡救三才者，争辛亥京察者，卫本者，发韩敬科场弊者，请行勘熊廷弼者，抗论张差梃击者，最后争移宫、红丸者，忤魏忠贤者，率指目为东林。"（卷231，第6033页）

第三节 对东林性质、事功的再审视
——从文献学角度的考察

上文所谈到的晚明门户及其相争局面的形成，对门户之一的东林党已有所涉及。学界以往对东林党关注较多，研究成果也很丰富，主要就东林的性质、思想主张、实践活动、成员个案及评价等问题展开探讨。[①] 此处笔者试图再从文献学的角度对东林的性质、事功，以及相关研究中存在的问题再度进行审视，希望能对已有的研究有所补益。

一 东林性质的再审视
（一）众多文献反映东林是朋党

关于东林的性质，前人已有较多探讨。[②] 复旦大学樊树志先生曾提出"东林非党"的观点，引起学界的较广泛争鸣。[③] 樊先生"东林非党"的主要结论是："东林其实并无所谓'党'，它不过是一个书院而已。"[④] 以下又设几个分论点：一、"东林党"是政敌诬称，由"淮抚之争"时徐兆魁等人提出，天启时期魏忠贤等人又将反对者一概斥为"东林党"（《晚明史（1573—1644年）》，第610—612、623页）；二、东林人士自称"吾

[①] 黄兆：《建国以来明末东林党研究述评》，《中国史研究动态》1991年第11期；王庚唐、赵承中：《晚明东林党研究综述：1991—2004》，载《东林书院重修400周年全国学术研讨会论文集》，时代文艺出版社2004年版，第314—319页。

[②] 相关的综述，参见万明《晚明社会变迁问题与研究》，商务印书馆2005年版，第463页；[日]小野和子《明季党社考——东林党与复社》，李庆等译，上海古籍出版社2006年版，第1—5页。

[③] 樊先生的这一观点，见于他的论文《东林非党论》，《复旦学报·社会科学版》2001年第1期；《东林书院的实态分析——"东林党"论质疑》，《中国社会科学》2001年第2期；《晚明史（1573—1644年）》，复旦大学出版社2003年版。赵承中《东林是党非党问题综述》一文的第二部分，曾较详尽地叙述了对这一观点的相关讨论（《南京晓庄学院学报》2009年第1期）。对于"东林非党"的观点，笔者的博士生导师南京大学范金民先生，认为今人更早提出者乃是洪焕椿先生（见氏著《一代才华著典型——读樊树志〈晚明史（1573—1644年）〉》，《中国图书评论》2004年第6期）。如果只说明确提出这一观点的人来说，更早的当是清代的毛奇龄，他说："东林非党也，有抗东林者而党始名。然而不敢显居于抗之者也，于是敢于抗东林者必文曰中立，夫使抗之者不敢显居于抗之，而乃曰中立，则东林尊矣。"（毛奇龄：《西河集》卷23《回友笺》，《文渊阁四库全书》，台湾商务印书馆1983年影印本，集部，第1320册，第193页）

[④] 樊树志：《晚明史（1573—1644年）》，第619页。

党"等字样非朋党之意（第622—623页）；三、朋党为官僚派系，与东林书院的民间人士无关（第599页）；四、万历时期一些官员反对首辅沈一贯的斗争，"并非所谓'东林党'与'浙党'的矛盾显现"，而是"在万历一朝司空见惯"的"阁部水火"，"所谓'东林党'与'浙党'的对立云云，实在是臆测多于事实的"（第599—606页）；五、"东林党的形成绝不可能早于东林书院的形成日期，乃是显而易见的常识"（第621页），以此否定学界"东林党的形成"的研究命题。以上五点批驳了东林朋党性质的各个方面，既有对史籍记载的辨析，又有对概念的厘清，如果都能成立，樊先生的"东林非党"论便真能立住脚跟。但是细考史实与史籍，却发现其仍有可以商榷之处。

对于第一点，"东林党"之称确实是来自政敌，但并非诬称，事实上中国古代的许多朋党之称都是来自于政敌，没有谁会自认为朋党的，详见后文论述。

对于第二点，东林党人高攀龙曾撰《朋党论》，似并不讳言东林为朋党，只不过是为"君子之党"：

> 欧阳公论朋党，至矣，其曰小人无朋，惟君子有之，吾以为未尽也。……偏党之党不可有，党类之党不容无。君子之相与也，取其大节，掩其小疵，破末俗之雷同，持必察之独见，小人以君子为偏党，岂偏党乎哉！……大臣为君子之党，则君子进而天下治，大臣为小人之党，则小人进而天下乱。……君子之党盛而小人之党散，天下之治，治于君子之党，而非论于党之有无也，此道不明，君子反相戒为党，悲乎！[①]

对于第三点，樊先生认为东林是"民间人士"，用来指顾宪成等罢官讲学之人也不尽然，后文将予论述；而晚明政坛上被称为"东林"的官员，似乎就不可以认作是"民间人士"。再者，著名的东林人士高攀龙、赵南星等人在万历时期被长期罢斥后确曾讲学，可以称其为"民间人士"，但他们于天启时期又重归政坛，彼时也应该不再是"民间人士"。

---

① 徐宾：《历代党鉴》卷3，台北广文书局1974年版，第13—14页。高攀龙对"党"的新解，亦可参见何孝荣《论高攀龙的用人思想》，《史学集刊》1999年第2期。

对于第四点，东林是不是朋党，明末的几位皇帝应该是较有发言权的，他们都将东林视为朋党。万历帝怠政，长期章奏留中，所以不容易了解他对东林的态度。如天启帝对东林党人，前期信任支持，后期却反目迫害，"以熹宗一人之身亦前后若两截"①。原因究竟是什么？一些史书归咎于天启帝的个人素质低劣，有些甚至认为这些完全是魏忠贤等人所为，天启帝则完全不知情。这样的说法都是难以令人信服的。对于其中究竟，清初吴嶽《清流摘镜》的说法值得注意：大学士魏广微与魏忠贤相勾结后，向天启帝进言说："杨左袁魏及在朝诸臣蔑主幼冲，结党植权，不尽窜杀，无以明主威而服天下轻蔑之心。上意移，忠贤因肆行排陷"②，"杨左袁魏"分别指东林党人杨涟、左光斗、袁化中和魏大中，由此观之，天启帝改变态度，是因为听信了魏广微对东林"蔑主幼冲，结党植权"的建言。崇祯帝认为东林"植党"，已见于第一章第一节所述。

再从史籍的记载情况来看，不少都将东林视作朋党，其中一些是来自东林、复社，而且一般都将它作为"浙党"的对立面出现。如明末的王世德说："廷臣方以东林、浙党分门户，如其党即力护持之，误国殃民皆不问；非其党纵有可用之才，必多方陷害务置之死，而国事所不顾。朋比为奸，互相倾轧。"③东林党人文震孟之子文秉说："自东林与四明（指首辅沈一贯，被认为是浙党党魁——笔者按）并峙，门户之水火所由来矣。"④复社人士夏允彝说：

> 国朝自万历以前未有党名，及四明沈一贯为相，以才自许，不为人下，而一时贤者如顾宪成、孙丕扬、邹元标、赵南星之流，蹇谔自负，与政府每相持。附一贯者言路亦有人，而宪成讲学于东林，名流咸乐趋之，此东林、浙党之所自始也。⑤

---

① 文秉：《定陵注略·小序》，北京大学图书馆藏善本。
② 吴嶽：《清流摘镜》卷2《祸发大端》，《四库禁毁书丛刊补编》，北京出版社2005年影印本，第17册，第596页。
③ 王世德：《崇祯遗录·叙》，《四库禁毁书丛刊》，北京出版社1997年影印本，史部，第72册，第2页。
④ 文秉：《定陵注略》卷10《门户分争》，北京大学图书馆藏善本。
⑤ 夏允彝：《幸存录》"门户大略"条，留云居士辑：《明季稗史初编》卷14，上海书店1988年版，第287页。

蒋平阶说：

> 一贯既入相，以才自许，不为人下。宪成既谪归，讲学于东林，故杨时书院也。孙丕扬、邹元标、赵南星之流謇谔自负，与政府每相持。附一贯者科道亦有人，而宪成讲学，天下趋之，一贯持权求胜，受黜者身去而名益高，此东林、浙党所自始也，其后更相倾轧垂五十年。①

戴名世认为：

> 党祸始于万历间，浙人沈一贯为相，擅权自恣，多置私人于要路，而一时贤者如顾宪成、高攀龙、孙丕扬、邹元标、赵南星之属，气节自许，每与政府相持，而高顾讲学于东林，名流咸乐附之，此东林、浙党所自始也。②

明清之际的谈迁、张岱、朱鹤龄、王弘撰等人，对此亦持相同的看法。③这么多人都这么看，可能是清朝在纂修《明史》时，也采用这一看法的重要原因："两党分争久不息。而是时劾李三才者亦指其贪，诸左右元翰者又往往左右三才，由是臣僚益相水火，而朋党之势成矣。"④或许也是有鉴于此，今天仍有许多学者对东林作如是观。⑤

樊先生也注意到了上述材料的存在，但他认为夏允彝、蒋平阶等人的

---

① 蒋平阶：《东林始末》，《四库全书存目丛书》，齐鲁书社 1997 年影印本，史部，第 55 册，第 620 页。
② 戴名世：《弘光朝伪东宫伪后及党祸纪略》，见《忧患集偶钞》，《四库禁毁书丛刊》，北京出版社 1997 年影印本，集部，第 187 册，第 7 页。
③ 分见谈迁《枣林杂俎·智集》"分党"条，罗仲辉点校，中华书局 2006 年版，第 64—65 页；张岱《琅嬛文集》卷 3《与李砚翁》，云告点校，岳麓书社 1985 年版，第 146 页；朱鹤龄《愚庵小集》卷 11《无党论》，上海古籍出版社 1979 年版，第 526—530 页；王弘撰《山志·二集》卷 5 "二党"条，何本方点校，中华书局 1999 年版，第 264—265 页。
④ 张廷玉：《明史》卷 236《王元翰传》，中华书局 1974 年版，第 6152 页。
⑤ 其中有代表性者，如刘志琴《论东林党的兴亡》，《中国史研究》1979 年第 3 期；陈宝良《中国的社与会》，浙江人民出版社 1996 年版，第 33 页；[新加坡] 李焯然《论东林党争与晚明政治》，载《明史散论》，台北允晨文化事业有限公司 1987 年版，第 33 页；[日] 小野和子《明季党社考——东林党与复社》，李庆等译，上海古籍出版社 2006 年版。上述赵承中的论文也指出："总的来说对于'东林非党'论仍是反对者多于赞同者。"

上述言论,是明末清初人士在追溯历史时的错误看法:"已经看得不甚真切,误导了后世读者","臆测多于事实"①,故此上述众多材料便不再具有可靠性,而可以全部忽略了。但是文秉、夏允彝等人作为东林后人、"继东林而起"的复社人员,为何会把"朋党"的恶名加在自己的父辈、前辈身上,樊先生却并未讲清楚。樊先生认为夏允彝、蒋平阶等人的上述说法"看得不甚真切",而认为他们都提到的"'东林党'与'浙党'的对立",只是万历时期"阁部冲突"的表现,但即使是"阁部冲突",本章第一节提到的林丽月先生也认为它导致了朋党的发生。

樊先生的重要论据,一是复社人士吴应箕的说法:

> 自顾泾阳削归而朝空林,实东林之门户始成。夫东林故杨龟山讲学地,泾阳公请之当道,创书院其上,而因以名之者。时梁溪、金沙、云阳诸公相与以道德切磨,而江汉、北直遥相唱和,于是人品理学遂擅千百年未有之盛。然是时之朝廷何如哉?夫使贤人不得志而相与明道于下,此东林之不愿有此也。即后此之为贤人君子者,亦何尝标榜曰吾东林哉?②

观吴氏此语,主要在于表明顾宪成等东林人士,因朝政黑暗而罢归讲学,"不得志而相与明道于下",且有批评时政和表彰东林讲学之意。但其并未否认东林为朋党:"自顾泾阳削归而朝空林,实东林之门户始成",不知樊先生为何会如是引用?吴应箕过于褒东林而贬非东林,说:

> 夫东林之能既见于天下如此矣,其攻东林者又作孽如彼矣。此即三尺童子能起而明其趣舍者,而世之人犹好指摘贤人君子之细,以巧诋而乐道之。吾然后知大道之不明,而乱臣贼子之不绝迹于天下也。③

对东林有所指摘的,竟成了"乱臣贼子"!清人张鉴曾评价其人其书说:

---

① 樊树志:《晚明史(1573—1644年)》,复旦大学出版社2003年版,第599页。
② 吴应箕:《东林本末》卷下"会推阁员"条,《四库禁毁书丛刊补编》,北京出版社2005年影印本,第16册,第517页。
③ 吴应箕:《东林本末》卷下"三案"条,第518页。

"貌癯黑，须似猬毛磔。每当稠人之会，则竟据高座，议论风声，旁若无人者。故其所著述如《两朝剥复录》与此籍（指《东林本末》——笔者按），不过皆少年盛气之所为耳。"① 所以即使他有关于"东林非党"的言论，也要审慎对待。

另外，黄宗羲批驳东林为朋党的言论②，也是樊先生"东林非党"论的重要论据。但是黄宗羲为东林官员黄尊素之子，其师是东林人士刘宗周，自身亦是"党人之习气未尽"③。如夏允彝作《幸存录》对东林有所批评，黄氏便作《不幸存录》对其逐条驳斥。④ 如东林党人魏大中之子魏学濂曾降附李自成大顺政权，而黄宗羲则辩称其为死难，并认为"变节说"是"党人余论锢之也"。但魏学濂投降大顺应是事实，可参见王弘撰《山志·二集》⑤。而对弘光时期与魏忠贤有关联的大臣张捷、杨维垣的结局，黄氏则说是逃窜而死，并非殉节⑥。以此言之，黄宗羲的上述言论恐未必可据。除黄宗羲外，还有顾宪成的学生丁元荐，也曾因当时有人攻击东林为朋党而为其辩护。⑦ 同样，他的这一言论也要审慎对待。

（二）东林是由书院转化为朋党的

综上所述，东林应该就是一个朋党。具体而言，一部分文献表明，东林是由书院逐渐转化为朋党，这又主要由其在不同时期的人员构成特点所造成；另一部分文献则表明，东林书院自重建之始即具有朋党的色彩。本书以下内容分别对这两种情况加以论述。

对于前者，万历时期的官员田一甲曾详尽地论述道：

---

① 张鉴：《冬青馆乙集》卷6《书复社姓氏录后四》，《续修四库全书》，上海古籍出版社2002年影印本，集部，第1492册，第160页。

② 黄宗羲：《明儒学案》卷58《东林学案一》，沈芝盈点校，中华书局1985年版，第1375页。

③ 全祖望：《鲒崎亭集·外编》卷44《答诸生问南雷学术帖子》，《四部丛刊初编》，上海书店1989年版，集部，第376册，第993页。

④ 黄氏及其著作的门户之见，亦可参见拙文《〈弘光实录钞〉辨误及其他》，《书品》2008年第4辑。

⑤ 王弘撰：《山志·二集》卷3"魏子一"条，何本方点校，中华书局1999年版，第221—222页。

⑥ 全祖望：《鲒崎亭集》卷11《梨洲先生神道碑文》，《四部丛刊初编》，上海书店1989年版，集部，第372册，第132页。

⑦ 丁元荐：《尊拙堂文集》卷1《拟辨门户疏》，《四库存目丛书》，集部，第170册，第672—674页。

> 夫门户之说何自起哉！自昔吴门、太仓、四明、会稽、晋江（分别指申时行、王锡爵、沈一贯、李廷机——笔者按）诸奸辅钵传灯续，怙宠弄权。彼时一二孤愤之士，出而批鳞被逐。于是聚徒讲学以明性会而演道脉。此谁不仰之，而谁訾之？无奈有奸雄自命，而初亦盗建言之名，继则窜道学之党，彼真道学者亦堕其术中而不知觉。于是以道学之名号召天下，凡生长其地者，宦游其地者，及旧之往来相知者，或实意仰高，或葛藤相绊，即以为周（敦颐）程（颐程颢）张（载）朱（熹）复出，而靡然从之。甚有为其所迫，不得不入者。于是门户之名立矣，假道学之手段到此益展矣。且其名利熏心，背公念炽，遂复遥制朝绅，逼挟台辅，夷跖惟其所造，云泥惟其所置。朝中复有一二奸雄，彼此借资，气脉相通，呼吸相应，以钳天下之口，而操黜陟之权。于是门户之威炽矣。①

由此可见，东林最初是由一批因批评时政而遭罢斥的官员组成的。他们"聚徒讲学以明性，会而演道脉"，传播程朱理学，并以此得到社会舆论的支持。此时的东林只是一讲学的书院。但后来随着一些"奸雄自命，而初亦盗建言之名，继则窜道学之党"的人员加入，东林的作为遂由讲学论道转变为干预政治，"遥制朝绅，逼挟台辅"，又与朝中"一二奸雄，彼此借资，气脉相通，呼吸相应，以钳天下之口，而操黜陟之权"。东林由此便逐渐从书院转变成朋党，"门户之名立矣"。窜入东林的非讲学之徒，"借名东林"干预政治，并最终酿成门户之争，这也为天启时期的官员朱童蒙所论及：

> 逮从游者众，邪正兼收，不材之人借名东林之徒，以自矜诩，甚至学士儒生挟之以扞文网，冠裳仕进借之以树党援。欲进一人也，彼此引手；欲去一人也，共力下石。京察黜陟，非东林之竿牍不凭；行取考选，非东林之荐扬不与。日积月累，门户别而墙壁固。②

---

① 文秉：《定陵注略》卷10《门户分争》，北京大学图书馆藏善本。
② 《明熹宗实录》卷26，天启二年九月庚子，台湾"中央"研究院历史语言研究所1966年校印本，第1302页。

而清朝乾隆皇帝更指出东林诸人对附入者不严加区别，致使其成员"糅杂混淆"也难辞其咎："东林诸人，始未尝不以正，其后声势趋附，互相标榜，糅杂混淆，小人得而乘之以起党狱。是开门揖盗者，本东林之自取，迄明亡而后已。"①

不独田一甲、朱童蒙等非东林人员如此看，东林人士自身也有人承认其成员构成的复杂。如方震孺说："东林之中，原多依草附木，奸险贪横，实有其徒。"②而有"小东林"之称的复社，其成员朱舜水亦曾谓：

> 大明之党有二：一为道学诸先生，而文章之士之黠者附之，其实蹈两船，占望风色，而为进身之地耳。一为科目诸公，本无实学，一旦登第，厌忌群公高谈性命。一居当路，遂多方排斥道学，而文章之士亦附之。③

"道学诸先生"即指重建东林书院的顾宪成、高攀龙等人。夏允彝也认为应将东林阵营中的"领袖者"和"附丽之徒"区别开来："东林君子之名满天下，尊其言为清论，虽朝中亦每以其是非为低昂。交日益广，而求进者愈杂。始而领袖者皆君子者，继而好名者、躁进者咸附之"，并说其友徐石麒、侯峒曾、马世奇、陈子龙"皆所指为东林也，其言亦甚公平，每病东林之杂而偏，不尽公忠"④。其他如张岱说："盖东林首事者实多君子，窜入者不无小人；拥戴者皆为小人，招徕者亦有君子"⑤；王弘撰说："东林之名日高，附之者日众，亦日杂"⑥；朱彝尊说：

---

① 乾隆：《御制题东林列传》，见陈鼎：《东林列传》，《文渊阁四库全书》，台湾商务印书馆1983年影印本，史部，第458册，第173页。
② 蔡士顺：《傃庵野抄》卷1，《四库禁毁书丛刊》，北京出版社1997年影印本，史部，第69册，第374页。此处对方震孺身份的认定，依据李挍《东林党籍考》，人民出版社1957年版。
③ 朱舜水：《朱舜水集》卷11《答野节问三十一条》，朱谦之整理，中华书局1981年版，第390页。此处对朱舜水身份的认定，依据眉史氏《复社纪略》（上海书店1982年版，第180—204页）。
④ 夏允彝：《幸存录》"门户大略"条，留云居士辑：《明季稗史初编》卷14，上海书店1988年版，第288页；"门户杂志"条，第297页。
⑤ 张岱：《琅嬛文集》卷3《与李砚翁》，岳麓书社1985年版，第146页。
⑥ 王弘撰：《山志·二集》卷5"二党"条，何本方点校，中华书局1999年版，第264—265页。

"明自万历间，顾、高诸君子讲学于东林书院，士大夫向风景从，主持清议，久而渐成门户。不得其门以入者，分镳而驰，迁染之途既殊，相争如水火，当是时中立不倚者寡矣。"① 清人谷应泰批评东林"引党甚卑"②。张廷玉《明史》亦称东林"名盛则附之者众，附者众，则不必皆贤而胥引之"③。

由于东林成员构成的良莠不齐，朱彝尊进而提出不能以门户之别作为区分邪正的标准：

> 究之东林多君子，而不皆君子，异乎东林者亦不皆小人。作史者当就一人立朝行己之初终本末，定其是非，别其白黑，不可先存门户于胸中，而以同异分邪正、贤不肖也。④

更有论者认为东林因此对明朝的灭亡也负有重要责任，如明末诸生朱鹤龄说："东林首庸非不廉正有守，及名盛而附之者众，于是小人之雄或阴托君子之籍，玄黄之战，一胜一负，屡胜屡负，而国运随之以尽。"⑤ 朱一是也极其尖锐地指出东林的蜕变及其危害道：

> 万历中一二大君子研讲道术，标立崖畔，爱别异同。其后同同相扶，异异交击，有好恶而无是非，集友朋而忘君父，事多矫激，人用偏私。始则正人开端，既乃邪正参引，后且邪人薮匿，而百不一正焉，即正人不为邪人所用者几何矣？道术流而意气，意气流而情面，情面流而货赂，狐城鼠社，蔓引茹连，罔止行私，万端一例。遂致事体蛊坏，国事凌夷，局改时移，垣垒石破。害深河北之贼，罪浮东海之波。⑥

---

① 朱彝尊：《曝书亭集》卷32《史馆上总裁六书》，《四部丛刊初编》，上海书店1989年版，集部，第358册，第278页。
② 谷应泰：《明史纪事本末·补编》卷5《宦官贤奸》，中华书局1977年版，第1958页。
③ 张廷玉：《明史》卷232《李三才传》，第6067页。
④ 朱彝尊：《曝书亭集》卷32《史馆上总裁六书》，第278页。
⑤ 朱鹤龄：《愚庵小集》卷11《无党论》，上海古籍出版社1979年版，第526页。
⑥ 朱一是：《为可堂集·谢友人招入社书》，转引自谢国桢《明清之际党社运动考》，中华书局1982年版，第204—205页。

至于窜入东林的"附丽之徒"，万历时的御史张铨指出是于玉立①。倪元璐在崇祯初期为东林党人鸣冤，但仍指斥李三才、王之寀等品节有亏之人②。崇祯时期的官员成德本来非常推崇东林，后来因为东林某些人员的所作所为而对其改观："我尝望东林如山岳，及渡江后始悉钱谦益、熊明遇所为，夙昔之意索然尽矣。"③ 明末清初的林时对还撰有"东林中依草附木之徒"一文，具体列出东林中蒋时馨、钱谦益、郑鄤、王永吉、吴甡、沈惟炳、房可壮、吴昌时、杨枝起、廖国遴、曹溶等人④。张岱曾点名批评王图、李三才、项煜、周钟、时敏等人⑤。清初学者汪琬指斥钱谦益：

  顾予见东南钜公方壮盛之时，亦尝负有重望，号为东林党魁。及其齿发衰暮，贪位苟禄，从而尽荡弃其言论风采，俛身乞怜权势之门者，盖有矣，非孔子所谓鄙夫患失者耶？⑥

谈迁批评惠世扬："晚节批猖，最为东林败类。"⑦ 赵吉士指出"东林之中

---

① 于玉立确实名声不佳。除非东林党人亓诗教说"（顾）宪成自贤，玉立自奸"（文秉：《定陵注略》卷10《门户分争》，北京大学图书馆藏善本）外，夏允彝也称其"东林中用胜于体之子也"（《幸存录》"门户杂志"条，留云居士辑：《明季稗史初编》卷14，上海书店1988年版，第295页）。张廷玉《明史》本传亦认为其牵累东林："玉立偒傥好事。海内建言废锢诸臣，咸以东林为归。玉立与通声气，东林名益盛。而攻东林者，率谓玉立遥制朝权，以是诟病东林。"（卷236《于玉立传》，第6158页）。
② 《崇祯长编》卷5，崇祯元年正月己巳，台湾"中央"研究院历史语言研究所1967年校印本，第205页。
③ 吴肃公：《明语林》卷13《尤悔》，《续修四库全书》，上海古籍出版社2002年影印本，子部，第1175册，第637页。
④ 林时对：《荷牐丛谈》卷3"东林中依草附木之徒"条，《清代稿本百种汇刊》，台湾文海出版社1974年影印本，第26册，第287—298页。在林时对之前，天启初期的官员方震孺已说："东林之中，原多依草附木。"（蔡士顺：《傃庵野抄》卷1，《四库禁毁书丛刊》，北京出版社1997年影印本，史部，第69册，第374页）
⑤ 张岱：《琅嬛文集》卷3《与李砚翁》，云告点校，岳麓书社1985年版，第146页。
⑥ 汪琬：《尧峰文钞》卷20《陈处士墓表》，《四部丛刊初编》，上海书店1989年版，集部，第356册，第199页。
⑦ 谈迁：《北游录·纪闻上》"惠世扬"条，汪北平点校，中华书局1960年版，第337页。惠世扬投降李自成大顺政权及其行迹，见赵吉士《续表忠记》（卷2《巡抚方公传》，周骏富辑：《明代传记丛刊》，台湾明文书局1991年影印本，第64册，第712页）。

亦多败类",如李三才、郑鄤。①

综上所述,万历中后期随着东林社会名望的高涨,一部分人怀着不同的动机和目的依附进去,东林也对他们加以吸纳。这使东林阵营的人员构成变得复杂,既有在野的学者,也有在朝的官僚,还有的成员时而在野,时而在朝,因而兼具此两种身份。他们的个人品行、思想观念、政治操守等都不尽相同,一部分人品行不端,借东林之名拉帮结派,谋取私利。他们的所作所为,极大地改变了东林讲学论道的主旨,影响了东林的声誉。总之,这种人员构成的复杂性,是导致东林由书院转化为朋党的最主要原因。东林早期尚有顾宪成、高攀龙等抱持学术理想与见解之人,后来就不见再有这样的人物出现了,而称为"东林"者多是一些官僚政客,这也可以表明东林性质的演变。

(三) 东林书院重建之始就具有朋党性质

至于后者,即认为东林书院重建之始就带有朋党色彩,也有事实为证。

如万历三十五年,朝廷起用里居的王锡爵重新出任内阁首辅。重建东林书院的首要人物顾宪成,此时虽身居林下,却致书对其加以规劝。② 再如当"淮抚之争"时,顾宪成也曾致书首辅叶向高等人,为李三才辩护。御史张铨曾以此批评他干预朝政:

> 若东林聚徒讲学,岂非美事。然使其隐居乐道,不干预国家之事,谁得而议之。顾宪成诚贤者也,乃三书之失,毕竟为千古难洗之愆。其他若高攀龙、刘元珍辈直节清风,超超尘表,臣等方望其早晚赐环,岂反相陁。③

当时的官员刘国缙也尖锐地指出所谓的"山林之士"干预政治:

> 昔之夤缘也在要路,今之夤缘也在山林。夫山林何以夤缘也?山林之士雅负天民之望,而倡道淑人,有教无类,固自孔门家法,而无

---

① 赵吉士:《续表忠记》卷1《顾端文公传》,第487页。
② 参见樊树志《东林非党论》,《复旦学报·社会科学版》2001年第1期。
③ 文秉:《定陵注略》卷10《门户分争》,北京大学图书馆藏善本。

奈今人非古人也。山林之士名高于泰山北斗，而游其门者，即破甑可称为完璧。遂使势焰附势功名富贵之士，奔走若狂，处其迹，舍要路而山林是图。若见以为淡于世味，而不知其淡也，正其所以味浓，实奸人之雄而伪夫之杰也。①

钱梦皋也说："昔之山人，山中之人；今之山人，山外之人。"② 刘、钱两人虽在政治立场上均与东林对立，但他们对东林身在林下、心系朝政的这些言论却不能说毫无事实根据。

东林借讲学之名干预时政，又得到社会舆论的支持，俨然已成为当时社会的"意见领袖"，其声势高涨时常常能对时政产生重大影响，"东林之讲学，以干预时政为宗旨，其盛时绝有势力于政局"③。夏允彝即曾说："东林君子之名满天下，尊其言为清论，虽朝中亦每以其是非为低昂。"④张岱说："其党盛，则为终南之快捷方式"⑤，谈迁也说："仕途快捷方式，非东林不灵"⑥，加入东林不仅可以获得崇高名誉，还有助于仕途的升迁。如与东林相争，将带来严重后果，崇祯时期的大学士黄景昉，曾就某官员向顾宪成推让朝廷的任命一事而感叹道："若不得不让焉者！不然，身名扫地尽矣。更于此见东林威焰栗人。"⑦ 于此便不难理解为什么会有如许之人要依附东林。

因此之故，东林人士缪昌期甚至认为东林书院自重建之始，就兼具书院和朋党两种性质："东林诸君子有为讲学，而有意立名，党锢、道学之禁殆将合矣"，批评东林名实分离。缪昌期在天启后期被魏忠贤等人迫害致死，为"东林七君子"之一。但钱谦益却称其"未尝心许东林，而疾

---

① 文秉：《定陵注略》卷9《淮抚始末》。
② 王鸿绪：《明史稿列传》卷202《沈一贯传》，台湾明文书局1991年影印本，第96册，第385页。
③ 孟森：《明史讲义》，上海古籍出版社2002年版，第302页。
④ 夏允彝：《幸存录》"门户大略"条，留云居士辑：《明季稗史初编》卷14，上海书店1988年版，第288页。
⑤ 张岱：《琅嬛文集》卷3《与李砚翁》，云告点校，岳麓书社1985年版，第146页。
⑥ 谈迁：《枣林杂俎·智集》"分党"条，罗仲辉点校，中华书局2006年版，第64—65页。
⑦ 黄景昉：《国史唯疑》卷11，陈士楷等点校，上海古籍出版社2002年版，第322页。

党人兹甚。每叹曰：'吾惟恐人为伪君子，肯与人为真小人乎？'"① 钱谦益自身为东林中人，其所撰大量东林人士之行状、墓志铭，大部分都是应后者本人、后人或者朋友所托而作，故对东林颇予高评，像这样于东林不利的言论极为少见。缪昌期的话，与前述高攀龙并不否认东林为朋党的言论，都是来自东林自身，因而非常值得重视。其他如张岱更是毫不客气地指出顾宪成之讲学，酿成党祸而误国：

东林自顾泾阳（宪成）讲学以来，以此名目，祸我国家者八九十年。以其党升沉，用占世数兴败。其党盛，则为终南之快捷方式；其党败，则为元祐之党碑。风波水火，龙战于野，其血玄黄。朋党之祸，与国家相为终始。②

对于东林书院重建之始即有朋党之实，今人李焯然先生的论文《论东林党争与晚明政治》也认为："顾宪成等人重建东林书院，其实是希望通过讲学去实现他们的政治理想，正学术只是手段，重整政治才是他们最终的目的"，"东林书院和东林党这两个分别代表学术和政治的称号，在东林有不可分割的关系"，"从他们的活动来看，这一群互相呼应的读书人，他们的政治企图比学术动机为大"③。

由此可见，东林人士在任何时候都以干预政治为要务。在朝者自不必说，在野者也是如此，其并非如樊树志先生所说的"不问政治"④。这样看来，樊先生认为东林都是"民间人士"，即使用来指顾宪成等早期罢官讲学之人，可能都值得商榷。而且随着政局的变化，高攀龙、赵南星等早期讲学东林书院者，在万历时期被长期罢斥后，于天启时期又重归政坛，

---

① 钱谦益：《牧斋初学集》卷48《赠通议大夫詹事府事兼翰林院侍读学士缪公行状》，《四部丛刊初编》，上海书店1989年版，集部，第345册，第551页。钱谦益与缪昌期交善，见《牧斋初学集》（卷48《奉直大夫左春坊左谕德兼翰林院简讨赠通议大夫詹事府詹事兼翰林院侍读学士缪公行状》，第552页）。缪昌期曾致书顾宪成，批评其"互相标榜"（缪昌期：《从野堂存稿》卷6《与顾泾阳》，《续修四库全书》，上海古籍出版社2002年影印本，集部，第1373册，第557页）。
② 张岱：《琅嬛文集》卷3《与李砚翁》，云告点校，岳麓书社1985年版，第146页。
③ 李焯然：《论东林党争与晚明政治》，载《明史散论》，台北允晨文化事业有限公司1987年版，第172、173页。
④ 樊树志：《东林非党论》，《复旦学报·社会科学版》2001年第1期。

彼时他们的行迹更表露出党人的特征。

万历时期的"争国本"①，即朝臣与皇帝围绕皇位继承人人选的争端，致使郑贵妃及其族属与外廷众多官员对立。天启初期，朝臣继续清算郑氏势力，即所谓"斥遗奸"②。自天启二年（1622）七月至三年二月，他们接连不断地参劾郑贵妃之弟郑养性，其中就有高攀龙③。

而赵南星之门户观念表现得尤为严重。明朝故事，"巡方者有提荐人才之例"，时任吏部尚书的赵南星已上奏停止这种做法。但浙江巡按张素养仍荐举部内姚宗文、邵辅忠、刘廷元等人，被赵南星参劾而夺俸。④ 张素养所荐之人，都是万历后期曾与东林对立者，所以赵南星此举不无重翻旧账之嫌。再如天启三年的"癸亥京察"，赵南星作为主持官员，不顾吏科都给事中魏应嘉的反对，坚持将万历时期的政敌亓诗教、赵兴邦、官应震、吴亮嗣四人都加以处分，并作"四凶议"，比四人为尧舜时代的"四凶"⑤。他这么做，"说穿了就是旧账重算"，"挟嫌报复，到处树敌，把一些本来可以团结争取的人，推向魏忠贤一方"⑥。

综上所述，从文献的反映来看，东林是一个朋党，至少是后期已由书院转化为朋党，应是毋庸置疑的。而且以上所列还只是笔者目力所及的文献，其他不为笔者所见，持同样观点者，应当更多。本章第一节对万历党

---

① 参见刘近思《四朝大政录》卷上《争国本》，清光绪十一年六世孙宝楠刊本；谷应泰：《明史纪事本末》卷67《争国本》，中华书局1977年版，第1061—1076页。

② 钱谦益：《牧斋初学集》卷62《资德大夫都察院左都御史赠太子少保兵部尚书谥忠宪高公神道碑铭》，《四部丛刊初编》，上海书店1989年版，集部，第346册，第701页。

③ 《明熹宗实录》卷24，天启二年七月戊戌，台湾"中央"研究院历史语言研究所1966年校印本，第1183页。其他参劾者还有施櫆、温皋谟、罗尚忠、王天瑞等人（《明熹宗实录》卷24，天启二年七月丁酉，第1182页；卷28，天启二年十一月壬子，第1415页；卷28，天启二年十一月辛酉，第1429页；卷29，天启二年十二月丙寅，第1437页）。

④ 张廷玉：《明史》卷243《赵南星传》，第6298—6299页。赵南星参论张素养的时间在天启三年九月（谈迁：《国榷》卷85，张宗祥点校，中华书局1958年版，第5232页）。张为宣大巡抚时为魏忠贤建祠（张廷玉：《明史》卷306《阉党传》，第7868页），崇祯时其未入逆案，或许是因为在此之前已身故，待考。

⑤ 李逊之：《三朝野纪》卷2上《天启朝纪事》，上海书店1982年版，第43—44页。"赵南星主察，（刘）廷元、（姚）宗文先已罢黜，故止应震等四人罹察典。"其中赵兴邦与赵南星之间曾有过节，其与亓诗教后来都入"逆案"。而吴亮嗣和官应震二人，当天启后期魏党专权时，一则先已死去，另一则未被起用，故均未入"逆案"（万斯同：《明史》卷354《亓诗教传》《赵兴邦传》《吴亮嗣传》《官应震传》，《续修四库全书》，上海古籍出版社2002年影印本，史部，第330册，第277页）。

⑥ 韩大成、杨欣：《魏忠贤传》，人民出版社1997年版，第317页。

争的起因进行了探讨，晚明存在激烈的党争已成为史学界的一种共识，而所谓党争就是指东林党与非东林党之间的纷争，这也可以表明东林确实就是一个朋党，否则党争从何而来？

二　东林的事功评价

一方面对东林党的评价历来都是褒多贬少，论者往往对其推崇备至，颇为拔高。但另一方面人们对东林党党见太深，持论过刻，不能团结异己，以及"议论高而事功疏"等方面的批评也不少。本书对"古往今来"相关的负面论述及其合理性加以梳理，由此或许可以有助于对东林的事功及评价，得出更为全面客观的认识。

东林自恃秉持"清议"，却时常持论苛刻而无补于时事，万历后期的首辅叶向高曾慨叹道：

> 今日世道，得清议之力，亦受清议之苦。盖古人做事，尚有许多委婉，至于秽其迹、污其名而不恤。而今日稍有曲折，议论便生，众喙一腾，身名俱败，故其弊也。宁失人主之欢，而不敢犯悠悠之口；宁视事之不成，而不敢使心之不白。所以上下之交日离，而于天下之大计卒无济也。①

第一章第一节倪元璐在崇祯初期为东林党人鸣冤的同时，也不无批评地说道："其所宗主者，大都禀清挺之标，而或绳人过刻；树高明之帜，而或持论太深。"② 明末清初的孙承泽说："晚世议论苛刻，好举人之短。"③ 孙肩同样指出："人心喜闻人过，喜发人非，未有今日之甚。"④ 与东林渊源颇深的万斯同，不但承认东林因分门立户而得祸，以此受到世人的非难，而且意气用事，不无过激："东林以门户得祸，论者多为责备之辞，

---

① 叶向高：《答刘云峤》，见陈子龙等《明经世文编》卷461，中华书局1962年版，第5050—5051页。
② 《崇祯长编》卷5，崇祯元年正月己巳，台湾"中央"研究院历史语言研究所1967年校印本，第205页。
③ 孙承泽：《畿辅人物志》卷12，《续修四库全书》，上海古籍出版社2002年影印本，史部，第540册，第702页。
④ 孙肩：《甲乙杂著》，《丛书集成初编》，商务印书馆1936年版，第2460册，第11页。

盖时势所激，意气乘之，贤者不能无过。"① 张廷玉《明史》亦称东林"矜名""恶异"，对"不附东林"的"中立者"也不能容纳②。

而东林在事功方面的重名轻实乃至有名无实，天启时期曾有人指责道："文章盛，节义衰；节义盛，功业衰"，"先名实而后君父"③。夏允彝说："东林之持论高，而于筹饷制寇卒无实着。"④ 朱舜水更是明言东林人士"迂腐不近人情"，并非"经邦弘化，康济艰难"的"巨儒鸿士"：

> 讲道学者，又迂腐不近人情。如邹元标、高攀龙、刘念台等，讲正心诚意，大资非笑。于是分门标榜，遂成水火，而国家被其祸，未闻所谓巨儒鸿士也。巨儒鸿士者，经邦弘化，康济艰难者也。⑤

清人顾彩也感慨说："胜国晚年，虽妇人女子，亦知向往东林，究于天下事奚补也！"⑥ 戴名世进而认为东林"议论高而事功疏"的习气，导致了明朝的灭亡："东林、复社多以风节自持，然议论高而事功疏，好名沽直，激成大祸，卒至宗社沦覆，神州陆沉。"⑦ 许宗彦对此也有相同的看法："明之亡，不亡于君若民，而亡于其臣；又不尽亡于大臣，而亦亡于小臣。明之臣虽家居及为诸生者，莫不好议论，隐持执政之长短，其大臣无论贤奸，皆莫能竟其用。议甫出口而弹击之文已至矣"，"天下之患莫大乎崇虚论而忘实事，故清议兴而汉鼎沦，清谈盛而晋祚促，讲学会文之

---

① 万斯同：《明史》卷354《贾继春传》，《续修四库全书》，上海古籍出版社2002年影印本，史部，第330册，第282页。
② 分见张廷玉《明史》卷232《传赞》、卷256《传赞》，第6067、6616页。另外，清代私修史书对东林党的评价分为两端，一为完全肯定，另一为完全否定，参见姜胜利《清人明史学探研》（南开大学出版社1997年版，第78—80页）。
③ 李应昇：《落落斋遗集·序》，《四库禁毁书丛刊》，北京出版社1997年影印本，集部，第50册，第3—4页。沈誧《贞文堂文集序》也似是批评东林、复社说："痛悲乎文彩盛矣，而其临大节不能卓自树立者。"见温璜《温宝忠先生遗稿》，《四库禁毁书丛刊》，北京出版社1997年影印本，集部，第83册，第362页。
④ 夏允彝：《幸存录》"门户大略"条，留云居士辑：《明季稗史初编》卷14，上海书店1988年版，第293页。
⑤ 朱舜水：《朱舜水集》卷11《答林春信问七条》，朱谦之整理，中华书局1981年版，第383页。
⑥ 顾彩：《序》，见孔尚任：《桃花扇·附录》，人民文学出版社1982年版。
⑦ 戴名世：《弘光朝伪东宫伪后及党祸纪略》，见《忧患集偶钞》，《四库禁毁书丛刊》，北京出版社1997年版，集部，第187册，第14页。

风炽而明社屋"①。

清代桐城派的代表人物方东树,针对"东林清议之害,祸延家国"的说法进行批驳,认为这种说法"疾君子指为东林党而恶害之者,特阉党之所为耳,吾徒何为而助之攻乎?"但他并不否认东林存在的弊病:"东林诸贤于太畸、竞意气笔锋,必欲强人从我,求胜于理而不审事之轻重,好伸其言而不顾事之损益,以致殿上之彼已日争,阃外之从违遥制。"只是他反对把误国的责任全都归在东林身上,"然当时之为此以致误国败事者,岂皆出东林之清议乎?亦在廷噂沓之言官乎?"指出主要责任应在君主和当国大臣身上,"人主无执两用中之明,当国者无朴诚通达,敢违众议独行,而独责小臣以言高之罪,咎局外以出位之谋,是皆无虚衷罪己之诚,务委过于人"。认为"人主明于用贤,宰相公恕无私,则朋党无自而成",这才是"正本之论"②。说来说去,他实际上也不否认东林是朋党。

也有人对东林和非东林结党私斗而罔顾国事均加以指责,如上述王世德。再如夏允彝说:

> 平心而论,东林中亦多败类,攻东林者间亦有清操独立之人,然其领袖之人殆天渊也。东林之持论甚高,而于筹饷制寇卒无实着。攻东林者,自谓孤立任怨,然未尝为朝廷振一法纪,徒以忮刻胜耳,此特可谓之聚怨哉。无济国事殆同之矣。③

林时对说:"玄黄交战,洛蜀纷争,置国事若蜩螗,驯至断送封疆,祸贻君父。"④ 王弘撰说:"国事决裂,实由于二党之相仇,小人奸回固不胜

---

① 许宗彦:《鉴止水斋集》卷10《书殉难备考后》,《续修四库全书》,上海古籍出版社2002年影印本,集部,第1492册,第411—412页。
② 方东树:《考槃集文录》卷6《复罗月川太守书》,《续修四库全书》,上海古籍出版社2002年影印本,集部,第1497册,第350—351页。
③ 夏允彝:《幸存录》"门户大略"条,留云居士辑:《明季稗史初编》卷14,上海书店1988年版,第293页。
④ 林时对:《荷牐丛谈》卷3"门户之祸"条,《清代稿本百种汇刊》,台湾文海出版社1974年影印本,第26册,第282页。

诛，而君子之偏执亦恶得无咎哉！"①

林丽月先生将东林在政治上没有太多实际作为归咎于君主的昏庸："从明末政治来看，由于君主的不御朝讲、不省章奏，东林派所作的努力对君主能发挥多大的诱导或约束的作用，实在值得怀疑。"② 但这只是外因，还应就东林自身的言论与实绩来检讨其事功，况且不仅万历中后期，东林在掌权的其他时候，也都没有什么作为，这于后文再论述。不少学者对东林在事功上的弊病不乏责难，如谢国桢先生说："平心而论，魏党的跋扈，祸人误国，固不足道；但东林太存意气，在形如累卵的时局，他们还要闹家务，还存门户之见，置国事于不问，这也太不像话了。"③ 蒋逸雪先生说："明代士习，好逞意气，宁坐视社稷之沦胥，终不肯破除门户之角立，论史者每用兴嗟。平心而论：东林、复社，均不免有可议之处。"④ 冷东先生称东林党："经验不足，徒示标榜，流为报复，失掉涵盖包容之雅量。"⑤ 李焯然先生则直言东林党的因私废公："就东林党而论，纵观他们的政治立场，从反对内阁到与三党对立，还不是为了争一己的政治地位，未见得对国家利益有怎样的贡献。"⑥ 更有学者极其尖锐地批评道："促成东林党人组合的，既有在一系列所谓大是大非问题上所持的共同原则立场，也有种种亲情、乡情，特别是师友关系。而一旦东林党作为一个独立的宗派集团形成之后，在遇到关系宗派势力消长的问题时，东林君子们就不那样注重政治原则了"，"东林党人为了势力之争，也完全可以不顾事实，不讲原则"⑦。

> 东林党人并不全是名节之士，而其他诸党人也并不都是奸佞之徒。东林党中除了极少数的优秀分子和中坚人物外，其实也是鱼龙混杂的。这是一群没有多少政治远见、缺乏治国才能，整日纠缠于琐细

---

① 王弘撰：《山志·二集》卷5"二党"条，何本方点校，中华书局1999年版，第264—265页。
② 林丽月：《明末东林派的几个政治观念》，《台湾师范大学历史学报》1983年第11期。
③ 谢国桢：《明清之际党社运动考》，中华书局1982年版，第6页。
④ 蒋逸雪：《张溥年谱》，齐鲁书社1982年版，第130页。
⑤ 冷东：《叶向高与明末政坛》，汕头大学出版社1996年版，第185页。
⑥ 李焯然：《论东林党争与晚明政治》，载《明史散论》，台北允晨文化事业有限公司1987年版，第177页。
⑦ 苗棣：《魏忠贤专权研究》，中国社会科学出版社1994年版，第114、115页。

之事，对他人的过失察察以求，呆板而且苛刻的士大夫。他们中的许多人矜名意识很强烈，而且私心也是很重的。在好同恶异、党同伐异方面，东林党比起其他诸党成员来，常常也是有过之而无不及的。如果我们就魏忠贤阉党专政以前的党争过程来看，东林党对反对派成员的攻击和打击其实并不比对手来得温和。

如果我们摆脱了传统观点将晚明党派分为正直派和邪恶派的局限，而看待明代的党争，则可以发现党争实际上是士人集团之间的内讧，党争的出现既是明代政治腐败的产物，同时又加速了明代政治的腐朽和衰亡。晚明政治的黑暗和不可收拾，明朝的最终灭亡，晚明的党人们包括东林党在内都是负有不可推卸的历史罪责的。①

东林党人并非没有展示他们政治才能和主张的机会，但是综观东林得势时期的表现，他们当中的大多数人也都是汲汲于追求虚名，结党争权，而没有给百弊丛生的时局带来多少起色。如泰昌、天启初期"东林势盛，众正盈朝"②，但是他们却仍然保留了党同伐异，无视国事的不良习气。正如冷东先生所说：

> 然而从东林党执政的措施来看，却暴露了致命的弱点。他们只是忙于"搜举遗佚，布之庶位"，起用大批被黜的东林党人。再则是打击异己，排斥凤敌齐、楚、浙、宣、昆诸派。而对迫在眉睫的军政大事，则束手无策，暴露出东林党人长于政治批评家的气魄，而少于政治家的才能和风范。③

再如崇祯初期，魏忠贤"其党皆放逐，林下诸贤无不蒙召用"，但是东林人士仍然没有利用这一局面有什么作为：

> 是时东林诸臣，魏珰所罗织甚惨，其尚存者，人无不以名贤推之，为忠贤拔用者自属下流，无可复争衡，以谓君子小人之分界至此

---

① 周明初：《晚明士人心态及文学个案》，东方出版社1997年版，第104、105页。
② 张廷玉：《明史》卷243《赵南星传》，中华书局1974年标点本，第6299页。
③ 冷东：《叶向高与明末政坛》，汕头大学出版社1996年版，第111页。

大明。诸臣之死而生,皆上恩也。宜同心忧国以报上恩,然急功名,多议论,恶逆耳,收附会,其习如故,上久而厌之,心疑其偏党。①

到了偏安一隅的弘光时期,东林党人初时曾以较大的优势掌握政局,所谓"名贤济济,布列朝端"②。他们本应该主动和昔日的政敌捐弃前嫌,共图国事,却仍然不改过去的陋习,极力排斥异己,置危如累卵的国事于不顾。在受到政敌的反击后,他们又如往时一样纷纷败下阵来,而本来就根基不稳的弘光朝廷在经过一番内斗的折腾后,终于草草收场,一年即告覆亡。这些见于第五章论述,兹不复赘。

---

① 夏允彝:《幸存录》"门户大略"条,留云居士辑:《明季稗史初编》卷14,上海书店1988年版,第291页。
② 邹漪:《明季遗闻》卷2,《四库禁毁书丛刊》,北京出版社1997年影印本,史部,第72册,第231页。

第三章

泰昌、天启时期的党争与"阉党"的形成

泰昌及天启初期是"阉党"形成的另一重要时期，东林党在重掌政权后对宿敌的清算，以及因太监王安之死而掀起的"讨魏斗争"等，新树了很多敌人，这两股势力结合起来，在天启后期对东林展开疯狂的报复和迫害。

第一节 东林党人清算宿敌

东林人士在万历末年受到打压后，在泰昌及天启初期又得以复出。这是因为他们中的一部分人，在"国本"之争、"梃击案"等事件中支持朱常洛（即后来的泰昌帝），在"移宫"事件中拥立朱由校登基，内廷又得到太监王安的支持。东林党人周嘉谟、张问达、赵南星相继担任吏部尚书一职，掌握人事进退大权，大力汲引同辈，如周嘉谟"大起废籍，耆硕满朝。向称三党之魁及朋奸乱政者，亦渐自引去，中朝为清"。张问达赠恤万历时被黜诸臣。赵南星"益搜举遗佚，布之庶位"，形成所谓"东林势盛，众正盈朝"的局面："高攀龙、杨涟、左光斗秉宪，李腾芳、陈于廷佐铨，魏大中、袁化中长科道，郑三俊、李邦华、孙居相、饶伸、王之寀辈悉置卿贰。而四司之属，郭维琏、夏嘉遇、张光前、程国祥、刘廷谏亦皆民誉。"[①]

但是他们仍然保留了门户相争的积习，引起政敌的嫉恨，虽然掌权却蕴藏着危机，正如夏允彝所指出的：

---

① 张廷玉：《明史》卷241《周嘉谟传》《张问达传》、卷243《赵南星传》，第6259、6261、6299页。

> 光庙首召叶向高，而阁臣刘一燝、冢臣周嘉谟俱以召用名流为首务，自邹元标、赵南星、曹于汴之属，皆为铨宪大臣。即附丽东林者亦无不由田间起，相次为显官。齐、楚、浙前此用事之人俱放斥，一时以为元祐之隆不过也。然附丽之徒惟营躁进，京卿添注累累已不满人意。而南星为冢宰，时高攀龙、杨涟、左光斗皆为宪臣，魏大中为吏垣长，邹维琏、夏嘉遇、程国祥为吏部司官，咸清激，操论不无少苛，人益侧目。①

东林党人清算万历后期的政敌，如因"国本"之争的缘故打击郑贵妃的家族，被视为"斥遗奸"②。天启元年（1621）当皇帝大婚时，按例本应由郑贵妃主婚，但太监王安与一些大臣们担心郑贵妃会借此提高政治影响力，商议改由隆庆帝某恭妃主婚，"郑氏是以不复振"③。此外，他们还接连不断地参劾郑贵妃的族弟郑养性。④ 郑养性为躲避纠弹，想要侨居杭州，巡抚耿廷柏仍疏言反对，最终皇帝下旨令其另择偏僻地方安顿。谈迁也认为群臣的这一做法逼人太甚："郑氏不过通籍掖廷，依凭宠焰，非穿窬凿齿之凶也。迁谪外地已足矣，安在投豺虎御魑魅哉。疾之已甚，末季大抵如此。"⑤

再如以"红丸案"为由攻击首辅方从哲。方从哲在万历后期的政争中打击了东林党，"方德清用事，台谏右东林者尽出之，他傍附者皆以法

---

① 夏允彝：《幸存录》"门户大略"条，留云居士辑：《明季稗史初编》卷14，上海书店1988年版，第290页。
② 钱谦益：《牧斋初学集》卷62《资德大夫都察院左都御史赠太子少保兵部尚书谥忠宪高公神道碑铭》，《四部丛刊初编》，上海书店1989年版，集部，第346册，第701页。
③ 顾大韶：《炳烛斋稿·王安传》，《四库禁毁书丛刊》，北京出版社1997年影印本，集部，第104册，第586页。
④ 自天启二年七月，御史施檗疏参郑养性父子"既经参论，略无归念"，至天启三年二月其获准侨居杭州，其间曾先后受到高攀龙、温皋谟、罗尚忠、王天瑞等人的参劾。温皋谟甚至评其"通夷"，此事经三法司会审后，证明为虚有（《明熹宗实录》卷24，台湾"中央"研究院历史语言研究所1966年校印本，天启二年七月丁酉，第1182页；卷24，天启二年七月戊戌，第1183页；卷28，天启二年十一月壬子，第1415页；卷28，天启二年十一月辛酉，第1429页；卷29，天启二年十二月丙寅，第1437页；卷30，天启三年正月戊午，第1544—1546页；卷31，天启三年二月己巳，第1574页）。
⑤ 谈迁：《国榷》卷85，张宗祥点校，中华书局1958年版，第5223页。至天启四年仍有人追论郑养性"逆孽漏罪"（《国榷》卷86，第5263页）。

谪去"①，所以东林此举仍是在清算宿敌。泰昌帝登基后不久即病倒，鸿胪寺丞李可灼得皇帝允许后进红丸，皇帝服后病情有所好转，令其再进，服后却很快死去，这就是所谓的"红丸案"②。方从哲拟旨对李可灼"夺俸回籍"，被认为处分过轻，之后一直因此受到参劾。天启二年四月，事隔两年多时间后，礼部尚书孙慎行又追论此案，指责方从哲身为首辅不能谏阻进药，致使泰昌帝驾崩，甚至给他安上"弑君"的罪名，"从哲纵无弑之心，却有弑之事；欲辞弑之名，难免弑之实"。得旨："皇考弥留，李可灼进药原出圣意。卿言虽钟爱，然事系传闻"，并令九卿科道据实回奏。③ 之后左都御史邹元标、户科都给事中周希令、刑部尚书王纪和侍郎杨东明、左佥都御史钟羽正等人，也纷纷上疏参劾方从哲。④ 而御史徐景濂的上疏则有所不同，他首先指出方从哲处理此事的失当之处，在于对进药的李可灼处罚过轻，"当皇考召见文武，嘱辅皇上为尧舜，已自知无起色。不虞宾天之期，适值饮药之后，攀号无从，不得不归咎不尝之药。么麽可灼，安所逃罪？而仅夺俸回籍，亦太纵矣"。但随后就孙慎行所参"弑君""传封""议谥""移宫"等各条罪名，逐一为方从哲辩护："至谓进药有弑事，则当日同受顾命，非一从哲，何无一人抗颜力争，岂诸臣皆忘君，皆不讨贼，而里居宗伯（指孙慎行——笔者按）独抢孤忠耶？"意思是说，当时众多顾命官员都没有谏阻进药，不独方从哲一人，如说弑君，则群臣都难逃责任。孙慎行当时罢官里居，未参与其事，自然扯不上关系，但也不应当此时以"弑君"罪名批评方从哲，以示自己"孤忠"。话中对孙的讽刺之意是很明显的。"若（郑）贵妃之封后不早争，谥号之

---

① 吴应箕：《东林本末》卷中，《四库禁毁书丛刊补编》，北京出版社 2005 年影印本，第 16 册，第 514 页。
② 张廷玉：《明史》卷 218《方从哲传》，第 5763 页。众多史书都对方从哲有所指摘，唯孙承泽《畿辅人物志》称其"赋性惇厚，不事修饰"（卷 12《方文端从哲》，《续修四库全书》，上海古籍出版社 2002 年影印本，集部，第 540 册，第 700 页）。
③ 《明熹宗实录》卷 21，天启二年四月辛巳，第 1062—1064 页。
④ 《明熹宗实录》卷 21，天启二年四月壬辰，台湾"中央"研究院历史语言研究所 1966 年校印本，第 1079—1080 页；卷 23，天启二年六月庚辰，第 1140—1141 页；张廷玉：《明史》卷 241《王纪传》，中华书局 1974 年标点本，第 6268 页；卷 241《钟羽正传》，第 6274 页。但邹元标后来又说："臣所谓不必太分明者，亦未尝不有当万一。即方从哲一疏，满朝以鸩毒为言。臣谓姑待千秋者，亦不必太分明之一证也"（《邹忠介公奏疏》卷 5《直陈真情苦情恳容休致疏》，《续修四库全书》，上海古籍出版社 2002 年影印本，史部，第 481 册，第 158 页），有调和纷争的意思。

称恭不详订,追数和督过之,其何辞以解。若谓此亦弑中事,臣子所不忍言也",认为在"传封""议谥"事情上,方从哲也有举措乖张的责任,但不能将其与"弑君"的大罪联系起来。"当鼎湖再泣,皇上为宗庙社稷共主,何假羽翼定策。即选侍钟爱于皇考,然非两宫可比,馆于别殿,家法宜尔,逗留不迁何故?自垂帘语出,而内廷哄然,促移宫者辄攘为奇功。自李党语出,而外廷哄然,言加恩者几中以奇祸。致有互争,酿成多事。"他指出李选侍固然不应该违制逗留乾清宫,但认为敦促李选侍"移宫"的人不当"攘为奇功",建议对李选侍加恩的人也不当"中以奇祸"。尤其他认为"垂帘语出""李党语出"即李选侍要行垂帘与串联内外党羽的谣言流出,与争论"移宫"的双方"奇功""奇祸"荣辱之不同有关,很值得重视。得旨:"先帝盛德考终,中外所知",并将其奏疏宣付史馆。① 这表明朝廷实际上认可了徐景濂所言。接着,协理戎政尚书黄克缵,上疏详细陈述进药始末,为方从哲辩解,他因而被吏科薛文周斥为"灭绝纲常,昵私交而忘大义"。黄克缵接着又辩称:"李可灼进药罔效,不无侥幸尝试之罪。而先帝疾革,呼问自其急迫求生之心,而必欲以人臣之不尝药概坐为弑,则在宫在官,人人可论矣",与上述徐景濂的意思相同;并批评当时部分官员,"罔思臣子之于君父,当保全其令名,信号诬蔑,不知忠孝为何物"。言下之意,如果说方从哲等人"弑君",也势必影响到泰昌帝的名声,不符合"为君者讳"的伦理纲常。黄克缵之门生、崇祯初期的大学士杨景辰也曾说:"一二君子思入扶纲常、维法纪,其所持不可谓非是,而或不揆本末,意气是矜。弊将翘君过以自为名,至国体决裂而罔顾。"② 当时为方从哲辩护的还有王志道、汪庆百③,也因而被贬

---

① 《明熹宗实录》卷23,天启二年三月丙戌,第1145—1146页。按:天启五年四月,徐景濂升任太常少卿(《甲乙记政录》,《续修四库全书》,上海古籍出版社2002年影印本,史部,第438册,第242页),崇祯时期入"逆案",罪名为"昏聩潦倒,持论舛误"(文秉:《先拨志始》卷下,上海书店1982年版,第257页),似与此事有关。

② 杨景辰:《数马集·序》,《四库禁毁书丛刊》,北京出版社1997年影印本,集部,第180册,第4页。杨景辰在天启后期为《三朝要典》副总裁,崇祯初期其又疏请焚毁之,为人劾罢,后入"逆案"。黄景昉曾对修《三朝要典》之人的前后两副嘴脸而不齿道:"初珥笔人侈得意,有识者已引笑其旁。事败更呼冤诉苦,若不得已勉就焉者,愈堪齿冷。"(《国史唯疑》卷11,陈士楷等点校,上海古籍出版社2002年版,第339页)。

③ 李逊之:《三朝野纪》卷3上《天启朝纪事》,上海书店1982年版,第35页。

黜。天启五年二月、四月二人得到起复①，但未见有不良之迹，故均未入"逆案"。南明弘光时期，逆案人员夤缘复起，黄克缵受到赐恤②。

当时东林官员韩爌、孙承宗等人，也为方从哲辩护。③ 据韩爌疏文称，对于李可灼的进药之举，方从哲先前曾对泰昌帝加以劝阻，泰昌帝服第一丸后连称李可灼为"忠臣"，并敦促其进第二丸。泰昌帝驾崩后，方从哲对李可灼拟罪夺俸，以此受到御史王安舜等人的参劾，方本想加重处罚，因韩爌建议才又改为从轻，"从哲之误，臣实误之"。韩爌称自己上疏的目的是："若不详明剖晰，深求周纳，直将举殒身非命之凶称，而加诸好德考终之圣主"，与上述黄克缵等人维护泰昌帝声誉的用意相同。得旨："皇考违豫，原因虚弱，朕与各官亲闻圣谕。"结合上述几道圣旨内容来看，其都在竭力辨明泰昌帝是正常死亡，"盛德考终"，"原因虚弱"，有为其维护声誉的用意。当时内阁首辅为叶向高，这些似可视为是他的主张，结合上述阁臣韩爌的言论，可以表明当时内阁对此的意见是一致的。万斯同则认为这些都是魏忠贤矫旨。④ 笔者认为，将其看作内阁与内监的共同主张，似乎较为允当，因为叶与魏曾经合作，见于本章第四节所述。当时吏部尚书张问达也会同户部尚书汪应蛟等上疏，在进药是泰昌帝要求、诸臣未加阻止同为有罪等方面，同于徐景濂、黄克缵、韩爌，但又认为应该允准方从哲削去官职的请求，重处献药的崔文昇、李可灼，为朝廷所采纳。⑤ 东林除了参劾方从哲外，还参劾方所荐引的大学士史继偕、沈㴶等人。⑥ 天启五年，魏忠贤及其党羽推翻"红丸案"的裁议，想要起用方从哲，方没有答应，死于崇祯元年（1628）二月。⑦ 孙慎行不久因疏争册封秦藩四郡

---

① 徐肇台：《甲乙记政录》，《续修四库全书》，上海古籍出版社2002年影印本，史部，第438册，第242页。

② 万斯同：《明史》卷355《孙杰传》，《续修四库全书》，上海古籍出版社2002年影印本，史部，第330册，第284页。

③ 《明熹宗实录》卷23，天启二年六月甲申，台湾"中央"研究院历史语言研究所1966年校印本，第1164—1167页；孙承泽：《天府广记》卷34《方从哲传》，第478页。

④ 万斯同：《明史》卷348《黄克缵传》，《续修四库全书》，上海古籍出版社2002年影印本，史部，第330册，第199页。

⑤ 张廷玉：《明史》卷241《张问达传》，第6262页。

⑥ 张廷玉：《明史》卷218《沈㴶传》，第5766—5767页。

⑦ 张廷玉：《明史》卷218《方从哲传》，第5765—5766页。

王之事未成而离去。① 天启三年正月枚卜阁臣，廷推以其为首，却被摒斥不用。② 对此，黄景昉说："时孙甫以红丸议忤归，即稍缓推何害，顾耐时局何？"③ 责备掌权的东林党人在孙罢归后不久又推荐他入阁，很不合时宜。天启后期魏党纂修《三朝要典》，将孙慎行列为"红丸案"的罪魁。

再如重提万历后期的"梃击案"。天启二年初御史马逢皋、刑科给事中张鹏云，相继以"梃击案"追论主张"疯癫"说的刘廷元等人。④ 王之寀在争"梃击案"后，于万历四十五年（1617）的"丁巳京察"中受到处分，天启初期又为吏部尚书张问达所起复。⑤ 天启二年二月他上《复仇疏》，追论刘廷元、刘光复（之前已死去）、曾道唯、岳骏声等在"梃击"事件争论中与自己意见相左的人。除"梃击案"外，他还提到"红丸案"，并且把二者联系起来："用药之术，即梃击之谋。击不中而促之药，是文昇之药惨于张差之梃也。张差之前，从无张差；刘成之后，岂乏刘成。臣见陛下之孤立于上矣"，说刘廷元等人勾结郑氏利用"梃击案""红丸案"不断谋害泰昌帝，致使其死去，提醒天启帝要留意防范，颇为危言耸听。谈迁非常反感王此举，认为他事隔许久之后再老调重弹，挟怨报复，只会更加激化矛盾："张差冤案，王之寀呶呶何为，专长挟私，势不激溃不止也。"⑥ 天启五年四月，被王之寀参劾的这些人都得到起复或升任，其反过来又以"梃击案"纠弹王。⑦ 天启七年四月王之寀为魏忠贤之党羽迫害致死，《三朝要典》将其列为"梃击案"之罪魁。

最能体现东林清算宿敌的，是天启三年的"癸亥京察"。在此之前已有不少官员对京察中门户问题的处理提出建议，如陕西道御史蒋允仪提醒主持官员，要吸取万历"丁巳京察"东林遭到打压的教训："今计期已迫，顾当事诸臣痛戒丁巳之覆辙，亟护善类，凡造单蜚语一一禁绝，尤扶

---

① 《明熹宗实录》卷24，天启二年七月癸卯，台湾"中央"研究院历史语言研究所1966年校印本，第1191—1193页。
② 《明熹宗实录》卷30，天启三年正月己酉，第1524—1525页。
③ 黄景昉：《国史唯疑》卷11，陈士楷等点校，上海古籍出版社2002年版，第333页。
④ 《明熹宗实录》卷18，天启二年正月壬戌，第1118页。
⑤ 文秉：《定陵注略》卷10《丁巳大计》，北京大学图书馆藏善本。
⑥ 谈迁：《国榷》卷86，张宗祥点校，中华书局1958年版，第5275页；张廷玉：《明史》卷244《王之寀传》，第6346—6347页。
⑦ 徐肇台：《甲乙记政录》，《续修四库全书》，上海古籍出版社2002年影印本，史部，第438册，第242、245页。

抑一大端也"，门户之见仍然很重。因此皇帝传谕内阁拟旨对他从重处罚，得首辅叶向高相救，才从轻罚俸半年。① 而刑科左给事中尹同皋则主张对官员不分门户，只论职掌："国家察吏原从职掌、分功罪。自议论变为爱憎，爱憎复变为门户，始不知职掌为何物矣。今宜尽破门户以归职掌。"② 主持京察的吏部尚书张问达、左都御史赵南星等人也宣称："大都人臣服官，无过职业、操守两者而已"，"捐成心而破门户于今日之举为第一义焉"，"无党无偏"，"矢公矢慎"③。礼科给事中郭兴言陈急务七款，其一也是"计典当公"④。对京察问题的争论，还导致东林党人左都御史邹元标等人去位。

天启二年九十月间，邹元标、左副都御史冯从吾等人在京师建首善书院讲学，却受到朱童蒙、郭允厚、郭兴治等人的参论。朱童蒙在泰昌、天启初年曾因朝官参论辽东经略熊廷弼而奉命前往辽东勘查，回朝复命时备陈熊守辽之功。⑤ 其后当熊廷弼因广宁失陷而被逮，朝廷议论其功罪时，他还上疏为其辩护。⑥ 他在此番疏论邹元标讲学后不久，即以年例外转苏松兵备，后又以故为应天巡抚周起元所劾，却奉旨擢升京堂⑦，崇祯时期入"逆案"。郭允厚疏论讲学后亦出为湖广副使⑧，后来与朱童蒙同时擢升京堂⑨，崇祯时期入"逆案"。郭兴治的情况，也与二人差不多⑩。而当时东林中也有对在京师开设书院讲学抱不同态度者，如黄尊素、姚希

---

① 《明熹宗实录》卷 28，天启二年十一月乙巳，台湾"中央"研究院历史语言研究所 1966 年校印本，第 1407—1408 页；《明熹宗实录》卷 28，天启二年十一月，第 1412—1413 页。
② 《明熹宗实录》卷 28，天启二年十一月丙辰，第 1419—1420 页。
③ 《明熹宗实录》卷 29，天启二年十二月庚辰，第 1460、1461 页。
④ 《明熹宗实录》卷 29，天启二年十二月丁亥，第 1479 页。
⑤ 陈建辑，江旭奇补订：《皇明通纪集要》卷 43《熹宗哲皇帝》，《四库禁毁书丛刊》，北京出版社 1997 年影印本，史部，第 34 册，第 506—507 页。
⑥ 谈迁：《国榷》卷 85，张宗祥点校，中华书局 1958 年版，第 5204 页。
⑦ 谈迁：《国榷》卷 86，第 5295 页。周起元之参论，见蔡士顺《俺庵野抄》（卷 4，《四库禁毁书丛刊》，北京出版社 1997 年影印本，史部，第 69 册，第 470—471 页）。李鲁生按照魏忠贤的用意，参罢周起元（张廷玉：《明史》卷 306《李鲁生传》，第 7866 页）。
⑧ 万斯同：《明史》卷 354《郭允厚传》，《续修四库全书》，上海古籍出版社 2002 年影印本，史部，第 330 册，第 279 页。
⑨ 《甲乙记政录》，《续修四库全书》，上海古籍出版社 2002 年影印本，史部，第 438 册，第 224 页。
⑩ 张廷玉：《明史》卷 243《邹元标传》，第 6306 页。

孟①。鹿善继曾受邀去首善书院听讲,"既而闻相戒不言朝政,不议职掌……遂不往"②,"不言朝政,不议职掌"可能是为了避结党之嫌。

对朱童蒙等三人的举动,首辅叶向高说:"童蒙病其讲学,允厚并及其人品,兴治又恐禁学非所以为名,人品未可以遽定,遂深而拟之为贼。"③ 同时,他还进一步指出此事的根由是次年的京察:"二科臣(指郭允厚、郭兴治——笔者按)之意似不在讲学,而在于明岁之考察,恐邹元标有所左右其祖","年来门户衅兴,互为胜负。近当事者剂量其间,人心稍平。臣与吏部尚书张问达每论及此,未尝不叹息于前事之过当。而以今此计典必力矫其失,一切归于公平。邹元标议论亦是如此。无奈人情多端,过生猜忖,必逐去邹元标而后快也"④。二人担心主持京察的邹元标会借机打击异己,借故将其赶走。此外,叶向高还委婉地指出有内官参与此事:"二科臣之疏,屡奉内传,频更票拟,至谓宋室祸败由于讲学,谁为此言以告皇上?""自来言路诸臣条陈甚多,率多咈而少俞,乃二科臣独有当于圣心者,是臣诚不知其故也。"⑤

在受人弹劾后,邹元标于该年十月去位,四年卒于家。邹元标是天启初期东林党中不多的能捐弃私怨、顾全大局的官员。其在万历年间两度抗疏,接连被贬。天启元年四月回朝任刑部右侍郎,为了罢息争论,让官员破除门户之见,上疏倡言"和衷":

> 今日国事皆二十年酝酿所致也。往者不以进贤推贤为事,以锢贤逐贤为第一义,递相祖述;言臣不以公心虚心为事,而以分门割户共为衣钵……臣谓今日急务惟在朝廷和衷而已……朝臣一和,天地之和应之,此必然之理……今论一人当惟公惟平,无遽摇笔端;论一事须

---

① 汪有典:《史外》卷6《黄尊素传》,《四库禁毁书丛刊》,北京出版社1997年影印本,史部,第20册,第396页;归庄:《归庄集》卷7《姚文毅公传》,上海古籍出版社1984年版,第428页。
② 孙奇逢:《夏峰先生集》,《四库禁毁书丛刊》,北京出版社1997年影印本,集部,第118册,第207页。
③ 蔡士顺:《傒庵野抄》卷2,《四库禁毁书丛刊》,北京出版社1997年影印本,史部,第69册,第413页。三人之疏,分见《明熹宗实录》卷26,天启二年九月庚子,台湾"中央"研究院历史语言研究所1966年校印本,第1302页;卷27,天启二年十月丁卯,第1344—1345页;卷27,天启二年十月壬申,第1357—1358页。
④ 蔡士顺:《傒庵野抄》卷2,第412页。
⑤ 《明熹宗实录》卷27,天启二年十月丁卯,第1346、1347页。

惩前虑后,无轻试耳根。以天下万世之心衡天下万世之人,与事议论未尝不平,风波未尝不息。①

对言官及其发表言论加以规劝。他曾于天启二年四月疏请对往年"以门户受锢"的官员,"亡者恤录,存者召用"②。天启二年五月其又疏请起复魏应嘉等因参劾熊廷弼而被罢斥的官员③。但是邹元标与他所起用之冯三元的一段对话,颇能反映他当时调节纷争的良苦用心以及官员门户观念的牢不可破。邹:"往事再勿提",冯:"是非却要说明",邹:"今之边事,家具一锥凿,越讲是非越不明白。不如忘言为愈。"④ 叶向高因而称其"蔼蔼爱人之念,浑浑赤子之心,绝无分毫矜名负气,笼罩矫饰之习"⑤。张廷玉《明史》本传亦谓:

> 初,元标立朝,以方严见惮,晚节务为和易。或议其逊初仕时,元标笑曰:"大臣与言官异,风裁卓绝,言官事也;大臣非大利害,即当护持国体,可如少年悻动耶!"时朋党方盛,元标心恶之,思矫其弊,故其所荐引不专一途。尝欲举用李三才,因言路不与,元标即中止。王德完讥其首鼠,元标亦不较。⑥

今人谢国桢先生也对邹元标"和衷共济的精神"予以赞扬。⑦

而继任的赵南星却是真正的门户观念深重之人。"先是邹吉水为总宪,群小惮其丰裁,故唆朱童蒙等借讲学事攻去之,不知继者为高邑(指赵南星——笔者按),其嫉恶更严,作手更辣也。"⑧ 他主持的"癸亥京察",并没有真正做到"无党无偏""矢公矢慎",如上文已经讲到的,

---

① 邹元标:《邹忠介公奏疏》卷3《国事甚危敬陈肤见疏》,《续修四库全书》,上海古籍出版社2002年影印本,史部,第481册,第74—75页。
② 《明熹宗实录》卷21,天启二年四月辛未,台湾"中央"研究院历史语言研究所1966年校印本,第1048—1049页。
③ 邹元标:《邹忠介公奏疏》卷4《恳矜愚容直疏》,第133页。
④ 邹元标:《邹忠介公奏疏》卷5《直陈真情苦情恳容休致疏》,第158页。
⑤ 《明熹宗实录》卷27,天启二年十月丁卯,第1345页。
⑥ 张廷玉:《明史》卷243《邹元标传》,第6304页。
⑦ 谢国桢:《明清之际党社运动考》,中华书局1982年版,第48页。
⑧ 李逊之:《三朝野纪》卷2上《天启朝纪事》,上海书店1982年版,第43页。赵南星不久又改任吏部尚书。

他挟私将万历时期的政敌亓诗教、赵兴邦、官应震、吴亮嗣四人都加以处分。① 户科给事中郭巩为亓诗教、赵兴邦等人鸣冤，赵南星则授意福建道御史周宗建与之相争。② 与朱童蒙等三人一样，郭巩也因此被处分，天启五年二月才又被魏党原官起用③。周宗建在天启初期"持论数与东林左"④，此事可能是他转投东林的契机。当天启后期魏党专权时，又将这次京察的结果推翻，"魏珰既用事，谓此察出杨（涟）左（光斗）指授，尽反之，凡被黜者无轻重皆特旨起用"⑤。

第二节　东林党人掀起的"讨魏斗争"

一　东林与魏忠贤的决裂及王安死因新探

东林与魏忠贤的决裂，有学者认为始于"移宫"事件中的"盗宝案"⑥。这一观点有其渊源。泰昌元年（1620）九月，东林党人兵科左给事中杨

---

① 《三朝野纪》卷2上《天启朝纪事》，第43—44页。按：当时受到处分的，还有韩浚、王绍徽、徐兆魁等人，也都是东林的宿敌，后来都入"逆案"（《国榷》卷85，张宗祥点校，第5214、5215页）。

② 归庄：《归庄集》卷10《随笔二十四则》，上海古籍出版社1984年版，第517页；文秉：《先拨志始》卷下，上海书店1982年版，第186页。据周宗建疏称，郭巩曾欲为东林的宿敌亓诗教、赵兴邦等人开脱，"至其疏中牵缠察事，无非为诸邪开翻案之门，而受人唆使以掩求宽亓、赵之罪状耳"（《周忠毅公奏议》卷2《再申魏进忠郭巩交通设陷疏》，《四库禁毁书丛刊》，北京出版社1997年影印本，史部，第38册，第381页）。

③ 《甲乙记政录》，《续修四库全书》，上海古籍出版社2002年影印本，史部，第438册，第234页。

④ 张廷玉：《明史》卷245《周宗建传》，第6356页。另据张廷玉《明史》卷252《吴甡传》，吴甡天启二年为御史，赵南星"拟以年例出之。甡乃荐方震孺等，而追论崔文昇、李可灼罪，遂得留"（第6521页），赵似乎在以官职的进退，来吸引吴甡为己方出力。

⑤ 吴甡：《清流摘镜》卷1《党祸根源》，《四库禁毁书丛刊补编》，北京出版社1997年影印本，第17册，第590页。

⑥ 孟森：《明史讲义》，上海古籍出版社2002年版，第300页；徐凯：《泰昌帝天启帝》，吉林文史出版社1996年版，第51页；温功义：《三案始末》，重庆出版社2004年版，第505页；林金树、高寿仙：《天启皇帝大传》，中国社会出版社2008年版，第86页。另外，韩大成、杨欣《魏忠贤传》更认为是魏忠贤与李选侍协商盗宝（人民出版社1997年版，第34—35页），但未注明这种说法的出处。苗棣先生《魏忠贤专权研究》一书认为东林党人反对魏忠贤，是因为魏忠贤违背了宦官不许干预朝政的祖训以及操纵"内批"侵夺内阁"票拟"权。但是苗先生同书中又指出东林党人与另一太监王安交好，而王安也有干预朝政的举动（中国社会科学出版社1994年版，第90—91、96页）。可见东林党人反对还是支持某一太监，并不是以其是否干预朝政为标准的，干预朝政更像是东林党人反对魏忠贤运用的依据，而不是原因。

涟疏催李选侍"移宫",并称"人言纷纷,且谓(李选侍)令李进忠、刘逊、魏进忠等擅开宝库,盗取珍藏",奉旨着司礼监查明具奏。① 这个魏进忠应即是后来的魏忠贤,因为周宗建天启二年参劾魏进忠时说:"进忠者,魏忠贤故名也。"② 杨涟为东林党人,天启四年六月弹劾魏忠贤二十四大罪状,把东林反对魏忠贤的斗争推向高潮,因此他此时参魏"盗宝",很容易被认为是东林与魏忠贤决裂的起始。但是司礼监回奏魏进忠不是李选侍下役,得旨着其照旧供职。③ 另据张廷玉《明史·魏忠贤传》说:"忠贤自万历中选入宫,隶太监孙暹,夤缘入甲字库,又求为皇长孙母王才人典膳",而并未言其与李选侍有何瓜葛。此外,该传还明确指出魏忠贤没有参与"移宫"事件:"朝臣争三案及辛亥、癸亥两京察与熊廷弼狱事,忠贤本无预。"④ 魏忠贤既然不是李选侍下役,又未参与"移宫"之事,自然不可能受李选侍之命参与"盗宝"。⑤ 杨涟所参不实,同月参与"移宫"的另一主要人员左光斗上疏再参盗宝之人,"乞将刘逊、姚进

---

① 《明熹宗实录》卷1,泰昌元年九月癸未,台湾"中央"研究院历史语言研究所1966年校印本,第16—19页。

② 张廷玉:《明史》卷245《周宗建传》,第6357页。魏忠贤多次更改姓名,如张廷玉《明史·魏忠贤传》说:魏忠贤自宫后,"变姓名曰李进忠。其后乃复姓,赐名忠贤云";而《明史·沈㴶传》又谓:"李进忠者,魏忠贤始名也。"(卷305《魏忠贤传》,第7816页;卷218《沈㴶传》,第5767页)再如刘若愚《酌中志》云:魏忠贤原名李进忠,入宫后复本姓曰魏进忠(卷14《客魏始末纪略》,阳羡生点校,见《明代笔记小说大观》,上海古籍出版社2005年版,第2960页)。时人钱谦益说:"魏忠贤,故名进忠。"(《牧斋有学集》卷28《特进光禄大夫柱国少傅兼太子太傅吏部尚书中极殿大学士谥文端刘公墓志铭》,《四部丛刊初编》,上海书店1989年版,集部,第349册,第269页)那么,在称呼上魏忠贤到底与李进忠、魏进忠存在什么样的关系?笔者据有关材料推断其大致情况是:魏忠贤本姓魏,自宫后,"变姓名曰李进忠",《沈㴶传》所说应是指此而言。但"其后乃复姓",复称魏进忠,直到天启二年天启皇帝赐名魏忠贤,即"自壬癸改为忠贤"(黄尊素:《黄忠端公文略》卷1《灾异陈十失劾奏魏忠贤客氏疏》,《四库禁毁书丛刊》,北京出版社1997年影印本,集部,第185册,第33—34页)。

③ 《明熹宗实录》卷1,泰昌元年九月己卯,第37页。

④ 张廷玉:《明史》卷305《魏忠贤传》,第7819页。温功义先生说李选侍的心腹太监李进忠就是后来的魏忠贤,把两者混淆了(《明代的宦官和宫廷》,重庆出版社1989年版,第354页)。

⑤ 据万斯同《明史》卷354《邵辅忠传》:魏忠贤接受盗宝太监刘朝、田诏的贿赂,将其移入司礼监审理(《续修四库全书》,上海古籍出版社2002年影印本,史部,第330册,第275页)。照这样说,魏忠贤当时能够为盗宝之人开脱,更说明他没有参与盗宝。又据徐乾学《明史列传》卷93《黄克缵传》:黄克缵当时任刑部尚书,负责审理此案,据他说盗宝有八人,但他只列出其中六人:王永福、姚进忠、姜升、郑稳山、刘尚理、刘逊(周骏富辑:《明代传记丛刊》,台湾明文书局1991年影印本,第94册,第784页)。就黄克缵的身份来看,他说盗宝有八人和列出的其中六人应不会有误,再加上上述万斯同《明史》所说刘朝、田诏二人,便是他所谓"盗宝八人"了。

忠等正法，暴其盗宝罪状，与天下共见，勿使播弄脱罪"，这时已没有魏进忠之名；而魏忠贤也没有因此受到处分，所以此事似乎还不足以引起东林与魏忠贤的决裂。

夏允彝则认为魏忠贤与东林人士开始决裂，是因为其杀害与东林交好的太监王安，"大珰魏忠贤阴持国柄，初亦雅意诸贤。而诸贤以其倾杀王安，弥恨恶之"①。证诸其他史料和事理，笔者认为夏氏的这一观点是合乎实情的。

据张廷玉《明史·王安传》，天启元年五月王安被任命为司礼监掌印太监。当其照例上疏推辞时，给事中霍维华迎合客氏和魏忠贤之意，上疏参劾他，于是圣旨降其为南海子净军，不久客、魏又借与王安有积怨的太监刘朝之手将其杀死。②

王安死后，客氏、魏忠贤乘机培植了自己的势力。客、魏"尽斥安名下诸人"，换以自己的亲信，③从而掌握了内廷的大权。明末的查继佐说："魏党分两截，初党在内……继之党在外"，这些人应就是客、魏的"初党"④。而外廷的党羽，王鸿绪《明史稿列传》谓：霍维华、孙杰、徐大化等人的投附，魏忠贤"始树党外廷矣"⑤，这些官员也在外廷借王安之死掀起不小的风波。如天启元年十月，给事中孙杰疏参大学士刘一燝和吏部尚书周嘉谟为给王安报仇，例转霍维华出任陕西按察司佥事。⑥ 再如同年十一月，顺天府丞邵辅忠疏参刑科给事中毛士龙交结王安。据当时的首辅叶向高言，此事似有内官干预，"内中极力为辅忠左袒，事下廷议，议上，多不与辅忠。阁拟各夺俸，竟从中下士龙为民，辅忠闲住"。

---

① 夏允彝：《幸存录》"门户大略"条，留云居士辑：《明季稗史初编》卷14，上海书店1988年版，第290页。
② 张廷玉：《明史》卷305《王安传》，第7815—7816页；卷306《霍维华传》，第7862页。按：如果此说不误，则霍维华是第一个投附魏忠贤的外廷官员。
③ 王鸿绪：《明史稿列传》卷284《魏忠贤传》，周骏富辑：《明代传记丛刊》，台湾明文书局1991年影印本，第97册，第600页。
④ 查继佐：《罪惟录·列传》卷30《崔呈秀传》，浙江古籍出版社1986年版，第2657页。关于魏忠贤主要党羽太监的情况，参见韩大成、杨欣《魏忠贤传》，人民出版社1997年版，第55—59页；徐凯《泰昌帝天启帝》，吉林文史出版社1996年版，第87—91页。
⑤ 王鸿绪：《明史稿列传》卷284《魏忠贤传》，第600页。
⑥ 《明熹宗实录》卷16，元年十一月丙辰，台湾"中央"研究院历史语言研究所1966年校印本，第803—804页。孙杰参刘一燝、周嘉谟，二人求去，魏忠贤操纵圣旨允可。叶向高因与刘在首辅之位上有矛盾，不肯出面挽留，得门生缪昌期、顾大章等人相请，才向朝廷进言，让刘、周二人体面离去（张廷玉：《明史》卷245《缪昌期传》，第6352页）。

给事中周朝瑞申救毛士龙，传旨重处周，得叶向高相救，才改为夺俸一年。① 而万斯同则指出此事是由于魏忠贤欲宽宥前述盗宝太监田诏、刘朝等人，却受到毛士龙的抄参，魏是以唆使邵辅忠参之。② 次年初，邵辅忠又参与王安关系密切的汪文言。汪文言由徽州一小吏，终至"以布衣操纵天下"，能耐不可说不大。谈迁说他显赫之时："昏夜叩诸贵之门，言无不从。方得志，横甚，举朝皆震，以一见奖借为荣。"③ 他与东林交往甚密，结交东林党人于玉立，"由此知朝廷之上某某者为正人，某某者为邪人"。后又受于遣入京，结交时为东宫伴读太监的王安，"相与谈世事之得失，辩人才之邪正，安听之亹亹不怠"。他在万历末年曾助东林离间齐楚浙三党，泰昌及天启初期，"两朝宫府之难，维持调护；外则撤税阉、发内帑、起用诸贤，一切善政，安与南昌（指首辅刘一燝——笔者按）同心共济，文言居中通彼我之怀"，"时正人颂其功不啻口，嫉之者日以益众"。这次受邵辅忠参劾，化险为夷后，其仍然不知退却，反而更与官员交结，尤其与东林党人来往密切，"文言益游公卿间，门外之辙益众，福清（指首辅叶向高——笔者按）题授内阁中书，一时正人蒲州、高邑、应山、桐城、嘉善（指韩爌、赵南星、杨涟、左光斗、魏大中——笔者按）俱延之入幕"④。两年后东林因此致祸。（详见下节论述）在这种情况下，首辅叶向高意识到"士大夫欲陷人辄借（王）安为辞，恐其祸蔓延不止"，于是上疏"微言安在先帝时有功，言事者不可借安为题目，以希指害人"。天启帝批复说："王安处分已久，外廷章奏不得牵入"，"自是言者亦不敢复及安矣"⑤，外廷借王安之死倾陷官员的事情才被遏止。

这里值得推敲的问题是，王安在促成移宫、拥立天启帝即位等事情上有功，却为何时隔不久即遭杀身之祸？张廷玉《明史·王体乾传》认为

---

① 叶向高：《蘧编》卷11，《四库禁毁书丛刊补编》，北京出版社2005年影印本，第25册，第529—530页。
② 万斯同：《明史》卷354《邵辅忠传》，《续修四库全书》，上海古籍出版社2002年影印本，史部，第330册，第275页。
③ 谈迁：《国榷》卷86，张宗祥点校，中华书局1958年版，第5296页。
④ 黄尊素：《黄忠端公文略》卷3《汪文言传》，《四库禁毁书丛刊》，北京出版社1997年影印本，集部，第185册，第46页。张廷玉《明史·魏大中传》中附记汪文言的内容与此大同小异，应是取材于此（张廷玉：《明史》卷244《魏大中传》，第6334—6335页）。
⑤ 叶向高：《蘧编》卷11，《四库禁毁书丛刊补编》，北京出版社2005年影印本，第25册，第531页。

是太监王体乾为夺取王安司礼监掌印太监一职，与客、魏密谋陷害他。①明末的顾大韶认为是由于他与客氏结怨：王安之侄与魏忠贤为客氏争风吃醋，王安盛怒之下赶走了他的侄子；天启帝未婚，客氏违制私自进献养女，王安也表示要进行纠察。②而身经其事的叶向高，在评述王安生前的功过是非时则说：

> 王安者，颇读书，知好名义。光皇初出阁，安为伴读，日侍左右，诸事赖其调护，诸讲官皆重之。光皇居东宫二十余年，处危疑之地，机阱不安，惟安悉心拥翼，有失必归正。光皇亦推心委信。登极不浃月，悉行诸善政，安殊有力。今上初立，亦恃安而强。然不学无术，悻直自遂，以上冲龄可以行其意，欲一旦尽划宫中积弊，发诸珰奸利与盗内藏诸不法事，下之法司，其贪缘赐玉者，悉夺之。诸珰大不堪，共搆之上。上英明欲自操断，憎安刚劌严切，绳束举动不自由，属安求退，遂黜充南海子净军，而尽用安所排挤者管机事，从狱中赦刘朝，使掌南海，讥察之，安遂缢死，暴其尸。

他认为王安虽然对泰昌、天启父子及其政治立有功绩，但其一系列行为招致诸珰和皇帝的不满，从而招致了杀身之祸。他还称自己上前疏曾引起天启帝的不快，"上殊不悦，传谕阁中，谓安至不才，何为言及"③。对于天启帝"憎安刚劌严切，绳束举动不自由"的说法，上述王安对客氏私进养女要行纠察即可反映。另据顾大韶说，王安曾想与首辅刘一燝一样效仿万历初期冯保、张居正所为，④ 实际就是想控制天启帝。清人谷应泰更为具体地阐释了这一点："安引国家故事，司起居甚严密，而日取诗书礼法

---

① 张廷玉：《明史》卷305《王体乾传》，第7825页。王安死后，王体乾继为司礼监掌印太监，本应为内官之首，却违例居东厂太监魏忠贤之下，与太监李永贞一起代替魏忠贤操纵批红，"遇票红文书及改票，动请御监，体乾独奏，忠贤默然也"（张廷玉：《明史》卷305《魏忠贤传》，第7825页）。
② 顾大韶：《炳烛斋稿·王安传》，《四库禁毁书丛刊》，北京出版社1997年影印本，集部，第104册，第586页。
③ 叶向高：《蘧编》卷11，《四库禁毁书丛刊补编》，北京出版社2005年影印本，第25册，第531页。
④ 顾大韶：《炳烛斋稿·王安传》，《四库禁毁书丛刊》，北京出版社1997年影印本，集部，第104册，第586页。

相绳,(帝)大不堪。"① 考诸史籍,王安在泰昌及天启初期确有矫旨的行为,当时即有不少官员上疏言及。如泰昌时期河南道御史张捷上疏言中官擅权,"内批"时出②;兵科给事中薛凤翔疏论"中旨",吏科给事中周朝瑞请"斥远嬖佞",御史黄彦士请"谨阉寺"③。天启元年三月,户科给事中王继曾也疏曰:"祖宗建置阁臣,职专票拟,杜绝内降,以防旁窃,今且以内降为而然矣。"④ 崇祯时的阁臣黄景昉,亦曾明确指出这一点。⑤ 清初学者顾炎武也说李选侍移宫后,朝廷以天启皇帝名义发布的几道诏谕,都是"太监王安等之笔也"⑥。这些可以佐证上述王安想要控制天启帝的说法。

综上所述,王安被杀的原因,诸多材料都指向客氏、魏忠贤的陷害;而其自身的严苛、矫旨等行为以及由此造成的天启帝对他的不满,应该也是其中之一,天启帝至少是默许了客、魏逐杀王安。这还可以从天启帝对"移宫案"态度的转变得到反映。

在"移宫"事件后不久,天启帝曾多次颁布诏谕,历数"选侍所行极毒极恶之事",如"恃宠屡行气殴圣母,以致怀恨在心,成疾崩逝";"威挟朕躬,使传封皇后";自己移居慈庆宫后,"李氏又差李进忠、刘逊等传每日章奏文书先奏我看毕,方与朕览,仍待即日垂帘听政处分"等,并称自己"尊敬李氏",绝无怠慢之事,批评外廷轻信谣传。⑦

但是时隔一年,天启帝对李选侍的态度即完全发生转变。如对上述圣谕中的"殴崩圣母"一条,当时的刑部尚书黄克缵疏言:"孝和皇太后未尝被殴,而权珰媚臣至以殴死播告天下。"与前述"红丸案"维护泰昌帝

---

① 谷应泰:《明史纪事本末·补编》卷5《宦官贤奸》,中华书局1977年版,第1598页。
② 邹漪:《启祯野乘二集》卷3《吏部尚书张公捷》,《四库禁毁书丛刊》,北京出版社1997年影印本,史部,第41册,第104页。万斯同《明史》卷359《张捷传》、王鸿绪《明史稿列传》卷240《张捷传》对此也有相同记载,应是取材于邹书。张廷玉《明史》则没有为张捷立传。
③ 《明光宗实录》卷4,泰昌元年八月庚戌、癸丑,台北"中央"研究院历史语言研究所校印本,第90—92、106页。
④ 《明熹宗实录》卷8,天启元年三月戊申,第371—372页。
⑤ 黄景昉:《国史唯疑》卷11,陈士楷等点校,上海古籍出版社2002年版,第330页。
⑥ 顾炎武:《顾亭林诗文集·熹庙谅阴记事》,华忱之点校,中华书局1959年版,第436、440—441页。张廷玉《明史》采纳了顾炎武的这一记载(卷114《李康妃传》,第3541—3542页)。
⑦ 顾炎武:《顾亭林诗文集·熹庙谅阴记事》,华忱之点校,中华书局1959年版,第436、440—441页。顾炎武说这些都是"太监王安等之笔也"。

名誉一样，黄克缵认为"殴崩圣母"将损害天启帝生母的名誉。刑科给事中沈惟炳以此参劾他"为选侍鸣冤，为圣母讳殴"，并称"赫赫皇言，业以'殴崩'两字昭示中外"，请皇帝将当日"真情实事，明白宣示史馆"。而皇帝下旨却说："选侍向有触忤，朕一时传谕，不无愤激，追念皇考岂能恝然？尔每当仰体朕意，不必多言，致滋疑议。"① 称自己当时所说只是一时"愤激"之言，实际上是否定了这一说法，口吻与一年前已完全不同。王安曾极力促成李选侍移宫，"移宫之议，司礼王安主之"②，所以天启帝对李选侍改变态度，也即表明对王安当初的所为加以否定，对其不再宠信。

二　东林与王安的关系及其"讨魏斗争"

第一章第一节已经谈到，东林党与王安有着非常密切的关系。对此，林丽月先生论述了东林与太监陈矩的交结之状，又指出东林与司礼监的正式结纳始于王安。③ 但是林先生对东林与王安的交结的具体情状，并未详究。也有人似为东林开脱，如夏允彝说："珰之慕贤，非诸贤之通珰者。"④ 不论如何，东林与王安存在密切的关系，应是不争的事实，东林党人也因此被指为"交结内官"即"通内"。如东林的反对者杨维垣说："希王安之旨以号召天下者，岂得不谓之通内也。"⑤ 阮大铖说："天启四年以后，乱政者忠贤，而翼以呈秀；四年以前，乱政者王安，而翼以东林。"⑥ 不独东林的政敌这么认为，东林党人顾大章的孪生弟弟顾大韶也说："诸

---

① 《明熹宗实录》卷23，天启二年三月庚寅，台湾"中央"研究院历史语言研究所1966年校印本，第1150—1153页。徐乾学《明史列传》说这是魏忠贤所致，"盖是时王安已死，魏忠贤方窃柄，故前后谕旨牴牾"（徐乾学：《明史列传》卷93《黄克缵传》，周骏富辑：《明代传记丛刊》，台湾明文书局1991年影印本，第94册，第787页）。

② 钱谦益：《牧斋初学集》卷47《特进光禄大夫左柱国少师兼太子太师兵部尚书中极殿大学士孙公行状》，《四部丛刊初编》，上海书店1989年版，集部，第346册，第492页。

③ 林丽月：《明末东林运动新探》，"国立"台湾师范大学历史研究所1984年博士论文，第368—372、376页；《"击内"抑或"调和"？——试论东林领袖的制宦策略》，《台湾师范大学历史学报》1986年第14期，第42—43页。

④ 夏允彝：《幸存录》"门户大略"条，留云居士辑：《明季稗史初编》卷14，上海书店1988年版，第293页。

⑤ 《崇祯长编》卷3，天启七年十一月庚寅，台湾"中央"研究院历史语言研究所1967年校印本，第144—145页。

⑥ 阮大铖：《合算七年通内诸臣疏》，见《崇祯长编》卷6，崇祯元年二月甲午，第262页。

君子用王（安）以兴，小人用魏（忠贤）以剿之，虽邪正不同，均之非国家之福也。"① 复社成员顾炎武认为在"移宫"事件中，杨涟等人与王安有串通之嫌：王安"素不快于选侍，为涟等内应"，"兵科给事中杨涟先上疏自明，被旨褒嘉过当。人谓其结王安以取旨如响答者"②。或许是因此缘故，小野和子先生虽然站在东林、复社的立场来发言立论，但也不得不承认："很清楚，东林党方面也是与宦官有联系的。"③

但是，当时对于王安的被逐和被杀，却并未见东林党人进行任何援救。这或许是因为如前文已经指出的，当时交结内官受到法律的禁止，而且对士大夫来说也是很不光彩的事情，他们不得不加以避忌。王安死了几个月以后，才有几个东林官员断断续续地为他鸣冤。如天启二年二月吏科侯震旸上疏，"暴白逆阉構杀旧司礼王安事"④；天启三年二月御史周宗建上疏，"请穷究王安之死"⑤。至天启四年，杨涟上疏弹劾魏忠贤，以及之后陈良训、袁化中、魏大中等人的弹疏，才较多提到此事。⑥ 但直到崇祯

---

① 顾大韶：《炳烛斋稿·王安传》，《四库禁毁书丛刊》，北京出版社1997年影印本，集部，第104册，第587页。顾大韶其人，参见钱谦益《牧斋初学集》（卷72《顾仲恭传》，《四部丛刊初编》，上海书店1989年版，集部，第347册，第787—793页）。

② 顾炎武：《顾亭林诗文集·熹庙谅阴记事》，华忱之点校，中华书局1959年版，第434、443页。

③ 小野和子：《明季党社考——东林党与复社》，李庆等译，上海古籍出版社2006年版，第203页。

④ 钱谦益：《牧斋初学集》卷52《吏科给事中赠太常寺少卿侯君墓志铭》，第601页。侯震旸之疏文，略见于蔡士顺《傃庵野抄》（卷2，《四库禁毁书丛刊》，北京出版社1997年影印本，史部，第69册，第389页）。他同时还指责首辅刘一燝曾姑息王安："刘一燝初念未尝不正，但才识短浅，作用全疏。王安一案，臣尝讽其明目张胆，为皇上剖陈以去。终是含糊隐忍，臣至今恨之。用王安者且不免于讥弹，用杀王安者当借何题目。"按：东林党人似乎对刘一燝颇有微词。如顾大章称曾上书刘一燝，"劝其先归主权，则相权自重，言路自清，逆而行之者祸也，南昌（指刘一燝——笔者按）叹息而不能用"（黄煜：《碧血录》卷上《顾麐客先生自叙》，《丛书集成初编》，商务印书馆1936年版，第3973册，第31页；顾大韶：《炳烛斋稿·先兄陕西按察司副使赠太仆寺少卿麐客府君行状》，《四库禁毁书丛刊》，北京出版社1997年影印本，集部，第104册，第592页）。缪昌期虽然如前所述曾劝其座师叶向高挽留、礼遇刘，但仍称其"持事过执，见事稍缓，亦间有不惬人意者"（黄煜：《碧血录》卷下《缪西溪先生自录》，第39页）。

⑤ 《明熹宗实录》卷31，天启三年二月己丑，第1598—1602页。

⑥ 杨涟：《杨忠烈公文集》卷2《劾魏忠贤二十四大罪疏》，第67—72页。其中列举魏的第十一条罪名，是冤杀王安。陈、袁二人的疏文，见蔡士顺《傃庵野抄》（卷3，第450页）；魏大中疏文，见张廷玉《明史》（卷244《魏大中传》，第6335页）。

时期，王安才因其门下太监曹化淳的奏请而得到平反。①

东林党人虽然没有直接援救王安，但对杀害他的客、魏等人却必欲除之而后快。从有关材料的记载来看，王安被逐和被杀前，几乎没有人参劾客、魏，而之后的攻击却甚嚣尘上。据苗棣《魏忠贤专权研究》所说，从天启元年到四年，东林党人曾掀起一场"讨魏斗争"，对客、魏以及与其有关的人员予以参劾。苗棣先生所称的"讨魏斗争"，主要包括催促客氏出宫、攻击大学士沈潅②、翰林院修撰文震孟上疏批评天启上朝为"傀儡之登场"③、御史周宗建纠给事中郭鞏交结魏忠贤，并称魏忠贤之权势远胜前朝的权监汪直和刘瑾，最后杨涟上疏参劾魏忠贤二十四大罪状，将

---

① 刘若愚：《酌中志》卷9《正监蒙难纪略》，阳羡生点校，见《明代笔记小说大观》，上海古籍出版社2005年版，第2944—2945页。崇祯初期王安被复官、赐祭、建祠（《崇祯长编》卷3，天启七年十一月癸酉，第115页）。崇祯二年夏，曹化淳等疏请改祠额名为"昭忠"。

② 沈潅于天启元年七月入阁，其在内书堂曾为魏忠贤之师，入阁也是由方从哲所荐引的（张廷玉：《明史》卷218《沈潅传》，第5766—5767页），这大概是他受到东林攻击的主要原因。东林官员参劾他的主要罪名是结交客、魏，如侯震旸纠其"结纳权珰，交欢阿姆"（《明熹宗实录》卷20，天启二年三月庚戌，第1014页）；刑部尚书王纪也参其"贿交妇寺，窃弄威福"，并比之为北宋奸臣蔡京（《明熹宗实录》卷22，天启二年五月甲辰，第1095—1096页）。在众人的参劾下，沈潅于二年七月罢官，但是他也参劾王纪对佟卜年之狱迁延不审和庇护熊廷弼，使之罢去（《明熹宗实录》卷24，天启二年七月戊戌、乙巳，第1182、1195页）。当时参劾沈潅的官员还有惠世扬、赵时用、沈惟炳、章允儒、刘璞、满朝荐等人（分见《明熹宗实录》卷20，天启二年三月己亥，第999页；蔡士顺：《儁庵野抄》卷2，第401—402、402—404、405—406、407、407—408页）。谈迁则说惠世扬参劾沈潅，是因为求见而被拒，还提到沈潅与魏忠贤的交谊（《枣林杂俎·和集》"沈潅"条，中华书局2006年版，第597页）。叶向高也说上述刘一燝、周嘉谟二人被罢，是沈、魏勾结所为（叶向高：《蘧编》卷11，第530页）。王纪劾罢沈潅，但自己不久也受到沈潅的参劾而被罢去，"则逆珰显然为潅报怨也"（李逊之：《三朝野纪》卷2上《天启朝纪事》，第36—37页）。沈潅卒于天启四年五月，谈迁仍批评他"濡迹珰媪，见訾不休"（《国榷》卷86，中华书局1958年版，第5280页）。

③ 文震孟天启二年十月上疏的主要内容包括：临朝听政和经筵日讲应注重讨论实事，不当只讲求形式；讽喻宦官干政；为去位之邹元标、冯从吾、王纪等人抱不平，疏入留中（《明熹宗实录》卷27，天启二年十月己丑，第1385—1388页）。不久，庶吉士郑鄤又上疏言之，二人俱被降调（李逊之：《三朝野纪》卷2上《天启朝纪事》，上海书店1982年版，第40页）。郑鄤之疏，见其《峚阳草堂文集》（卷1《谏留中疏》，《四库禁毁书丛刊》，北京出版社1997年影印本，集部，第126册，第319页）。叶向高曾上疏申救二人，并说："臣观国朝词臣以言斥者皆得盛名。……今震孟之被谴，于名得矣"（《明熹宗实录》卷28，天启二年十一月乙未，第1397—1398页），也可作为第二章第一节所说"言路"弊端的一个例证。其先前已对于皇帝临朝听政和经筵日讲应求实去虚有所陈言，"今之常朝既是套数具文，无关于政事；而日讲开陈，时刻有限，亦恐不能洞悉义理之精微，古今政治之得失"（《明熹宗实录》卷17，天启元年十二月甲申，第858—859页）。

这一斗争推向高潮。① 而事实上当时东林党人掀起的所谓"讨魏斗争"，除以上苗棣先生所述之外，还有其他的表现，如天启元年八月吏部尚书周嘉谟例转参劾王安的霍维华出任陕西按察司佥事；② 十月礼部主事刘宗周疏纠魏进忠（即魏忠贤）蛊惑皇帝："间者道路之言，（皇帝）还宫后颇事宴游，或优人杂剧不离左右，或射击走马驰骋后苑，无乃败礼之渐"，称魏"得时用事，亲幸如左右手"，"导陛下逐谏官者，进忠；并导以优人杂剧、射击走马者，亦进忠也。不然则亦进忠之党也"。国事累卵，"即宵衣旰食，与群臣交儆犹惧万无一济，乃欲与进忠等了天下事，复蹈二正之辙（指正统时太监王振专权和正德时太监刘瑾专权——笔者按）乎？"③ 天启三年二三月间，周宗建与郭鞏围绕如何处理熊廷弼的问题产生的纷争。熊廷弼在万历四十七年六月任辽东经略，因性格刚烈，经常谩骂同僚，加上与清军作战失利，而受到姚宗文等人的弹劾，于泰昌元年（1620）十月被罢去，改任袁应泰。但是当兵科给事中朱童蒙奉命前往辽东勘查后，却向朝廷大力表彰其守辽之功④，而且在熊廷弼离任五个月后，沈阳、辽阳相继失陷，袁应泰也自杀。于是朝廷又起复熊廷弼，并对以前参劾他的人予以治罪。但熊廷弼这次又因与巡抚王化贞不和，于天启二年正月失陷广宁而被逮下狱，⑤ 此前因参劾他受到处分的郭鞏等人则又被重新召回。之后朝廷上围绕熊廷弼的功罪及处理问题展开争论，其中尤

---

① 苗棣：《魏忠贤专权研究》，中国社会科学出版社1994年版，第91—95页。
② 前述霍维华参劾王安，"由是刘一燝、周嘉谟咸恶"。给事中孙杰遂劾嘉谟出霍于外，是受首辅刘一燝指使为王安报仇（万斯同：《明史》卷355《霍维华传》，第282页）。孙杰此后亦以年例出为江西参议（万斯同：《明史》卷355《孙杰传》，第283页），但到天启二年十二月圣旨又令霍维华、孙杰优升京堂（谷应泰：《明史纪事本末》卷71《魏忠贤乱政》，中华书局1977年版，第1136页），而刘、周二人此前均已罢官。天启五年秋，魏忠贤的党羽周维持又以此事参劾周嘉谟，致使其被削籍。霍维华复起后"益锐意攻东林"，同时荐举众多反东林官员，与崔呈秀一起成为魏忠贤的重要"谋主"（万斯同：《明史》卷355《霍维华传》，第283页）。
③ 《明熹宗实录》卷15，天启元年十月甲午，第776—778页；刘宗周：《刘蕺山先生集》卷8《敬修官守疏》，《四库禁毁书丛刊》，北京出版社1997年影印本，史部，第38册，第600—602页；蔡士顺：《傃庵野抄》卷11，第380页。后两者均记为十一月。叶向高曾评价刘宗周说："甚清苦，好言事，又左袒东林，乡人皆恶之。余过浙，宗周极言时局之为害，而责余当日以调停贻祸。其言甚倨，余笑而不辩。"（《蘧编》卷11，《四库禁毁书丛刊补编》，北京出版社2005年影印本，第25册，第529页）。
④ 陈建辑，江旭奇补订：《皇明通纪集要》卷43《熹宗哲皇帝》，《四库禁毁书丛刊》，北京出版社1997年影印本，史部，第34册，第506—507页。
⑤ 熊廷弼两次经辽，事见孟森《明史讲义》，上海古籍出版社2002年版，第293—299页。

以周宗建、郭鞏二人之间的争论最为激烈。郭鞏复出后仍然参劾熊廷弼，并且想要借此牵连曾支持过熊廷弼的官员，其中就包括周宗建。① 而周宗建则指责郭鞏的上述举动，是受魏进忠（即魏忠贤）指使而为。② 再如天启三年御史刘之凤、李应昇、黄尊素等人疏谏魏忠贤在宫内训练"内操"。③ 天启四年，御史黄尊素、李应昇进言讥刺魏忠贤。④ "讨魏斗争"的目的，则是东林党人钱谦益所说的："皆以剪阉之翼而扼其机牙"⑤，是为了剪除魏忠贤的党羽。

而有迹象表明，魏忠贤在这段时间内，曾多次试图笼络和示好于东林，"初亦雅意诸贤"⑥，但都遭到拒绝。如魏忠贤想要招揽仕籍姓魏者修撰宗谱，一些官员纷纷对魏忠贤自称弟侄，只有魏大中不附和；⑦ 他对赵南星"倾意饭往"，而赵却不予领情；⑧ 他营造坟墓于玉泉山，请缪昌期书写墓碑，但遭到拒绝；⑨ 他向督师大学士孙承宗申意而碰壁；⑩ 天启四

---

① 周曾支持熊廷弼，见陈建辑，江旭奇补订《皇明通纪集要》卷43《熹宗哲皇帝》，《四库禁毁书丛刊》，北京出版社1997年影印本，史部，第34册，第501—502页。据周宗建称，郭鞏牵连数十人，包括杨涟、周朝瑞、熊德阳、江秉谦、刘一燝、周嘉谟、毛士龙、方震孺等人。（周宗建：《周忠毅公奏议》卷2《请斥逆珰魏进忠并郭鞏交通设陷疏》，《四库禁毁书丛刊》，北京出版社1997年影印本，史部，第38册，第366—369页）。

② 周宗建：《周忠毅公奏议》卷2《请斥逆珰魏进忠并郭鞏交通设陷疏》，第366—369页；卷2《再申魏忠贤郭鞏交通疏》，第370—372页；卷2《再申魏忠贤郭鞏交通设陷疏》，第380—382页；卷3《纠郭鞏疏》，第391—393页；卷3《驳涂世叶疏》，第394—396页。当时广西道御史方大任也疏纠郭鞏交结魏忠贤（《明熹宗实录》卷32，天启三年三月戊申，第1654—1656页）。周宗建此前曾疏参客氏和魏忠贤，见《周忠毅公奏议》卷2《首劾客氏疏》、卷2《历陈阴象首劾魏珰进忠疏》，第372—374、363—366页。周第二疏参魏"目既不识一丁"，这一说法后来被广泛沿袭。而笔者通过对此说的缘起及其流传情况进行考察，认为其不可尽信（参见拙文《〈明史〉考疑一则》，《书品》2009年第2辑）。

③ 谷应泰：《明史纪事本末》卷71《魏忠贤乱政》，中华书局1977年版，第1136—1137页。

④ 张廷玉：《明史》卷245《黄尊素传》《李应昇传》，第6361、6365页。

⑤ 钱谦益：《牧斋初学集》卷62《文林郎福建道监察御史赠太中大夫资治少尹太仆寺卿周公神道碑铭》，《四部丛刊初编》，上海书店1989年版，集部，第347册，第703页。

⑥ 夏允彝：《幸存录》"门户大略"条，留云居士辑：《明季稗史初编》卷14，上海书店1988年版，第290页。

⑦ 赵吉士：《续表忠记》卷2《魏忠节公传》，周骏富辑：《明代传记丛刊》，台湾明文书局1991年影印本，第64册，第665页。

⑧ 李逊之：《三朝野纪》卷2《天启朝纪事》，上海书店1982年版，第48页。

⑨ 汪有典：《史外》卷6《缪昌期传》，《四库禁毁书丛刊》，北京出版社1997年影印本，史部，第　册，第394页。

⑩ 张廷玉：《明史》卷250《孙承宗传》，第6469页。

年六月,他受到杨涟参劾而请求次辅韩爌调解,也被拒绝。① 魏忠贤多次向东林示意,除了因为东林当时掌握政局,自己因王安之死与其失和,而想方设法调和外;还应该与东林控制舆论清议有关,魏也想或需要争取清议的支持。天启后期对魏忠贤的众多"称颂"、建祠之举,应该就有影响舆论的动因。

东林党人拒魏忠贤于千里之外,或许一部分原因是出于士大夫刚正不阿,不与阉宦合流的风骨。但从以上分析来看,不能排除有为王安之死而对魏忠贤产生嫌隙的因素,对魏的拒斥,应与上述王安被杀之后的"讨魏斗争"联系起来看。东林党人接纳王安而拒斥魏忠贤,前者的行迹已如前所述,其在道德品行上或许要优于后者,而更合乎东林的标准;但如果结合前述王安曾对东林大力相助来看,东林纳王拒魏,难免没有出于自己集团利益的考虑。东林对王、魏的不同态度,应该就是这种道德标准与功利尺度夹杂的结果。就道德标准来说,东林对王安有自己的看法,因为如上所述,天启帝和一部分朝臣在这一点上并不认可王安;而对于魏忠贤,东林自是不齿,但天启帝和一部分朝臣则对其有所赞许(见后文论述)。从前述东林在王安被逐和被杀后的表现来看,其道德标准似乎又是服务于功利尺度的,否则当初便应该据理力争,而不会等到本集团利益受到严重威胁时,杨涟弹劾魏忠贤的奏疏才把害死王安作为其中的一个罪由。然而东林又不完全是依据功利尺度,否则便不能解释他们在王安死后,为什么不转而接纳一再向自己示好的魏忠贤。可见,在道德标准和功利尺度上,如何确定二者的内容与权重,东林有着自己的分寸。在今天看来,这一分寸有时运用灵活,如对王安的看法不同于天启帝和一部分朝臣;有时则显得呆板,如对魏忠贤坚决采取不合作的态度。

东林的"讨魏斗争"最终并没有能够撼动客氏、魏忠贤,自身却在斗争中遭受了重大损失,吏部尚书周嘉谟、内阁首辅刘一燝、刑部尚书王纪、翰林院修撰文震孟等一批官员都相继去位,而客、魏的势力反而更加壮大。② 这种状况的产生,与天启帝对客、魏的宠信是分不开的。天启帝对客、魏极为隆宠,不断对他们逾制赏赐。个中原因,一般都认为是其昏

---

① 吴应箕:《两朝剥复录》卷1,《四库禁毁书丛刊》,北京出版社1997年影印本,史部,第19册,第124页。

② 苗棣:《魏忠贤专权研究》,中国社会科学出版社1994年版,第91—95页。

庸无知，以及受到客、魏的蛊惑。① 但是他与客、魏之间的另一层关系，似乎也不应忽视。天启帝多次不顾群臣的阻挠对客氏赏赐，如天启元年六月，天启帝以大婚礼成推恩客氏，授其父客太平为锦衣卫正千户，"先是奉旨下部从优查例，礼部以无例复，亡何，竟从中降"；天启帝想要赏赐客氏之子，礼部官员亦以"无成例可考"回复，最终他也直接下旨客氏之子加升锦衣卫指挥佥事。② 由于群臣一再敦促客氏迁出内宫，如山西道御史毕佐周、吏科都给事中薛凤翔、河南道御史刘兰、首辅刘一燝等都相继言之③，天启帝不得不应允，但不久又反悔，不无可怜地说："自（客氏）出宫去，午膳至晚通未进用，暮夜至晓忆泣，痛心不止，安歇不宁，朕头眩恍惚"，短期离开客氏就弄得他寝食难安、心思恍惚，足见他对客氏依恋之深，于是只得又令其入宫。之后九十月间，官员们又继续围绕客氏的出宫问题纷纷进言，天启帝都予以拒绝，并对这些人施加处罚，同时对于其他朝臣的一再援救，也都不予理睬。另一方面，客氏直到死前，都一直保存着天启帝的胎发、指甲和乳牙④，此举当然可能是为了固宠而取悦天启帝，但似乎也可视为一种深切母爱的体现。

---

① 对天启帝的评价向来极低，如"帝本童昏，不能辨忠佞"（王鸿绪：《明史稿列传》卷200《叶向高传》，第371页）、"熹宗一黄口孺子"（王桐龄：《中国历代党争史》，北平文化学社1931年版，第175页）、"至愚至昧之童蒙"（孟森：《明史讲义》，上海古籍出版社2002年版，第302页）、"一字不识，不知国事"（朱东润：《陈子龙及其时代》，上海古籍出版社1984年版，第25页）。但是据有关材料记载，天启帝在登基之前确实未曾受过教育，"讲读未就"（《明光宗实录》卷3，泰昌元年八月己酉，第98页），但是即位以后则有所改观。如天启元年正月，大学士刘一燝、韩爌"以帝为皇孙时，未尝出阁读书，请于十二日即开经筵，自后日讲不辍，从之"（张廷玉：《明史》卷240《韩爌传》，第6243页）。钱谦益《牧斋初学集》也记述了孙承宗为天启帝日讲官时，师生相得之情形（卷47《特进光禄大夫左柱国少师兼太子太师兵部尚书中极殿大学士孙公行状》，《四部丛刊初编》，上海书店1989年版，集部，第347册，第492页）。而且清初学者朱彝尊曾亲见天启帝的三道手敕，并强调说："今观三敕书法虽不工，未尝假手司礼内监"（《曝书亭集》卷53《哲皇帝御书跋》，《四部丛刊初编》，上海书店1989年版，集部，第358册，第418页），是其自己所写。朱彝尊之曾祖父朱国祚曾在天启时期出任大学士（张廷玉：《明史》卷240《朱国祚传》，第6249—6251页），其留有天启帝的手敕并珍藏流传于后代，是完全可能的，故朱彝尊所说当为可信。由此似乎可以断定天启帝并非"一字不识"。刘志刚先生也以天启帝在王恭厂灾变问题上，倾向宦官而不相信文官，表明其是有自主意识的（刘志刚：《天变与党争——天启六年王恭厂大灾下的明末政治》，《史林》2009年第2期，第120—121页）。

② 《明熹宗实录》卷11，天启元年六月乙亥，第549页；卷12，天启元年七月乙巳，第592页。

③ 《明熹宗实录》卷11，天启元年六月甲午、乙未，第576—577、578页。

④ 计六奇：《明季北略》卷3"客氏出宫"条，中华书局1984年版，第79页。

对于魏忠贤，天启帝曾说："忠贤事皇考于春宫时，朕在襁褓间，便赖护卫，迨圣母升遐后，朕殷忧危险，皆所饱尝，服食起居，总忠贤是赖。当皇考弥留之际，曾云：'内侍忠直，不避形迹，独此人耳'"①，可见魏忠贤对其父子都有恩德，故而能得其恩宠。谈迁《枣林杂俎》说天启帝为皇孙时，曾受到魏忠贤的调护。② 天启二年御赐"忠贤"之名，也反映了皇帝对魏忠贤的信任。即使在弥留之际，他仍不忘嘱托信王朱由检（即后来登基的崇祯帝）"魏忠贤宜委用"③。天启帝如此厚待客、魏，势必会对攻击他们的东林党人加以打压。笔者推想：对天启帝的评价低，可能跟他纵容至少是默许魏忠贤等人对东林的迫害有关。换言之，东林如是忠臣，在天启时蒙受了巨大冤屈，则天启帝必定是昏君。如张廷玉《明史》即谓："帝本冲年，不能辨忠佞。"④ 由此也体现出东林不仅能控制当时舆论，还能对历史记载和评说产生重要影响。对南明弘光帝也存在这一问题，详见第五章论述。

综上所述，天启初期东林利用重掌政权的机会清算宿敌，并且在"癸亥京察"等事件中又新树了不少政敌。此外，他们因王安之死而掀起的"讨魏斗争"，也导致了与客氏、魏忠贤及其党羽的决裂。即使是老辈东林党人高攀龙也认为东林绝不跟魏忠贤合作的做法有失妥当："中官用事，未能拔其毒，且须杀其毒，宜如归德相公，劝化诸珰勿与吾辈为敌。"⑤ 这两种势力逐渐结合起来，共同与东林为敌，

> 与东林忤者，众目之为邪党。天启初，废斥殆尽，识者已忧其过

---

① 叶向高：《蘧编》卷17，《四库禁毁书丛刊补编》，北京出版社2005年影印本，25册，第576页。另据周同谷《霜猿集》载，后宫曾有谋匿太子朱由校者，魏忠贤窃负而出（《丛书集成初编》，商务印书馆1936年版，第2287册）。周同谷曾为史可法之幕宾。很明显，这条材料说的是移宫事件之前，内外官员联合抢出太子。如果魏忠贤将太子"窃负而出"的说法属实，则不但上述左光斗参劾其盗宝不能成立，而且天启帝极其宠信他也更能得到理解。但笔者尚未见到有其他史籍持这一说法，因此其可靠性还需要考订。与这条材料不同，张廷玉《明史·刘一燝传》说抱出太子的是太监王安（第6239页）。
② 谈迁：《枣林杂俎·智集》，中华书局2006年版，第65—66页。
③ 计六奇：《明季北略》卷3"信王登极"条，第78页。
④ 张廷玉：《明史》卷240《叶向高传》，第6236页。
⑤ 陈田：《明诗纪事》庚签卷16《高攀龙传》，周骏富辑：《明代传记丛刊》，台湾明文书局1991年影印本，第15册，第126页。"归德相公"指万历时期的阁臣沈鲤，他与太监陈矩相结推行了不少善政（参见林丽月《明末东林运动新探》，第368—371页）。

激变生。及忠贤势成，其党果谋倚之以倾东林。而徐大化、霍维华、孙杰首附忠贤，刘一燝及尚书周嘉谟并为杰劾去。然是时叶向高、韩爌方辅政，邹元标、赵南星、王纪、高攀龙等皆居大僚，左光斗、魏大中、黄尊素等在言路，皆力持清议，忠贤未克逞。①

赵翼在分析"'三案'遂启日后无穷之攻击"的原因时，也指出是东林党人在"光、熹之际"再度掌权后"尽斥攻东林者"，而导致后者投靠魏忠贤，向东林反扑。② 尤其值得注意的是，东林还逼使一些官声较好，但在立论上与己方存在分歧的官员最终走向对立。如张捷在泰昌、天启初期多有进言，"所建白多皆可称"，天启四年春，其被赵南星出为江西副使，不久又为魏忠贤起复，"自是疾东林次骨"③。再如李春晔，"居谏垣，颇号敢言，只以持论与东林异"，天启四年春由刑科都给事中出为湖广参政，被魏忠贤召还后，"自是谄事忠贤，益仇视东林"④。对此，朱彝尊说："异议者一发而不胜，乃树援以为敌，久而假宦寺之权以祸君子，未始不由君子之疾恶过激也"⑤，东林排挤与己方意见不一的人，使他们倾向魏忠贤一方，借助他的权势报复东林，东林的过激之举也是重要诱因。所以《剑桥中国明代史》说造成天启初期的这种事态，"东林集团要负相当大的责任"⑥。虽然他们当时仍然控制着政局，但实际上已潜伏着极大的危机。

第三节　杨涟上疏
——东林与魏忠贤彻底决裂

如前所述，天启初期东林因王安被杀而掀起的"讨魏斗争"，使其与

---

① 张廷玉：《明史》卷305《魏忠贤传》，第7817页。
② 赵翼：《廿二史札记》卷35"三案"条，中华书局1984年版，第801页。
③ 万斯同：《明史》卷359《张捷传》，第363页。王鸿绪《明史稿列传》卷240《张捷传》将"次骨"改为"刺骨"。但天启七年二月，内旨又以张捷为东林党人李应昇私友，削其职（谈迁：《国榷》卷87引高汝栻语，中华书局1958年版，第5340页；卷88，第5356页）。
④ 万斯同：《明史》卷354《李春晔传》，第278页。
⑤ 朱彝尊：《曝书亭集》卷32《史馆上总裁七书》，《四部丛刊初编》，上海书店1989年版，集部，第358册，第278页。
⑥ [美]牟复礼、[英]崔瑞德：《剑桥中国明代史》，中国社会科学出版社1992年版，第655页。

第三章 泰昌、天启时期的党争与"阉党"的形成 143

魏忠贤的矛盾已日趋尖锐,而天启四年六月杨涟上疏弹劾魏忠贤二十四大罪状①,则将这一斗争推向高潮,导致与魏忠贤的彻底决裂②。明末天启时期的党争,初期东林开展"讨魏斗争",后期魏忠贤及其党羽对东林实施残酷报复,而杨涟弹劾魏忠贤,则是天启政局转变的一个关键节点。以往的研究大多是将这一事件,作为东林与魏忠贤抗争的典型事例来看待,对其前因后果、失败原因则缺乏细究。笔者试图在细致梳理有关史料的基础上,把杨涟上疏的起因、影响、失败原因等问题探究清楚,进而对东林参与政治活动的特点、天启政局、晚明党争等问题得出更为全面客观的认识。

一 傅櫆参劾左光斗、魏大中——"杨涟为一决之计"

对于杨涟上疏的原因,林丽月先生认为:"除了由于在客观情势上东林与阉党的利害冲突,使前者为维护本身的权势不得不合力击珰之外,在主观因素上又与东林坚持的'君子''小人'之辨密切相关"③,但"客观情势上东林与阉党的利害冲突"到底是什么,未作交代。杨涟上疏跟此前的一系列政治纷争有关,这些纷争最先是由吏部尚书赵南星于天启四年三月调用邹维琏为吏部属官所引起的。关于此事的大致来由,张廷玉《明史》说:

> 吏部尚书赵南星知其(邹维琏——笔者按)贤,调为稽勋郎中。时言路横恣,凡用吏部郎,必咨其同乡居言路者。给事中傅櫆、陈良训、章允儒以南星不先咨己,大怒,共诟诼维琏。及维琏调考功,櫆等益怒,交章力攻。又以江西有吴羽文,例不当用,两人迫羽文去,以窘辱维琏。④

如第二章第一节所述,晚明"言路"势力横行,赵南星没有征求言路的

---

① 疏文见杨涟《杨忠烈公文集》卷2《劾魏忠贤二十四大罪疏》,第67—72页。
② 林丽月先生的论文《"击内"抑或"调和"——试论东林领袖的制宦策略》已经提出,杨涟上疏"是东林与魏珰决裂的主要关键",但未作展开论述(《台湾师范大学历史学报》1986年第14期,第44页)。
③ 林丽月:《"击内"抑或"调和"——试论东林领袖的制宦策略》,第47页。
④ 张廷玉:《明史》卷235《邹维琏传》,第6137页。

意见，而调用江西人邹维琏为吏部稽勋司郎中，后又改为考功司郎中，引起江西言官傅櫆等人对邹维琏的攻击。当时吏部验封司主事吴羽文也是江西人，吏部属官中同时有两个江西人，不符合常例，因此吴羽文也被牵连受到攻击。对于傅櫆等人的参劾，邹维琏上疏辩驳，"以章惇攻苏轼，蔡京逐司马光为言"，把傅櫆等人比作北宋的"奸臣"章惇、蔡京，自己则是苏轼、司马光式的正人君子。因此当时有些官员认为他"疏语多激"加剧了纷争，如吏科甄淑上疏说这场纷争，"揆厥所由，不过为邹维琏调部一节耳。……缘维琏疏语多激，遂致人心不平，议论纷起"；礼科刘懋也说："维琏有重任难胜一疏，词类忿激，以致櫆等纷纷揭争"，"又无何而櫆出一疏，波及于左光斗、魏大中矣，因故内臣王安攻及于中书汪文言矣。以致诸臣或辩或解，或参或驳，同室之中，互起操戈，庙堂之上，几成聚讼，是何景象也！"①

这场纷争还与东林的内讧有关。如邹维琏说："臣同乡省中二三臣同过臣寓，若教臣，又若憾臣，而独科臣傅櫆奋然草疏欲驳臣。……允儒、良训犹是角口常情，而櫆则硬坐臣为倖进，且以新推铨司程国祥亦坐臣为曲成"，将傅櫆与章允儒、陈良训二人区别看待。当时的东林党官员李应昇同样说："云中（指傅櫆——笔者按）自是一种意见，鲁斋、岵月（指张允儒、陈良训——笔者按）吾辈人也，乃愤愤生疑，中细人之挑唆，至使两正人（指邹维琏和吴羽文——笔者按）无端蒙其毒，阋墙招侮，岂不可为痛哭哉！"②李认为"吾辈人"章、陈是为人挑唆而参劾邹维琏的，有为二人开脱的意味。至崇祯初期东林主导的"钦定逆案"，傅櫆入案，章、陈则不入，③或者与此不无关系。与之不同，后来的复社人士吴应箕则认为是章、陈先攻击邹，才被傅櫆钻了空子："章允儒、陈良训疏相攻，因起玄黄之端，傅櫆乘而操戈。"身为东林"吾辈人"的章、陈参劾邹，是因为利益受损："或曰维琏欲以知府转章、陈，故为所不容云。"④而被认为在这场纷争中"挑唆""乘而操戈"的傅櫆，在此前的

---

① 蔡士顺：《傃庵野抄》卷4，《四库禁毁书丛刊》，北京出版社1997年影印本，史部，第69册，第437、439、442、440页。
② 李逊之：《三朝野纪》卷2下《天启朝纪事》，上海书店1982年版，第53页。
③ 谈迁：《国榷》卷90，中华书局1958年版，第5473—5476页。
④ 吴应箕：《两朝剥复录》卷1，《四库禁毁书丛刊》，北京出版社1997年影印本，史部，第19册，第123页。

一些事情上也曾与东林保持一致,如以"红丸案"处理不当为由弹劾首辅方从哲①;当前述刑部尚书王纪被罢时,他予以相救②;当杨涟上疏弹劾魏忠贤后,工部郎中万燝被廷杖致死,巡城御史林汝翥又因得罪中官将被廷杖时,他也上疏抗论。③

纷争不断扩大,傅櫆接着又参劾汪文言,并牵连东林党人左光斗和魏大中。他说汪文言:

> 初充歙县门役,复谋充本县库胥,窃藏拟戍,潜逃京师,遂父事内监王安,内外交通,事露拟配,人皆以为灾。初而且敢易改名字,营纳今官。左光斗身在宪府,不能追论而且引为腹心,魏大中职忝谏垣,不行驱除,而且助其资斧。

汪文言结纳太监王安,钻营不法,左光斗、魏大中执掌监察、进言之权,不但不揭露他,反倒跟他交结。左、魏也分别上疏辩解,左还反击说傅櫆与东厂理刑太监傅继教结为兄弟(即前述"通内"),两人都获优旨慰答。④据张廷玉《明史·魏大中传》,傅櫆参劾汪文言牵连魏大中、左光斗,是由于魏大中反对对浙江巡抚刘一焜的恤典,刘为江西南昌人,魏因此得罪江西言官章允儒,遂唆使傅櫆上弹疏,这仍是东林内部矛盾的体现;同时傅櫆也受到吏科右给事中阮大铖的怂恿。"会给事中阮大铖与光

---

① 王鸿绪:《明史稿列传》卷202《方从哲传》,第390页。
② 《明熹宗实录》卷24,天启二年七月癸亥,第1234页;张廷玉:《明史》卷240《叶向高传》,第6237页。
③ 谈迁:《国榷》卷86,第5289页。林汝翥被杖缘由及其主要履历,见李聿求《鲁之春秋》(卷11《林汝翥传》,浙江古籍出版社1984年版,第113—114页)。
④ 王世贞撰,王政敏订,王汝南补:《新刻明朝通纪会纂》卷4《熹宗哲皇帝》,北京出版社1997年影印本,史部,第13册,第92页。左、魏二人辩疏,见蔡士顺《傃庵野抄》(卷4,四库禁毁书丛刊,北京出版社1997年影印本,史部,第69册,第437—438、438—439页)。房可壮亦参傅櫆交结傅继教(蔡士顺:《傃庵野抄》卷4,第451—452、454—455、458页)。谈迁曾评论魏大中辩驳傅櫆一事说:"魏大中与傅櫆同官也,虽薰莸之异,而辨宜婉不宜诟,宜详不宜矜。事本末易详,而抗辞蜂涌,何哉?"(《国榷》卷86,中华书局1958年版,第5276页)对他有所批评。对于傅櫆结交傅继教,时人黄尊素说:"傅櫆以弟称于傅应星、傅继教间,继教阉人,<u>应星则魏忠贤之养子也</u>"(《黄忠端公文略》卷3《汪文言传》,第46页)。由此推断吴应箕谓:"此外廷附内之始,缙绅之祸是以为伏戎矣","阉难之作也,衅挑于傅櫆"(《两朝剥复录》卷1,第120—121页),李逊之对后来"逆案"予傅櫆"通内开祸"之罪深表赞同(《三朝野纪》卷2下《天启朝纪事》,上海书店1982年版,第53页),或许都是据此而发。

斗、大中有隙,遂与允儒定计,嘱樷劾文言,并劾大中貌陋心险,色取行违,与光斗等交通文言,肆为奸利。疏入,忠贤大喜,立下文言诏狱。"①阮大铖最初也亲近东林,"清流自命",为东林党人"左光斗引为同志"②。朱彝尊《静志居诗话》有云:"大铖在东林点将录,号没遮拦。"③朱彝尊看到的这份《东林点将录》,也为同一时期的阎若璩所见。④ 以此而言,阮大铖与东林闹翻也可视为是东林的一场内讧。他与东林"有隙",是由于与魏大中争吏科都给事中一事:

> 四年春,吏科都给事中缺,大铖次当迁,光斗招之。而赵南星、高攀龙、杨涟等以察典近,大铖轻躁不可任,欲用魏大中。大铖至,光斗意中变,使补工科。大铖心恨,阴结中珰寝推大中疏。吏部不得已,更上大铖名,即得请。大铖自是附魏忠贤。⑤

如果按照当时论资排辈的做法,应该是阮大铖就任该职,东林改用魏大中

---

① 张廷玉:《明史》卷244《魏大中传》,第6334—6335页。
② 钱澄之:《所知录》卷5《阮大铖本末小纪》,第185页。但万斯同《明史》卷402《阮大铖传》说,阮、左"同里有隙",后来魏大中、左光斗被杀,"多大诚乃成意也"(第346页)。王鸿绪《明史稿列传》卷287《阮大铖传》与此不同,说阮对左"倚重之",吏科都给事中空缺,左招里居的阮赴任,但赵南星、高攀龙等人认为魏大中更适合任此职,当阮回朝后,左"意中变",使阮补工科;又说南明弘光时期,刘宗周上疏说魏大中之死,阮为"主使"(第647—648页)。按照师承关系,刘宗周是万斯同的师祖,故刘的说法应该影响了万氏的记载。张廷玉《明史》的记载近于王鸿绪之书。
③ 朱彝尊:《静志居诗话》卷21《顾杲传》,第480页。
④ 阎若璩撰,吴玉搢编:《潜邱劄记》卷6《与王山史书》,《文渊阁四库全书》,台湾商务印书馆1983年影印本,子部,第859册,第518页。
⑤ 王鸿绪:《明史稿列传》卷287《阮大铖传》,第647页。张廷玉《明史》所记与之相同(卷308《阮大铖传》,第7937页)。对于魏大中其人,叶向高曾就其任吏科都给事中一事评价说:"魏大中者,浙人,甚清苦,而稍深刻,议论与乡人左,乡人皆恶之。当傅樷疏上,内中已有先入,适大中转吏科都给事,报名廷谢。有旨诘责大中,何以方被论而遽谢恩,阁中为解乃已。而大中一再辞,得旨遂莅任,余深以为不可。岂有人臣廷谢,天子不许而可苟且受事,即日立交戢下,将何颜以奉圣明也?大中闻余言殊不喜。盖此诸公,虽立身持论皆有可观,不随俗波流,而争名躁进之念,终未能忘,于出处进退、存亡得失大关键全不虑及。余惓惓言之而不听,亢而取悔,卒杀其身以败天下。事名不及范滂、李膺,而祸同于李训、郑注,深可痛也。"(《蘧编》卷16,《四库禁毁书丛刊补编》,北京出版社2005年影印本,第25册,第572页)谈迁对魏大中的评价也颇不好:"好立廉隅,居尝韦布,峭厉绝俗,意见褊滞,能当其意则蹴踏为廉,识拘而迹峻。一见汪文言奸情伪貌,遽相激赏,汲引同辈,来此纷纭。虽面目无愧,而追原祸始,要自有由。"(《国榷》卷86,中华书局1958年版,第5276页)

并不合理，于此也可看出东林当时的权势，可以违反常规任用官员。如时人李清、章正宸认为："然大铖资俸居先，迫之去者过。"① 复社人士归庄也说：东林党人"激成阮入彼党，未始非失计。盖阮实有可用之才，惜诸君子无使贪使诈之作用也"②。而阮大铖借助魏忠贤之力夺得吏科都给事中一职后，"到任未数日，即请终养归，以缺让魏公大中"③，似乎只是为泄一时之气愤，并非真要与东林为敌。但当魏大中奉旨就任吏科都给事中面谢皇恩时，又得旨受到切责。傅櫆此时却一反常态，上疏指出这份圣旨来自皇帝绕过内阁的"中旨"："此旨之自中传出者无疑也"，并说"职非敢为大中等解也，特职恐行邪之径为害不小"④，认为皇帝的亲信太监操纵拟定了这份"中旨"，不言而喻他指的是魏忠贤。

此事几乎为魏忠贤等人利用来"罗织东林"，"当是时，忠贤欲大逞，惮众正盈朝，伺隙动。得櫆疏喜甚，欲藉是罗织东林，终惮向高旧臣，并光斗等不罪，止罪文言。然东林祸自此起"⑤。上述操纵"中旨"切责魏大中应就是其采取的行动，但最终因为忌惮首辅叶向高这位旧臣的威望，只对汪文言治罪，而暂时没有波及左光斗、魏大中等人。

值得一提的是，如前所述，汪文言在万历末年及泰昌、天启初期都曾给予东林极大帮助，被赵南星、杨涟、左光斗、魏大中等人引重。但当其被逮入诏狱后，黄尊素曾受魏大中之托，嘱咐锦衣卫指挥同知署镇抚司刘侨："文言无足惜，使缙绅之祸由文言不可"，由是"谳辞卒无所坐，中

---

① 李清：《三垣笔记》卷下《弘光》，中华书局1982年版，第114页。
② 归庄：《归庄集》卷10《随笔二十四则》，上海古籍出版社1984年版，第517页。
③ 钱澄之：《藏山阁集·文存》卷6"皖髯事实"条，第645页。但是，时人黄尊素却对阮大铖"疏请终养"之举有完全不同的看法，他说：阮大铖为吏科都给事中后，曾邀请黄尊素、魏大中、章允儒、陈良训饮酒，"指天誓同肝膈，酒未寒而终养之疏已出矣。于是疑者四起，谓兄与同事诸君子不合借一去以发难端"（《黄忠端公文略》卷3《止阮大铖祸始书》，第47页）。至于"疏请终养"如何就"发难端"，不知究竟？另外，当时李应昇也曾贻书阮大铖调和此事（李逊之：《三朝野纪》卷2下《天启朝纪事》，上海书店1982年版，第49—51页）。
④ 蔡士顺：《傝庵野抄》卷4，《四库禁毁书丛刊》，北京出版社1997年影印本，史部，第69册，第441页。
⑤ 张廷玉：《明史》卷240《叶向高传》，第6237页。当时叶向高以曾题授汪文言为中书舍人而引罪求去，得旨不允（《明熹宗实录》卷41，天启四年四月己酉，第2344页）。叶此举，似是因为左光斗在反驳傅櫆时，曾提到汪文言是由叶题授（《明熹宗实录》卷41，天启四年四月丙午，第2340—2341页）。

旨廷杖之而已"①。魏大中这么做，很有为了保住自身，让汪文言一人担责的意味。清人徐乾学《憺园文集》也说黄尊素"素不喜文言"②。不久刘侨因对此事的处理引起魏忠贤的不满而被削籍③，后来还曾降附张献忠农民军④。汪文言在崇祯四年十二月又为御史梁梦环所参，崇祯五年四月死于诏狱，当北镇抚司向朝廷上报此事时，圣旨说："汪文言不以病闻，如何遽死？"⑤可见其死得蹊跷。严酷拷掠汪文言致死的，是代刘侨主掌镇抚司、魏忠贤的死党许显纯。后来的东林"六君子""七君子"，也都是死于他手。⑥"然（汪文言）至死不肯屈服，以赃诬杨（涟）、左（光斗）"⑦，对东林也算是肝胆相照了。但前述崇祯初期东林党人重返政坛，却未见给其平反。夏允彝批评东林不该结交汪文言以招祸，谈迁也批评东林不应对"憸而贪"的汪文言"群嘘竞诩"⑧。东林结交汪文言，是在他与伴读太监王安交好、首辅叶向高用他为内阁中书时，并由此得到很多实惠；而东林抛弃汪文言，则是在他受到参劾时，为求自保急于跟他划清界限。这样的交往，只为功利，而无任何情谊可言。

---

① 黄尊素：《黄忠端公文略》卷3《汪文言传》，第46页；黄宗羲：《南雷文定》卷11《辩野史》，《丛书集成初编》，商务印书馆1936年版，第2463册，第173页。张廷玉《明史》卷244《魏大中传》删去了魏大中托黄尊素的内容（第6335页）。张廷玉《明史》卷305《魏忠贤传》，记嘱托刘侨者为首辅叶向高，非是（第7818页）。

② 徐乾学：《憺园文集》卷25《赠太仆寺卿黄忠端公祠堂记》，《续修四库全书》，集部，第1412册，第627页。

③ 谈迁：《国榷》卷86，中华书局1958年版，第5278页。

④ 王鸿绪：《明史稿列传》卷287《马士英传》，第645页。

⑤ 徐肇台：《甲乙记政录》，《续修四库全书》，上海古籍出版社2002年影印本，史部，第438册，第241页。汪文言之死，是因为魏忠贤及其党羽要借其牵连东林党人，"杀文言然后可以赃诬众正也。观此者，则文言之所以死，死文言之所以死众正矣"（蔡士顺：《儴庵野抄》卷5，《四库禁毁书丛刊》，北京出版社1997年影印本，史部，第69册，第474页）。

⑥ 张廷玉：《明史》卷306《许显纯传》，第7873页。"六君子"之一的顾大章，当杨涟、左光斗、魏大中、周朝瑞、袁化中死于诏狱后，魏忠贤及其党羽为了应付舆论，将其移往法司定罪。刑部尚书李养正对顾的判词与镇抚司相同，魏忠贤等人又准备将他移往镇抚司。顾不堪再次受辱，遂自缢于刑部牢狱（张廷玉：《明史》卷244《顾大章传》，第6342页）。李养正在万历后期即已与东林相忤（张廷玉：《明史》卷245《周起元传》，第6350页）。其人未入逆案，或许是此前已亡故。"七君子"之一的高攀龙，在被逮捕之前就投水自尽（张廷玉：《明史》卷243《高攀龙传》，第6314页）。许显纯于崇祯元年六月伏诛。

⑦ 李逊之：《三朝野纪》卷2下《天启朝纪事》，上海书店1982年版，第52页。

⑧ 夏允彝：《幸存录》"门户杂志"条，留云居士辑：《明季稗史初编》卷14，上海书店1988年版，第297页；谈迁：《国榷》卷86，中华书局1958年版，第5276页；卷87，第5302页。

对于"肇祸"的傅櫆，李清为其辩解说："若櫆连纠左光斗、魏大中等虽谬，然纠狎邪汪文言，自快人意，况以纠逆珰故，致服阕后终珰世不出，何云逆案？吏部尚书张捷每声其枉，然不启亦不雪，或曰先经杨维垣纠，意弗许也"①，肯定傅櫆纠劾汪文言之举，但不应牵连左光斗、魏大中等人，并且认为傅櫆有上述"纠逆珰"即参劾魏忠贤的举动，在魏忠贤专权的天启后期一直都没有出仕，因此不应被列入后来的"逆案"。但李清所说的傅櫆"纠逆珰"之举，夏允彝则认为是"藉忠贤自解"，即借参劾魏忠贤以为自己"通内"开脱。②

傅櫆的参劾影响巨大，崇祯时期的阁臣黄景昉说：

> 使邹维琏不调铨部，即傅櫆疏何自发？汪文言局何自破？左光斗、魏大中祸何自生？事既不可调停，于是杨涟为一决之计，锋复不可回迓。于是魏忠贤为百足之图，机绪相生，端委隐露，就从到头一错始。为诸君子者亦何苦以其所爱好人好官，基朝家数十年灾祸为哉！③

此事带来一连串不利于东林的反应，杨涟不得不上疏参劾魏忠贤，"为一决之计"，即决一死战。结果没有扳倒魏忠贤，反倒导致他的反噬，其归根结底都是由赵南星调用邹维琏肇因。黄景昉对赵南星等人的批评之意是很明显的。明末清初的孙承泽就此事也对赵南星有所批评："以人望用邹公维琏由枢部调铨曹。时江右一铨部尚在事，一省两铨尤为创格，又不与江右台省谋，独二三同志决之，虽犯众忌不顾也。"④

二　"以小臣预顾命"——杨涟"誓以死报"

傅櫆参劾的是左光斗、魏大中，却为何由杨涟来"为一决之计"？这

---

① 李清：《南渡录》卷5，第227页。傅櫆"终珰世不出"，但究竟是得魏忠贤及其党羽相召而拒不复出，还是未相召而不复出，两者意义完全不同，李清对此并未说明，尚待考证。"逆案"人员杨维垣曾在崇祯初期反对起用傅櫆（《崇祯长编》卷3，天启七年十一月乙亥，第119页）。

② 夏允彝：《幸存录》"门户杂志"条，留云居士辑：《明季稗史初编》卷14，上海书店1988年版，第297页。

③ 黄景昉：《国史唯疑》卷11，上海古籍出版社2002年版，第335页。

④ 孙承泽：《畿辅人物志》卷10《赵忠毅南星》，第682页。

应当与其自身"顾命之臣"的遭遇有关。泰昌帝弥留之际曾两次召见大臣,而当时身为兵科右给事中的杨涟都受命参与,"公虽欲不誓死以报,其可得哉!"杨涟有此殊遇,所以在后来的"移宫"事件中,他是所有官员中最为尽心尽力的一位,"五日夜不交睫,头须尽白"①。谈迁说杨涟"负气节,贾武敢任","光庙特召时,预于顾命,琐臣之奇遘,孰若文孺(指杨涟——笔者按),宜感奋而不顾其身也。排阉定位,移宫避嫌,俱首自文孺"②。清初汪有典说:"公区区一曹郎,非有贵戚肺腑之亲,大臣心膂之重。直以光宗病中之诏,奉为顾命之尊,身先勋旧大臣,攘臂疾呼,夺天下于妇人之手,而归之主器。"③ 张廷玉《明史》也说杨涟"自以小臣预顾命,感激,誓以死报"④。而且,杨涟在"移宫"事件后虽然一再升迁⑤,"名震天下"⑥,但关于此事的议论却一直都未停止,其中不乏攻击他别有用心者。"负气节,贾武敢任"的性格,"顾命之臣"的身份,主导"移宫"引起的诸多质疑,由杨涟来弹劾魏忠贤"为一决之计",似乎是势所必然的。当时东林内部如缪昌期将弹劾魏忠贤与正德年间铲除太监刘瑾对比,认为条件并不成熟,不无忧虑地对左光斗说:"内无张永,外无杨一清,一不中而国家从之可几幸乎?"⑦ 黄尊素也曾有所

---

① 钱谦益:《牧斋初学集》卷50《都察院左副都御史赠右都御史加赠太子太保谥忠烈杨公墓志铭》,《四部丛刊初编》,上海书店1989年版,集部,第347册,第567页。杨涟在"移宫"事件中的具体表现,参见孟森《明史讲义》(上海古籍出版社2002年版,第289—291页)。
② 谈迁:《国榷》卷87,中华书局1958年版,第5307页。
③ 汪有典:《史外》卷5《杨涟传》,《四库禁毁书丛刊》,北京出版社1997年影印本,史部,第20册,第385页。
④ 张廷玉:《明史》卷244《杨涟传》,第6320页。
⑤ 前文谈到围绕"移宫"事件的纷争时,许多人对杨涟和贾继春都予以肯定,但实际上二人却被不同对待。杨涟于天启元年正月乞归回籍,天启二年又起为礼科都给事中,不久又擢为太常少卿,三年冬拜左佥都御史,四年春进左副都御史。(张廷玉:《明史》卷244《杨涟传》,第6323—6324页)而贾继春则于天启元年四月被"除名永锢",其后虽屡经官员举荐,都未能起复。直到天启四年冬,魏忠贤逐去杨涟等人,才以中旨召复原官。杨、贾两人一荣一枯,很可以看出天启初期政局,确是为东林所操控。或是鉴于此,黄景昉曾委婉地谈对杨涟诸人致祸的原因时说:"诸君各做大官,居要路,致怨有因。"(《国史唯疑》卷11,第341页)
⑥ 姚希孟:《公槐集》卷3《移宫论略》,《四库禁毁书丛刊》,北京出版社1997年影印本,集部,第178册,第328页。
⑦ 汪有典:《史外》卷6《缪昌期传》,第394页。

劝阻①，但是杨涟并未接受，并且抢在李应昇之前上弹疏。②

与杨涟在"移宫"事件中对立、后来列入"逆案"的贾继春，曾指出杨涟上疏的动机说：

> 王安以修隙之故，倡为移官之说。杨涟、左光斗，希宠助虐，昧心说谎，逼辱康妃（指李选侍——笔者按），亏损圣德。傅櫆参汪文言、左光斗、魏大中，涟在其中矣，于是先发遮饰之计，而参内之疏出。参内者，其所借之题目也。总不过为自掩计耳。③

他说杨涟是因为受到傅櫆的参劾，而先发制人地上此疏参劾魏忠贤以"自掩"，即掩饰自己在"移宫"事件中与王安串通，以及与汪文言交结。贾继春在"移宫"事件后，因参劾杨涟等人被"除名永锢"④，以上是他在天启五年被魏忠贤等人复起后的言论，固然有重提旧恨之嫌；但是他认为杨涟上疏与"移宫案"和傅櫆参劾汪文言等事情有关，经上文论述可知，应该是符合事实的。

三 杨涟上疏的结果与影响

杨涟的上疏尚未批答，魏忠贤辩解的奏疏却先获得优旨褒答，而杨涟则最终被严旨切责。"涟疏未发票，而忠贤疏先下，念其勤劳，录其小心矣。又明日而涟疏下，没其忠爱，罪其沽直矣。恶状代为任咎，逆迹代为分剖，自疏自票尽出忠贤之意，恐涟疏尚未经御览也。"⑤ 这种处理显然不合常理，众多官员认为是魏忠贤等人自导自演了这出把戏，于是更加激烈地弹劾他，"科道公疏、单疏，及大小九卿、南京各部科道等官，俱上

---

① 徐乾学：《憺园文集》卷25《赠太仆寺卿黄忠端公祠堂记》，第628页。
② 李逊之：《三朝野纪》卷2下《天启朝纪事》，上海书店1982年版，第54页。据文秉《先拨志始》，杨涟上疏还因为魏忠贤一时失宠，"熹庙偶以小恚怒魏忠贤，忠贤待罪私邸"（卷上，第143页）。
③ 文秉：《先拨志始》卷下，第175—176页。
④ 万斯同：《明史》卷354《贾继春传》，第281页。
⑤ 赵吉士：《续表忠记》卷2《魏忠节公传》，周骏富辑：《明代传记丛刊》，台湾明文书局1991年影印本，第64册，第660页。当时还有李应昇、陈良训上疏指责这一不合理做法。（蔡士顺：《傒庵野抄》卷4，《四库禁毁书丛刊》，北京出版社1997年影印本，史部，第69册，第448—449页）对魏忠贤拟优旨的是魏广微（谈迁：《国榷》卷86，中华书局1958年版，第5286页），而捉刀者为徐大化（王鸿绪：《明史稿列传》卷200《叶向高传》，第371页）。

疏论列，凡七十余章，概置不听"①。

继杨涟之后参劾魏忠贤的官员名单，清末夏燮《明通鉴》曾做过统计②，但所列并不全面，如锦衣卫佥事陈居恭、刑科都给事中李春晔等人都没有被列入③。而他所列如刘之待、傅槐、李精白、陈维新、杨维新、门洞开及未列李春烨等人，后来都被列入"逆案"。可见当时参劾魏忠贤的不乏跟风之人，等到风向转变，东林与魏忠贤此消彼长时，他们又转而依附魏忠贤。如抚宁侯朱国弼此时虽出疏纠劾魏忠贤，后来却与东林走向对立，黄景昉据此认为这些参劾官员存在"滥竽之吹"的问题。另外，他也对官员们采取"公疏"这种形式的效果提出质疑。④

对于杨涟弹疏的内容也存在一些异议。如时人叶向高对将其写入内宫事情就很不以为然⑤；黄景昉不同意他参及陈居恭⑥；给事中魏照乘疏荐周士朴，"宜用士朴一事，杨涟疏引为魏珰罪者也"，吴嶽对此也不认同。⑦而今人苗棣先生更是尖锐地说：杨涟所参魏忠贤二十四条罪状，"没有一条是同国家实际面临的严峻局面直接相关的"，"东林党的忠臣们对于国家所面临的政治、经济和军事危机倒不那么关心"⑧。

---

① 李逊之：《三朝野纪》卷2下《天启朝纪事》，上海书店1982年版，第54页。
② 夏燮：《明通鉴》卷79，第3051页。
③ 分见李逊之：《三朝野纪》卷2下《天启朝纪事》，第55页；谈迁：《国榷》卷86，第5290页。
④ 黄景昉：《国史唯疑》卷11，上海古籍出版社2002年版，第335、337页。
⑤ 叶向高：《蘧编》卷17，《四库禁毁书丛刊补编》，北京出版社2005年影印本，第25册，第575页。杨涟指斥魏忠贤第八至十条罪状为客、魏残害宫妃，并因此受到严旨切责（文秉：《先拨志始》卷上，第148页）。客、魏残害宫妃，见李逊之《三朝野纪》（卷3上《天启朝纪事》，上海书店1982年版，第62—63页）。万斯同《明史》对此也有记载（卷402《魏忠贤传》，第412页），王鸿绪《明史稿列传》因袭之，但又说"禁掖事秘，莫详也"（卷284《魏忠贤传》，第600—601页）；张廷玉《明史》同于王氏（卷305《魏忠贤传》，第7816页）。
⑥ 黄景昉：《国史唯疑》卷11，第337页。参陈居恭，见杨涟疏文之第二十条罪状。据黄尊素说，陈居恭是因为杨涟参劾魏忠贤的疏文中牵连到他，才反戈参魏忠贤（蔡士顺：《傒庵野抄》卷4，《四库禁毁书丛刊》，北京出版社1997年影印本，史部，第69册，第455页）。陈最终因受袁化中参落职（张廷玉：《明史》卷244《袁化中传》，第6340页）。
⑦ 吴嶽：《清流摘镜》卷5《守正诸臣》"给事中魏照乘"条，《四库禁毁书丛刊补编》，北京出版社1997年影印本，第17册，第679页。见杨涟疏文之第十七条罪状。
⑧ 苗棣：《魏忠贤专权研究》，中国社会科学出版社1994年版，第98页。二十四条罪状大致可以归纳为：第一、十八、二十二条，为违背祖制、法令。第二至七条、十九条，为斥退东林，引用亲信，即"亲乱贼而仇忠义"。第八至十一条、十四条，为戕害宫妃、王安、外戚。第十二、十三、二十三条，为逾制营私。第十五至十七条，为危害地方，草菅民命。第二十、二十一条，为利用东厂做不法之事。第二十四条，为恃宠而骄，威胁朝廷。

第三章 泰昌、天启时期的党争与"阉党"的形成 153

　　杨涟毅然决然地上疏参劾魏忠贤，但之后也有所畏怯，"犹有酿祸虞"①。上疏未果后，他又想在上朝时当面奏明皇帝，却最终被魏忠贤的淫威吓得"目慑气夺"而作罢②。当工部郎中万燝被廷杖致死后，他感到自己也有危险，还曾就去留问题征求同党的意见，黄尊素劝其辞官以避祸，但没有被接受。③他最终被罢官，逮捕致死。后来被魏忠贤等人迫害至死的东林"六君子"，当身陷狱中时也有所离心。众人都曾招供④；周朝瑞、袁化中为求保住自己，曾请顾大章转告杨涟，促其自行了断。⑤

　　魏忠贤被参后，"亦惴惴惧祸"，请求次辅韩爌调解，但被其拒绝⑥；还上疏辞去东厂职务，请求罢免⑦，赖阁臣魏广微拟旨慰留⑧。其在内廷也得到诸多护持，最终得以转危为安，"客氏与王体乾，日在上前软语乞怜，巧法庇护，李永贞等复帮助之，遂得瓦全，保持上眷"⑨。杨涟上疏参劾魏忠贤后不久，圣旨即封李选侍为康妃⑩，这实际表明天启初期对"移宫案"的裁议被推翻，杨涟等人在"移宫"事件中的主张和做法已不再被认可。本章第一节说到主导"移宫"的太监王安在天启初期被杀，天启帝对"移宫案"的态度已完全发生改变，但当时并没有波及外廷参与移宫的杨涟、左光斗等人，相反他们在仕途上还青云直上；直到杨涟参魏忠贤后，"移宫案"才又被提出来作为杨涟等人的罪状。

　　杨涟上疏掀起了"讨魏斗争"的高潮，导致东林党与魏忠贤等人的彻底决裂，很多史书都持这一观点。如刘若愚《酌中志》："贤既得瓦全，便从此改心，放手为恶，无所忌惮，实杨公此疏激成之也。"⑪朱长祚

---

① 黄景昉：《国史唯疑》卷11，第337页。
② 文秉：《先拨志始》卷上，第149页。
③ 黄尊素：《黄忠端公文略》卷3《答堂翁杨大洪问去留书》，第47—48页。
④ 张廷玉：《明史》卷244《左光斗传》，第6332页。该传言其屈打成招。
⑤ 李逊之：《三朝野纪》卷3上《天启朝纪事》，上海书店1982年版，第80页；顾大韶：《炳烛斋稿·先兄陕西按察司副使赠太仆寺少卿塵客府君行状》，第594页。另外，谈迁对魏大中、左光斗二人生前之行迹亦颇有微词，他甚至认为魏之长子学洢死因得疾，而非为其父尽孝，"凶事偶会，务极标榜"（《国榷》卷87，中华书局1958年版，第5309、5311页）。
⑥ 文秉：《先拨志始》卷上，第148页；吴应箕：《两朝剥复录》卷1，《四库禁毁书丛刊》，北京出版社1997年影印本，史部，第19册，第124页。
⑦ 王鸿绪：《明史稿列传》卷17《熹宗本纪》。
⑧ 谈迁：《国榷》卷86，中华书局1958年版，第5286页。
⑨ 李逊之：《三朝野纪》卷2下《天启朝纪事》，上海书店1982年版，第54页。
⑩ 谈迁：《国榷》卷86，第5290页。
⑪ 刘若愚：《酌中志》卷11《外廷线索纪略》，第2949页。

《玉镜新谭》："杨涟首触凶锋，以二十四罪之疏入，海内缙绅之祸从此始，忠贤之杀机亦从此始。"① 夏允彝《幸存录》："杨涟二十四大罪之疏上，遂为不共仇。"② 黄景昉《国史唯疑》称此疏"首发难端"③，吴嶽《清流摘镜》也以此疏为"珰祸发端"④。显然，他们对杨涟上疏是有所批评的。但也有人反对这种观点，如蔡士顺说：

  此疏诛珰，取祸甚烈。无识者乃谓焚林之祸，疏实召之，以为应山（指杨涟——笔者按）咎，而不知此疏为诸正人之宝也。不然玄黄相攻，门户已耳。孰为诛珰，孰为媚珰，而别白若此乎！削夺诛戮，苦海波涛中，有此疏在，则斗杓可依，其功大矣。⑤

认为这份奏疏对于后来区分是非黑白，彰显东林的正义之举，起了非常重要的作用。蔡士顺为东林党人李应昇之舅父⑥，其于东林党人的评价，应注意这一点。另外，如东林人士钱谦益曾举出"世之议公（指杨涟——笔者按）者有三"："以移宫贪功"，"以交奄钓奇"，"以攻奄激祸"，并逐条为杨涟辩护。⑦ 郑鄤也说"君子惜公（指杨涟——笔者按），其说亦有二，曰：移宫太骤，纠逆近激"，亦为之辩护，并说："凡为此者，与于小人之甚者也。"⑧ 然而就史实而言，在杨涟上此疏之前，双方虽有纷争，但并未完全破裂；而在此之后，魏忠贤等人便逐渐对东林党人展开报复，后者受迫害的范围和程度也远远超越过去。这样看来，双方的关系变得不可调和，乃至彻底决裂，确实是以此为界的。

---

 ① 朱长祚：《玉镜新谭》卷2《罗织》，第318页。
 ② 夏允彝：《幸存录》"门户大略"条，留云居士辑：《明季稗史初编》卷14，上海书店1988年版，第290页。
 ③ 黄景昉：《国史唯疑》卷11，第337页。
 ④ 吴嶽：《清流摘镜》卷2《珰祸发端》，《四库禁毁书丛刊补编》，北京出版社1997年影印本，第17册，第592页。
 ⑤ 蔡士顺：《傡庵野抄》卷4，《四库禁毁书丛刊》，北京出版社1997年影印本，史部，第69册，第448页。
 ⑥ 李清：《三垣笔记》卷上《崇祯》，第32页。
 ⑦ 钱谦益：《牧斋初学集》卷50《都察院左副都御史赠右都御史加赠太子太保谥忠烈杨公墓志铭》，《四部丛刊初编》，上海书店1989年版，集部，第347册，第569页。
 ⑧ 郑鄤：《峚阳草堂文集》卷5《杨忠烈公集·序》，《四库禁毁书丛刊》，北京出版社1997年版，集部，第126册，第352页。

第四节　首辅叶向高调停失败

　　杨涟上疏致使东林党与魏忠贤等人彻底决裂，还由于它使首辅叶向高等人的调停努力最终归于失败。① 如前所述，天启初期东林与政敌的纷争虽然渐趋激烈，但毕竟没有完全破裂，这其中非常重要的原因就是叶向高的调停。

　　叶向高在天启初年被再次召回出任首辅。他在万历末年任首辅时，眼见"士大夫好胜喜争"，而"务调剂群情，辑和异同"②。这次复出，他仍然秉持这一做法，对当时东林与魏忠贤等人之间的纷争"数有匡救"③。如上述傅櫆参劾汪文言等人，魏忠贤正是对他有所忌惮才没有借此发难。再如周宗建于天启二年五月疏参魏忠贤一事，也是得他调解才予以平息。④ 因此，东林党人钱谦益曾称赞他"妙于调御"；东林党人李应昇之子李逊之也说："逆珰用事，福清（指叶向高——笔者按）竭其才智，与之周旋，亦能挽回一二。"⑤ 然而叶向高一贯推行且颇见成效的调停做法，在杨涟上疏之后，却无法再继续。

　　当杨涟上疏参劾魏忠贤后，叶向高颇不以为然，他说：

　　　　忠贤于上前亦时有匡正。一日有飞鸟入宫，上乘梯手攫之，忠贤挽上衣阻之不得升。有小珰，偶赐绯，忠贤叱之曰："此非汝分！虽

---

① 当时还有大学士朱国祯助之。（张廷玉：《明史》卷 240《朱国祯传》，第 6251 页）
② 张廷玉：《明史》卷 240《叶向高传》，第 6233、6235 页。叶向高曾在万历三十五年至四十二年任首辅。
③ 《明史》卷 240《叶向高传》，第 6237 页。
④ 周宗建之参疏见《周忠毅公奏议》卷 2《历陈阴象首劾魏珰进忠疏》，《四库禁毁书丛刊》，北京出版社 1997 年影印本，史部，第 38 册，第 363—366 页。时间记为四月，而《明熹宗实录》（卷 22，天启二年五月丙申，第 1083 页）记为五月，此处从后者。周宗建说上疏后，"于文华殿上撤讲之后，进忠恨臣，摘臣疏中千人所指一丁不识两语诟辩，至怒激之声直达宸听"。叶向高居中调解，才平息此事（卷 2《请斥逆珰魏进忠并郭鞏交通设陷疏》，第 366—369 页）。黄景昉亦钦佩地说此事是得叶向高"谈笑解"（《国史唯疑》卷 11，第 336 页）。
⑤ 钱谦益：《牧斋初学集》卷 51《礼部右侍郎兼翰林院侍读学士赠太子少保礼部尚书谥文毅郭公改葬墓志铭》，《四部丛刊初编》，上海书店 1989 年版，集部，第 347 册，第 585 页；李逊之：《三朝野纪》卷 2 下《天启朝纪事》，上海书店 1982 年版，第 60 页。陈鼎、夏燮也都对叶向高的调停效果予以肯定，分见陈鼎《东林列传》卷 17《叶向高传》，第 391 页；夏燮《明通鉴》卷 79，第 3053—3054 页。

赐，不许穿。"其认真如此。若大洪（指杨涟——笔者按）疏行，今后恐难再得此小心谨慎者待上左右矣。

对魏忠贤颇为赞许。杨涟等人请他带头揭举魏忠贤的罪状，也被他委婉拒绝。①

叶向高曾称魏忠贤干政及其与自己的关系时说：

> 魏忠贤者，故名进忠，与上少时相狎昵，既登大宝，甚委用之，为改今名，寖寖干政事，中外虑之。余在阁每以正言相规劝，忠贤多唯唯，凡有传谕至阁，其不可行事，余辄执争，甚至拂衣欲去，忠贤亦不恨也。②

由此也可印证上文提到的魏忠贤对叶向高的忌惮。对此，东林后人文秉也说："福清叶向高时为首辅，才能笼罩，忠贤颇敬礼之。"③ 据叶向高称，他当时曾受杨涟所逼而上揭请求皇帝让魏忠贤"退居私第"、"告老乞休"，或者辞去东厂职务，召还王纪、邹元标等人。④ 金日升说叶向高此揭是采纳了国子生茅维的建议，但最终又因故没有上达，"公卧邸闻之不怿，知不能动摇巨奸，而缙绅祸必自此始，深忧之。曾采一太学门生议，草一疏为解纷，使行其策尚可收拾败局，会有尼之不果上。公只坚求去，以明不染。时物论多咎公少担当，而不知初念甚刚正"⑤。而据叶向高自撰年谱《蘧编》所载，此揭应当确曾上达。当时礼部尚书翁正春也曾这样奏请。⑥ 茅维将魏忠贤与唐朝、宋朝以及明武宗、明神宗时期的权监相比较，认为前者的权势更为显赫，并对其所谓的"善举"有所评述："此珰目下矫情刻励，不通苞苴，时亦禁切主上，又能约束各监。第论此迹，

---

① 文秉：《先拨志始》卷上，第149—150页。
② 叶向高：《蘧编》卷17，《四库禁毁书丛刊补编》，北京出版社2005年影印本，第25册，第575页。
③ 文秉：《先拨志始》卷上，第149页。
④ 参见叶向高《蘧编》卷17，《四库禁毁书丛刊补编》，北京出版社2005年影印本，第25册，第575页；金日升：《颂天胪笔》卷11《叶向高》，第439册，第392—394页。
⑤ 金日升：《颂天胪笔》卷11《叶向高》，第392页；卷11《国子生茅维上福清相公书》，第398—400页。
⑥ 谈迁：《国榷》卷86，中华书局1958年版，第5287页。

几类大贤","心本大奸,而迹类大贤,此正王莽谦恭之日"。茅维认为魏忠贤"不通苞苴,时亦禁切主上,又能约束各监"的"善举"都是作伪,为了达到奸邪目的而为,但这样的"诛心之论"恐怕有点带着成见。把上述泰昌、天启父子及叶向高对魏忠贤的评价联系起来看,魏忠贤在当时应确有一些行善之举。叶向高上揭后,黄景昉说:"或传忠贤意粗动,为其党力持止"①,他的调停意见几乎打动了魏忠贤,却被魏忠贤的党羽劝止。

对于叶向高的调停之举,如上述金日升是极力为其开脱的。更多的人则是一方面肯定他在天启初期所取得的成效,另一方面也批评他在杨涟等人的"讨魏斗争"中缺少担当。如谈迁说他"惧祸谋两全,竟不能力持"②。李逊之也说:"迨杨公之言入,举朝望之主持。乃既不能得于内,又无以解于外,惟有一去以谢责而已。噫!身为元老,委蛇中立,而欲收无咎无誉之功,得乎哉?"③将这种批评发挥到极致的是汪有典:"阉焰之炽也,首辅叶向高以持禄之鄙怀,饰调停之谬说。假包荒以长乱,托中立以滋奸。驯至火迫昆冈,祸侵剥肤",认为叶向高的调停助长了魏忠贤的气焰,导致其杀害东林诸人,"是则向高祸始教猱,致逆珰势成骑虎。曩非熹宗晏驾之早,则明之天下固已揖让而移耳。……公(指叶向高的门生缪昌期——笔者按)谓向高非削国之相,实亡国之相,岂不深中也哉!"④而吴应箕对此的态度则显得模棱两可,既认为杨涟上疏后叶向高力为主持的话,将有望扳倒魏忠贤,"福清以三世元臣,使持而争之,阉岌岌哉";但又说叶审时度势加以调停,也有可取性,"虽然,福清度其时能去阉乎不能,不能而智笼之,未为非计"⑤。

尽管上述评价各不相同,但是杨涟上疏之事,在当时仍是由叶向高"两解之"才"事稍息"⑥。而且还有一个事实是不容否认的,即叶向高离去后,朝中的纷争因而愈发不可收拾,东林党人也遭到残酷的打击,

---

① 黄景昉:《国史唯疑》卷11,第336页。
② 谈迁:《国榷》卷86,第5286页。
③ 李逊之:《三朝野纪》卷2下《天启朝纪事》,上海书店1982年版,第60页。
④ 汪有典:《史外》卷6《缪昌期传》,《四库禁毁书丛刊》,北京出版社1997年影印本,史部,第20册,第394—395页。
⑤ 吴应箕:《两朝剥复录》卷1,《四库禁毁书丛刊》,北京出版社1997年影印本,史部,第19册,第120页。
⑥ 文秉:《先拨志始》卷上,第150页。

"自向高去而诸君子相继窜陨矣"①。东林逼走叶向高,实是极大的失策。对此,夏允彝说:"向高故欲调停之,而诸贤必欲逐去为快。杨涟二十四大罪之疏上,遂为不共仇。向高亟去,而事大变矣。"② 谷应泰对东林党人此举也不以为然:

> 外廷又分左右袒,日相攻讦。而所谓君子者,持局无大度,引党甚卑,视己太高,授小人以柄。所谓小人者,遂阴附客、魏,浸浸以齿牙猾名流,如邹元标,亦以讲学于首善书院,排击退矣。时叶向高为首辅,尚能笼络忠贤,不至大决裂,而所谓君子者,则厌其模棱,又规之使退。③

叶向高于杨涟上疏月余后离去,曾极其灰心地表示:

> 时党祸复炽,门户诸君多争官竞进,眈眈者以伺其隙。而太宰赵君(指赵南星——笔者按)刚愎自用,物情愈失,余再三规劝,竟不听。中官素欲揽权,屡传中旨。余触事力争,久亦厌苦。士大夫往往有欲借内力以行其意者,比杨涟疏上,益驱与之合,余亦无奈何矣。④

他批评赵南星等东林党人应对时局不善,也厌倦了长期居中调停,两边不讨好;而且杨涟上疏驱使和东林对立的官员与魏忠贤相结合,双方的破裂、争斗已不可避免,自己只能离开纷扰的朝廷。十一月,阁臣韩爌、朱国祯也相继离去⑤,内阁被魏广微、顾秉谦等亲附魏忠贤的人控制。

---

① 吴应箕:《两朝剥复录》卷1,第119页。
② 夏允彝:《幸存录》"门户大略"条,留云居士辑:《明季稗史初编》卷14,上海书店1988年版,第290页。
③ 谷应泰:《明史纪事本末·补编》卷5《宦官贤奸》,中华书局1977年版,第1958页。
④ 叶向高:《蘧编》卷17,《四库禁毁书丛刊补编》,北京出版社2005年影印本,第25册,第579页。八月,叶向高因林汝翥之事为诸阉所辱而连疏求去(《蘧编》卷17,《四库禁毁书丛刊补编》,北京出版社2005年影印本,第25册,第577—578页)。
⑤ 李鲁生上疏提出票拟不应由首辅一人掌握,其他阁臣应共同参与票拟,得旨让魏广微等人分韩爌票拟之权(《甲乙记政录》,《续修四库全书》,上海古籍出版社2002年影印本,史部,第438册,第223页)。这实际是要架空韩,使其不得已请辞。朱国祯为御史李蕃劾去。二李先后追随魏广微、冯铨、崔呈秀,时人称为"四姓奴"(还有一姓应为魏忠贤)(万斯同:《明史》卷355《李蕃传》,第291页)。李鲁生在天启后期劾周起元、推拥冯铨入阁、为中旨辩护、典试湖广,发策诟骂杨涟等,为魏忠贤手下"十孩儿"之一(万斯同:《明史》卷355《李鲁生传》,第290页)。

第五节 "内外既合"
——阁臣魏广微投附魏忠贤

如前所述，杨涟上疏参劾魏忠贤，导致东林与魏忠贤等人的彻底决裂。但此时魏忠贤在外廷尚无可靠有力之人相助，因而不能立即对东林党展开报复。紧接着阁臣魏广微的投附，则使他如愿以偿，"内外既合，缙绅之祸始烈"①，而这也是被东林逼成的。

魏广微的父亲魏允贞在万历时期建言著节，与赵南星、邹元标等东林党人素称同志。他自己起初也与东林相善，对赵南星行父执之礼。其与东林失和是因为结交魏忠贤，尤其是天启三年初"以奄人之力入相"一事。"广微于逆阉，以同乡同姓，故通内最先，遂以陪推得点用入阁"，"其与阉通，凡有书札，皆亲笔行书，外题曰：'内阁家报'，钤文曰：'魏广微印'；差心腹家人送阉直房，付李朝钦收掌"②。魏广微因此受到东林党人的排斥。

> 南星为魏广微父执，见广微谄附忠贤，尝叹曰："见泉无儿。"见泉者，魏允贞字也。广微尝于广座中诋李三才，南星曰："李公为尊公执友，后辈何敢尔！"故广微衔之。一日广微过南星，拒不礼，广微曰："吾官尊，不可麾也。"③

赵南星以此事拒斥魏广微，应是缘于前文说到的东林对魏忠贤的憎恶而恨屋及乌。如杨涟参魏忠贤之疏诋斥魏广微是魏忠贤的"门生宰相"，李应昇也上疏骂他将在以后的史书中与正德时期交结太监刘瑾的阁臣"焦芳同

---

① 吴嶽：《清流摘镜》卷2《党祸发端》，《四库禁毁书丛刊补编》，北京出版社1997年影印本，第17册，第596页。

② 李逊之：《三朝野纪》卷2下《天启朝纪事》，上海书店1982年版，第65页。按：天启二年十二月，首辅叶向高请求添补阁员，廷推六人依次为孙慎行、盛以弘、朱国祯、顾秉谦、朱延禧、魏广微。按照惯例，皇帝应当照此顺序点选阁臣。但在魏忠贤的操纵下，最终却以后四人入阁（《明熹宗实录》卷30，天启三年正月己酉，第1524—1525页）。魏广微对魏忠贤称侄。（计六奇：《明季北略》卷2"魏忠贤浊乱朝政"条，中华书局1984年版，第44页）

③ 孙奇逢：《夏峰先生集》卷8《杨忠愍公传》，第203—204页。

传"①。

而致使魏广微最终背离东林而投靠魏忠贤的,是天启四年十月初一的颁历、享庙事件。他"颁历不至,享庙则后至",以此受到东林党人魏大中、李应昇等人的弹劾。② 黄尊素曾就此事两度劝阻魏大中:

> 南乐(指魏广微——笔者按)以奄人之力入相,惴惴唯恐人知,居恒犹以故人子事高邑(指赵南星——笔者按),此小人之包羞者也。吾党目下事势土崩瓦解,大祸且在旦夕,亦无少衰其势。奄人即欲有所发舒,外廷犹得以名义一线支持其既倒之狂澜。一经论列,则南乐之羞不复可包,使其显显与君子为难。彼依草附木之精魂,不戒而孚,皆公然为青天白日之魑魅矣。

黄尊素看到当时魏广微虽然借助魏忠贤之力入阁,但仍敬事赵南星,实是处于两边摇摆的境地。而东林的形势已极为不利,正可利用魏广微稳住魏忠贤,使其不向东林发难,而不能再刺激他完全投向魏忠贤。但魏大中仍然上疏劾之,最终果然致使魏广微决意帮助魏忠贤作恶。对此,即使门户之见深重的黄尊素的儿子黄宗羲,也叹息魏大中没有听取其父的建议,致使东林党人后来受祸异常惨烈:"若忠介(指魏大中——笔者按)从先忠端公(指黄尊素——笔者按)之言,天下事不如是之烈也。"③ 魏广微被参后还试图示好于督师大学士孙承宗,以求得其门生李应昇的宽恕,但也遭到拒绝。④ 夏允彝批评魏、李等人的做法带有"双重标准":"先是南星自以

---

① 李逊之:《三朝野纪》卷2下《天启朝纪事》,上海书店1982年版,第65页。
② 同上书,第64—65页。
③ 黄尊素:《黄忠端公文略》卷3《止魏廓园劾魏广微庙享不至书》,第48页。黄尊素还曾对其门人说,不应过于激怒魏广微(钱谦益:《牧斋初学集》卷50《山东道监察御史赠太仆寺卿黄公墓志铭》,《四部丛刊初编》,上海书店1989年版,集部,第347册,第576页)。徐乾学曾称赞黄尊素说:"诸君子中最为深沉有智略","一时诸君子以壮往夬决为矫矫风节,而公意主于调剂水火,不欲遽一击以误国家大计"(《憺园文集》卷25《赠太仆寺卿黄忠端公祠堂记》,第627—628页)。汪有典也称其"志在弘济艰难,不欲倖直偾事",如前述魏大中、阮大铖相争时,他曾进行调和。其还曾劝邹元标不要在京师建书院讲学,劝杨涟去位以消祸(汪有典:《史外》卷6《黄尊素传》,《四库禁毁书丛刊》,北京出版社1997年影印本,史部,第20册,第396页),劝魏大中不要反对尚书南师仲的恤典(黄尊素:《黄忠端公文略》卷3《止魏廓园抄参恤典书》,第48页),等等。黄宗羲"党人之习气未尽"(全祖望:《鲒崎亭集·外编》卷44《答诸生问南雷学术帖子》,第993页)。
④ 李逊之:《三朝野纪》卷2下《天启朝纪事》,上海书店1982年版,第71页。

老病请时免其入朝,得专心职业。于是广微谓冢臣自请免朝,不之罪,而阁臣一失朝即杖脊,何不平至此。挟愤与忠贤通,尽逐诸臣。"① 东林这么处事不公,很明显就是为了挟私打击魏广微,而且不留任何余地。

另外,此前一月左都御史高攀龙弹劾淮扬巡按御史崔呈秀贪污②,也致使后者投附魏忠贤,成为其在外廷的另一得力助手,并逐渐成为魏党的党魁之一。据李逊之说,高攀龙弹疏由其父李应昇草拟,崔呈秀曾"昏夜过门,长跪求解。先忠毅(指李应昇——笔者按)拒之,翌日而劾疏上矣。呈秀以是恨先公尤甚云"③。崔呈秀被革职为民,于是"青衣小帽亟走忠贤所请命,时忠贤为杨涟所参,欲借外廷以倾善类,遂首蓄呈秀为义子",次年正月崔即被复起为御史。④ 而高攀龙是赵南星的门生,四年八月其由刑部侍郎升为左都御史,也是为后者所引荐,此事在当时已引起非议。⑤ 孙承泽曾以此批评赵南星徇私用人:"至其用人,不以门墙引嫌则用高公攀龙为御史大夫。"⑥

魏广微、崔呈秀为东林党人所激而投附魏忠贤,这样内外结合共同报复东林的局面便形成了。"盖先是忠贤虽横,犹惮外廷也。自广微合而阉遂借外廷以攻外,焚原之势于是乎不可复弥矣。"⑦ 魏广微编成《缙绅便览》进献魏忠贤,把赵南星、高攀龙等人称为"邪党",而把徐大化、霍维华等人称为"正人",供魏忠贤进退官员使用。⑧ 在上述杨涟上疏参劾

---

① 夏允彝:《幸存录》"门户杂志"条,留云居士辑:《明季稗史初编》卷14,上海书店1988年版,第298页。

② 蔡士顺:《傫庵野抄》卷4,《四库禁毁书丛刊》,北京出版社1997年影印本,史部,第69册,第463—464页。天启初,崔呈秀曾力荐李三才,请求加入东林党而被拒绝。(王鸿绪:《明史稿列传》卷287《崔呈秀传》,第637页)

③ 李逊之:《三朝野纪》卷2下《天启朝纪事》,上海书店1982年版,第61页。

④ 蔡士顺:《傫庵野抄》卷4,《四库禁毁书丛刊》,北京出版社1997年影印本,史部,第69册,第464页。荐起崔呈秀的是礼科给事中李恒茂(李逊之:《三朝野纪》卷3上《天启朝纪事》,上海书店1982年版,第77页)。李因此与崔"深相得",与李蕃、李鲁生"日走吏、兵二部,交通请托,时人为之语曰:'官要起,问三李'",后来又因故与崔呈秀交恶被削籍。崇祯初期曾因此短暂复起,但最终被劾罢,入"逆案"(万斯同:《明史》卷355《李恒茂传》,第291页)。

⑤ 李逊之:《三朝野纪》卷2下《天启朝纪事》,上海书店1982年版,第60—61页。

⑥ 孙承泽:《畿辅人物志》卷10《赵忠毅南星》,第682页。

⑦ 吴应箕:《两朝剥复录》卷1,《四库禁毁书丛刊》,北京出版社1997年影印本,史部,第19册,第120页。

⑧ 王鸿绪:《明史稿列传》卷287《魏广微传》,第636页。

魏忠贤以及后来的会推晋抚、挑拨天启帝对东林改观等事情上，他都起了重要作用，详见后文论述。崔呈秀也成为魏忠贤的"腹心"，向魏进献《同志录》和《天鉴录》，分别列举"东林党人"和"不附东林者"，为魏谋划陷害东林，并成为魏在外廷招收党徒的代理人。①

东林党人姚希孟在崇祯初期致信杨涟之子说："其所以决裂至此者，必有巨奸为之魁，然在诸世丈，得毋嫉恶太严，调停未尽以致此耶？"②清人陆陇其也评论东林说："贤否不可不辨，而不宜处之以刻，使之无地自容也；是非不可不白，而不宜或伤于讦，使之穷而思逞也。"③ 至察无谋，为丛驱雀，在形势已极为不利的情况下，仍把本可以争取的官员逼向对立面，东林的举动是欠明智的，也由此种下祸根。

第六节 "阉党"专权

自天启四年六月杨涟上疏到天启七年八月天启帝死，魏忠贤及其党羽逐渐斥去东林，掌握政权，因此这段时间可以称之为阉党专权时期。史学界以往对这一时期的关注，主要是阉党报复东林、官员对魏忠贤的歌功颂德、辽东战事等问题。本书除对这些旧题再作一些新的探讨外，还对以往为人所忽视的如天启帝与东林的关系、阉党内部的关系等问题进行考察。

一 报复东林

魏党对东林逐步展开报复④，其大致步骤是杖死工部郎中万燝以示威；相继逼走阁臣韩爌、朱国祯，使魏广微、顾秉谦等控制内阁；利用会

---

① 万斯同：《明史》卷402《崔呈秀传》，第342页。
② 姚希孟：《公槐集》卷16《应山杨公子》，《四库禁毁书丛刊》，北京出版社1997年影印本，集部，第178册，第479页。姚希孟"雅不善"杨涟、周宗建等人（张廷玉：《明史》卷245《缪昌期传》，第6353页）。
③ 陆陇其：《陆子全书》卷1《问学录》，清光绪间刻本。
④ 魏党除迫害东林外，"其他所杀，如词臣丁乾学、知府刘铎、中书吴怀贤、吴养春等，皆无与于东林之数者，不可胜记"（万斯同：《明史》卷406《魏忠贤传》，第414页）。这四人之死，分见李逊之《三朝野纪》（卷2下《天启朝纪事》，上海书店1982年版，第90、94、105、106页）。"当忠贤横时，宵小希进干宠，举国如狂……始而所击者皆东林也，东林既尽，即非东林亦诬以东林而除去之。"（万斯同：《明史》卷355《刘徽传》，第294页）

推晋抚事件罢去赵南星等大批东林官员；阻止督师大学士孙承宗入京奏事并最终迫使其离去①；借汪文言狱制造"六君子狱"；兴起"七君子狱"②；毁天下书院；榜示东林党人罪状；纂修《三朝要典》及修改《光宗实录》等，由罢免官职到严酷迫害致死，再到制造铁案影响舆论与历史评价，打压是渐趋升级的。前人于这些问题已有较多讨论，故本书不再一一赘述。但是其中有些问题仍可作更细致的探讨，如杖死工部郎中万燝。万燝是当时继杨涟之后上疏参劾魏忠贤的众多官员中唯一因此受到廷杖致死的人。③ 吴应箕指出其原因是魏忠贤要以此泄愤和震慑外廷："此逆珰肆虐缙绅之始也。盖前之怒杨涟者，实借此以雪之，而觇外廷云。"④ 蔡士顺认为魏忠贤达到了这一目的："逆珰借部郎以尝台谏耳，而台谏果为所尝。此后寂寂，而恶势成矣。"至于万燝参魏忠贤的原因，据他自己说：

> 臣向承乏宝源局，随蒙升授屯司，陵工正其职也。当臣在局时，目击铜钱匮乏，因进局中人等而问之曰："有何术而得购铜入局乎？"咸言有内官监破废铜器，堆积朽烂，不下数百万，但一移之，旦夕可至。臣因移文请发，数日不发。细细访问，乃知忠贤怒云："外边敢擅查内边之铜！"故不报也。臣时愤激于中，遂具疏特请，查发废铜

---

① 据温睿临《南疆逸史》，孙承宗是受孙奇逢请求而疏请入朝的，为的是营救左光斗、魏大中等东林党人（卷43《孙奇逢传》，第318页）。

② 由前文所述，"七君子狱"是天启六年三月由苏杭织造太监李实参劾而致。但据张廷玉《明史》卷245"七君子"传，七人中与李实有过节的，只有应天巡抚周起元。天启三年五月至四年正月，周起元会同巡按潘士闻纠参李实，两人围绕苏州同知署府事杨姜的是非问题，争执不休。魏忠贤控制下的朝廷将杨姜贬为民，祖李责周（蔡士顺：《傃庵野抄》卷3、4，《四库禁毁书丛刊》，北京出版社1997年影印本，史部，第69册，第425—426、428—429、433—434、435—436页）。其他六人则未见有与李实交恶之迹，显然是魏忠贤及其党羽有意牵入之。如天启五年三月，工部主事曹钦程受其座主冯铨主使，参劾周宗建、张慎言、李应昇、黄尊素四人（李逊之：《三朝野纪》卷3上《天启朝纪事》，上海书店1982年版，第76页；徐肇台：《甲乙记政录》，《续修四库全书》，上海古籍出版社2002年影印本，史部，第438册，第236页）。后来周、李、黄三人被拉入李实参疏中。

③ 杖死万燝以立威，是太监王体乾的主意（万斯同：《明史》卷406《王体乾传》，第418页）。另外还有中书舍人吴怀贤，也因在杨涟上疏后出语激愤，而被下狱拷打致死（沈国元：《两朝从信录》卷28，第670页）。对于吴怀贤之死因，谈迁有不同的看法（《枣林杂俎·和集》"黄汝亨"条，中华书局2006年版，第602页）。

④ 吴应箕：《两朝剥复录》卷1，《四库禁毁书丛刊》，北京出版社1997年影印本，史部，第19册，第119页。

到局铸钱，协济陵工。忠贤益怒，旋出中旨谓内库铜器，已有屡旨，何得再请。旨下之日，而臣又以得代，遂举请铜一事，竟不复越俎相问矣。①

可见他是因为有人告知，才多次请求朝廷发给内官监破废铜器用以铸钱，但都被魏忠贤驳斥。他当时已不执掌其事，仍以此旧事参劾魏忠贤，是为了响应上述杨涟之举。

再如四年九月的会推晋抚事件。张廷玉《明史》载其事说：

> 会山西缺巡抚，河南布政使郭尚友求之。南星以太常卿谢应祥有清望，首列以请。既得旨，而御史陈九畴受广微指，言应祥尝知嘉善，（魏）大中出其门，大中以师故，谋于文选郎（夏）嘉遇而用之，徇私当斥。大中、嘉遇疏辩，语侵九畴，九畴再疏力诋，并下部议。南星、（高）攀龙极言应祥以人望推举，大中、嘉遇无私，九畴妄言不可听。忠贤大怒，矫旨黜大中、嘉遇，并黜九畴，而责南星等朋谋结党。南星遽引罪求去，忠贤复矫旨切责，放归。明日，攀龙亦引去。给事中沈惟炳论救，亦出之外。俄以会推忤忠贤意，并斥（陈）于廷、（杨）涟、（左）光斗、（袁）化中，引南星所摈徐兆魁、乔应甲、王绍徽等置要地。小人竞进，天下大柄尽归忠贤矣。②

谢应祥与魏大中有师生之谊，赵南星等人推举他为山西巡抚有徇私之嫌，因此被积愤于心的魏广微抓住把柄，指使陈九畴参劾众人，而魏忠贤在内廷与他呼应，矫旨贬黜众人。当时给吏部、都察院的圣谕，指斥赵南星、高攀龙等人结党营私，排挤正人，欺君罔上，一概否定他们之前的所作所为，并称要为以往遭受东林打压的官员平反，故被蔡士顺称作"此一谕乃逆党招徕群小入伙之计也"③。黄尊素曾就晋抚人选问题劝告魏大中，

---

① 蔡士顺：《傃庵野抄》卷4，《四库禁毁书丛刊》，北京出版社1997年影印本，史部，第69册，第452页。
② 张廷玉：《明史》卷243《赵南星传》，第6300页。
③ 蔡士顺：《傃庵野抄》卷4，《四库禁毁书丛刊》，北京出版社1997年影印本，史部，第69册，第467页。

未被采纳①。此事使众多东林官员相继被罢去，"一时正人去国，纷纷若振槁"②；过去与东林相争而被罢黜者则逐渐被召还反扑，"忠贤已逐赵南星等，群小聚谋，召平日素仇东林者，俾居要地，藉其力以排东林"③。至这年冬天，"朝事大变"，"诸为赵南星所斥去者无不竞起用事矣"④，"天下大权一归于忠贤"⑤。由此可见，此事是魏忠贤和魏广微联手打击东林的开始，也是当时政局转变、东林与魏党势力此消彼长的关键所在。这件事情固然是魏党预谋而为，"盖是时内外合谋，已安排手段，为一网计。陈九畴之疏原是埋定脚跟，然后令之做者。未几，即以京堂起用，以乙榜而荐历秋卿矣"⑥；但是赵南星在前述任用邹维琏、高攀龙等人已招致诸多反对的情况下，此时仍不避嫌疑地推举谢应祥，以致给人以可乘之机，也未免太过失策。后来魏党乔应甲以此参劾赵南星。⑦ 两位晋抚人选，最终都没有就任。谢应祥于这年十月屡疏请告回籍⑧，而郭尚友则于该年十二月就任保定巡抚，并对后来遣戍至此的赵南星加以报复⑨，崇祯时期入逆案。

以往把"六君子狱""七君子狱"当作魏党迫害东林的主要事件，但在这之后，魏党还曾想过要继续借端杀戮东林人士。天启六年十月，有人张贴匿名榜于厚载门，上面写着魏忠贤及其党羽预谋谋反等内容。魏党怀疑它是出自国丈张国纪和被驱逐的东林人士之手，邵辅忠、孙杰于是想以

---

① 张廷玉：《明史》卷245《黄尊素传》，第6363页。
② 王鸿绪：《明史稿列传》卷284《魏忠贤传》，第601页。
③ 万斯同：《明史》卷354《徐兆魁传》，第274页。天启四年十一月至五年四月，魏党对东林清洗与对非东林起用的情况，可参见苗棣《魏忠贤专权研究》（中国社会科学出版社1994年版，第128—129页）。
④ 万斯同：《明史》卷355《霍维华传》，第282页。当时也有拒绝召还者，如官应震（万斯同：《明史》卷354《官应震传》，第277页）、方从哲（孙承泽：《天府广记》卷34《方从哲传》，第478页）；召还而未报复东林者，如高弘图（张廷玉：《明史》卷274《高弘图传》，第7027页）、崔景荣（徐乾学：《明史列传》卷93《崔景荣传》，第770页）、黄克缵（徐乾学：《明史列传》卷93《黄克缵传》）。
⑤ 张廷玉：《明史》卷244《魏大中传》，第6336页。
⑥ 李逊之：《三朝野纪》卷2下《天启朝纪事》，上海书店1982年版，第68页。
⑦ 谈迁：《国榷》卷87，中华书局1958年版，第5297—5298页。
⑧ 徐肇台：《甲乙记政录》，《续修四库全书》，上海古籍出版社2002年影印本，史部，第438册，第221页。
⑨ 吴应箕：《两朝剥复录》卷1，《四库禁毁书丛刊》，北京出版社1997年影印本，史部，第19册，第130页。

此再兴大狱"尽杀门户诸人",同时"动摇中宫",改立魏良卿之女为皇后。刘志选、梁梦环应募上疏弹劾张国纪,但由于帝后"伉俪情笃"和阁臣的保护,张国纪只被勒令回籍,对东林的再度迫害也没有实现。①

综观天启后期魏党逐步对东林展开的清算,事由多是来自万历后期和泰昌、天启初期双方的纷争,而启衅者也多是东林彼时的政敌。如上文提及的"六君子狱",魏忠贤等人就是借端汪文言案、"移宫案"和熊廷弼"封疆案"三事生事。天启四年十二月,御史梁梦环再度参劾汪文言,而长期遭罢斥的贾继春复起后又追论"移宫案",得旨:

> 杨涟、左光斗妄希定策,串同王安,倡为移宫之事,又与魏大中、周朝瑞、袁化中深盟同结,招权纳贿,党护熊廷弼,黩坏封疆。铁案既定,犹贪其重贿,托汪文言内探消息,暗弄机关。及文言事发,乃巧借题目,以掩其罪,信口装诬,毫无影响。②

这份圣旨说杨涟、左光斗等人串谋太监王安倡行"移宫",又接受失陷封疆的熊廷弼的重贿,托与内廷关系密切的汪文言进行营救,将上述三事串合起来作为东林的罪证。这三件事情本来都与魏忠贤无关,"朝臣争三案及辛亥、癸亥两京察与熊廷弼狱事,忠贤本无预"③,但为了罗织杨涟等人的罪名,将其置于死地,大理寺丞徐大化等人遂向魏忠贤献策串人三事,为魏接受,"'彼但坐移宫罪,则无赃可指。若坐纳杨镐、熊廷弼贿,则封疆事重,杀之有名'。忠贤大悦,从之,由是诸人皆不免"④。蒋平阶《东林始末》也指出将此三事串合,是为了将杨涟等人一网打尽:

> 初杨、左事起以移宫为案,但属杨、左,与顾大章等无与也。已复改为封疆,周朝瑞曾疏荐廷弼,而顾大章与杨维垣相疏辩,与杨、

---

① 万斯同:《明史》卷 355《刘志选传》《梁梦环传》,第 286—287 页。
② 文秉:《先拨志始》卷下,上海书店 1982 年版,第 175—176 页。
③ 张廷玉:《明史》卷 305《魏忠贤传》,第 7819 页。
④ 万斯同:《明史》卷 355《徐大化传》,第 290 页。徐大化后来升任工部尚书,于七年四月"挪移金钱事发,勒令闲住"。

第三章　泰昌、天启时期的党争与"阉党"的形成　167

左又无与也。乃以封疆牵入移宫，于是一网尽矣。①

三事中的"封疆案"是魏党用来迫害东林的关键，也尤其能够看出魏党对东林的栽赃陷害，即诬陷东林官员收受熊廷弼贿赂并为其开脱，为打压东林寻找最重要的借口。第三章第二节已提到熊廷弼因失陷广宁而引起朝堂上对他是非功罪的争论，此时魏党重提此事，只是为了借此牵连东林。如前述朱童蒙疏陈熊廷弼守辽之功和为其辩护，却未受到牵连。再如督辅孙承宗曾疏请将熊廷弼发军前以立功赎罪，也没有因此得罪。② 而魏大中对于孙承宗申救熊廷弼之举曾极力反对，却被牵入此案。③ 天启初，廷议起用熊廷弼，加罪魏应嘉等曾弹劾过熊廷弼的人，左光斗抗疏相争，但也被牵入此案。④ 所以，崇祯时期的倪元璐曾道出此事的原委说："至廷弼行贿之说，自是逆珰借此为杨、左诸人追赃地耳。逆珰初拟用移宫一案杀杨、左诸人，及狱上而以为难于坐赃，于是再传覆讯，改为封疆之案，派赃毒比"⑤，魏党就是要把"六君子"与熊廷弼"封疆案"扯上关系，陷

---

① 蒋平阶：《东林始末》，《四库全书存目丛书》，齐鲁书社1997年影印本，史部，第55册，第620页。当熊廷弼被逮后，时任刑部员外的徐大化曾参其失地丧师，例应正法，并与累疏保熊的科臣周朝瑞相诋（《明熹宗实录》卷20，天启二年三月丁未，第1008页）。而杨维垣也曾纠兵部员外顾大章受熊廷弼贿赂，而为其缓狱（蔡士顺：《傺庵野抄》卷3，《四库禁毁书丛刊》，北京出版社1997年影印本，史部，第69册，第418—419页）。黄龙光也是因为为熊求缓狱而入此案（谷应泰：《明史纪事本末》卷71《魏忠贤乱政》，中华书局1977年版，第1147页）。因此计六奇《明季北略》说："采杨维垣、徐大化所奏诬本，云熊廷弼之缓狱，皆周朝瑞、黄龙光、顾大章受贿使然，并赵南星等十七人，皆汪文言居间通贿，紊乱朝政。"（卷2"罗织十七君子姓氏"条，中华书局1984年版，第61页）。另外，熊廷弼之得罪，还由于与阁臣冯铨、丁绍轼结怨而受其陷害（李逊之：《三朝野纪》卷3上《天启朝纪事》，上海书店1982年版，第83—84页；黄景昉：《国史唯疑》卷11，上海古籍出版社2002年版，第327页）。熊之姻亲吴裕中因纠弹丁，被杖死（《三朝野纪》卷2下《天启朝纪事》，第89—90页）。蔡士顺说吴此举是受到冯铨的挑唆（《傺庵野抄》卷6，第483页）。还有些材料表明，熊廷弼之死，与东林党人邹元标有关。如北平王昆绳批评邹元标主议杀熊廷弼，谓"迂儒岂知天下大计"（方苞：《方苞集》卷5《书杨维斗先生传后》，刘季高校点，上海古籍出版社1983年版，第120页）。俞正燮《癸巳存稿》说，邹元标因湖广人首辅张居正曾重处他，而以此迁怒身为湖广人的熊廷弼，致其被杀，并因此牵连另一湖广人杨涟（卷8"熊廷弼狱论"条，蒋金德等点校，辽宁教育出版社2003年版，第245页）。熊廷弼案与邹元标究竟有什么样的关系，还需更多材料来论证。
② 黄景昉：《国史唯疑》卷11，第340页。
③ 李逊之：《三朝野纪》卷2下《天启朝纪事》，上海书店1982年版，第61—62页。
④ 张廷玉：《明史》卷244《左光斗传》，第6331页。
⑤ 文秉：《烈皇小识》卷1，第6页。

害他们。汪有典也说：

> 诸君子之死以门户也，固也。然不借封疆则死无名，不坐廷弼赃则罪不著。然则诸君子非以门户死也。盖魏珰无大憾于廷弼，特假以杀诸君子，既杀诸君子，即不得不并杀廷弼。此廷弼之所以死，而诸君子所以一网尽欤。①

魏党利用熊廷弼陷害"六君子"，熊自身也必然在劫难逃。因此高汝栻说他"不死于封疆，而死于时局；不死于法吏，而死于奸珰"，是魏忠贤等人借端陷害东林的牺牲品。谈迁则将熊比作伍员、岳飞等人，认为他对辽东战事至关重要，他的被杀使明朝对后金的战争更加不可为，并且指出杀他首先出于首辅叶向高之意，"福清先其意，逆珰后其权"②。

根据张廷玉《明史》卷244"六君子"传记，可将"六君子"与"移宫案"等三事有无关系列表如下。

	杨涟	左光斗	魏大中	周朝瑞	袁化中	顾大章
移宫案	有	有	无	有	无	无
汪文言案	有	有	有	无	无	无
封疆案	无	无	无	有	无	有

注1：说杨涟、袁化中跟"封疆案"无关，是指本传中没有记载；说左光斗、魏大中与"封疆案"无关，则是指两人都曾参劾熊廷弼。说周朝瑞、顾大章与"封疆案"有关，是指两人都曾为熊求情。

注2：杨、左、魏三人与汪文言案有关，据《明史》卷二四四《魏大中传》，第6334页。

由此表可以看出，六人中实际没有一人与三事都有关，袁化中甚至与三事都无关。六人都被牵扯上这三事，完全是因为魏忠贤及其党羽贾继春、崔呈秀、徐大化、杨维垣等人罗织陷害。

---

① 汪有典：《史外》卷5《顾大章传》，《四库禁毁书丛刊》，北京出版社1997年影印本，史部，第20册，第388页。
② 谈迁：《国榷》卷87，中华书局1958年版，第5311页。五年八月朝廷杀熊廷弼，传首九边，身首异处。至崇祯二年由于阁臣韩爌揭请，方允许其子收拾其尸骨归葬（张廷玉：《明史》卷240《韩爌传》，第6247—6248页）。

魏党迫害东林还借题于万历、天启时的京察和"三案","尽翻察典、三案之旧"①。如石三畏追论万历辛亥、丁巳及天启癸亥三次京察,朝廷对其所参者,死者追夺诰命,生者悉予除名。② 杨维垣首先就"梃击案"参劾王之寀,致使其被削籍,掀起"三案"翻案之风。③ "红丸案"中因献药不当而被遣戍的鸿胪寺丞李可灼,被免戍回籍。前述李选侍在杨涟上疏后不久被封为康妃,表明"移宫案"之前的裁议已被推翻,刚才提到的贾继春复起后又追论此案。被认为与"三案"均有关联、天启初期受到诸多攻击的郑贵妃的族弟郑养性,也被准许回到京师。④ 其中霍维华合论"三案",其言颇有可观之处,摘录于下:

> 梃击、红丸、移宫三案,迄无定论。臣以为选侍之请封也,请封妃也;妃尚未封,而况于后!请之不得,况于自后!不妃不后,而况于垂帘!前此宫不难移也,王安等故难之也;难之者,所以重选侍之罪而张翊戴之功也。神祖册立东官稍迟,而笃爱先帝,始终不渝;果有废立之谋,则九阍邃密,乃藉以疯癫之张差乎?神祖升遐,先帝哀毁,遽发风疾;而悠悠之口,致疑宫掖,岂臣子所忍言!孙慎行借题红丸,诬先帝为受鸩,加从哲以弑逆,邹元标、钟羽正从而和之。两人立名非真,晚节不振,委身门户,败坏平生。⑤

得旨:"张差疯疾逼真,至如进药、移宫情形,尤朕所目睹"⑥,天启帝以亲历者的身份对霍维华所说表示认可。霍维华这番对"三案"的议论,固然是为了打击东林,但如抛开成见,揣之事理,所说也未尝没有一定道理。礼科给事中杨所修建议仿照嘉靖时的《明伦大典》,将对于"三案"的争论编纂成书,颁布天下。⑦ 其实际是要以天启帝的名义,给东林党人

---

① 万斯同:《明史》卷406《魏忠贤传》,第413页。
② 万斯同:《明史》卷355《石三畏传》,第292页。
③ 谈迁:《国榷》卷87,第5300页。吴应箕称杨维垣此举:"盖三案之作俑云"。(《两朝剥复录》卷2,《四库禁毁书丛刊》,北京出版社1997年影印本,史部,第19册,第135页)
④ 谈迁:《国榷》卷87,中华书局1958年版,第5302、5303页。
⑤ 沈国元:《两朝从信录》卷26,第637—643页。
⑥ 蔡士顺:《傃庵野抄》卷5,《四库禁毁书丛刊》,北京出版社1997年影印本,史部,第69册,第474页。
⑦ 谈迁:《国榷》卷87,中华书局1958年版,第5303页。

定下铁案，这就是后来的《三朝要典》。

由此可见天启后期东林党祸之烈，除了魏忠贤因积恨而行报复外，更是由于东林的宿敌欲借魏忠贤之力以报私仇。崇祯帝在"钦定逆案"时颁布谕旨说：

> 使庶位莫假其（指魏忠贤——笔者按）羽翼，何蠢尔得肆其毒痡。乃一时外廷朋奸误国，实繁有徒，或缔好宗盟，或呈身入幕，或阴谋指授，肆罗织以屠善良，或秘策合图，扼利权而管兵柄，甚且广兴祠颂，明效首功，倡和已极于三封，称谓寖拟于亡等。谁成逆节，致长燎原？①

外廷官员的推波助澜，加剧了魏忠贤的罪恶和政局的败坏。这一说法也被后来者广泛接受。如复社人士陈子龙说："逆贤之祸，小人与君子为仇，而借阉之威，激阉之怒以快其所欲。"②而钱谦益更具体地指出缪昌期、杨涟等人之死，主要就是因为受到过去政敌的借端陷害。③清人吴巘对东林党祸的由来论述得尤其精辟："总之，珰不忤祸不烈，珰党不忤祸不发，珰不借党，党不借珰，士君子之祸亦不至纠结不解，荼毒无休。"④其中"忤"和"借"两个字，表明魏忠贤及其与东林对立的官员，是因为受到东林的逼迫才相互借力，共同残酷迫害东林的。王鸿绪《明史稿列传》则把"忤"和"借"做了具体的阐释：

> 忠贤实黩无他长，既得志，特恨东林诸人数论其罪耳！于辛亥京察、熊廷弼封疆、梃击、红丸、移宫三案无预也。其党欲藉忠贤力翻局倾诸正人，遂相率称义儿，且云：'东林将害翁'，以故忠贤甘心

---

① 谈迁：《国榷》卷90，第5473页。
② 陈子龙：《安雅堂稿》卷2《缪西溪先生文集·序》，《续修四库全书》，上海古籍出版社2002年影印本，集部，第1387册，第680页。
③ 钱谦益：《牧斋初学集》卷48《赠通议大夫詹事兼翰林院侍读学士缪公行状》，《四部丛刊初编》，上海书店1989年版，集部，第347册，第552页；卷50《都察院左副都御史赠右都御史加赠太子太保谥忠烈杨公墓志铭》，第568页。对于缪昌期之死，陈子龙亦有相同看法（《安雅堂稿》卷2《缪西溪先生文集序》，第680页）。
④ 吴巘：《清流摘镜》卷1《党祸根源》，《四库禁毁书丛刊补编》，北京出版社1997年影印本，第17册，第585—586页。

东林。而刘廷元、冯三元、范济世、岳骏声、李鲁生、李恒茂、张文熙、刘徽等竞搏击善类为报复。①

张廷玉《明史·阉党传》开篇便感慨道："明代阉宦之祸酷矣,然非诸党人附丽之,羽翼之,张其势而助之攻,烈焰不若势其烈也。"② 清末的夏燮也同样指出："初,忠贤积恨东林诸人,数论其罪,实于三案及京察、封疆无预也。群小欲藉忠贤力为报复地,驱除异己,遂藉此数事一网罗之。清流之祸,此为烈矣。"③

另外,东林受祸之惨,也不应忽视天启帝的作用。第三章第二节说到他对客、魏宠信有加,故对弹劾他们的东林党人进行打压。这是一方面,另一方面,第二章第三节也说到天启帝因为听信魏广微对东林"蔑主幼冲,结党植权"的谗言,将东林视为朋党,改变对东林的态度,由信任支持转变为反目迫害,放任魏忠贤等人对其打压。

二 魏党的内部关系

在专权时期内,魏党内部总的来说是团结一致打击东林,但也存在一些分歧。如杨涟、左光斗等"六君子"被逮入诏狱后,阁臣魏广微曾上揭请求将其从诏狱移至刑部,有援救之意,并因此触怒魏忠贤而罢归。蔡士顺认为魏此举,是因为吏部尚书崔景荣连坐其寓中三日,强其相救,而并不是他的本心。而且上一月,御史高弘图已上疏提到此事。④ 但不管怎么说,魏广微究竟还是冒险上揭,并且因此招祸⑤,蔡氏对他有些苛责

---

① 王鸿绪:《明史稿列传》卷 284《魏忠贤传》,第 601—602 页。
② 张廷玉:《明史》卷 306《阉党传》,第 7833 页。
③ 夏燮:《明通鉴》卷 79,第 3065 页。
④ 蔡士顺:《傃庵野抄》卷 5,《四库禁毁书丛刊》,北京出版社 1997 年影印本,史部,第 69 册,第 475、476 页。魏广微上揭触怒魏忠贤,于是称自己是受崔景荣指授而为,崔氏因此被削夺(徐乾学:《明史列传》卷 93《崔景荣传》,第 770 页)。高弘图天启初期疏请起用东林党人赵南星,巡按陕西时因题荐属吏,又为时任吏部尚书的赵南星所纠。天启后期魏忠贤专权,其党羽以高弘图与赵有嫌隙,四年十二月召起故官,次年六月高果然弹劾赵,但又言:"国是已明,雷霆不宜频击","诏狱诸臣,生杀宜听司法",其申救当时被魏忠贤及其党羽陷害投入诏狱的杨涟、左光斗等东林党人,被魏忠贤矫旨切责,罢官闲住(张廷玉:《明史》卷 274《高弘图传》,第 7027 页)。
⑤ 对魏广微拟严旨切责的是阁臣冯铨(李逊之:《三朝野纪》卷 3 上《天启朝纪事》,上海书店 1982 年版,第 81 页)。魏广微五年八月罢归,死于天启七年,崇祯初期仍"有诏削夺,寻入逆案,列遣戍中"(王鸿绪:《明史稿列传》卷 287《魏广微传》,第 637 页)。

了。除崔景荣外，魏广微这么做，似乎还因为受到吏部文选司郎中谢陞等人的规劝。① 但是魏广微并没有因此而得到东林及其后人的原谅，"比坐忤归，顾物论未以是宽之。声嘈嘈恒在余耳"②。阁臣顾秉谦也曾如魏广微一样，请求将周起元等"七君子"从诏狱移送法司。③ 除顾秉谦外，似乎还有阁臣冯铨参与，因在"钦定逆案"开列冯铨罪名时曾说："传闻揭救周宗建等，又分遣中使时曾有阻止。"④ 像上述对待魏广微一样，冯铨此举也被认为是别有所图。如《今史》封面有某氏题字云："冯涿鹿（指冯铨——笔者按）谢疏即辨疏也，其为七臣请恤，正是巧于弥缝。"⑤ 再如天启六年五月京城王恭厂发生火灾，兵部尚书王永光率先上疏请求皇帝振刷政治，如清理刑狱、停止三殿工程、圣旨须依据内阁票拟而不可直接发出等等。几天后他又因朝天宫之灾再次上疏，批评皇帝知错不改，最后受到圣旨切责而被迫辞职。⑥ 其中清理刑狱一项，也被认为是在援救东林党人。还有其他魏党成员也因王恭厂之灾上疏指陈时弊。⑦ 对于王永光此举，即使对魏党有颇多严苛之语的蔡士顺也有所称道："长垣（指王永光——笔者按）此疏，在朝阳凤鸣之日，犹为容容耳。乃此时惟杀人媚人，即天变犹以为不杀之过也。此疏即朝阳之鸣矣。"⑧ 清人叶珍认为是"永光矫矫之征也"⑨。而东林后人文秉则站在东林的立场，说"钦定逆案""永光漏网以此"⑩，对王永光没有入案耿耿于怀。李逊之说其父李应

---

① 万斯同：《明史》卷402《魏广微传》，第341页。
② 黄景昉：《国史唯疑》卷11，上海古籍出版社2002年版，第338页。
③ 王鸿绪：《明史稿列传》卷287《顾秉谦传》，第636页。据该传，顾由于内阁争权斗争，于六年八月致仕，崇祯时入"逆案"。二年，昆山民众焚掠其家，年届八十的他逃匿于渔舟中得以幸免，献银于朝，才得以寄居他县，最后死于异乡。张廷玉《明史》卷306《顾秉谦传》与之相同（第7845—7846页）。
④ 文秉：《先拨志始》卷下，第229页。
⑤ 佚名：《今史》，转引自谢国桢《增订晚明史籍考》，上海古籍出版社1981年版，第133页。
⑥ 《明熹宗实录》卷72，天启六年六月壬午，第3484—3487页。
⑦ 参见刘志刚《天变与党争——天启六年王恭厂大灾下的明末政治》，《史林》2009年第2期，第117—120页。该文认为官员们因灾变纷纷上疏言事，标志着魏党内部的分裂，由于东林这一共同的敌人被除掉，官员们转而想要抑制魏忠贤的权力，但最终因天启帝倾向魏忠贤而失败。
⑧ 蔡士顺：《傃庵野抄》卷6，《四库禁毁书丛刊》，北京出版社1997年影印本，史部，第69册，第492页。
⑨ 叶珍：《明纪编遗》卷3，第64页。
⑩ 文秉：《先拨志始》卷下，第193页。

昇在天启初期曾纠弹王永光,蒋允仪为李应昇疏文作序,已备言王之恶迹。① 这些应当是第一章第一节王永光在崇祯初期被起复,但又受到诸多争议的原因所在。

魏党在合力逐杀东林党人之后,因共同的敌人被消灭,其内部的权位之争便日趋激烈,"既而奸党转盛,后进者竞谋躐迁,妒诸人居前碍己,拟次第逐之",万斯同认为徐兆魁、乔应甲、王绍徽、亓诗教等万历时期的非东林官员,都是因为受到天启时期投靠魏忠贤的官员的排挤而被罢黜。② 这表明魏党内部来自万历、天启时期的官员,各自又形成利益集团,可分别称为"老人集团"和"新人集团",其相互争权夺利,"老人集团"处于劣势。而"新人集团"内部也有矛盾,如冯铨与崔呈秀的入阁之争。冯铨因为与魏忠贤同乡的关系,天启五年八月入阁,之后为夺首辅之位,曾让吴裕中就熊廷弼入狱之事参劾阁臣丁绍轼,因吴被杖死而作罢。冯本与崔呈秀"交好",但他"释褐十三年为宰辅",引起崔呈秀的嫉妒③。孙杰原想与李鲁生、李蕃等人拥戴冯为首辅,后来又改为拥戴更受魏忠贤信任的崔呈秀,与吴淳夫等人劾罢冯铨。他又担心吏部尚书王绍徽阻难崔入阁,于是唆使御史袁鲸、龚萃肃、张文熙参劾王绍徽所任用的陕西巡抚乔应甲,致使两人都罢去,也由此与支持冯铨的李鲁生、李蕃闹翻。但是孙杰等人的谋划被王绍徽识破,其进行反驳,最后崔呈秀入阁也没有得逞。④ 王绍徽、乔应甲都是"老人集团"的官员,这表明"新人"之间的争斗,又卷入了"老人"。再比如杨维垣因为为座主徐绍吉谋取户部侍郎一职,被阁臣魏广微进谗言于魏忠贤,是故官位一直得不到

---

① 李逊之:《三朝野纪》卷2下《天启朝纪事》,上海书店1982年版,第45—47页。据张廷玉《明史·李应昇传》,天启三年李应昇纠讦时为南京都御史的王永光庇护部郎范得志,使其离位(卷245,第6365页)。

② 万斯同:《明史》卷354《徐兆魁传》,第275页。徐兆魁天启六年任刑部尚书时,因属吏行私落职。亓诗教则因为不敬崔呈秀,被他倾陷罢职(万斯同:《明史》卷354《亓诗教传》,第277页)。乔、王二人的罢职,见于后文论述。

③ 王鸿绪:《明史稿列传》卷287《吴淳夫传》,第638页。冯铨入阁时31岁,《清史列传》卷79《冯铨传》说"年未三十",不确。

④ 万斯同:《明史》卷354《乔应甲传》、卷355《孙杰传》,第274、284页。王、乔二人南明弘光时期又都得以复官。袁鲸两次参王,疏文见蔡士顺《傣庵野抄》(卷6,《四库禁毁书丛刊》,北京出版社1997年影印本,史部,第69册,第493页)。冯铨罢于天启六年夏,之后还作"寿忠贤百韵诗"(罗继祖:《枫窗脞语》"冯铨"条,第64页),显然是想讨好魏忠贤,但终魏忠贤专权时期,冯铨都没有能重回朝堂,应该是受到崔呈秀等政敌的阻遏之故。

升迁。①

当时魏忠贤之宠耀和权势非常了得：

> 忠贤用事，奖敕约百道，阁臣撰敕，全仿曹操九锡文为之。先是，掌司礼秉笔者，非公事不得出。忠贤独招摇畿辅，以恣驰逐，每先期治储，于停骖，所在数千百骑，络绎不绝。民间皆焚香插柳枝于户。又以舆夫迟，驾四马舆，青盖羽幢，环遮夹拥，疾于飞鸟。凡朝中章疏，李永贞必遣急足驰白，即百里外，一日常再往返也。②

客氏之弟客光先也"以时焰倾结士大夫，一时附其门者恐后"③。许多官员竞相向魏忠贤献媚，崇祯初期江西道御史张铲曾详尽地描述当时官员"附珰"的各种情状说：

> 有显而附之者，建生祠等是也；有隐而附之者，青衣行礼呼九千岁是也。有直而附之者，称功颂德等是也；有曲而附之者，结魏良卿为兄弟，认崔呈秀为义父是也。有拙而附之者，以珠宝为羔鹰，以苞苴填欲壑是也；有巧而附之者，以搜括为公忠，以炼锻为精明是也。有先意而逢迎之者，忠贤意所欲去，则代为驱除，意所欲用，则代为荐援是也；有后事而奖借之者，如谈边事则归美于镇守之内臣，谈饷务则归美于督漕之内臣是也。有先参之而后附之者，初特迫于公论，后则露其本色；有先附之而今参之者，势炎则甘为小人以逐，势败则冒为君子以护身也。有附忠贤而为忠贤所弃者，是邪佞之屡憎，非方正之不容也。种种情态，备极丑污。

张铲还依据官员投附魏忠贤的不同动机和目的，将其分为三类，也是入木三分："其一等钟鸣漏尽之辈。彼计忠贤得权之日长，而一身受用之日短，故苟可邀福于目前，不惜贻臭于身后，如刘志选等是也；其一等梯荣干进之夫，彼见株守者循资，而积俸何如径趋者一岁而九迁，遂不惜以枉

---

① 王鸿绪：《明史稿列传》卷225《杨维垣传》，第630页。
② 谷应泰：《明史纪事本末》卷71《魏忠贤乱政》，中华书局1977年版，第1152页。
③ 魏裔介：《孙征君先生传》，见孙奇逢《夏峰先生集》，第11页。

尺之谋为直寻之阶，如杨梦衮、李养德等是也；其一等乘机报复之徒，彼计威福出自朝廷，则臣下谁敢妄干，威福出自貂珰，则么么皆可私借。为可快一时之忿，不惜决终身之防，如朱童蒙等是也。"① 刘志选与首辅叶向高为同年进士，在万历初期因进言触怒皇帝被贬，"以建言得名"，"家居三十年"。泰昌、天启初期，诸多前朝获罪之人都得到起复，刘因计典被察不与。后夤缘叶向高复出，"时已七十余，嗜进弥锐"，一意与东林为敌，为讨好魏忠贤，不惜身犯众怒参劾国丈张国纪。崇祯时入"逆案"论死，先此畏罪自杀。② 张铲对他的批判，可谓痛快淋漓。但是值得追问的是，为何泰昌、天启初期东林党人对他不予起复，致使其负气报复？杨梦衮、李养德的有关活动，略见于万斯同《明史》③。朱童蒙的有关活动，可参阅前文有关论述。万斯同也讥刺这些人的趋附之态道："群小甘附群阉，蒙面丧心，以苟一时之利，乃至千态万状，备极诸丑，莫可形容。孔子所云无所不至，庶几尽之耳。"④

这些谄媚之举主要表现为"颂珰"和"建祠"，即对魏忠贤歌功颂德和为其建立生祠。天启五年三月，崔呈秀最先以魏忠贤助修肃宁新城"颂珰"，说"臣非行媚中官者，目前千讥万骂，臣固甘之"⑤。再如阎鸣泰颂词有："民心依归，即天心向顺"⑥；梁梦环献媚说其"德被四方，勋高百代"⑦。首先建祠的则是浙江巡抚潘汝桢，时在天启六年六月，建于西湖湖畔。⑧ 崇祯初期"钦定逆案"，这两项都被作为官员入案的主要依据。其他如第一章第三节提到的石三畏在天启后期投附魏忠贤后，因误命优人饰演刘瑾酗酒，触怒魏忠贤而被削籍。御史陈以瑞对魏忠贤塑像匍匐

---

① 《崇祯长编》卷6，崇祯元年二月甲午，第258—260页。
② 万斯同：《明史》卷355《刘志选传》，第286—287页。
③ 万斯同：《明史》卷354《杨梦衮传》《李养德传》，第279页。
④ 万斯同：《明史》卷354《传论》，第282页。
⑤ 王鸿绪：《明史稿列传》卷287《崔呈秀传》，第638页。
⑥ 万斯同：《明史》卷355《阎鸣泰传》，第284页。
⑦ 万斯同：《明史》卷355《梁梦环传》，第287页。
⑧ 万斯同：《明史》卷355《阎鸣泰传》，第285页。潘之疏文，见蔡士顺《傣庵野抄》（卷6，《四库禁毁书丛刊》，北京出版社1997年影印本，史部，第69册，第492—493页），记时在闰六月，内有称颂魏忠贤语云："悯两浙两岁之灾伤，蠲百年相沿之铺垫。"按：当时建祠情况，可参见韩大成、杨欣《魏忠贤传》附录一《各地生祠表》，当时全国只有福建未建祠。崇祯帝即位后下旨："各处生祠，着抚按尽行拆毁，变价解京助边。"（蔡士顺：《傣庵野抄》卷7，第515页）另外，据前述工部郎中万燝天启四年参魏忠贤疏文，当时香山碧云寺前已建有魏忠贤生祠（张廷玉：《明史》卷245《万燝传》，第6367页）。

拜谒，而对佛像则长揖施礼，魏忠贤认为其轻慢佛祖而削其职。① 再如曹钦程"于群小中尤为无耻，日夜走忠贤门，排忠良，引丑类，其卑谄之态即同类亦羞称之，而钦程扬扬自得，每骄语众人以明忠贤亲己"。魏忠贤起初很看重他，后来"察其所为，亦厌之"，最终以"败群"削其籍。他临行前拜别魏忠贤说："君臣之义已绝，父子之恩难忘"，"絮泣而去"②。他们应当就是张钚所谓"有附忠贤而为忠贤所弃者"，本想谄媚于魏忠贤，最终却不得其法而适得其反。如魏忠贤之对待陈以瑞，还可看出其崇佛情状。

三 "宁远大捷"——阉党专权时期的"闪光点"

对于魏党专权时期的情形，朱长祚《玉镜新谭》曾描述说：

> 威福日甚，鹰犬日众，四方孔道，民间无敢偶语者。驿使停骖，即卧榻间无敢提一"魏"字者。身在京华，童仆往来无敢带一家书者。去国诸臣，典衣觅骑，萧条狼狈，全无士气。而一经削夺，门无敢谒，郊无敢饯者，虽师生戚友之谊亦荡然扫绝。重足而立，道路以目。凡衣冠士庶相见之间，皆缄嘿不敢吐半言，即寒温套语、问讯起居并忘之矣，惟长揖拱手而已。……三四年来，普天率土，凡智慧者化为愚蒙，辩捷者装成喑哑。旷古及今，中官之威劫海内者，未有若此大神通者也。时惟有骨鲠之臣交章论劾者，是大狱起而罗钳吉网之横行也。③

在他看来，在魏党高压统治之下，社会暮气沉沉，了无生气。至清代，方浚师引沈归愚《咏三朝要典》诗说："熹庙御极颓乾纲，疏远保傅亲貂珰。茄花委鬼互虬结，薰天势焰何批猖"④，道出当时太阿倒持，妇寺当

---

① 吴应箕：《两朝剥复录》卷4，《四库禁毁书丛刊》，北京出版社1997年影印本，史部，第19册，第179页。
② 万斯同：《明史》卷355《曹钦程传》，第291页。当时的谀颂献媚之状，参见万斯同《明史》卷355《阎鸣泰传》，第285—286页。
③ 朱长祚：《玉镜新谭》卷1《纳奸》，《四库禁毁书丛刊》，北京出版社1997年影印本，史部，第71册，第314页。其中"道路以目"之说也为张廷玉《明史》袭用（卷305《魏忠贤传》，第7820页）。
④ 方浚师：《蕉轩随录》卷9"三朝要典"，盛冬铃点校，中华书局1995年版，第344页。

道的政治状况。今人苗棣先生也说：

> 阉党执政不过三年，其间除了消除政敌、钳制舆论等方面做得颇有声色，并没有干多少正经事情。较为有影响的政务大概有三项：一是因边区的动乱而采取的军事安排，二是为了排场而兴起的土木建设，三是为了前面两项活动而进行的搜括加派。①

如前所述，不少魏党官员固然劣迹斑斑，但如此贬低其所有政治活动未免太过。把魏党说得像是有意要败坏明朝江山一样，这是无视魏党内部也有一些才杰之士，而且这也是于理不合的，败坏明朝江山对魏党有什么好处？在斗败了共同的对手后，就要力图在职掌范围内作出些政绩，以在仕途上求得更大的发展和在身后留下好的名声，这应该才是一些魏党官员的真实心态。

当时魏党官员除了迫害东林、内斗争权和附珰献媚外，也有一些人因指陈时弊而被罢斥。除前述王永光外，再如天启六年三月上谕内臣出镇，兵部尚书王永光、吏部尚书王绍徽、阁臣丁绍轼都有所抗争。② 丁绍轼还曾反对刊布东林党籍。③ 当时上疏言事而受到处分者，还有吏部尚书王绍徽。万斯同《明史》说王绍徽早年"居官强执，以清操闻"，天启后期"虽由忠贤进，当大事亦颇有谏诤"。跟王永光一样，他也因王恭厂、朝天宫灾，疏言"诛罚太多"，而违忤魏忠贤之意受到"谯让"。他还疏请减轻加派，延缓殿工，"裁省织造、瓷器诸冗费"，以缓和社会矛盾。但是王绍徽是宣党党魁汤宾尹的门生，在万历时就与东林对立，天启时又"编东林一百八人为《点将录》"献给魏忠贤，让其"按名黜汰"。后来因内部争权斗争，六年七月被参落职，由周应秋代为吏部尚书，崇祯时入"逆案"，南明弘光时又复官。④ 周应秋在万历时曾疏荐东林党人于玉立⑤，当天启初

---

① 苗棣：《魏忠贤专权研究》，中国社会科学出版社1994年版，第232—233页。
② 谈迁：《国榷》卷87，中华书局1958年版，第5322—5323页。"钦定逆案"开列顾秉谦罪名亦谓："止遣内镇，微有规陈。"（文秉：《先拨志始》卷下，第232页）
③ 万斯同：《明史》卷354《丁绍轼传》，第268页。据此传，万斯同说丁绍轼虽为魏忠贤任用，"而不甚亲附"，死于天启六年四月，所以崇祯"钦定逆案"未对他进行处罚。
④ 万斯同：《明史》卷354《王绍徽传》，第272—273页。
⑤ 文秉：《定陵注略》卷9《荆熊分袒》。

期赵南星复起时，周"郊迎结欢"，却为赵所鄙薄①。周早年为任丘、海盐县令时，"有善政"。为人"和柔谐俗"，善烹饪，为左都御史时，"每魏良卿过，辄进豚蹄留饮，时号煨蹄总宪"。为吏部尚书后，与文选郎李夔龙"鬻官分赃"，有"周千万"之称。他接任吏部尚书后继续打击东林，"清流未尽逐者，应秋毛举细故，削夺无虚日"，为魏忠贤门下"十狗"之首。崇祯时入"逆案"，遣戍而死。其弟御史周维持"请刊党籍，尽毁天下书院"，也入"逆案"。② 张廷玉《明史》所载与此相同。③ 周应秋早年为官"有善政"，又曾举荐东林人士，东林为何还要拒他，尚不得解？

  尤其值得一提的是，明军自万历末年后金努尔哈赤起兵引发辽东战事以来，一直都是损兵折将，丢城弃地，而在魏党专权时期，却取得了"宁远大捷""锦宁大捷"两次重大胜利④。阎崇年、余三乐两位先生编辑的《袁崇焕资料集录》（广西民族出版社1984年版）收录有关资料较丰富，这部分在引用时都简称为《集录》。

（一）袁崇焕与魏忠贤的合作

  明朝取得"宁远大捷"，袁崇焕无疑应居首功。在经略高第下令放弃山海关外之地、军民都撤回关内、外无援兵的情况下，他毅然率军守御宁远孤城，并击退了后金军队的进攻。当时朝廷上下都为之振奋⑤，"倾都色动"⑥。"宁远以孤城固守，击退大虏，厥功可嘉"；"八年来贼始一挫，乃知中国有人矣。"⑦

  袁崇焕以其卓越的军事才能建立"宁远大捷"的赫赫战功，这使朝廷此后曾一度对他非常倚任。如擢袁崇焕担任辽东巡抚；袁与总兵满桂不和，请求将其调离，朝廷听从；袁与蓟辽总督王之臣意见不合，朝廷将王"加衔回部"，将其所辖"关门兵马"，"具听袁崇焕调度"⑧。而当时天启

---

① 谷应泰：《明史纪事本末》卷71《魏忠贤乱政》，中华书局1977年版，第1151页。
② 万斯同：《明史》卷354《周应秋传》，第273页。
③ 张廷玉：《明史》卷306《王绍徽传》《周应秋传》，第7861、7862页。
④ 关于这两次战役的基本情况，参见谷应泰《明史纪事本末·补遗》卷5《锦宁战守》，中华书局1977年版，第1475—1476页。
⑤ 《明熹宗实录》对此有较多反映。见《集录》上册，第12—16页。
⑥ 黄景昉：《国史唯疑》卷11，上海古籍出版社2002年版，第340页。
⑦ 《集录》上册，第14页。
⑧ 分见《集录》上册，第48、49、50页。

皇帝大权旁落，魏忠贤专断朝政，"凡朝中草疏，李永贞必遣急足驰白，即百里外，一日常再往返也"，"当此之时，内外大权一归忠贤"①。因此朝廷如此倚重袁崇焕，也可以视为是魏忠贤意志的体现。

对于辽东战场的胜利，当时奏章、圣旨多称赞其为魏忠贤之功。后人一般都认为这是魏忠贤窃权，满朝谀颂的体现。但也有人认为这就是魏忠贤的功劳："谨观前后明旨指授方略，字字妙算，去杨镐、熊廷弼、王化贞之时一班书生之见，盈廷之讼，自相悬绝，不可以旨出魏监，因人而废言也。"② 此语前题"钟惺曰"，但钟惺死于天启四年，不可能记及天启七年之事，故此语明显是后人假托而作，其人或为清初王汝南③。另外，对魏忠贤的不平之见，谈迁也曾就瑞、惠、桂"三王之国"一事说道：

  三国并遣，时仪邸未备，田租未定，亟亟焉剪桐锡圭。或议逆珰私忌，利诸王之我外也。是则不然。诸王富于春秋，业启爵土，各君临一隅，又复何待？今以哲庙升遐之速，先异维城，过疑逆珰，非持平之论也。④

即是说，三王当时均已成年，让他们各赴封国，是出于维护皇权的需要，并没有什么不得体，不是魏忠贤私心所致。

在当时朝野上下都纷纷对魏忠贤谄附献媚的情况下，身当封疆重任的袁崇焕，对魏忠贤也有一些歌功颂德之举。如他疏请朝廷在辽东实行屯田，同时也称颂魏忠贤说："由此行之，奴子不降，必为臣成擒矣。况厂臣魏忠贤与阁部诸臣，俱一时稷契夔龙之选，臣所遇非偶，故敢卜事之必成。"他借与后金议和之事称颂魏忠贤："幸而厂臣主持于内，镇守内臣、经、督、镇、道诸臣具有方略。"⑤ 天启七年四月，他与蓟辽总督阎鸣泰

---

① 谷应泰：《明史纪事本末》卷71《魏忠贤乱政》，中华书局1977年版，第1152页。
② 王世贞撰，王政敏订，王汝南补：《新刻明朝通纪会纂》卷4《熹宗哲皇帝》，北京出版社1997年影印本，史部，第13册，第96页。
③ 参见谢国桢《增订晚明史籍考》，第42页。
④ 谈迁：《国榷》卷88，中华书局1958年版，第5362页。"三王之国"，是由魏党张讷所请（万斯同：《明史》卷355《张讷传》，第292页）。
⑤ 分见《集录》上册，第45、46页。袁因议和之事称颂魏忠贤，还见于《明熹宗实录》卷79，天启六年十二月庚申。《集录》载这条材料为："疏未复，归功魏忠贤"（上册，第47页），点校有误，应为"疏末复归功魏忠贤"。

一道,疏请朝廷在宁远为魏忠贤营建生祠。① 六月"锦宁大捷",他也上疏称颂:"内镇纪(用)苦心鏖战","厂臣帷幄嘉谟"②。由此可见,袁、魏两人之间,在天启后期确实曾存在一种较为亲密的关系,以往对此忽视、掩饰甚至否认的做法都是不符合实际的。

袁、魏之间的这种关系,也可以从与后金议和一事上得到体现。"宁远大捷"后不久,努尔哈赤死去,当时明朝方面欲借吊丧之机与后金议和。民国时人所作的《明季东莞五忠传》载其事曰:袁崇焕"闻信即入告忠贤,欲因是招款,建不世之勋",魏忠贤立即"令崇焕遣使吊",目的是"欲往觇虚实,且离间其种人"③。由此可见,这件事情是由袁崇焕提议,魏忠贤授意施行的。袁崇焕自身也称此事,"幸而厂臣主持于内,镇守内臣、经、督、镇、道诸臣具有方略"。议和起初进展顺利,两人还都因此受到朝廷的嘉奖:"据奏喇嘛僧往还奴中情形甚悉,皆厂臣斟酌机权主持于内,镇督经臣协谋于外,故能使奉使得人,夷情坐得,朕甚嘉焉。"④ 另外,上述朝廷调离王之臣的举动,也是因为其在同后金议和之事上,与袁崇焕意见相左。

(二) 与后金议和——袁崇焕与魏忠贤关系的转变

但是后来魏忠贤对袁崇焕转变态度,却也是由于与后金议和之事。从有关材料的记载来看,袁崇焕对于议和一事,是较为热衷且寄予厚望的。他曾说:"窃念兵连十载,中空外竭,鬼怨神愁,乘此逆夷厌兵之时,而制其死命,俾不得再逞,以休息天下,亦帝王所不废也。"袁崇焕之所以重视与后金议和,与其一贯的制金策略有关,即:"守为正着,战为奇着,款为旁着。"也就是说,注重防守是袁崇焕制金的最主要策略。他曾一再向朝廷申明此意,如在"宁远大捷"后即表明:"臣待罪此方,只有坚壁清野以为体,乘间击惰以为用。"之后他又更详尽地重申这一主张:"坚壁清野以为体,乘间击惰以为用,战则不足,守则有余。守既有余,战无不足,不必侈言恢复而辽无不复矣。"而当时朝廷对此也表示认同:

---

① 《集录》上册,第55页。
② 《集录》下册,第140页。
③ 九龙真逸:《明季东莞五忠传》卷上《袁崇焕传》,第46页。该书因晚出而搜罗资料翔实,并详细注明材料出处。其对袁崇焕褒赞有加,其中也有一些回护之处。如对于议和之事,先称"崇焕无议和事,亦无报书",继又称崇焕报书,"盖逼于(魏)忠贤及(刘)应坤、(纪)用也"(第47、48页);再如称袁于宁远建祠,"实(阎)鸣泰强使为之"(第62页)。
④ 《集录》上册,第46页。

"主守不战,尤是制奴稳着。"①

在与后金的较量中,袁崇焕也确实践行了这一策略。如后金侵犯明朝的属国朝鲜,当时有人认为袁崇焕应该乘虚攻金或大举援朝,但袁崇焕对此却不以为然。他认为后金并未倾巢出动侵犯朝鲜,而是对明朝早有防备,且西边的蒙古诸部也仍然对明朝虎视眈眈,所以他反对攻金。对于援朝,他也只是稍做应付,"除水兵先发外,以赵率教选精骑直逼三岔岸边",令赵相机而动。袁崇焕这么做,正是他"守为正着"策略的体现,

> 夫奴久眈眈,所藉宁(远)障于外,(山海)关扼于内。使关宁无恙,由此生聚教训,愈筑愈前。在今日奴无如我何,他日我谋奴,而奴莫我御,臣之所能仅此。若贪功忿胜,侈口漫尝,则愿束身引疾,以避能者。而当朝廷问其"毕竟当何以劲关、宁而纾属国"。

即具体如何加强山海关、宁远等处的防卫和解救属国之危困时,他也曾极有把握地表示明朝的防守非常牢固:"若山海、前屯、中后、中右,今已坚雄如前日之宁远也。日且进而大凌、锦、义矣,何虑关、宁?况诸镇臣,牙角相错。"但是之后金军围困锦州,却让明朝着实忙乱了一阵。而袁崇焕起初出于重点防守宁远的考虑,并没有全力救援锦州,"不敢撤四城之守卒而远救,只发奇兵逼之"。不久锦州的形势更加恶化,袁崇焕才开始意识到救援的必要性:"若锦失,奴又必以困锦之兵困宁,与中右一路乘胜而下,即及关门。彼时罄天下之力与之争于关前,何如及今与之决于宁锦?"他还曾欲亲自带领所有宁远守军,与金军"决一死战",以解锦州之围。②

由此看来,在"守为正着"策略的指导下,袁崇焕在与后金的较量中似乎步步被动。他自己也承认这一点:

> 奴子妄心骄气,何所不逞?我欲合西虏而厚其与,彼即攻西虏而伐我之交。我藉鲜为牵,彼即攻鲜而空我之据。我藉款愚之,乘间亟

---

① 分见《集录》上册,第47、58、29、41页。
② 《集录》上册,第55、59、60—61、62—63页。对于袁崇焕与清军决战的提议,蓟辽总督阎鸣泰认为太过冒险而反对。后来兵部经过复议,否定了袁的提议。见《集录》上册,第64—65页。

修凌、锦、中左以扼其咽；彼则分犯鲜之兵而挠我之筑。着着皆狠，而着着不后。

当时的一些官员，则将袁崇焕陷入这种被动境地的原因，归于他与后金的议和之事。当后金进犯朝鲜时，这种非议就已经很多了，"诸臣纷纷疑款"①。而当锦州解围后，对议和的批评更是纷至沓来。如督饷御史刘徽参劾他与后金"讲款"，致使清朝攻掠朝鲜和锦州，同时称赞当初反对议和的王之臣。朝廷降旨亦谓："袁崇焕谈款之时，实以款外作用望之，然未尝不屡致丁宁。今奴东西并犯，未见作用何存。"② 河南道御史李应荐参劾他"不急援锦州"，请求朝廷重新任用曾"力破和议之非"的王之臣。得旨责备袁崇焕"暮气难鼓，物议滋至"。工科左给事中陈维新参劾他与后金议和未收到任何效果，在后金侵犯朝鲜、锦州时又频频失误：

> 李僧一遣，动出非常，且其言曰：此番奴子必降，若不降便可一鼓而歼。举朝以为算定谋奇，未尝不徐观而厚望之。不意信使驰驱，徒博其两番僭号，一纸嫚书。未几而蹂躏我属国矣。说者谓精骑尽东，其虚可捣，而河上之师，似仅以虚声示弱。继而围犯锦州，人谓缨冠被发，义不逾时，况存锦原以保宁，乃咫尺之间，何以兵逗留不前？何以饷坚闭而不发？

圣旨也称讲和"茫无实效"③。

天启七年六月，后金在围困锦州一月后撤兵而去，锦州得以转危为安，此即明军的所谓"锦宁大捷"。因此崇祯时期的大学士黄景昉曾质疑它的真实性："袁崇焕宁远之捷，为余在馆日所闻。遇红旗卒飞驰入，倾都色动。其后锦州却敌功，乃不甚誉人口。或疑近亡是子虚，徒夸饰为群珰地。"④ 如黄景昉所说，袁崇焕确实曾以此役上疏称颂"内镇纪苦心鏖

---

① 《集录》上册，第62、53页。对于这些非议，袁崇焕也曾予以辩解："有谓以款误，臣不受也"，并且"引疾乞休"。见《集录》上册，第59页。
② 《集录》上册，第66页。对于议和之事，朝廷确实曾一再降旨，令袁崇焕为慎重起见，"务保万全"。见《集录》上册，第48、49页。
③ 《集录》上册，第66—67页。
④ 黄景昉：《国史唯疑》卷11，上海古籍出版社2002年版，第340页。当时袁崇焕在一个月内三次向朝廷报捷。见《集录》下册，第21页。

战","厂臣帷幄嘉谟"①。但此举却并未得到魏忠贤的认可。此后朝廷因此役对官员广泛加恩,却于他只官升一级而无恩荫。袁崇焕求去,得到应允。兵部侍郎霍维华请求以己荫让与他,也受到切责。②

魏忠贤控制的朝廷先曾支持袁崇焕与后金议和,为何此时又会转变态度?清初吴嶽说:"款,魏忠贤意也,谢(疑应为"卸"——笔者按)过崇焕耳!"③ 也就是说,随着辽东形势逐渐不利,袁崇焕又步步受制于后金,先前支持议和的魏忠贤为逃避责任,遂卸过于袁崇焕。上述官员对袁崇焕的参劾,据说有些就是出于魏忠贤的授意。④ 此外,吴嶽认为袁崇焕被罢,还与他称颂魏忠贤不得其法有关:"亦以崇焕铺张厂公,未如阎鸣泰之媚媚耳。"⑤ 这一点按之史籍,也似乎确有其迹。如上文所引袁崇焕疏请朝廷在辽东实行屯田,同时也称颂魏忠贤,但是朝廷降旨却对其有所批评:

> 这本内说,奴子不降,必定成擒,诸臣诸不乐闻。以朕计之,奴未必降,降不足信也;战必能胜,胜无轻谈也。蹈实而做,需时而动,正也,奇在其中也。该抚饶为之,亦善为之。⑥

而且在魏忠贤专权时期,"颂珰"却反受处分的也不乏其人,如前述陈以瑞、曹钦程即是如此。

天启后期,太监魏忠贤及其党羽专权擅政,对素称忠义的东林党人大肆打压,因此它被人们视为明朝最黑暗的时期。历来也都认为这段时期在政治、经济、军事等诸方面都乏善可陈。但是,一个不容否认的事实是,

---

① 《集录》下册,第 140 页。
② 《集录》上册,第 67—70 页。据万斯同《明史》,霍因进献"仙方"灵露饮给皇帝,致其得病,而为魏忠贤责怪。霍"知之甚惧,且虑帝一旦不测有后患,欲先自贰于忠贤",故有是举,魏忠贤操纵圣旨对其严厉斥责。由于霍"所以弥缝者百方",崇祯初期众多魏党人员都受到处分,他却"自如"。当辽东督师王之臣被罢免,代替他的袁崇焕尚未到任时,霍"谋行边自固",皇帝已允可,却被给事中颜继祖所阻。霍最终列名"逆案",遣戍徐州(卷 355《霍维华传》,第 7864 页)。
③ 吴嶽:《清流摘镜》卷 3《特旨处分》,《四库禁毁书丛刊补编》,北京出版社 1997 年影印本,第 17 册,第 625 页。
④ 夏燮:《明通鉴》卷 80,中华书局 1959 年版,第 3098 页。
⑤ 吴嶽:《清流摘镜》卷 3《特旨处分》,第 625 页。
⑥ 《集录》上册,第 45 页。

就在这段时期内，明朝方面在不断败退的辽东战场，却取得了对后金作战的重大胜利。这无疑主要应归功于主持辽东军务的袁崇焕，但是他与此时执掌朝政的魏忠贤之间的关系——魏曾一度对袁加以倚重和支持，而袁也投其所好地对魏歌功颂德——当是袁得以在辽东施展才干的重要保障，对其战胜金军所起的作用，似乎也不应被忽视。前人对此却未见有何论述，或者干脆予以遮饰乃至否认，这或许主要是出于对魏忠贤的成见以及对袁崇焕的回护。因为袁、魏的这层关系势必说明，魏忠贤专权下的天启后期政局并非一无是处，而袁崇焕可能也不是如一般所认为的那样白璧无瑕。然而史料如是，事理如是，我们似乎不能也无须有什么避忌或隐讳。

第 四 章

"阉党"及其后人在"钦定逆案"后的活动

"钦定逆案"后，逆案人员在崇祯时期最主要的政治活动就是力图推翻此案以求复出。崇祯帝力持逆案，使它不得翻覆，但又在东林和被认为曾与魏忠贤有染的官员之间搞制衡，这对其一朝的用人行政产生了重要影响。阮大铖是钦定逆案后最为活跃的魏党人员，其活动在逆案人员中较有代表性。记载魏党后人活动的材料很少见，史籍所载周镳、周钟兄弟与李清的情形，可以反映这一群体活动之一斑。

第一节 翻案活动与崇祯政局

一 朝野的翻案活动

第一章已述，崇祯二年（1629）三月"钦定逆案"，对魏忠贤及其党羽两百多人予以惩处。但是此后的翻案活动也连续不断，这首先发生在朝堂上。如刑部侍郎章光岳率先为某些逆案人员叫屈，上疏谓："逆案中有枉者，请令逆党辩疏容其封进，下部院公议"，遭圣旨驳回后仍抗旨将逆案人员吕纯如、吴弘业之辩疏封进；[1] 崇祯三年二月，吏部尚书王永光推荐逆案人员王之臣为天津巡抚[2]，五月，又想以

---

[1] 林时对：《荷锸丛谈》卷3"王给谏都疏纠首翻逆案"条，第247—248页。南明弘光时期，逆案人员夤缘复起，章光岳也受到赐恤（万斯同：《明史》卷355《孙杰传》，第284页）。

[2] 《崇祯长编》卷31，崇祯三年二月甲寅，第1714—1715页。

"边才"起用吕纯如①；五年巡抚杨嗣昌为逆案人员郭鞏求情；②七年八月，吏部侍郎张捷荐吕纯如任吏部尚书③；八年，农民军焚毁凤阳皇陵，当草拟大赦诏书时，首辅温体仁令刑部尚书冯英以逆案人员加入诏书之内④；九年四月，左都御史唐世济荐举逆案人员霍维华⑤；十四年，周延儒再度为首辅，"为故辅冯铨援恩诏求复冠带"⑥；等等。这表明钦定逆案虽然已定，但朝堂上仍有不少官员与逆案人员香火情深，时刻伺机为其翻案。

与朝廷上的翻案活动相呼应，在野的某些逆案人员虽然已遭贬黜，但仍具有较大的政治能量，也积极谋求复出。如崇祯七年，霍维华曾向治河尚书刘荣嗣进献疏通漕运之法，"冀叙工复职"，最终事败不果。⑦十一年，清军侵明，冯铨"率乡人守涿，又护送红衣炮至京师"。当十四年周延儒再召入阁时，曾"欲援守涿及运炮功，复其冠带"，但最后归于失败。⑧这

---

① 汪琬：《尧峰文钞》卷35《文文肃公传》，第288页。王永光举荐吕纯如，遭到文震孟的反对（张廷玉：《明史》卷251《文震孟传》，第6497页）。第一章第二节说王永光首倡处理逆案，事隔不久却又举荐逆案中人，并曾想与阁臣温体仁一道"尽翻逆案"（万斯同：《明史》卷348《王永光传》，第206—207页），当如何解释？一般都认为这是他与魏党存在关联的明证。但笔者认为他的这一转变，还应考虑到在处理逆案前后其所受到的众多参劾。即是说，东林过度的逼迫，应是促使他转变态度的原因之一。
② 综合张廷玉《明史》卷245《周宗建传》、卷252《杨嗣昌传》，此事之梗概为：清兵攻克迁安，郭鞏遁去。后又诣阙言自己拒绝清朝征聘，为兵部尚书梁廷栋参论，下狱论死。郭鞏乡民为其讼冤，杨嗣昌先前"不附阉，无嫌于东林"，但"以部民故，闻于朝"，"自是与东林隙"（第6360、6509页）。
③ 邹漪：《启祯野乘二集》卷3《张尚书传》，第104—105页。据万斯同《明史》，张捷举荐吕纯如是受阁臣温体仁、王应熊指使（卷359《张捷传》，第364页）。
④ 张廷玉：《明史》卷235《吴羽文传》，第6139页。
⑤ 计六奇：《明季北略》卷12 "朱国弼劾温体仁"条，中华书局1984年版，第218页。唐世济在万历末年即与东林对立（张廷玉：《明史》卷236《夏嘉遇传》，第6161页）。天启五年（1625）三月，魏忠贤等人以其为刑部右侍郎（吴应箕：《两朝剥复录》卷2，《四库禁毁书丛刊》，北京出版社1997年影印本，史部，第19册，第138页）。此时他因举荐逆案人员霍维华被逮下狱（李逊之：《三朝野纪》卷7《崇祯朝纪事》，上海书店1982年版，第159页）。
⑥ 陈盟：《崇祯内阁行略·吴传》，第20—21页。
⑦ 万斯同：《明史》卷355《霍维华传》，第283页。
⑧ 《清史列传》卷79《冯铨传》，第6555页。据张廷玉《明史》卷252《吴甡传》，周延儒再相，"冯铨力为多"（第6523页）。除此之外，张溥等复社人士也对周延儒的复出起了重要作用，参见拙著《善恶忠奸任评说——马士英政治行迹研究》（第25页）。要做补充的是，当时首辅温体仁指使胥吏陈履谦、张允儒，告发钱谦益及其门生瞿式耜居乡不法，并借此牵连与他产生嫌隙的复社。为消解危机，复社要设法起复周延儒（眉史氏：《复社纪略》，第160—162页）。

已能反映冯铨在地方上的影响力,还有一例很能说明冯铨在崇祯时期可以对朝政施加影响。十年,首辅温体仁因第一章第一节所说"枚卜案"的旧恨,借"常熟奸民"张从儒、陈履谦诬告、陷害钱谦益,孙鲁章为钱求救于冯铨,冯想到自己与东林有过节,不无顾忌地说:"仆于东林诸君子不遗余力,诸君子肯一言以容耶?"孙回答说:"不然。左浮丘(指左光斗——笔者按)先生墓铭,家相国(指钱谦益——笔者按)秉笔。新参之力一段,东林诸君子大家感激,有字称谢,何谓无一言相容。志文俱在,归即呈览","盖虞山(指钱谦益——笔者按)因新参一段有字来属削之,含(指孙鲁章——笔者按)遂借言谢之耳。涿鹿(指冯铨——笔者按)遂毅然许为之地","是役也,脱虞山之阽者涿鹿也,而作涿鹿之合者含也"①。孙鲁章向冯铨求助,冯能解救钱谦益于危难,足见其虽然被罢官,但政治能量仍不可小觑。但即便如此,他自己仍然不能起复官职,这也反映了崇祯帝对逆案的坚持。由孙、冯的对话还可以看出,冯铨对东林于己的态度非常看重,这或许是为了求容于东林以谋求起复。孙鲁章说东林对冯铨有所改观,应是为了让其相助而编造的谎言,因为此后冯铨与东林的关系不但未有任何改善,而且入清以后,东林、复社人员与冯铨的争斗,依然非常激烈(详见第五章第三节论述)。但是冯铨与钱谦益此后的交往则有迹可循,冯降清后还曾经向朝廷举荐钱。阮大铖也曾欲借周延儒二度出任内阁首辅之机起复,但没有得逞。②

二 "贤奸杂用"——崇祯帝的用人策略与政局

翻案活动如此频繁,第一章第二节已分析了钦定逆案存在徇私枉法的弊端、打击面过大和惩处力度过严、没有从根本上消除朋党等原因,除了这

(接上页)黄宗羲说复社支持周复出,是为了"以为两家骑邮"(《南雷文定》卷7《陈定生先生墓志铭》,《丛书集成初编》,商务印书馆1936年版,第2463册,第111页),即让周充当复社与魏党之间交通的中介。周之复出得两方支持,也表明其是当时两方都能接受的人物。周复出后确实按照复社的用意做了不少事情(张廷玉:《明史》卷308《周延儒传》,第7929页),但是起用冯铨、阮大铖等魏党人员却受阻未果,表明他其实没有能够实现两边通好的使命。其中原因,应该是如拙著所指出的,在于复社内部对于是否要与魏党通好的意见不统一。

① 孙奇逢:《夏峰先生集》卷7《孙鲁章传》,第214—215页。"新参之力"指冯铨任阁臣时,曾上揭营救身陷诏狱的左光斗等人,第三章第六节对此已有提及。又据万斯同《明史》卷406《曹化淳传》,太监曹化淳也因被温体仁牵连,故曾出力救钱逐温(第423页),而钱谦益、冯铨、曹化淳究竟是怎样一种关系,冯、曹如何联合营救钱等问题,尚待研讨。

② 董含:《三冈识略》卷1"宜兴祸始"条,第2—3页。

些以外，还应与崇祯帝的用人政策有关。第一章第一节在梳理钦定逆案的背景时已指出，崇祯帝在钦定逆案的过程中，就已经察觉到东林与魏党的争端，虽然大力铲除魏党，但对东林也并无好感，所以在后来的用人上，采用所谓"贤奸杂用"的策略，使东林和非东林互相制衡。非东林为与东林相抗，势必要起用"逆案中人"相助，如大学士温体仁、吏部尚书王永光即是如此。

与东林对立的王永光，在崇祯初期被召还出任吏部尚书，奉命参与"北察"和处理逆案，其虽然受到众多东林官员的弹劾，但因为得到崇祯帝的信任而安然无恙。他备受崇祯帝宠信，就是因为他与东林为敌，"帝深恶廷臣植党，永光初秉铨即以破散东林党为事，帝固已喜之。及见言路交击，谓永光孤立，益眷永光"，直至崇祯四年方才被人劾罢。为了与东林相抗，王永光培植史𡎟、高捷、袁弘勋等党羽，举荐逆案人员王之臣、吕纯如等人，并欲与温体仁协谋推翻逆案。① 但对于王永光排挤东林，夏允彝认为东林对他的过度逼迫也有责任：

> 王恭厂之变，永光虽有疏言及滥刑，然其生平不无可议，第君子与人为善，当以其自新而恕其前愆。乃东林诸贤必欲逐而去之，至永光积愤为难，引用袁弘勋、张道濬辈，再起玄黄之争，非诸贤已甚之过哉！②

崇祯帝除对非东林官员有意扶持外，对东林也常常施加打击。第一章第一节已经表明，崇祯帝早在处理逆案的过程中即已对东林表示出不满，对其进行压制，而这在钦定逆案之后也仍有体现。如钦定逆案后一年，阁臣参与处理逆案者钱龙锡、韩爌、李标等人便相继去位。③ 再如崇祯七年，东林党人文震孟等请求修改对东林有较多不利言论的《光宗实录》，也未获允准。

---

① 万斯同：《明史》卷348《王永光传》，第206—207页。四年六月，兵部尚书梁廷栋参劾王永光的私党袁弘勋、张道濬，逐去王永光（张廷玉：《明史》卷257《梁廷栋传》，第6628页）。南明弘光时期，逆案人员夤缘复起，王永光也受到赐恤（万斯同：《明史》卷355《孙杰传》，第284页）。

② 夏允彝：《幸存录》"门户杂志"条，留云居士辑：《明季稗史初编》卷14，上海书店1988年版，第305页。

③ 张廷玉：《明史》卷251《李标传》，第6480页。

> 初，天启时，诏修《光宗实录》，礼部侍郎周炳谟载神宗时储位
> 魋匙及"妖书""梃击"诸事，直笔无所阿。其后忠贤盗柄，御史石
> 三畏劾削炳谟职。忠贤使其党重修，是非倒置。震孟摘尤谬者数条，
> 疏请改正。帝特御平台，召廷臣面议，卒为温体仁、王应熊所沮。①

文震孟等人请求修改《光宗实录》的原因，钱谦益《牧斋有学集》说得非常详尽：

> 群奸唆逆贤定三案，刊布《要典》，改修光庙实录，铲削其与
> 《要典》牴牾者。会稽（指倪元璐——笔者按）请焚毁《要典》，天
> 下韪之。久之，改录如故，《要典》犹弗焚也，于是茂苑及公（指冯
> 梦龙和许士柔——笔者按）相继论改录之谬。②

这样看来，请求修改《光宗实录》，实际与之前倪元璐请求焚毁《三朝要典》一样，主要还是为了追论过去党争的是非，还东林以历史清白。文震孟请求修改《光宗实录》的主张被搁置，主要是因为受到温体仁等人的阻挠，但也在一定程度上表明崇祯帝此时对以往东林与非东林的纷争是非的判定，已不感兴趣。如果崇祯帝初期焚毁《三朝要典》，说明他尚且支持争"三案"的东林，而他后来对阁臣周延儒的一番评论"三案"的话，则表明他已完全改变了初衷。

> 此三事皆非。如红丸一案，方从哲曾奏不可轻进，皇帝愀然曰：
> "朕势将不起，饮之或侥幸可生，不饮惟坐而待毙耳。"此时皇考欲
> 进，进而稍效，又命再进。时朕与先君俱在侧，岂从哲所为。梃击一
> 案，实系风癫。朕记为信王在宫，忽片板自上堕，其中戈戟森然。时
> 欲奏闻。既而曰："此或深宫须备不虞，故储自先朝耳。"命内官掩

---

① 张廷玉：《明史》卷251《文震孟传》，第6498页。据万斯同《明史》卷406《崔文昇传》，崇祯帝在"红丸案"上似以东林之举为是，但被温、王二人所阻（第418页）。按：天启元年六月开馆纂修《光宗实录》，三年七月告成进献，其中充满东林党的观念。天启帝曾于五年四月下令修改《光宗实录》，后因纂修《三朝要典》而耽搁，《要典》完成后，乃据其修改《光宗实录》。十月正式开馆重修，崇祯元年五月完成。

② 钱谦益：《牧斋有学集》卷28《故南京国子监祭酒赠詹事府詹事翰林院侍读学士石门许公合葬墓志铭》，第276页。

完，迄今如故。若遽上闻，蔓同梃击矣。又如移官一事，尤为不情。当日皇考以朕与先帝俱失母，命李选侍抚养，渠爱如子。朕与先帝故亦事之如母。所谓气殴垂帘，皆外臣不知内廷事，有此纷纷。且魏忠贤固系巨恶，王安亦非善类。若令得志，一等人耳。

与天启帝一样，崇祯帝也以亲历者的身份，不仅对"三案"的看法发生了一百八十度的转变，连与东林交密的太监王安，也被与魏忠贤相提并论了。近人罗继祖先生由此评议说："当日诸臣纷纷攻讦之词，皆所谓'将无作有，徒乱人意'耳"①，对东林的批评之意溢于言表。

再如"郑鄤之狱"。郑鄤是东林党人，且被有些人认为是东林中的败类。② 天启二年他因为帮助文震孟参魏忠贤被降调，③ 魏党专权时期更被革职为民，直到崇祯时期才得以复起。关于"郑鄤之狱"的大概事由，晚清学者萧穆的《敬孚类稿》记载较详：郑母梦到自己将要遭受官府刑责，郑鄤解释再三，其母的疑虑仍然不能消释。郑鄤为了开导其母，自己假装为法官审讯其母，并且命婢仆假意责打，但这一切却为他的表兄某所见，不明就里地向官府告发了此事。郑鄤被官府收押后，他的母亲多次向官府陈述此事的始末，但都被驳回，郑鄤最后被凌迟处死。④ 崇祯帝对"杖母"之事尚存疑点的郑鄤施以极刑，表明他对东林已丝毫不留情面。

---

① 罗继祖：《枫窗脞语》"朱由检论三案"条，第27页。按：罗氏的这段材料引自李清《三垣笔记·附识》，但笔者翻检该书（中华书局1982年版），却未找到这段材料。观罗氏言之凿凿，在这段材料之后，还特意说明了它的真实性，它出自《三垣笔记》应是无疑的，可能是中华书局的版本把它漏掉了。
② 林时对：《荷牐丛谈》卷3"东林中依草附木之徒"条，第287—298页；赵吉士：《续表忠记》卷1《顾端文公传》，周骏富辑《明代传记丛刊》，台湾明文书局1991年影印本，第64册，第487页。
③ 郑鄤、文震孟、黄道周三人协商同参忠贤，事见洪思《黄子年谱》，收入《黄道周年谱》，福建人民出版社1999年版，第9页。
④ 卷14《记郑鄤狱》，第121页。另外，萧穆还归纳了明清时期人们对此事的不同看法（卷5《跋陈忠裕自撰年谱》、卷14《记郑鄤狱》，第12—13、121页）。按：与郑鄤同时的李清也称其为"奸人"（《三垣笔记》卷中《崇祯》，中华书局1982年版，第72页）。复社陈子龙也认为郑鄤"内行不修，无乡曲誉"，曾劝其师黄道周不要对其申救，以清除东林党内的害群之马，萧穆对陈子龙此举进行了批评。另外，他还根据亲见其事的卢抱经所言，认为郑鄤实无杖母之事，其致祸是因为受到大学士温体仁的陷害，"体仁故尝有不慊于埜阳（指郑鄤——笔者按），必欲置之死地者也。及温以弹劾者众放归田里，而怀宗犹听温一面之词，怒不能已，仍磔埜阳于市"

崇祯帝心忌东林，还可以从为天启时期受魏忠贤等人迫害的东林官员的平反一事反映出来。如第一章第一节所述，崇祯帝登基之初即谕示吏部为天启时期受到客、魏及其党羽迫害的官员平反，这无疑主要应指东林党人。但是之后对东林的赠恤却屡请屡止，直到南明弘光时期才全部告以完毕。这一方面固然是因为部分官员对此的"漠不关心"和横加阻挠，如礼部尚书林欲楫等人"于恤忠大典，漠不关心，亦不知诸君子之始末，但凭胥吏呈稿，至以未谥周、缪三公（此处疑有误——笔者按）为已谥，又以不在惨死之列，如丁乾学者亦混入焉"。文震孟、姚希孟两人应得之恤典，就是由于受到阁臣温体仁、薛国观、张至发等人的阻挠而一再搁置①；但另一方面也应当与崇祯帝的虚与应付有关，如果他真心想做，此事应该不难办到。

　　崇祯帝如此对待东林，东林自身也有责任。②当时的官员曹溶说：崇祯非亡国之君，而之所以亡国只在党争太烈，"则党祸之中于人心，其酷烈即不如前代，而久之成痼，一旦殒绝，不可复更。其积渐使然也"，"丁卯（1627年）以前，流毒已甚；戊辰（1628年）以后，公道大明。然而门户相承，衣钵相禅，邪正虽殊，其为植党则一"③。虽不否认东林"植党"，但显然仍对其有所回护。与其同时的李清则不认为当时的党争"邪正虽殊"，而是邪正相混："今之门户，亦骎骎莠乱苗矣。盖始犹正与邪角，而今则邪与正混，言夷行跖，文章之外，另有肺腑，至汾渭不分。"④东林究竟是邪是正，已经难以辨清了。东林后人文秉更是毫不隐讳

（接上页）（第121页）。但是谈迁对此事却有不同看法："乌程初无意陷郑鄤，衅由吴氏，而文起激之也。"（《枣林杂俎·智集》"郑鄤"条，中华书局2006年版，第79页）"乌程"指温体仁，"吴氏"指郑鄤之舅大学士吴宗达，"文起"指文震孟。而孙承泽则认为郑鄤之死与黄道周和大学士杨嗣昌的相争有关：温体仁因文震孟而迁怒郑鄤，温死后，"事稍解"。适黄道周参劾大学士杨嗣昌"夺情"，后者反驳称："郑鄤杖母不孝，道周谓其不如此，以此反道周"，"上怒黄，并牵怒鄤，必欲杀之矣"（《天府广记》卷34《吴孟明传》，第479页）。"郑鄤之狱"与以上几人究竟是什么关系，还需详细考究。

① 李逊之：《三朝野纪》卷7《崇祯朝纪事》，上海书店1982年版，第167、173页。东林党人姚希孟崇祯初期主持此项事情，因为他"雅不善"杨涟、周宗建等人，也是导致这些人赠恤拖延不予的原因之一（张廷玉：《明史》卷245《缪昌期传》，第6353页）。

② 台湾学者吕士朋先生则高评崇祯初期东林的作为，而将东林遭受的打压归于温体仁等人的陷害和崇祯帝的不辨忠奸。见氏著《崇祯初年钱谦益事件与东林内阁的瓦解》，《明史研究》第12辑，黄山书社2012年版，第203—212页。

③ 曹溶：《崇祯五十宰相传》，第106页。

④ 李清：《三垣笔记》卷中《崇祯》，中华书局1982年版，第78页。

地指责崇祯初期起复的东林大臣结党营私、不能公忠体国："即废籍诸公亦阅历久而情面深，无复有赞皇魏公其人者"，"圣主日见其忧勤，而群工日流于党比。痼疾已成，不复可药"①。与东林颇有渊源的万斯同也批评包括东林在内的崇祯朝臣争斗不休，因私废公："矧其时生灵涂炭，锋镝满于天下，士大夫犹哄堂斗室，狱讼弗休，不知有宗社，何有于封疆耶！帝固曰诸臣尽败亡之徒耳！反而求之，不知将自居于何等也。"②

不仅防范、打压东林，崇祯帝还因为对包括东林在内的外廷官员的表现不满，转而任用内臣。崇祯帝即位之初，打击魏党的同时，也曾大力革除内臣干政之弊，如罢织造太监、撤回镇守内臣、命内臣非奉命不许出禁门、戒谕廷臣交结近侍、解散内操等③，但是随着文官弊病的不断暴露，急于求治的他又转为倾向宦官。当时的阁臣王应熊即已洞察到这一点："陛下焦劳求治，何一不倚信群臣，乃群臣不肯任劳任怨，致陛下万不获已，权遣近侍监理。"④佚名《明亡述略》说："初帝以魏忠贤故屏宦官不用，其后以外臣不足信，遂复任之。"⑤文秉更具体地举出刘鸿训私改敕书、"枚卜案""己巳之变"等一系列事件导致崇祯帝的这一转变：

> 长山（指刘鸿训——笔者按）以改敕获戾，而上疑大臣不足倚矣；未几乌程（指温体仁——笔者按）以枚卜告讦，而上疑群臣不足信矣；次年罪督（指袁崇焕——笔者按）以私款偾事，而上疑边臣不足任矣。举外廷皆不可恃，势不得不仍归于内廷。⑥

陈鼎也认为阁臣刘鸿训私改敕书等事件，致使崇祯帝不再信任文官，改而

---

① 文秉：《烈皇小识·序》，第1页。
② 万斯同：《明史》卷26《庄烈皇帝本纪四》，第316页。
③ 王世贞撰，王政敏订，王汝南补：《新刻明朝通纪会纂》卷5《怀宗端皇帝》，北京出版社1997年影印本，史部，第13册，第99页。
④ 张廷玉：《明史》卷253《王应熊传》，第6529页。其他如《明史·魏忠贤传》说："帝亦厌廷臣党比，复委用中珰。"（第7825页）黄宗羲则认为这跟魏党人员的挟私陷害有关："逆案之徒，出奇计以边事陷君子，而阉人失势者，亦时以间巷见闻人告。于是思陵遂疑在廷诸臣皆朋党不可保任，一切干涉兵饷，皆使阉人监之"（黄宗羲：《南雷文定》卷5《巡抚天津右金都御史留仙冯公神道碑铭》，《丛书集成初编》，商务印书馆1936年版，第2463册，第80页），却不提东林自身存在的弊习。
⑤ 佚名：《明亡述略》卷上，第275页。
⑥ 文秉：《烈皇小识·序》，第1页。

倚重宦官，"帝始有轻视诸臣之心，以为是皆不足信，而阉宦得以中之矣"，"究其初，则诸臣不能精白一心，矢公矢慎，有以启之疑也"①。林时对说其中的"枚卜案"对崇祯帝的用人多变影响巨大，

> （崇祯帝）自是群疑满腹，有积轻士大夫之心，思用内珰、用世勋，又用换授，即白衣游棍乘间抵隙迎上意，以诋科甲、斥台省，逸说珍行，俨然领袖天垣，酿成猜忌壅蔽之习，国是诪张，贤奸倒置，驯至大败极坏而不可救，皆（钱）谦益把持营竞之祸也。②

认为这些都是钱谦益造成的。文秉所说的"次年罪督以私款偾事"，指的是崇祯二年十二月的"己巳之变"，清军避开袁崇焕防守的山海关，由喜峰口入关攻至北京城下，袁崇焕被指责与清朝私自谈和而遭受极刑，此事是导致崇祯帝重又任用内臣的重要契机。如崇祯帝自己说：

> 朕御极之初，撤还内镇，举天下悉以委之大小臣工。比者多营私，罔恤民艰，廉谨者又迂疏无通论。己巳之冬，京都被兵，宗社震恐，此士大夫负国家也。朕不得已，用成祖监理之例，分遣各镇监视，添设两部总理，虽一时权宜，亦欲诸臣自知引罪。今经制粗立，兵饷稍清，诸臣亦应知省，其将总理、监视等官，尽行撤回，以信朕之初心。③

外廷官员结党营私，迂阔不合时宜，崇祯帝对袁崇焕委以重任，却不久就让清军入关围困京师，外廷官员都不堪任用，不得不改而任用内官，同时也是想以此来鞭策前者。而内臣有时也确实比文官更实心任事，如崇祯九年京师被清军包围，皇帝派侍郎张元佐"抚治昌平"，"三日尚未行"，而所派太监庞天寿"即日北行"。皇帝因而斥责阁臣说："内臣即日已行，而朝臣三日尚未动身，何怪朕之用内臣耶！"④崇祯帝任用内官，在当时受到很多文官的反对，有些确实道出其弊端，有些则是出于争权的目的，

---

① 陈鼎：《东林列传》卷18《刘鸿训传》，第408页。
② 林时对：《留补堂文集选》卷2《朋党大略记》，《四明丛书》本。
③ 计六奇：《明季北略》卷10"谕罢监视太监"条，中华书局1984年版，第154页。
④ 杨士聪：《玉堂荟记》卷1，第173页。

崇祯帝总体上更倾向于内官。论者谈及崇祯帝与明朝亡国的关系时，任用宦官、用人不专、不礼敬士大夫常被作为他的罪责之一，却忽略了当时官场的种种积弊及其对崇祯帝用人的影响。

这些翻案活动最终都归于失败，一方面是因为受到东林官员及其支持者的极力制止，但另一方面更关键的则是由于崇祯帝的坚定态度，"案既定，其党日谋更翻，……帝持之坚，不能动"①。如上述王永光欲推举王之臣为天津巡抚时，崇祯帝似乎也有些犹疑，曾问询于首辅周延儒，后者回答说："若之臣可用，诸在逆案者皆当赐环，而忠贤、呈秀亦将昭雪矣"②，崇祯帝遂另选官员充任。王之臣列于逆案第八等，属于"情罪轻减者"，除了为魏忠贤建祠外，没有见到其他的劣迹，而且可能还具有一定的军事才能，不知周延儒为什么会把他跟所有逆案人员相提并论，反对起复他？但是周起复王之臣将带来整个逆案翻覆的回答，对当时非常信任他的崇祯帝产生了影响，弃王之臣不用而另选他人，而且以后在是否对"逆案中人"网开一面的问题上不再犹疑，而是非常坚决地制止。这是历次翻案活动都归于失败的最主要原因，由此来说周延儒是帮了东林大忙的。这也反映出崇祯帝在对待魏党问题上的矛盾之处：既要任用温体仁、王永光等与魏党有关联的人与东林制衡，又因为是自己亲自制造的逆案而必须极力护持，即使是温、王等人也不允许推翻它；而且所有的逆案人员都连在一起，一点点的松动都可能带来整个逆案的推翻，这更使他绝不容许有任何的逆案人员起复。由此也可以窥见崇祯帝刚愎自用的性格于一斑，以及他受困于党争的情状。联系第一章第一节所说崇祯帝没有在"贤奸之辩"中接受杨维垣"并指东林、崔魏为邪党"的建议，对东林和魏党一并铲除，彻底消灭朝中的朋党，而在亲手制造的"钦定逆案"中，基本上采取了进东林、退魏党的原则；但是后来东林的一系列"植党"

---

① 张廷玉：《明史》卷306《阉党传》，第7853页。但在某些方面崇祯帝似乎又对"阉党"网开一面，如默许魏忠贤之门下太监为其修墓（邓之诚：《骨董琐记全编》卷3"魏忠贤墓"条，第83页）；"逆案中人"阮大铖《咏怀堂诗集》（《续修四库全书》，上海古籍出版社2002年影印本，集部，第1374册），张瑞图《白毫庵内篇》、《白毫庵外篇》、《白毫庵集篇》（《四库禁毁书丛刊》，北京出版社1997年影印本，集部，第142册）等，都刊刻于崇祯时期；"逆案中人"朱国盛在天启时期任河臣，曾纂修《南河志》。崇祯时之河臣徐标又续纂该书，表朱氏治河之功："都水氏（指朱国盛——笔者按）且节宣，且利导，俾河流顺轨，民快平成，君乐腾饱，尤难之难者"，并对其《南河志》予以高评（徐标：《南河志·序》，第478、479页）。

② 《崇祯长编》卷31，崇祯三年二月甲寅，第1714—1715页。

行为，也引起他的反感，在很多事情上一再对其进行压制，并任用温体仁、王永光等人加以制衡。以此反观崇祯帝当初不借机彻底破除朝中朋党，或许还有一个很重要的原因，是他认为善为驾驭比彻底破除更为现实。因为官员拉帮结派在任何时候可能都是难以避免的，也很难根除，而古代对朝中朋党驾驭得当、不使其恶性发展的君主却不乏其人，也许崇祯帝认为自己也能做到。但是事实又证明，他的驾驭并不得力有效，相反，他实际上在党争的旋涡中陷入了困境。如上述重用温体仁、王永光，最后却被他们所利用大行私。正如史惇所说：

> 先帝初年，惩魏党之横，向用东林，未几觉其无实，使为奸相温体仁所乘，以后贤奸莫分，朝夷暮跖。……先帝虽精明，其实阴为门户所把持不得动。……从来党祸未有如我朝云。[1]

面对当时已经根深蒂固、牢不可破的党争局面，崇祯帝虽然几经努力想要加以控制，但最终仍无济于事。由此，我们或许也可以对崇祯帝一再抱怨的、不少史家历来强调的当时"有君无臣"的说法[2]，以及"明亡于党争"的观点，得到更深刻的认识。

三　袁崇焕的复出

崇祯初期"钦定逆案"，凡是对魏忠贤"称颂""建祠"的人都受到惩处，但也有例外。如第三章第六节所述，袁崇焕也曾有过这类举动，却非但没有受到惩处，反而被朝廷重新起用主持辽东事务。笔者认为原因主要有两点。

其一，鉴于袁崇焕的才干和战功。正如当时兵部署部事左侍郎吕纯如所说："旧辽抚袁崇焕吊孝、建祠二案，即爱崇焕者岂能为之讳？而臣持议必欲朝廷用崇焕者，只认定'不怕死、不爱钱'与'曾经打过'十个

---

[1] 史惇：《恸余杂记》"东林缘起"条，第108页。
[2] 孟森先生以崇祯帝杀袁崇焕，自毁长城而评论说："帝茫无主宰，而好作聪明，果于诛杀，使正人无一能任事，惟奸人能阿帝意，而日促其一线仅存之命。所谓君非亡国之君者如此！"（孟森：《明清史论著集刊》，第27页）只注意到崇祯帝个人性格上的缺陷对明朝灭亡的责任，而忽视了当时党争的严重程度及其对他的影响。进入清朝后，一段时间内明末的党争仍然存在，但相形之下，清初统治者对党争的应对要高出一筹。这固然有个人政治能力差异的因素，也应与时过境迁，党争的情形已不可与明末时等量齐观有关。

字耳！""用其长，政不必护其短；然亦维今明白恕其短，异时乃能永用其长。"① 袁崇焕虽然曾对魏忠贤称颂、建祠，但也曾取得对后金作战的重大胜利，这是他被区别对待的重要原因。第一章第一节已说，崇祯帝对魏党人员采取除恶务尽的态度，亲自把一些人加入逆案；对袁崇焕网开一面，表明其对辽东战事的重视及对袁崇焕的期待。当时首辅韩爌等人受命处理此案，"不欲广搜树怨"，故对朱之俊、杨世芳等与魏忠贤有关联的人加以回护。袁崇焕是韩爌的门生②，由此推断其不入"逆案"，可能也与韩爌等人的庇护有关。但是对袁崇焕的这种处理，应主要是崇祯帝的意思，因为前述韩爌等人本来想保的张瑞图、贾继春等人，仍被崇祯帝列入逆案。

其二，与明朝在辽东的用人特点有关。明朝在委任辽东官员问题上，用人不专，时用时弃。如对熊廷弼的任用就是如此，已见于第三章第二节所说。对袁崇焕的任用也存在这样的问题。如前所述，当袁崇焕与蓟辽总督王之臣不和时，朝廷先是用袁弃王；而当袁崇焕处理战事不效时，朝廷又用王舍袁。到了崇祯初期，王之臣因为曾与魏忠贤有染而被罢去，袁崇焕则又被重新召回。至崇祯三年，袁崇焕被逮下狱，又有人建议起用王之臣③。

第二节　阮大铖的个案

逆案人员在崇祯时期受到各种羞辱。如顾秉谦罢官家居后，"士民纵火毁其连云之第为丘墟，抢散其资，此老挟重资窜至郡中典房暂居。三学诸友不容，具呈各台，必欲驱逐，顾老不得已仓皇徙避。闻往白下寄迹，未几，病卒。后其子潜移莳门内，亦为里中不容，遗其粗重，宵遁焉"④；陈尔翼也曾受人讽刺⑤；行人姜垓见廨舍碑刻有阮大铖姓名，上疏请求碎碑，重新书刻，为崇祯帝依允⑥；陈子龙等人反对朱国盛⑦；钱澄之为诸

---

① 《集录》上册，第82页。
② 张廷玉：《明史》卷240《韩爌传》，第6248页。
③ 《崇祯长编》卷31，崇祯三年二月甲寅，第1714—1715页。
④ 叶绍袁：《启祯记闻录》卷1，《痛史》本。
⑤ 谈迁：《枣林杂俎·和集》"陆澄源刺党"条，中华书局2006年版，第621页。
⑥ 朱彝尊：《静志居诗话》卷19《姜垓传》，第435页。
⑦ 谈迁：《枣林杂俎·和集》"朱国盛朱积递消"条，中华书局2006年版，第596页。

生时，抗声数落某"阉党"御史秽状①。其中受辱最多，受刺激最大的当是阮大铖。

如绪论所述，钦定逆案之后即不断有人或对整个逆案的处理提出异议，或为某些逆案人员进行辩护，而这其中又以对阮大铖的争议为最多。阮大铖究竟因何列名逆案，其中的原委经过如何，人们纷纷围绕这些问题发表看法。

对阮大铖的评价存在两种截然相反的观点：一者痛加鞭挞，如清初学者朱彝尊甚至因鄙薄其人品而废其诗文，谓阮大铖"金壬之反复，真同鬼蜮，虽有咏怀堂诗，吾不屑录之"②。近代无名氏撰《阮大铖年谱》，商务印书馆曾拟刊行，后来也因阮氏为奸佞而止。③ 一者则抱有一定同情的态度。其向来为人所责难的地方，一是天启时期背弃东林投附魏忠贤和暗中赞导魏倾陷东林党人，一是崇祯初期上疏将东林与魏党并观。但是也有不少人就这两点为他辩解，而且在材料的数量、可信度上并不输于对阮鞭挞者，也颇能言之成理，却未受到足够重视，本书以下将对此分别加以论述。

第三章第三节已经提到，阮大铖与东林决裂是由于天启四年与魏大中争夺吏科都给事中职位一事。心怀怨恨的他在此事上借助魏忠贤之力，成功地挫败了魏大中，最终如愿得到这一职位，但他这么做只是为报复东林，并非真正投附魏忠贤，"然实非崔、魏党也，第藉奥援，以报复东林耳"④。魏忠贤虽然让他如愿，但他仍然谨慎地与其保持距离，"事忠贤极谨，而阴虑其不足恃，每投刺，辄厚贿忠贤阁人，还其刺"⑤。正因为如此，在惩治魏党时没有找到他与魏忠贤交结的确切证据，"故籍阉时无片字可据，但加以阴行赞导而已"。而且他夺得吏科都给事中一职后，"到任未数日，即请终养归，以缺让魏公大中"。后来魏党迫害东林，他虽有些幸灾乐祸，却没有参与其中，"大铖方里居，虽对客不言，而眉门栩栩有'伯仁由我'之意。其实非大铖所能为

---

① 马其昶：《桐城耆旧传》卷7《钱澄之传》，第573页。
② 朱彝尊：《明诗综》卷66《李应昇传》，第532页。
③ 顾廷龙：《中国历代人物年谱考录》，中华书局1992年版，第326页。
④ 林时对：《荷锸丛谈》卷4"马阮合交之由"条，第337页。
⑤ 王鸿绪：《明史稿列传》卷287《阮大铖传》，第647页。张廷玉《明史》的记载与它几乎一样。

也"①。"至魏忠贤杀大中,谓为大铖阴行赞导者,亦深文也。"② 阮大铖之密友马士英说:

> 本官(指阮大铖——笔者按)天启年间,曾任吏科都,同官魏大中争缺,本官虽退让,与当时诸臣嫌隙遂开,因牵入魏忠贤逆案。其实本官既未建祠,未称功颂德,径坐以阴行赞导。夫谓之赞导,已无实迹,且曰阴行,宁有确据?③

阮大铖本应任职吏科都给事中,但仍将其让与魏大中;"钦定逆案"说他对魏忠贤"阴行赞导","阴行"本就是含糊其词。马士英列名《明史·奸臣传》,其心术品行多为人所鄙夷,但他为阮大铖辩解的这番话却是符合实情的。复社名士夏完淳也说:"阮之阿珰,原无实指。"④ 因此,张廷玉《明史》说阮大铖"自是附魏忠贤"⑤,并非确论。

阮大铖在天启时期为东林所激而借助魏忠贤之力以达到自己的目的,但他与魏忠贤的来往并没有明显的证据,因而并不能证明他是魏党中人。至于说他暗中帮助魏忠贤杀害魏大中等人,则完全是深文周纳。崇祯初期为东林党人昭雪,东林后人上书极力斥骂阮大铖,但后来钦定逆案其所得处分相对来说却并不很重,⑥ 这似乎也可视作其冤案的证据之一。

至于阮大铖崇祯初期上疏并论东林和魏党一事,应结合第一章第一节谈到的"贤奸之辨"这一政治背景来看。杨维垣帮阮大铖投上的"合算疏",成为他后来为东林所切齿,并被长期废锢的重要罪证,前文对此已有详细论述。

罢归后,阮大铖先回老家桐城,后为农民军所逼避居南京。虽然被

---

① 钱澄之:《藏山阁集·文存》卷6"皖髯事实"条,第645页。
② 李清:《三垣笔记》卷下《弘光》,中华书局1982年版,第114页。
③ 李清:《南渡录》卷1,第27页。
④ 夏完淳:《续幸存录》"南都杂志"条,留云居士辑:《明季稗史初编》卷14,上海书店1988年版,第556页。
⑤ 张廷玉:《明史》卷308《阮大铖传》,第7937页。
⑥ 左光斗之子左国柱、魏大中之子魏学濂等都曾上血书(金日升:《颂天胪笔》卷20,第625—626、629—631页)。钦定逆案阮大铖以"颂美赞导"罪名,"坐徒三年,纳赎为民"(文秉:《先拨志始》卷下,第234页)。

罢，但他仍"每思乘间以图翻案"①。在桐城时，他广结人缘以图起复，他的同乡钱澄之说："大铖虽里居，凡巡方使者出都，必有为之先容，到皖即式其庐，地方利弊，或相咨访，大铖随以夸张于众，门庭气焰依然薰灼"，还记载他想巴结"温御史应奇者"而最终落空一事。② 其他魏党人员势力依旧薰灼者，除上一节所说的冯铨外，还有如霍维华遣戍徐州，"其气势犹为远近所畏"；杨维垣遣戍淮安，"益联络南北，大张势焰，远近咸畏之"③。

当时明朝内有农民起义，外有后金（1636年以后改称"清"）的侵扰，为应付这一时局，崇祯帝下旨举荐"边才"即堪当边疆守卫重任的人才，许多逆案人员都想借此起用。如王永光荐吕纯如，唐世济荐霍维华等，但是都为群臣所阻。④ 阮大铖避居南京后，也"颇招纳游侠，为谈兵说剑，觊以边才召"⑤。但是东林、复社人士却仍对他不依不饶。

> 当是时东南名士继东林而起，号曰复社，多聚于雨花桃叶之间，臧否人物，议论蜂起。而礼部仪制司主事周镳实为盟主，其诋诽大铖，不遗余力。大铖尝以梨园子弟为间谍，每闻诸名士饮酒高会，则必用一二伶人阑入别部中，窃听诸名士口语，顾诸名士酒酣，辄戟手詈大铖为快。大铖闻，则嚼腭捶床大恨。⑥

他们甚至作《留都防乱公揭》，说阮图谋"翻案"，危害地方，勾通农民军，要将他驱逐出城。阮大铖一方面作《酬诬琐言》予以回击，另一方面仍力图修补与复社的关系，"阮心此事仲驭（指周镳——笔者按）主之，然始谋也绝不有仲驭者。而铖以书来，书且哀，仲驭不启视，就使者

---

① 林时对：《荷锸丛谈》卷4"马阮合交之由"条，第337—338页。
② 分见佚名《鹿樵纪闻》卷上《马阮始末》，《痛史》本；钱澄之《藏山阁集·文存》卷6"皖髯事实"条，第646页。
③ 万斯同：《明史》卷355《霍维华传》《杨维垣传》，第283、289页。
④ 分见文秉《烈皇小识》卷2，第57—61页；卷5，第137页。
⑤ 张廷玉：《明史》卷308《阮大铖传》，第7938页。
⑥ 戴名世：《弘光朝伪东宫伪后及党祸纪略》，第9页。

焚之。铖恨之刺骨"①。他还曾托人结交侯方域，希望通过侯来调解此事，也未果。② 他还想示好雷缜祚，亦被拒，"大铖数谒雷金事不报。一日携酒过，雷逾墙避之，故置逆案几上，大铖愧且骇"③。《留都防乱公揭》把阮大铖逼入孤立的绝境，极大地刺激了他，为其以后疯狂地报复东林、复社埋下了伏笔。

  揭发而南中始媤媤知有逆案二字，争嗳嚅出恚语曰："逆某逆某。"士大夫之素鲜廉者亦裹足与绝。铖气愈沮，心愈恨……且悖且恚，铖归潜迹南门之牛首，不敢入城，向之裘马驰突，庐儿崽子，焜耀通衢，至此奄奄气尽矣。然铖腐心咋齿，日夜思所以螫吾辈，谋翻局，特未有路耳。④

后来弘光时期阮大铖夤缘复起，果然对东林、复社大肆报复。
  除以上活动之外，阮大铖在被废锢后的其他活动，在魏党中也颇有代表性，如留心于诗歌、戏曲的创作，结中江社以广树声气⑤，请兵平定地方民变⑥，等等。"逆案中人"为明朝守卫地方的，还有如上一节所说的冯铨抗击清军；杨所修在起义农民军攻陷商城后，被执不屈而被杀⑦。谢启光、孙之獬、李鲁生等人也都有抵御农民军的举动。⑧

---

 ① 陈贞慧：《书事七则》"留都防乱公揭"条，《昭代丛书》本。但是全祖望称此事周镳"实主之"（全祖望：《鲒崎亭集》卷11《梨洲先生神道碑文》，第127页）。《留都防乱公揭》原文见柴德赓《史学丛考》之"明季留都防乱诸人事迹考上"篇，共有143人署名，顾宪成之从孙顾杲列于首位，揭文也是以他的名义发布的，但实际撰写揭文的是吴应箕（柴德赓：《史学丛考》，中华书局1982年版，第2—8页）。
 ② 佚名：《明亡述略》卷下，第323页；侯方域：《壮悔堂文集》卷5《李姬传》，第508页。
 ③ 朱一是：《为可堂集·周雷赐死始末》，转引自谢国桢《明清之际党社运动考》，中华书局1982年版，第83页。
 ④ 《书事七则》"留都防乱公揭"条。张鉴进而认为《公揭》导致了整个逆案中人对复社的仇视，"自是逆案中人始与复社为切齿，不独大铖，即杨维垣、张孙振皆是也"（《冬青馆甲集》卷5《复社姓氏传略·序》，第54页）。
 ⑤ 朱倓《明季桐城中江社考》分析阮大铖建社原因，"一以标榜声名，思为复职之地，一以树立党援，冀为政争之具"（《国立中央研究院历史语言研究所集刊》第一本第二分，商务印书馆1930年版，第252页）。
 ⑥ 叶灿：《序》，见阮大铖《咏怀堂诗集》，第325页。
 ⑦ 万斯同：《明史》卷354《杨所修传》，第280页。
 ⑧ 《清史列传》卷79《谢启光传》《孙之獬传》《李鲁生传》，第6561、6562、6565页。

但是也有一些魏党成员罢归后心灰意懒,绝意仕进,如张瑞图为万历三十五年(1607)探花,策文有云:"古之用人者,有程功积事之格,而初不设君子小人之名。……君子小人之别,实始于仲尼"①,只论事功,不辨君子、小人,被认为是他后来投附魏忠贤的思想根源。天启六年七月张入阁,"谄事忠贤,务为迎合,凡忠贤建祠,碑文多出其手,又诏旨褒美忠贤,多出瑞图票拟,时以为'魏家阁老'"②。钦定逆案,崇祯帝亲自将他加入案中。他的书法作品至清初仍受到钱大昕的推重。③他著有《白毫庵内篇》二卷,《外篇》一卷,《集篇》一卷,刊刻于崇祯时期,自言作此书的缘由说:"时于枕上记忆古昔肥遁达生、寡欲无竞之士,实获我心者。隐括其事迹,韵以成篇,口授侍者,录而存之。"该书中《禅肤》《座右铭》等篇章反映了他信奉禅宗,追慕清静的内心世界,"惟寂惟寞,爱清爱静。固柢深根,收视返听。上药三品,妙萃一乘。渊然不动,廓尔无圣。古镜未磨,空谷未应。三教所同,尽性至命"④。再如朱国盛罢归后,"无所事事,惟纵情歌舞,放迹林泉,以老其身"⑤。

第三节 "阉党"部分后人的活动

魏党后人的活动应是多种多样的⑥,如薛贞之侄薛国观在崇祯时期出任首辅,"一踵体仁所为,导帝以深刻,而才智弥不及,操守亦弗如。帝初颇向之,久而觉其奸,遂及于祸"⑦,成为崇祯时期被杀的两个首辅之一(另一个是周延儒)。潘汝桢之子潘映娄与阮大铖等人成立中江社,与复社相抗⑧。但由于材料所限,本书此处只选两种个案考察。

---

① 文秉:《定陵注略》卷9《庚戌科场》。
② 夏燮:《明通鉴》卷80,中华书局1959年版,第3088页。
③ 钱大昕:《潜研堂文集》卷32《跋张晋江札》,江苏古籍出版社1997年版,第560页。
④ 张瑞图:《白毫庵内篇》卷1《口士·引》,第448页;卷2,第494页;《集篇》卷1,第549页。
⑤ 邹漪:《启祯野乘二集》卷6《朱太常传》,第182页。
⑥ 如部分阉党人员投顺清朝,其后人也入仕清朝,这将在第五章探讨阉党在清初的活动时涉及。
⑦ 张廷玉:《明史》卷253,第6539页。
⑧ 朱倓:《明季桐城中江社考》,《国立中央研究院历史语言研究所集刊》第一本第二分,第251页。

一 周镳、周钟

魏党后人中有反祖辈所为而投身东林、复社，但最终贻讥于人者，如周镳、周钟兄弟。他们的两位叔伯周应秋、周维持均入"逆案"，而两人则投身东林。"镳世父尚书应秋、叔父御史维持，以附魏忠贤并丽逆案，镳耻之。通籍后，即交东林，矫矫树名节。"① 看来东林与魏党的矛盾，并不一定会延续到其后人身上。两人虽为表兄弟，矛盾却很深，"镳与钟尤以才相妒，各招致生徒，立门户，两家子弟遇于途不交一揖"②。周钟是应社的领袖，两人后来又都加入复社。

周镳字仲驭，号鹿溪，金坛人，崇祯元年中进士，五年十二月为南京礼部主事时曾上疏指陈皇帝任用内臣之弊，"帝怒斥为民，镳由是名闻天下"③。之后他与另一复社人士沈寿民"读书茅山"，"廷臣多论荐之"，十五年复起，并得到吏部尚书郑三俊的信任。但是他"为人好名，颇饰伪"，不久又被给事中韩如愈劾罢。④ 他曾一再与逆案人员阮大铖为难。史可法开府皖江，为其师左光斗建祠，由周镳撰写的碑文，"指斥大铖尤甚，大铖蓄之久，无以发也"⑤。十一年他又倡导发起《留都防乱公揭》驱逐阮大铖的活动⑥，阮大铖向他乞哀，也被他严拒："阮心此事仲驭主之，然始谋也绝不有仲驭者。而铖以书来，书且哀，仲驭不启视，就使者焚之。铖恨之刺骨。"⑦ 周延儒再次为首辅，周镳成为他的幕僚，与吴昌时、钱位坤、周仲琏等合为"周门四君子"⑧。当李自成农民军攻陷北京，

---

① 温睿临：《南疆逸史》卷12《周镳传》，第87页。张廷玉《明史》内容大多与此相同，应是取材于它（卷274《周镳传》，第7032页）。
② 徐鼒：《小腆纪传》卷19《周钟传》，第207页。
③ 计六奇：《明季北略》卷8"周镳论用内臣"条，中华书局1984年版，第141—142页。
④ 张廷玉：《明史》卷274《周镳传》，第7032页。
⑤ 张鉴：《冬青馆甲集》卷5《复社姓氏传略·序》，第52页。
⑥ 全祖望：《鲒埼亭集》卷11《梨洲先生神道碑文》，第127页。
⑦ 陈贞慧：《书事七则》"留都防乱公揭"条，《昭代丛书》本。
⑧ 张鉴：《冬青馆乙集》卷6《书复社姓氏录后四》，第161页。当周延儒被罢时，周镳又想参劾他以划清界限，受到李清的鄙薄（《三垣笔记》卷中《崇祯》，中华书局1982年版，第63页）。另外，阮大铖与周延儒为"髫年密友"，又曾为周延儒之幕宾，两人关系非同一般（陈贞慧：《书事七则》"留都防乱公揭"条，《昭代丛书》本）。周延儒再度为首辅，久被罢黜的阮大铖还曾想靠他起复，最终周碍于对他复出起了重要作用的复社的关系，只起复了与阮大铖交往密切的马士英（戴名世：《弘光朝伪东宫伪后及党祸纪略》，见《忧患集偶钞》，第7页）。周镳、阮大铖都与周延儒交结，为何周镳不肯放过阮大铖，周延儒在二人之间是否起过调和作用等问题，尚须探讨。

崇祯帝自缢煤山后，南京群臣围绕皇位人选展开争斗，一部分官员主张拥立潞王朱常淓，另一部分官员主张拥立福王朱由崧，周镳与雷缜祚帮助前者到处游说①。弘光时期阁臣马士英举荐"逆案"人员阮大铖受到举朝反对后，在阁臣高弘图的调解下，马士英与东林曾有望和解，但是这却被东林党人刘宗周的上疏破坏，而怂恿刘上疏的可能就是周镳。

> 初，士英以荐大铖，致中外沸议，意稍折。一日，阁中推词臣缺，言已故张庶常溥可惜。士英曰："吾故人也，死酹而哭之。"姜辅曰广笑曰："公哭东林贤者，亦东林耶？"士英曰："予非畔东林者，东林拒予耳！"高辅弘图复从臾之，颇有和解意。及刘总宪宗周疏自外至，大铖等宣言："曰广实使之。"于是士英怒不可回，而荐（谢）陞捷等之疏出矣。或曰激宗周上疏者，在籍周仪曹镳，曰广不知也，（张）然人终以宗周疏为正。②

马士英与阁臣姜曰广不和，使人参劾周镳是姜的"私党"，自己又参论"从逆"人员即降附李自成大顺政权的周钟，借以牵连周镳。周钟的叔父周维持、弟弟周铨为周钟辩护，称是周镳为李自成撰《劝进表》、下江南策，嫁祸给周钟，使周镳被逮下狱。阮大铖为报《留都防乱公揭》之仇，一心要将他置之死地。周镳曾"嘱御史陈丹衷致书币求解于士英"，而未果。弘光元年（1645）三月，发生"大悲案"。御史王憺说"大悲案"与之前的王之明案、袁妃案，都是由于周镳、雷缜祚"定策"时怀有二心，荧惑视听，请斩二人以消祸。而一月后宁南侯左良玉在武昌起兵宣称讨伐马士英，说马士英、阮大铖合谋构陷周、雷二人，加速了周、雷二人的被杀。二人于当月被赐自尽。③

周钟是周镳从弟，字介生，中崇祯十六年进士。吴伟业极为称誉周钟之才学，称其兄弟四人（周铨、周钟、周镕、周钺），"惟介生敏颖绝伦，角卝时，五车万卷无留牍矣，诗文缃缃万言，有倚马之目，诸昆仲皆莫及也。房选华锋出，时尚一新，天下竞称之，由是向日推豫章者，相率而推

---

① 温睿临：《南疆逸史》卷12《周镳传》，第87页。
② 李清：《三垣笔记》卷下《弘光》，中华书局1982年版，第97页。
③ 温睿临：《南疆逸史》卷12《周镳传》，第87—88页。按：张廷玉《明史·周镳传》附于姜曰广传之后，这或许表明，《明史》的修纂者也认为周镳是姜曰广私党。

金沙矣"①。"豫章"指艾南英，是当时的时文选艺名家，可见周钟在做科场文字上也是行家。他也与阮大铖相恶，"钟与某弟遇阮大铖于酒肆席间，弟与语不合，推案坏座，坐者皆失色，钟徐引去不为谢"。他还拒绝当时镇守山东、后来成为弘光政权"四镇"之一的刘泽清的结纳，而为刘忌恨。当李自成农民军攻占北京后，他曾降附，向李自成上《劝进表》，并建议其早定江南。②农民军在清军的进逼下退出北京后，他又逃到南京，于弘光元年四月被马士英、阮大铖等人以"从逆"的罪名处死。③据《鹿樵纪闻》，周钟"素悍讦，梓里多与龃龉。既从贼，宗亲邻社，方欲得甘心。及闻携侣而归，远近不约而集，并项（煜）执送留都"。刑部尚书高倬恨周钟平日谈忠说义以骂天下，自己却失节降附大顺政权，将其正法。④看来这两兄弟在家族内部、乡里的名声都不是很好。

吴伟业评价周镳、周钟二人说：

> 介生应死，其杀之未必尽得其罪。仲驭刚肠疾恶，横为匪人所害，后世必有纪其事者，可无憾矣！介生以一念濡忍，缓于引决，重为用事者龄龀，蒙彼恶声，殒身独柳，使先生在，必为唏嘘掩涕，恨其舍生取义之未能，而声名并灭，贻天下戮笑也！⑤

批评周钟向大顺政权投降，"以一念濡忍，缓于引决"，这或许也是对自己降清后的不佳境遇的有感而发；而赞扬周镳排斥阮大铖的举动是"刚肠疾恶"，称其因此被阮报复所杀必能青史留名，这或许跟吴伟业与周镳同为复社成员有关。然而，吴伟业说周镳"后世必有纪其事者"，似乎对其后世获得佳评充满信心；但张廷玉《明史·周镳传》虽然记载了他与阮大铖的纠葛之事，却并无好评，反而说他"为人好名，颇饰伪"⑥。

---

① 吴伟业：《复社纪事》，上海书店1982年版，第172页。
② 《清史列传》卷79《王铎传》，第6543页。周钟降附大顺政权及其情状，参见张鉴《冬青馆乙集》（卷6《书复社姓氏录后四》，第161页）。
③ 温睿临：《南疆逸史》卷12《周镳传》，第88页。
④ 佚名：《鹿樵纪闻》卷下《项周失节》。
⑤ 吴伟业：《复社纪事》，第172页。
⑥ 张廷玉：《明史》卷274《周镳传》，第7032页。

二 李清

魏党后人的另一种情况是如李清洁身自好，为人称道者。李清，字心水，别号映碧，扬州兴化人，高祖为嘉靖时期大学士李春芳，祖父李思诚天启时期官至礼部尚书，崇祯时期被列入"逆案"。李清天启元年中举人，崇祯四年成进士，当考选庶吉士时因不欲与人争名相轧而没有参加考试，后来授官宁波府推官，政绩显著。他在朝廷的考核中成绩最佳，又因召对称旨，被崇祯帝特擢为刑科给事中，屡次疏陈时弊，后来因为弹劾刑部尚书甄淑而镌二级调浙江布政使司照磨。没过多久甄淑因为贪贿被罢官，李清又入朝补授吏科给事中，仍然直言侃侃，不满朝臣只顾门户之争，不管国家安危，"疾朝臣日竞门户，疏言：'国家门户有二，北门之锁钥，以三协为门户；陪畿之扃键，以两淮为门户是也。置此不问，而哄堂斗穴，长此安底'"。弘光时期他升任工科都给事中，上疏劝诫弘光帝，请求修改当时拟定的崇祯帝的思宗庙号，补谥崇祯帝的太子和两位王子，还曾请谥明朝开国、靖难及累朝死谏诸臣。清军下江南，弘光朝廷覆灭，他弃官归隐，杜门匿影，拒绝清廷的征召。康熙十八年（1679），明史馆总裁徐元文推荐他入史馆参与修撰《明史》，他没有前往，但"朝廷从其家取书数种赴史馆"，死于康熙二十二年。[①]

对于李清之为人，与其同时的汪琬称赞说："为人淳厚不设町畦"[②]，即言其性格宽厚。他专于史学，著述宏富，"公垂老，手不释书，尤精于史学，所著有《史论》《南北史》《南唐书》各有合注、《三垣笔记》《南渡录》"[③]。清初学者王士禛也说他："好著书，常以陆游、马令二家为经，

[①] 参见汪琬《尧峰文钞》卷21《前明大理寺左寺丞李公行状》，第205—207页；徐元文《含经堂集》卷27《李映碧先生墓志铭》，第667—668页；徐乾学《憺园文集》卷32《李映碧先生墓表》，第723—724页。三书内容大体相同，相异之处可相互补充。温睿临《南疆逸史》卷28《李清传》（第198—199页），相比于以上三书最为简略。汪琬称李清行状取材于陈瑚《李清传》及李清《自叙年谱》。据清人沈德潜《明诗别裁集》载，陈瑚字言夏，太仓州人，崇祯十五年举人，曾有诗作《李映碧廷尉遗地图》（卷11《陈瑚》，第207页）；又据陈瑚《确庵文稿》所载《报李映碧廷尉书》（卷22，第427页），观其意，应为李清罢官时劝慰而作，由此也可见李、陈二人确有交谊。但陈瑚该书中却没有《李清传》。关于刑部尚书甄淑之"性刻""深文"以及李清与其之矛盾，李清上疏极论门户之害，详见于李清《三垣笔记》（卷上《崇祯》、卷中《崇祯》，中华书局1982年版，第35—36、77—80页）。

[②] 汪琬：《尧峰文钞》卷21《前明大理寺左寺丞李公行状》，第207页。

[③] 徐元文：《含经堂集》卷27《李映碧先生墓志铭》，第668页。

别修《南唐书》，而以《江表志》《钓矶立谈》诸书为纬，尊李氏为正统，其书颇可传。"① 李清著书持论公平也向来为人所称道。如徐元文说："公言盖有所激，故其著书亦多为持平之论，不能一意排比，与时附和，见者或不谓然，久之论定而知其立言之不苟也。"② 清代治南明史的专家杨凤苞说："映碧先生持论最平，无明季门户之习。在陪京掖垣时，小朝之诏谕章奏，皆其手亲简料者，故记载核而不诬，褒贬公而不谬"，"《明史·福王传》悉取资焉"③。

夏允彝所著《幸存录》一书，自称"质言之，平言之"，"失之略者有之，失之诬者，予其免夫"④。该书对明末党争问题有较多持平之论，如评述明末党争的"门户大略""门户杂志"两篇，谈迁《国榷》、计六奇《明季北略》、叶珍《明季编遗》都部分或全部抄录⑤。今人朱希祖先生、谢国桢先生也对它立论"持平"有所称道。⑥ 但是清代学者李文田却认为《幸存录》为李清假托所作。⑦ 他的学生缪荃孙还比较王鸿绪、万斯同两家《明史稿》说："盖王氏尝与兴化李清相友善，李所交多明季魏党一流人物，所言多回护阉，万氏则无此矣"⑧，认为李清立论多偏向魏党，影响了与其交好的王鸿绪《明史稿》。但据清人张鉴说，李清曾批注《幸存录》，对该书于马士英等人的回护之处也有所批评。⑨ 观李清《三垣笔记》等书，固然对东林不无微词，但对魏党也常施痛批，如天启四年春阮大铖与东林党人魏大中争吏科都给事中一职，李清说："然大铖资俸居先，迫之去者过"，对东林处事不公表示不满；但他也批评阮大铖在弘光时期复出后的乖张行为："一出而傲悍贪横，除正引邪，六十老翁复何所

---

① 王士祯：《分甘余话》卷1"先人著述应早付剞劂"条，第22页。
② 徐元文：《含经堂集》卷27《李映碧先生墓志铭》，第668页。
③ 杨凤苞：《秋室集》卷1《南渡录·跋》，第12页。
④ 夏允彝：《幸存录·自叙》，留云居士辑：《明季稗史初编》卷14，上海书店1988年版，第281页。
⑤ 谈迁：《国榷》卷104，中华书局1958年版，第6215—6216页；计六奇：《明季北略》卷24"门户大略""门户杂志"条；叶珍：《明季编遗》卷3"门户始末""门户杂志"条。
⑥ 朱希祖：《明季史料题跋·跋旧抄本幸存录》，第6页；谢国桢：《增订晚明史籍考·自序》，第7页。
⑦ 缪荃孙：《艺风堂文续集》卷6《三垣笔记·跋》，第245页。李文田在该书中被缪荃孙称为"顺德师"。
⑧ 萧穆：《敬孚类稿》卷9《记永乐大典·附记王万二家明史稿》，第57页。
⑨ 张鉴：《冬青馆甲集》卷6《幸存录跋》，第71页。

求？而若敖已馁，何不觅千秋名，乃遗万年臭？"① 这么看来，李清并非"所言多回护阉"。即《幸存录》的某些地方对东林也仍有所回护，如对于东林与太监王安之关系，其认为"乃珰之慕贤，非诸贤之通珰也"②。而且，当时在党争问题上对东林有所批评的，除李清《三垣笔记》《南渡录》和夏允彝《幸存录》外，还有叶向高《蘧编》、黄景昉《国史唯疑》、谈迁《国榷》、张岱《石匮书后集》、史敦《恸余杂记》、林时对《荷锸丛谈》、吴巘《清流摘镜》、温睿临《南疆逸史》、戴名世《弘光朝伪东宫伪后及党祸纪略》等众多史书，未见得它们都是出于维护魏党的目的。所以，不可因此就说《幸存录》是李清假托所作，也不可因李清、夏允彝对明末党争有一些不利于东林的言论，就质疑它们的可信度。

　　由以上论述还可看出，魏党的后人在崇祯时期可以参加科考中第，进入仕途，也可以摆脱家族先人的影响，转投东林、复社。这也表明崇祯朝对魏党的处理只及其一身，并不牵连其后人。东林、复社对魏党绝不放过，如阮大铖几次三番向其乞哀示弱，仍不能得到谅解；但对魏党的后人，只要其改弦更张，他们也愿意接纳。如周镳、周钟的社会声望、仕途发展确实曾从中受益，但最终也因此卷入党争而断送性命，而将他们置于死地的是曾被他们羞辱的阮大铖。

　　但是东林、复社对曾与己方对立的温体仁又有所不同。温体仁死后仍然受到清算，弘光时期礼部尚书顾锡畴曾奏削其"文忠"谥号，后来马士英、阮大铖当国，诚意伯刘孔昭又疏争恢复。他的族弟温璜不趋附其兄，却与东林、复社人士交厚，"夷然自守，反与东林诸公结契，名在复社第一集"，与周镳、周钟相同，温璜在明朝灭亡后抗清而死。其他亲属也有人因温体仁而受到牵连，"体仁死，其家有润仁者，乡举拆糊名得之，相顾曰：'此乌程家也，置之副科'"③，由此也可见东林、复社在当时政治社会中的影响力以及对待政敌之苛刻。

---

① 李清：《三垣笔记》卷下《弘光》，中华书局1982年版，第114页。
② 夏允彝：《幸存录》"门户大略"条，留云居士辑：《明季稗史初编》卷14，上海书店1988年版，第293页。
③ 全祖望：《鲒崎亭集·外编》卷12《推官温公璜》，第637页。

第五章

"阉党"在南明弘光时期及清初的活动

偏安东南一隅的弘光朝廷仍然延续了晚明的党争，甚至更趋激烈，"南都再建，国事累卵，宜尽捐异同，专心忧国，尚恐难支，而相仇益甚"①。以阮大铖为代表的逆案人员和东林、复社继续争斗不止，如"定策"之争、人事安排上的纷争（"勋臣殿争"、督师之争、围绕阮大铖复起的纷争）、围绕"顺案"处理和"三疑案"的纷争等，最终逆案人员纷纷复出，东林、复社人士则相继罢官，而弘光小朝廷也随即覆亡。

魏党在清初的活动主要在顺治时期，以冯铨为首的魏党与以陈名夏为首的东林、复社的相争，仍然是明末魏党与东林政争的继续。一些学者对这一问题已有概括性的论述，即基本上都将此视为"南人与北人之争"。但是双方相争的具体情形究竟如何，则尚未有人谈及，所以这部分主要是将其大致情况梳理清楚。

第一节 "定策"之争

崇祯十七年（1644）三月十九日，李自成农民军进占北京，崇祯帝于煤山自缢。明朝的遗老们称这一事件为"甲申国变"，它标志着明朝在北方的统治基本结束。但是李自成的大顺政权以及继大顺政权之后入主北京的清朝统治者，都没有立即对南方采取大规模的军事行动，因此当时淮河以南大部分地区实际仍在明朝统治之下。明朝的官员们聚集于留都南京，他们希图扶持朱明后人以重建政权，延续明朝的统治。但是他们在新

---

① 夏允彝：《幸存录》"门户大略"条，留云居士辑：《明季稗史初编》卷14，上海书店1988年版，第292页。

第五章 "阉党"在南明弘光时期及清初的活动　209

君的人选问题上分为两派，一派主张迎立福王朱由崧，阮大铖为其幕后主使，凤阳总督马士英、高杰等将领为主要成员；另一派主张迎立潞王朱常淓，主要成员是以史可法为首的东林、复社人员及其支持者。双方展开激烈的争斗，是为"定策"之争。

一　史可法、马士英与"定策"之争

不少史籍都对南都的迎立新君问题详细记载，但相互之间的出入也较大。[1] 现列举三种时人所记如下。

李清《南渡录》：

> 因江南在籍臣恐福王立后，或追怨妖书及梃击、移宫等案，谓潞王立，则不惟释罪，且邀功。时以废籍少宗伯两入留都倡议者，钱谦益也。于是，兵部侍郎吕大器主谦益议甚力，而右都御史张慎言、詹事姜曰广皆然之。丁忧山东佥事雷縯祚、礼部郎中周镳亦往来游说。独逆案为民阮大铖与凤阳总督马士英密，且心冀然灰，书言不可。时王闻，惧不得立，书召南窜总兵高杰与黄得功、刘良佐协谋拥戴。刘泽清素狡，先附立潞议，至是以兵不敌，改计从杰等。南都诸臣不知也，方列王不孝不弟七款贻漕督（误，当为南京兵部尚书——笔者按）史可法，转贻马士英，为立潞王。不知杰等与士英已歃血议立王矣。可法知事势已决，始具舟启迎。而吏科李沾与御史郭维经、陈良弼等，复倡言于内，然持异议者犹呶呶也。独沾历阶而上，面折大器云："今日之事何事！论典礼则礼莫重于尊君；论典兵则兵莫先于卫主。倘有异议者，即以一死徇之。"礼成告庙，约二十八日登舟迎

---

[1]　已故的顾诚先生曾考证过《过江七事》一书，认为其是由直接参与"定策"之事的姜曰广所作，而非陈贞慧所作，并主要依据此书"计迎立"条来叙述定策问题：史可法和马士英曾协商制订"亲贤两尽"的方案，即迎立远在广西的"亲"的桂王朱由榔为帝，而由"贤"的潞王朱常淓"仿古兵马元帅之制，暂借统兵马"（顾诚：《南明史》，中国青年出版社1997年版，第45—49页）。但是所谓"亲贤两尽"的方案在其他史书中均无记载，顾诚先生只采用一种史书作为论据，未免是"孤证"；更何况《过江七事》在记载定策问题上还存在一些自相矛盾之处。如据该书"计迎立"条称，史可法和马士英制订"亲贤两尽"方案后，马士英回到凤阳即改而拥立福王，史可法对此"概未知也"，却仍然致信马士英说福王"不宜立"，岂非多此一举，显然不合逻辑。再者，姜曰广作为"定策"之争拥立福王的一方，又与马士英等人一直不和，故其有关言论亦恐未可尽信。

驾。至是日清晨，大器意尚犹豫，沾心怂，驰至各台臣所，欲追寻异议之人，方定。先数日前，士英书约沾等云："北事果真，又有伦序亲贤，早正名位，吾辈方可不负朝廷，不祸身家。"故沾争甚力。①

夏允彝《幸存录》：

> 南都复建，国事累卵，而诸臣之相仇益甚。当拥立之时，凤督马士英移书商之枢部史可法，有世治则循序，世乱则议贤之语。可法谓士英意在潞藩也。遽与姜曰广、吕大器辈移文士英，言今上失德事。时钱谦益家居，往来江上，亦意在潞藩。盖以福邸向有三案旧事，与东林恐不利也。士英得移文即与大帅黄得功、高杰等持为口实，力主迎今上。其所操伦序之说固当，但与初移书意不相合，可法等实为其所卖也。②

钱澄之《藏山阁集》：

> 京师陷后，留都当事佥议立君，士英贻大司马史可法书，请所欲立。是时称福世子者，已在士英军中，大铖与之谋久矣。而可法不知，犹且议亲议贤未有所决，报书甫达，新主业已拥戴渡江，不俟南都迎驾之疏至矣。③

它们都着重谈到在定策过程中史可法与马士英之间的关系，反映出二人在"定策"之争中具有的重要作用。《幸存录》《藏山阁集》都说马士英致书史可法，在文字上糊弄后者，致使史可法误解其意，回信说福王"七不可立"；而马士英却挟重兵拥立福王而来，史可法等人不得已接受既成事实。清末成书的徐鼒《小腆纪年附考》也持这种看法。④ 但是《南渡录》则不载马士英诓骗、出卖史可法的内容，而是说其对钱谦益等人

---

① 李清：《南渡录》卷1，第1—2页。
② 夏允彝：《幸存录》"门户大略"条，留云居士辑：《明季稗史初编》卷14，上海书店1988年版，第292页。
③ 钱澄之：《藏山阁集·文存》卷4"南渡论"条，第639页。
④ 徐鼒：《小腆纪年附考》卷5，第154—155页。

拥立潞王的主张明确"书言不可",马士英"书约"李沾等的言论,应当即是"书言不可"的部分内容。该书作者李清亲历定策之事,且其立论持平向来为人称道,所以他的说法应当较为可信。清初成书的徐秉义《明末忠烈纪实》也没有记载马士英诓骗、出卖史可法的内容。① 其他如《明季甲乙汇编》②、张廷玉《明史·史可法传》③、夏燮《明通鉴》④ 也都是如此。由此似乎可以认为,马士英等人乃是旗帜鲜明地主张迎立福王,并没有闪烁其词诓卖史可法。但是此事究竟如何,由于不得见马士英之书信等直接资料,仍难以定论。

《南渡录》也是上述史料中对这一问题叙述最为详尽者,由此还可以概见当时主张迎立福王和潞王的两股势力,都在积极活动以争取实权人物的支持。比如他们都曾试图争取史可法,见于张廷玉《明史·史可法传》。他们还都曾游说高杰、刘泽清等将领,两人因此致信问询淮扬巡抚路振飞,后者的回答是:"议贤则乱,议亲则一,现在惟有福王",主张拥立福王。刘泽清"先附立潞议,至是以兵不敌,改计从杰等",他由拥立潞王转而拥立福王,除"以兵不敌"外,路振飞的建议可能也是原因之一。福王登基后,刘泽清为撇清与东林的关系,"力诋东林以自解免"⑤。路振飞说:

> 有劝某随去南京扶立者,此时某一动则淮、扬不守,天下事去矣。此功自让与开国元勋居之,必待南都议定。不然,我奉王入而彼不纳,必至互争,是不待闯贼至而自相残败事矣。⑥

可见他也曾受到立福派的游说。他虽然主张拥立福王,但察觉到南京的一些官员并不欢迎他,为防止互动干戈,他采取了静观其变的态度。

除了对在外官员积极争取外,双方对南京城内的官员也极力笼络。如倡议迎立潞王的钱谦益曾"两入留都",并忩惠时任兵部侍郎,典礼、兵

---

① 徐秉义:《明末忠烈纪实》卷12《史可法传》,第187页。
② 东邨八十一老人:《明季甲乙汇编》卷1,第645页。
③ 张廷玉:《明史》卷274《史可法传》,第7017页。
④ 夏燮:《明通鉴·附编》卷1上,中华书局1959年版,第3494页。
⑤ 张廷玉:《明史》卷274《姜曰广传》,第7030页。
⑥ 东邨八十一老人:《明季甲乙汇编》卷1,第645页。按:淮抚路振飞也曾以此劝说史可法(归庄:《归庄集》卷8《路文贞公行状》,上海古籍出版社1984年版,第453页)。

二部印的吕大器说：

> 潞王穆宗之孙，神宗犹子，昭穆不远，贤明可立。福恭王（指朱由崧之父朱常洵——笔者按）昔者觊觎天位，几酿大祸，今立其子，势必翻三案以报私仇，视吾辈为俎上肉矣。公今主礼、兵二部事，公若倡言，谁敢异议。①

钱谦益说东林曾在万历时的"国本"之争中反对废长立幼，与福王朱常洵结怨，如立他的儿子朱由崧为帝，会给东林带来祸患。因而吕大器"主谦益议甚力"，对拥立福王一再迟疑不定；而吏科给事中李沾也在事先得到马士英的"书约"。但是从效果来看，立福派则明显占据优势，他们在外得到高杰等武将的支持，在内李沾也一直压制着吕大器。

马士英联络高杰等人，借舟于路振飞，护送福王至仪征。而史可法收到张慎言等人的书信后，也立即从浦口赶回南京。② 在事已成定局的情况下，"可法知事势已决，始具舟启迎"，拥护福王继承皇位，这场"定策"之争最终以马士英等立福派的获胜而结束。

二 福王、潞王与"定策"之争

立福派外倚强大的军事后盾，内借得力干臣李沾等的誓死相争，从而最终取得这场斗争的胜利。同时，他们拥立福王，"伦序当立"，相比立潞派"舍孙立侄""谋立疏藩"，也更符合皇位继承传统。"甲申国变"后崇祯帝的三个儿子都下落不明，因此不得不在藩王中挑选皇位继承者。按照传统的做法，当时最有资格者是万历帝的四个直系皇孙：福王、桂王、瑞王、惠王，但后三者彼时尚远在广西和四川，不便于迎立，只有福王逃难到淮安。因此，从皇位继承传统和当时的客观形势来说，福王是最合法合理的人选。陈寅恪先生也说：

> 就昔时继承权论，自当以亲疏为标准。由崧之血统，与熹宗、思

---

① 温睿临：《南疆逸史》卷7《吕大器传》，第59页。
② 按：当听到北京失陷的消息后，史可法遂赴浦口督师勤王（文秉：《甲乙事案》卷上，见《南明史料（八种）》，第428页）。

宗共出于神宗。常㳽之血统与熹宗、思宗共出于穆宗。故两者比较，常㳽之皇帝继承权，较由崧疏远一级。据是言之，马阮之拥立由崧，实为合法。①

正因为这样，迎立福王的主张也更符合人心。如李清说：

> 北都变闻，在籍钱宗伯谦益有迎潞王议，扬州郑进士元勋密语予：予语里人解少司马学龙曰："祸从此始矣。神宗四十八年，德泽犹系人心，岂可舍孙立侄？况应立者不立，则谁不可立？万一左良玉扶楚，郑芝龙扶益，各挟天子以令诸侯，谁禁之者？且潞王既立，置福王于何地？死之耶？抑幽之耶？是动天下之兵也，不可。"

这和上述路振飞所说的"议贤则乱，议亲则一"相近，都说明伦序亲疏对于"定策"问题的意义重大，如果弃亲立疏将可能导致各地将领拥立不同的藩王，"挟天子以令诸侯"，"动天下之兵"，引起战端。因此不仅大多数官员，而且普通大众也都赞成立福，反对立潞。"时草野闻立潞，皆不平，及（福）王监国，人心乃定。"② 时任苏松巡抚的祁彪佳描绘福王到达南京时的情景也说："所过民家具供香花，纵市人瞻仰，都人以纱灯数百盏来迎，生员、孝廉时有伏谒于道傍，人情欢豫。"③

那么福王和潞王的个人品性才能又当如何？立潞派称福王有"七不可立"，而潞王则"贤明当立"，对此孟森先生也表示赞同。他说福王"其七不可之说，实有所见，观后来弘光不道，尽应其语"，而"潞王为神宗侄，乃烈皇从叔，其可嫌者甚微，而潞王两世皆以轻财急公闻，详具本传，所谓贤明者不妄"④。但据张廷玉《明史》所载，孟森先生所谓潞王"轻财急公"，即拿出自己的"岁入"充作军饷，其目的只不过是为了保护他的封地（河南卫辉）免受农民军的进攻，以此来说明潞王"贤

---

① 陈寅恪：《柳如是别传》，第858页。
② 李清：《三垣笔记》卷下《弘光》，中华书局1982年版，第93页。按："王"指福王朱由崧。
③ 祁彪佳：《祁忠敏公日记》第十四、十五册，见《甲申日历》，民国二十六年（1637）绍兴县修志委员会校刊本。
④ 孟森：《明史讲义》，上海古籍出版社2002年版，第347页。

明",恐怕不太恰当。而其实所谓的"昏庸"与"贤明",只不过是立潞派为反福迎潞制造的口实而已。

明末清初的张岱说明朝的藩王:"乐善好书者,百不得一,而即有好饮醇酒、近妇人,便称贤王,遂加奖励矣。"由于受到严苛的控制,"故宗室之人,大略皆幸灾乐祸,国家稍有变故,无不怀时日何丧,予及汝偕亡之愿矣。甲申国变之后,诸王迁播,但得居民拥戴,有一成一旅,便意得志满,不知其身为旦夕之人,亦只图身享旦夕之乐"①。张廷玉《明史》则认为藩王如此不肖,是因为自明朝中叶开始"藩禁严密",以致"贤才不克自见,智勇无所设施"②。因此,福王"要之,汉阿斗之类也"③,而潞王"亦中才耳"④。潞王"居杭(州)时,常命内官下郡邑广求古玩。又指甲长六七寸,以竹筒护之,其为人可知矣"⑤。弘光朝廷灭亡后,一些明朝官员拥护潞王在杭州监国,但他不敢任事,很快就投降清朝,清人张道曾批评道:"所惜者以潞藩之亲且贤,夙为姜、刘、史、吕之所属意,而事畿及身,缩局如猬。迨至败衄,复不能扼吭饮刃,以谢天地九庙之灵,故乃掀璧道旁,为降王长,殊可恶也。"⑥ 所以曾任职于弘光朝廷的沈胤培说:"使潞王立,而钱谦益为相,其败坏与福王、马士英何异?"⑦ 可谓一语中的!

既然福王和潞王都不是真正的"贤王",立潞派可以说潞王"贤明当立",立福派也可以说福王"亲贤两尽",可见都是不足为据的。诚如陈寅恪先生所说:"至若常淓之为人,或优于由崧。然生于深宫之中,长于妇人之手,其贤不肖,外人甚难察知","然则常淓果优于由崧与否,犹待证实。东林爱憎之口,未必尽可信据"⑧。

---

① 张岱:《石匮书后集》卷5《明末五王世家》,第49页。
② 分见张廷玉《明史》卷120《潞王翊镠传》《传赞》,第3649、3659页。
③ 佚名:《鹿樵纪闻》卷上《福王下》,《痛史》本。按:该书原题吴梅村撰,但据近人孙毓修考证非是(参见谢国桢《增订晚明史籍考》,第465页)。
④ 温睿临:《南疆逸史》卷7《吕大器传》,第60页。
⑤ 李天根:《爝火录》卷10,第476页。
⑥ 张道:《临安旬制记·序》,第154页。
⑦ 李天根:《爝火录》卷10,第476页。
⑧ 陈寅恪:《柳如是别传》,第858页。

三 "定策"之争的实质

这场定策之争，实质上是明朝后期东林与非东林相争的继续。立潞派和立福派的主要成员都有党派的背景，如钱谦益、张慎言、姜曰广等人都是东林党人，而立福派之幕后主使阮大铖则是魏党中人。并且两派拥潞或拥福也主要是出于党派之见，立潞派之反福迎潞，是因为"恐福王立后，或追怨妖书及梃击、移宫等案，谓潞王立，则不惟释罪，且邀功"；而阮大铖等人拥立福王，也是"以福王与东林有隙，福王立，东林必逐，如此而'逆案'可翻，己可出也"①。所以美国学者司徒琳说："选择新皇帝的时候，党争即已开始，而且势头不弱。"② 两派争斗的目的，归根结底都是为了争夺新朝廷的政权。黄宗羲说阮大铖、马士英等人迎立福王，"必欲使事出于己而后可以为功"③；而钱谦益等人迎立潞王也是为了"邀功"。诚如赵令扬先生所说："两派基本目的，都希能拥立利己之傀儡，以便能左右政局。"④ 顾诚先生也说："南京政权从酝酿建立开始，就发生立福、立潞的争议，所谓'立贤''立亲'不过是表面文章，实质上是不同利益集团为争夺新政权垄断地位的一场争斗。"⑤ 但是立潞派出于历史宿怨而反对迎立福王的举动，却恰恰又与东林前辈们在万历"国本"之争中的言行努力相左，正如时人章正宸所说："当光庙在青宫时，则以光庙为国本，当光庙与熹、毅二庙皆绝时，则又以福藩为国本。若谓潞可越福，犹谓福可越光庙也，于国本安居？"⑥ 东林党人在万历"国本"之争中为维护礼法拥护皇长子朱常洛，"定策"之争是晚明时期的又一次"国本"之争，东林党人则为了本集团的私利而违背礼法拥护潞王，前后采用双重标准，贻人话柄。

---

① 戴名世：《弘光朝伪东宫伪后及党祸纪略》，见《忧患集偶钞》，第7—8页。按：东林对福王朱由崧的防忌，肇源于万历时期的"国本"之争。朱由崧之父朱常洵虽为万历帝的次子，却极受宠爱，而长子朱常洛则备受冷落。当时包括东林党人在内的许多大臣为确保朱常洛的太子之位，与皇帝进行了长年的争执，这些大臣也因此与朱常洵及其母郑贵妃等人产生嫌隙。关于此事，参见刘近思《四朝大政录》卷上《争国本》，清光绪十一年（1886）六世孙宝楠刊本；谷应泰《明史纪事本末》卷67《争国本》，中华书局1977年版，第1061—1076页。
② [美]司徒琳：《南明史》，第4页。
③ 黄宗羲：《弘光实录钞》卷1，见《南明史料（八种）》，第5页。
④ 赵令扬《论南明弘光朝之党祸》，载《明史论集》，第37页。
⑤ 顾诚：《南明史》，第66页。
⑥ 李清：《三垣笔记》卷下《弘光》，中华书局1982年版，第93页。

第二节　阮大铖结交马士英及其在弘光时期的活动

前文多处论及阮大铖与东林、复社的关系，后者在崇祯时期对阮大铖的过激之举使其积愤于心，伺机报复。"甲申国变"力持逆案的崇祯帝死去，为阮大铖复出报仇提供了一个机会。上述在"定策"之争中阮大铖为立福派积极谋划，即是其实施报复计划的第一步，而他能对马士英等人施加作用，也是他在罢官期间广结人缘的结果。立福派取得"定策"之争的胜利，便预示着阮大铖复出的日子快要到了。阮大铖在弘光初期的复出及之后的一系列活动，都与马士英有一定关系，因此这部分先对二人的关系进行梳理。

关于马士英的早期政治活动，张廷玉《明史》说：

> 马士英，贵阳人。万历四十四年，与怀宁阮大铖同中会试。又三年，士英成进士，授南京户部主事。天启时，迁郎中，历知严州、河南、大同三府。崇祯三年，迁山西阳和道副使。五年，擢右佥都御史，巡抚宣府。到官甫一月，檄取公帑数千金，馈遗朝贵，为镇守太监王坤所发，坐遣戍。

马士英因私自挪用公帑贿赂朝贵被人揭发而罢官，"寻流寓南京"[1]，"与东南诸绅往来颇善"[2]，尤其与"名挂逆案，失职久废"的阮大铖"相结甚欢"[3]。

马、阮二人关系非同一般。当前述崇祯时期复社出《留都防乱公揭》后，"大铖惧，杜门谢客，客亦罕复至其门者"，唯独马士英仍与之往来。二人"气类相投，又同病相怜，日夕过从，遂成莫逆"[4]。这样看来，他

---

[1] 张廷玉：《明史》卷308《马士英传》，第7937页。太监王坤于崇祯四年被任为提督宣府，不但劾罢马士英，之前还劾罢宣大巡按胡良机，六年正月又劾罢首辅周延儒（王世贞撰，王政敏订，王汝南补：《新刻明朝通纪会纂》卷5《怀宗端皇帝》，北京出版社1997年影印本，史部，第13册，第103页；万斯同：《明史》卷406《王坤传》，第419—421页）。这与崇祯帝由于对外官的表现失望，转而信任内官有关，详见第四章第一节论述。

[2] 李逊之：《崇祯朝纪事》卷4，第532页。

[3] 张廷玉：《明史》卷308《马士英传》，第7937页。

[4] 佚名：《鹿樵纪闻》卷上"马阮始末"条。

们也算是"患难之交"了。但除了长期罢废的相同命运和祈求复出的共同愿望外,马、阮的交好还可能因为在才艺上拥有共同的兴趣和名望。近人罗继祖说:"顾两人皆有才艺,阮诗为近代诗坛所推重,书迹亦工","瑶草(指马士英——笔者按)工画,亦能诗",还称曾亲见两人的真迹。① 学界对阮大铖在诗词、戏曲上的成就已有较多研究②,但对马士英这方面的关注则不多。③ 与马士英同时代的夏允彝曾说:"马士英以才名望称"④,王思任也称其"文采风流"⑤。而清人叶廷琯对此有更为详尽的介绍,称马士英"善画能文","论其初,实亦文人之具幹济才者","即其余艺亦尚可观。余尝于郡中收藏家见其山水便画,深得元人苍逸之趣;字亦学苏,颇无俗韵"。马士英为当时诗人徐元叹诗集作《序》,"论诗颇有妙语,未可尽呵为门外汉"⑥。其《序》见于《徐元叹先生残稿》,为天启元年五月所作,主要阐述了"才"与"静"对作诗的影响,"静而无才者,与诗绝者也;才而不静者,与诗隔者也"。《徐元叹先生残稿》后附清代同治时人潘钟瑞所作《跋》,也对马《序》予以高评。⑦ 叶廷琯称自己亲见马士英的字画为人收藏,说明清代士人对他的艺术作品较为珍视,这已能反映他的艺术创作水平之一斑。另据清代嘉庆时人戴璐《藤阴杂记》载,庙市中有将刘理顺与马士英之书法作品并列者,白仲调见后,随即购回刘之作品,且曰:"不令与奸邪同列。"⑧ 刘理顺是在李自成农民军攻占北京后,殉难而死的明朝官员。这条材料固然旨在说明清代士人对马士英的鄙薄,但马士英的书法作品能在庙市出售,也表明其确实具有一定的价值。此外,马士英对佛学也有所涉猎,"平日之喜谈禅",曾为阮

---

① 罗继祖:《枫窗脞语》"马阮诗画"条,第 125 页。
② 如钟明奇《阮大铖〈咏怀堂诗〉简论》(《中国文学研究》1993 年第 2 期),徐凌云、胡金望《孔雀虽有毒不可废文章——阮大铖四种曲卮谈》(《安庆师范学院学报》1990 年第 2 期)。另外,胡金望《人生喜剧与喜剧人生:阮大铖研究》(中国社会科学出版社 2004 年版),卞孝萱曾赞誉它:"平心而论,古今论阮大铖者,无详尽于此书者。"(该书《序二》,第 10 页)该书对阮大铖的这方面成就做了重点论述,也可资参阅。
③ 刘汉忠《马士英的诗文画艺》一文对此有简略介绍(《贵州文史丛刊》1999 年第 3 期)。
④ 夏允彝:《幸存录》"门户杂志"条,留云居士辑:《明季稗史初编》卷 14,上海书店 1988 年版,第 307 页。
⑤ 计六奇:《明季南略》卷 5《思任又上马士英书》,第 286 页。
⑥ 叶廷琯:《鸥陂渔话》卷 4《马士英有才艺》,第 154—155 页。
⑦ 徐元叹:《徐元叹先生残稿》,《丛书集成初编》,商务印书馆 1936 年版,第 2287 册。
⑧ 戴璐:《藤阴杂记》卷 7,第 62 页。

大铖《咏怀堂丙子诗》作序,"妙说禅机"①。由此看来,马士英并不是如司徒琳先生所说的"并无文才可以夸耀"②。马、阮境遇相似,又都是当时的才学之士,交往便有了基础。马士英被罢黜十年后,在崇祯十五年六月复出就任凤阳总督,就是阮大铖向首辅周延儒推荐的结果。③ 马士英在凤阳总督任内也不负所望,"擒诛叛将刘超,捍御流寇,数有功"④,又"与大帅黄得功、刘良佐善,曾一败袁寇",结好诸将,守土有功,从而赢得"边才之选"的赞誉。⑤ 在处理黔兵被杀事件时,马还曾向阮大铖倾诉衷肠,请他代为调解。⑥

马士英在"甲申国变"后,又在阮大铖的指授下,挫败立潞派,取得"定策"之争的胜利。其在弘光初期虽然入阁,却"总督凤阳如故",仍然被排斥在朝廷之外。然而不久他便设法改变了这种局面,"时士英旦夕觊入相,及闻督师凤阳命下,大怒,以可法所与士英七不可书奏之王,且令高杰、刘泽清疏趋可法视师,而自拥兵入觐,拜表即行,可法不得已自请督师"⑦,利用手中掌握史可法的把柄和操纵高杰等悍将,迫使史可法外出督师,自己则入朝辅政。

---

① 陈垣:《明季滇黔佛教考》,第234页。
② [美]司徒琳:《南明史》,第8页。王美《马士英文学研究》也提到了马士英的诗文、书画成就以及后人给予的高评,且运用的佐证材料都在本书此处所引用的材料之外,足以反映其在搜集材料上所下的工夫,其可以与本书此处的论述形成互补(第8页)。
③ 参见拙著《善恶忠奸任评说——马士英政治行迹研究》,第25页。笔者在该书中指出,复社支持周延儒复出,是为了营救黄道周,同时"以为两家骑邮",让周充当复社和"阉党"之间的中介。后来笔者又见到杜登春《社事始末》中的一段材料,对此能有所补充。"(张溥)门下或有私附杨、薛以图显荣者,以故西铭(指张溥——笔者按)得以逍遥林下,批读经史为千秋事业,而中夜不安,惟恐朝端尚以党魁目之也。计患起复宜兴(指周延儒——笔者按),终是孤立之势,乃与钱牧斋、项水心、徐勿斋、马素修(分别指钱谦益、项煜、徐汧、马士奇——笔者按)诸先生谋于虎丘之石佛寺,谋定,遣干仆王成赍七札入选君吴来之先生昌时邸中。吴先生者,一时手操朝柄,呼吸通帝座之人也。而犩毂番子密布内外,线索难通。王成以七札熟读,一字一割,杂败絮中,至吴帐为藁衣裋法,得达群要。"(《中国野史集成》编委会、四川大学图书馆编:《中国野史集成》,巴蜀书社1993年版,第27册,第635—636页)它表明,张溥等人协商帮助周延儒复出,还有一个目的就是保住自己。他们派遣干仆王成与吴昌时联络办成此事。
④ 温睿临:《南疆逸史》卷56《马士英传》,第442页。按:马士英此时被任用为何职,史籍有称凤阳总督者,也有称凤阳巡抚者,据靳润成《明朝总督巡抚辖区研究》(第72、145页),应为凤阳总督。
⑤ 夏允彝:《幸存录》"门户杂志"条,留云居士辑:《明季稗史初编》卷14,上海书店1988年版,第307—308页。
⑥ 参见拙著《善恶忠奸任评说——马士英政治行迹研究》,第30—33页。
⑦ 夏燮:《明通鉴·附编》卷1上,第3496页。

第五章 "阉党"在南明弘光时期及清初的活动　219

之后他便向朝廷举荐阮大铖，又乘首辅高弘图外出督粮之际，亲自票旨赐其冠带陛见，引起"举朝大骇"①。上文已经谈到，马、阮关系密切，而且马士英久废之后的复起也是拜阮所赐，所以钱澄之说马士英"以一荐报其当时起废之谋，情有难已"②。而且新君即位，起用前朝被罢斥的官员以笼络人心，原本也是很常见的事情。但是姜曰广等人强烈反对，说如果起用阮大铖，就是背叛崇祯帝。"遂使先帝十七年之定力，顿付逝波；陛下数日前之明诏，竟同覆雨。梓宫未冷，增龙驭之凄凉；制墨未干，骇四方之视听。"③"先帝十七年之定力"，指的是崇祯帝坚持逆案不准改动。马士英则针锋相对地指责姜曰广等人"护持局面"，使用双重标准，"谓于所爱而登之天者，即曰先皇帝原无成心也；于所忌而锢之渊者，即曰先皇帝定案不可翻也"，他还表明心迹说：

> 臣谓其才可用，冤可雪。正谓大铖非逆，非谓逆案可翻。彼干子干孙如崔、魏辈，狗彘不如，臣所切齿。且逆案诸人，十九已登鬼录，翻之何用？臣既非逆案中人，亦不与当日之事，翻之何为？与其身犯众怒，为死灰罪魄之嘘，何如勉附清流，窃正人君子之庇。舍苑集枯，臣虽愚不为也。臣亦磊落男子，皭然忠孝之身。进无所因，退无所恋，而欲依傍残局，甘为射的，臣虽狂不为也。④

马士英表明自己只是想举荐"才可用，冤可雪"冤枉列入逆案的阮大铖，并不是要推翻整个逆案。他说自己也鄙薄逆案诸人，而且当时他们大多都已亡故，翻案又有何用？自己不是逆案中人，也没有参与他们当初的诸多事情，与他们毫无瓜葛，又为什么要为他们翻案？翻案是"身犯众怒，为死灰罪魄之嘘"的事情，不容于清议、愚蠢而无意义，自己再狂妄也不会这样做。揆诸情理，马士英的这番话应该是可以相信的。此外，他还表示自己并无意与代表清流的东林、复社相抗，"何如勉附清流，窃正人君子之庇"。这样看来，马士英举荐阮大铖，与上述崇祯时期一些官员举

---

① 见李清《三垣笔记》卷下《弘光》，中华书局1982年版，第94页。有关情形，参见抱阳生《甲申朝事小纪·二编》卷6《福王佚事摘纪》，第357—358页。
② 钱澄之：《藏山阁集·文存》卷4"南渡论"条，第639页。
③ 邹漪：《明季遗闻》卷2，第234页。
④ 马士英：《在兵言兵疏》，见冯梦龙编《中兴实录》，第651—652页。

荐某些逆案中人一样，只是对逆案中个别人员的处理提出异议，而并不是要整个推翻逆案。

阮大铖此时也上《孤忠被陷之由疏》，自称"孤忠"，极力为自己身陷"逆案"辩白，表明自己并不是要翻案。① 钱澄之指出阮大铖与东林、复社在当时仍有调解的可能。他认为东林、复社在福王争得皇位继承权后应该捐弃前嫌，主动举荐阮大铖；即使不这样做，到马士英举荐时，他们随声附和也还为时不晚。他还说：

> 大铖虽甚暴厉，然志量褊浅，好权势，喜夸张，稍有得失，悻悻然见于面，小丈夫也。以十七年废弃在家，百计求出不得，谈兵结客思以边才起用，但假虚衔，还其冠带，俾得以夸耀于乡里僮仆，志亦足矣。何则？其始愿固止于此也。②

在他看来，阮大铖就是一"官迷"，气量褊狭，爱慕虚荣，东林、复社只要稍微满足他就行了。但是阮大铖的这次复出终因举朝的反对而作罢。李清《三垣笔记》说八月内传起用阮大铖为兵部右侍郎，是得安远侯柳祚昌所荐，又说是司礼监太监李承芳之力，但"士英不知也"③。清人抱阳生《甲申朝事小纪·二编》则说是守备太监韩赞周"屡称大铖才，王故已心识之"④。阮大铖复出得多人相助，表明前面说到的他在被罢斥后为求复出广结人缘，此时被派上用场。马士英没有帮助阮大铖最终实现复出，这也使二人的关系开始发生微妙变化。

马士英举荐阮大铖招致"举朝唾骂"⑤，其曾与东林、复社有过一次和解的契机。"士英以荐大铖，致中外沸议，意稍折"，一日他为怀念已故复社领袖张溥而痛哭，并称"予非畔东林者，东林拒予耳"，"高辅弘图复从臾之，颇有和解意"⑥。但这却被东林人士刘宗周破坏了。

弘光政权起用前朝罢废官员，刘宗周以"清流领袖""宿儒重望"起

---

① 文秉：《甲乙事案》卷1，第443—444页。
② 钱澄之：《藏山阁集·文存》卷4"南渡论"条，第639页。
③ 李清：《三垣笔记》卷下《弘光》，中华书局1982年版，第102页。
④ 抱阳生：《甲申朝事小纪·二编》卷1"马阮之奸"条，第260页。
⑤ 夏完淳：《续幸存录》"南都大略"条，留云居士辑：《明季稗史初编》卷14，上海书店1988年版，第322页。
⑥ 李清：《三垣笔记》卷下《弘光》，第97页。

用为左都御史。他"通籍四十五年，立庙仅四年，自守所学，不以时方变乱更术以进也"，崇祯帝"每言宗周清执敢言，有古大臣风，然终以为迂，故不得久在位"①。这次复出他仍然不改"不以时方变乱更术以进"的风格，尚未就任就对人说："时下邪正尚在相持，吾有疏论事，行吾言则进，不然则义难入朝"②，后来果然对于"南渡乱政，无不危言"③。"三抗疏论时事，不署衔，止称草莽孤臣"④，"上疏请上亲征。又言四镇不宜封。有旨宣付史官，而宗周复连疏言中外诸臣皆可诛。于是四镇皆怒"⑤。"四镇"之一的刘泽清于是借"四镇"的名义攻击刘宗周："称草莽孤臣，有不臣之心，请加重戮。又纠宗周勒上亲征以动摇帝祚；夺诸将封，以激变军心。不仁不智，获罪名教。"⑥ 夏完淳认为刘宗周的言论在当时的形势下有欠变通，不合时宜：

> 宗周谓泽清等可斩也，泽清固可斩也；处南都之势，发此危言，不足以壮国威，且速其祸。于是四镇合疏纠宗周去，曰广继之。⑦

温睿临批评说：

> 南都立国，宿将尽矣，惟有四镇耳，故虽暴横，而史公欲用之，不惮委曲绸缪，抚辑其众，乃宗周概指为当诛，以激其怒，使之抗疏诬诋大臣，不反轻朝廷之威耶？……后世之君子，皆自恃其正论，以博名高耳，岂计时势之不能行哉？⑧

---

① 温睿临：《南疆逸史》卷8《刘宗周传》，第63页。
② 邵廷采：《思复堂集》卷1《明儒刘子蕺山先生传》，第297页。
③ 温睿临：《南疆逸史》卷8《刘宗周传》，第62页。
④ 计六奇：《明季南略》卷1"刘宗周论时事"条，第45页。
⑤ 顾炎武：《圣安皇帝本纪》卷上，第101页。原疏见刘宗周《刘子全书》卷18《恸哭时艰立伸讨贼之义疏》《追发先帝大痛以伸大仇疏》《纠逆案邪臣疏》，清道光会稽吴氏刊本。刘之《纠逆案邪臣疏》为纠勋臣柳祚昌荐阮大铖而上，此时刘"已乞归，方在承旨"。
⑥ 邹漪：《明季遗闻》卷2，第236页。据计六奇《明季南略》谓，刘泽清所上攻刘宗周之疏，其他三镇将领实际并未参与（卷1"刘宗周论时事"条，第47页）。
⑦ 夏完淳：《续幸存录》"南都大略"条，留云居士辑：《明季稗史初编》卷14，上海书店1988年版，第322页。姜曰广对刘宗周之疏优旨答之，宣付史馆，以此结怨"四镇"。
⑧ 温睿临：《南疆逸史》卷8《刘宗周传》，第65页。

还有人责难他："其尤岳岳者，责孱主不讨贼，不移跸凤阳，不削除藩镇。题目既难，称谓亦异。"①

刘宗周不仅得罪"四镇"，也更加激化了马士英与东林、复社的矛盾，促使马士英倒向阮大铖一方，为阮大铖实施报复提供了可乘之机。刘宗周指出马士英的罪名有："以护跸微劳居功定策"、"以凤督之人更司马（指史可法——笔者按）之出"、激成"勋臣殿争"、荐举逆案人员阮大铖、助长高杰等人的骄横、任命太监卢九德提督京营等，请求让马士英仍出外督师凤阳，②"于是士英之怒不可回"。刘疏上后，马士英随即在阮大铖的授意下举荐谢陛③、张捷等与魏党有关联之人。另外，阮大铖还挑拨说刘宗周上疏是受阁臣姜曰广指使，致使马、姜二人后来势同水火。④ 不久祁彪佳的离去，也跟阮大铖为此事的挑拨有关。⑤ 时人李清说：

  马辅士英初亦有意为君子，实廷臣激之走险。当其出刘入阮时，赋诗曰："苏蕙才名千古绝，阳台歌舞世无多。若使同房不相妒，也应快杀窦连波。"盖以若兰喻刘，阳台喻阮也。⑥

马士英本想要调和东林与阮大铖的关系，但是不为刘宗周接受，并且连自己也被步步进逼，使他最终疏远"君子"，转向阮大铖一方。

刘宗周自七月十九日到任，至九月初十致仕，任职四十九天。他的一系列言行对新朝廷的建设非但无丝毫裨益，反而更激化了矛盾。刘氏自己也说"中朝之党论方兴，何暇图河北之贼"，"今天下何等时，而尚容臣子

---

① 佚名：《金陵纪略》，《痛史》本。
② 见刘宗周《刘子全书》卷18《中兴有象匡济无闻特陈阴阳消长之机以资庙算疏》。
③ 天启后期，谢陛曾劝阁臣魏广微营救东林六君子（万斯同：《明史》卷402《魏广微传》，第341页），拒绝为魏忠贤建祠（金日升：《颂天胪笔》卷15，第523页，见该书所录户科给事中张承诏疏）。崇祯九年四月，他与左都御史唐世济举荐逆案人员霍维华，圣旨令其闲住。崇祯十五年又为人所纠，削籍（李逊之：《三朝野纪》卷7《崇祯朝纪事》，上海书店1982年版，第159页）。清朝入主北京后降清。
④ 见李清《三垣笔记》卷下《弘光》，中华书局1982年版，第97页。张捷先经刘泽清举荐，马士英继之，最后魏国公徐弘基特疏荐，内传起复故官。徐石麒罢吏部尚书后，阮大铖操纵中旨让张捷代之。张捷对于逆案人员的复起、马士英与阮大铖等人的纳贿，都负有责任（万斯同：《明史》卷359《张捷传》，第364页）。
⑤ 抱阳生：《甲申朝事小纪·三编》卷10"祁彪佳小纪"条，第689页。
⑥ 李清：《三垣笔记》卷下《弘光》，第101页。

急私斗而缓同仇",①但其所为却恰恰是在激化党争,"急私斗而缓同仇"。

阮大铖在复出受挫后,一方面极力挑唆马士英与东林、复社的关系,另一方面又利用"顺案"打击东林、复社。李自成攻占北京后,明朝的许多官员投诚,其中包括一些东林、复社人士,他们被弘光朝廷斥为"从逆",其建立之初即着手对其进行处理。因李自成建国号称"大顺",逆案人员阮大铖想借此事打击东林、复社②,故称之为"顺案"③。六月,马士英上《请诛逆臣疏》称:"素号正人君子之流,皆稽首贼廷","攻从逆光时亨、龚鼎孳、周钟等,大铖教也"④,阮大铖对东林、复社的反攻清算由此拉开序幕。

"顺案"最终以弘光元年(1645)四月处决光时亨、周钟、武愫三人结案,夏完淳揭示阮大铖借此事报私怨的原委说:

> 且二人(指光时亨、周钟二人——笔者按)之死,亦当事之意,但借二人以杀周(镳)、雷(缜祚)耳。雷介公、周仲驭以三朝旧事,力阻定策者也。夫叛国降贼与拥立异议,孰重孰轻?若舍重杀轻,则无辞,故杀光、周以行己之志,掩人之口。⑤

处决三人是为了牵连雷缜祚、周镳,报当初的《留都防乱公揭》之仇。阮大铖不仅利用"顺案"报复夙敌,还借它来大肆纳贿,如温睿临说:"大僚降贼者,反不之及,重贿入,辄复其官。故张缙彦以本兵首从贼,及逃归即授总督。时敏、黄国琦等,皆复故秩。其刑赏颠倒如此。"⑥戴名世也说:阮大铖"定从逆六等条例,凡素有声望不悦己者,辄窜入其

---

① 分见刘宗周《刘子全书》卷18《中兴有象匡济无闻特陈阴阳消长之机以资庙算疏》和《陛见礼成闻言引罪乞赐罢斥疏》。
② 阮大铖曾对人说:"彼攻逆案,吾作顺案相对耳。"(李清:《三垣笔记》卷下《弘光》,中华书局1982年版,第96页)
③ 关于此案的具体情形,以及阮大铖所起的作用,可参见拙文《史可法与"顺案"——以史可法三份奏疏为中心》,《古典文献研究》第12辑,凤凰出版社2009年版。
④ 见冯梦龙编《中兴实录》,第655页。按:马士英在举荐阮大铖引起举朝反对后,曾上《在兵言兵疏》为阮大铖辩护,表明自己是为公举才,并无翻案之意,批评诸臣"护持局面"。此疏已提及上述"从逆"三人,并责问诸臣"何弹墨寥寥也"。《请诛逆臣疏》乃继此而发。
⑤ 夏完淳:《续幸存录》"南都杂志"条,留云居士辑:《明季稗史初编》卷14,上海书店1988年版,第328页。
⑥ 温睿临:《南疆逸史》卷56《马士英传》,第444页。

中，或有真失节者，反以贿免"①。"顺案"完全成为阮大铖打击异己，中饱私囊的由头。阮大铖除利用此案报复东林、复社外，还借端"三案"②"定策二心"③"大悲案"④，如果不是弘光朝廷短期灭亡，后者势必难逃厄运。

马士英虽然与东林、复社存在矛盾，且在一些事情上还成为阮大铖肆虐的帮凶；但是在报复东林、复社的问题上，他与阮大铖的意见并不完全一致，正是他的干预，才避免了政治大迫害的发生。如"大悲案"，夏允彝说："马意颇不欲杀人，故中止"，并说："方诸奸欲起大狱，肆诛锄之时，即余亦赖士英知其无辜得免陷阱"⑤，对马士英颇为感激。陆圻说："大狱垂成而不就者，则以贵阳与东林本无仇隙，虽失足比匪，而怨毒不深"⑥，夏完淳也说："士英虽有用小人之意，而无杀君子之心"⑦，这都表明马士英虽然任用阮大铖，但并不想陷害东林，这一点是与阮大铖截然不同的。阮大铖复出后，在权力分配上也与马士英产生了矛盾，"阮既得志，遂欲夺其枢席，瑶草邃以协理处之"。吏部尚书职位空缺，马士英想用倾向于东林的张国维，而阮大铖却中意与魏党有瓜葛的张捷，最终以张捷出任，"内传忽出，士英抚床惊愕，自此始惮大铖矣"⑧，可见这时阮大铖的权势已超过马士英。

阮大铖为壮大自己的实力，以报复东林、复社，也大量召还逆案人

---

① 戴名世：《弘光朝伪东宫伪后及党祸纪略》，第10页。
② "大铖人对称旨，且伏地哭曰：'陛下只知君父之仇未报，亦知祖母之仇未报乎？'祖母谓郑贵妃也。以'三案'挑激上怒自此。"（戴名世：《弘光朝伪东宫伪后及党祸纪略》，第295页）。
③ 如攻击张慎言、吕大器、姜曰广、祁彪佳等人离去都加以此罪。
④ 详情见钱澄之《藏山阁集·文存》卷5《南渡三疑案》条，第644—645页；抱阳生：《甲申朝事小纪·三编》卷3"南都荒政"条，第357—358页；陆圻：《纤言》卷下"大悲和尚"条，第538页。阮大铖所拟报复名单，见《甲申朝事小纪·三编》（卷5"周镳、雷縯祚合纪"条，第583页）。马士英对这些事件采取什么态度，万斯同、王鸿绪的看法完全不同，万说马阮"谋将尽杀东林人士"，王则说阮大铖制造"大悲案"，"士英不欲兴大狱"，才没有衍化成政治大迫害（分见万斯同《明史》卷402《马士英传》，第344页；王鸿绪：《明史稿列传》卷287《阮大铖传》，第648页）。张廷玉《明史》的记载同于王鸿绪。
⑤ 夏允彝：《幸存录》"门户杂志"条，第308—309页。御史徐复阳受人唆使，参劾夏允彝与文德翼"居丧授职为非制"（张廷玉：《明史》卷277《夏允彝传》，第7099页）。
⑥ 陆圻：《纤言》卷下"大悲和尚"条，第45页。
⑦ 夏完淳：《续幸存录》"南都杂志"条，第322页。
⑧ 李清：《三垣笔记》卷下《弘光》，中华书局1982年版，第118页。

员,"及骤贵用事……逆案诸人如袁弘勋、杨维垣等,次第起用"①。当时被起复的逆案人员有:杨维垣、虞廷陛、郭如闇、周昌晋、虞大复、徐复阳、陈以瑞、吴孔嘉,以及与逆案人员存在关联的唐世济、张孙振、袁弘勋、左光斗等人。②这些人很多是得东林党人钱谦益相荐而出,万斯同批评他:"素领袖东林,至是希指附和,天下笑之"③,为了迎合阮大铖以换来自己的权位,其行为与崇祯初期一些魏党人员举荐东林的行径相似,但是在上述阮大铖制造的"大悲案"中,仍然没有放过钱谦益。这些逆案人员复出后,也是"日以锄正人、引凶党为务"④,报复东林、复社和汲引同党。十二月,已被起用为通政使的逆案人员杨维垣上疏追论"三案",攻击东林人士,请求将天启时期魏忠贤及其党羽炮制出来禁锢东林、在崇祯初期已钦命焚毁的《三朝要典》宣付史馆,得旨许可。同时他还指责崇祯时期负责处理逆案的首辅韩爌:"为众拥戴,毫无建明,只造得一本逆案,而所欲庇者出之,欲害者人之,亦只造得一不公不确之案",洪如钟、张凤翼都是因为受他的庇护而没有被列入逆案。他因此提出更定"钦定逆案"的主张,"将前逆案重复审订","第欲订之,不欲翻之","盖翻者谓此案之全差,不但造此案者不服,即臣等亦不服。订者求此案之至确,不但脱此案者快心,即仍旧者亦甘心"。朝廷旨命"分别察议逆案,量与酌雪","惟真正党恶害人、建祠颂美者不许轻议",之后众多"逆案中人"纷纷借此复归政坛。但是也有一些例外,如忻城伯赵之龙、吏部尚书张捷奏请起用"逆案中人"陈尔翼,却因受到杨维垣的反对而未果,"时通政使杨维垣由逆案雪,然不欲多雪,每语人曰:'若不应雪而雪,则雪者不光。'故尔翼虽题用,终不登启事也"⑤。

杨维垣提出有区分地起复逆案人员的主张,或许是为了表明自己只是针对某些逆案人员处理不当而相应作出的更定,并不是要全盘推翻逆案,这样不至于引起太大的反对,可以减少部分逆案人员起复的阻力。同时他要维护自己和阮大铖等人起复的正当性,势必不能让一些劣迹太显著的逆

---

① 戴名世:《弘光朝伪东宫伪后及党祸纪略》,第9页。
② 王鸿绪:《明史稿列传》卷287《马士英传》,第645—646页。
③ 万斯同:《明史》卷355《杨维垣传》,第289页。夏完淳:《续幸存录》"南都大略"条,第323页。
④ 张廷玉:《明史》卷308《阮大铖传》,第7941页。
⑤ 李清:《南渡录》卷4,第173—175、182页。万斯同《明史》卷355《杨维垣传》对此有相同记载,或许是取材于此(第289页)。

案人员起复,也就是他所说的"若不应雪而雪,则雪者不光"。这与他在崇祯初期"贤奸之辩"中"并指东林、崔魏为邪党",清退一部分魏党人员以保护另一部分魏党人员的做法相呼应(见第一章第一节相关论述)。这里值得讨论的问题是,此事是否标志着"钦定逆案"整个被推翻?如果从许多逆案人员纷纷借此复出来看,它确实是推翻了"逆案";但如果从"钦定逆案"确实存在不少徇私枉法的弊端以及杨维垣所说"第欲订之,不欲翻之",而且陈尔翼等人的确没有被起复来看,它又确实像是订正了"钦定逆案"的一些不足,并没有完全推翻。

在与马士英、阮大铖的争斗过程中,东林、复社人士纷纷败下阵来,相继离去,而马、阮的势力则不断扩大,司徒琳说:"到了1646年春初,朝廷已被所谓马阮集团完全控制了。"她对这种政局的转变有一段评论,很值得注意:"如果这是彻底的政治大换班,那末,因领导层变得清一色,朝廷或许会更有效率。"① 她对马、阮及其党羽是颇有指摘的,但以上这段话表明她认为如果当时完全由"马阮集团"掌握政权,也会比无休止的党争要对政治有利,这比不少论著在这个问题上先入为主地一味偏向东林、复社要客观得多。

除了肆行报复之外,此时的阮大铖已然心性失常,常言:"日暮途穷,吾故倒行逆施之",似是有意要断送明朝江山。他担任兵部侍郎,但对于负责的兵部事务却不懂不管,"虽以知兵荐,顾问以军事茫如也。一切边警,悉寝不奏"②。他还插手吏部事务,"侵挠铨政,其门如市"③,把吏部的人事任免权当作捞钱的工具。他针对当时朝廷财政紧张的状况建议说:"国家何患无财?即如抚按纠荐一事,非贿免即贿求,半饱私囊耳。但命纳银若干于官,欲纠者免纠,欲荐者予荐,推而广之,公帑充矣",虽然反映了当时官场腐败的一些事实,但他以官吏向朝廷纳银的多少作为其进退的依据,是十分荒谬的。而马士英在贪污纳贿上是与阮大铖相同的,"瑶草当国,贿赂滋章"④。当时有人趁夜将一副对联贴在阮大铖的家门上:"闯贼无门,匹马横行天下;元凶有耳,一兀直犯神京"(上联指马士英,下联指阮大铖),"闯用牛(指农民军的重要成

---

① [美]司徒琳:《南明史》,第17页。
② 温睿临:《南疆逸史》卷56《马士英》,第444页。
③ 李清:《三垣笔记》卷下《弘光》,中华书局1982年版,第113页。
④ 夏完淳:《续幸存录》"南都杂志"条,第326页。

员牛金星——笔者按），明用马，两般禽兽；清用铨（指魏党成员冯铨，后来投降清朝——笔者按），明用铖，一块金钱"①。还有人编制歌谣讽刺马士英卖官鬻爵、中饱私囊："中书随地有，都督满街走。监纪多如羊，职方贱似狗。荫起千年尘，拔贡一呈首。扫尽江南钱，填塞马家口。"② 夏允彝也曾批评这一弊政："无一官不用贿以入，其价倍，苟破费多金，虽身负至垢，立致要地，权要与中官、勋臣、藩镇皆得操用舍之权。"③ 这些导致了朝政的浊乱不堪，"邪人秽夫，蜂起用事，卖官鬻爵，开助工事例，令生童纳金免试，榷及酒酤，贿赂公行，政日浊乱矣"④。

弘光元年五月中，南京群臣在大学士王铎、吏部尚书钱谦益、忻城伯赵之龙等率领下向清军投降，弘光小朝廷历时一年即告灭亡，魏党人员杨维垣及与魏党有所关联的张捷殉难而死（见绪论）。此前弘光帝、阮大铖、马士英均已出逃，弘光帝随即在太平被部将擒献给清军，不久又被押往北京处死，结束了一年的傀儡生活。他虽然对东林、复社人士较为宽容，并没有像阮大铖起初预想的那样对其进行报复，但因为万历"国本"之争的宿怨和被阮大铖等人拥立为帝，他身后仍然受到东林、复社及其支持者几至妖魔化的诬诋。⑤

阮大铖心怀积怨，刻意"倒行逆施"，是导致弘光朝廷短期灭亡的罪魁祸首，"则是亡国国者，一大铖而已"⑥。弘光时期他与马士英已有矛盾，南逃后马士英悔悟自己是代阮受过，与阮彻底分道扬镳，几番举兵抗清，最终失败身死。而阮大铖则投降清朝，"在江头为北间谍者几一年"，带领清军攻克金华，最后在随清军过仙霞岭时，因与东林、复社负气争胜而死。⑦

---

① 李清：《三垣笔记》卷下《弘光》，第 113—114 页。
② 张岱：《石匮书后集》卷 48《马士英传》，第 276 页。
③ 夏允彝：《幸存录》"门户杂志"条，留云居士辑：《明季稗史初编》卷 14，上海书店 1988 年版，第 310 页。
④ 温睿临：《南疆逸史》卷 56《马士英》，第 444 页。
⑤ 参见拙著《善恶忠奸任评说——马士英政治行迹研究》，第 71—74 页。
⑥ 钱澄之：《藏山阁集·文存》卷 4"南渡论"条，第 639 页。
⑦ 参见拙著《善恶忠奸任评说——马士英政治行迹研究》，第 76—81 页。

第三节 "阉党"在清初的活动

大顺政权时,魏党投顺者有曹钦程①,抗拒者则不详。清朝官方说:"明臣如杨所修、王大年、李应荐、张捷、杨维垣辈虽临难不屈"②,张捷、杨维垣是在弘光时期不降清而死,杨所修等人则应该是抗清或抗顺而死。

当清朝入主北京后,摄政王多尔衮采用开放的用人政策,对来自明朝、大顺政权以及后来征服之弘光政权的投顺官员都予以接纳,对明朝内部的东林、复社和魏党人员也是如此。当时东林、复社和魏党都有降附者,前者如沈惟炳、房可壮、曹溶、孙承泽、龚鼎孳、陈名夏、周亮工、陈之遴、钱谦益等人;后者除了阮大铖外,还有如冯铨、王点、孙之獬、李若琳、智铤、李嵩、曹思诚、李鲁生、谢启光等人,但也有如郭尚友以老病辞免者。③魏党人员在降清上似乎更加积极,如摄政王多尔衮说:"冯铨等自投诚后,薙发勤职,孙之獬于众人未薙发之前,即行薙发,举家男妇皆效满装,李若琳亦先薙发。"④阮大铖降清后,被授予内院之职,他感激涕零,大张告示说:"本内院素秉血性,明析恩仇,虽中明朝科甲,实淹滞下僚者三十余载,复受人罗织,插入魏珰,遂遭禁锢,抱恨终身。今受大清特恩,超擢今职","将行抒赤竭忠,誓捐踵顶,以报兴朝"⑤,这或许可以反映他长期受压抑后一朝得释的心态,其他魏党人员积极降清,可能也都跟这一心态不无关系。他们对清初稳定统治、恢复社会秩序都起到了一定的作用,这些在《清史列传》《清史稿》的相应传记中都有所反映。

清初对东林、复社和魏党并用的做法,也势必使双方的纷争延续下来。关于清初党争的情形,谢国桢先生说:"在清初的党争,我们可分为顺治和康熙两个时期,在顺治时代,是南人与北人之争;康熙时代是南人

---

① 万斯同:《明史》卷355《曹钦程传》,第291页。弘光朝廷处分"从逆"者诸人,曹钦程被列为"一等应磔",但其"随贼西行,实未尝正刑辟也"(张廷玉:《明史》卷275《解学龙传》,第7044、7046页)。
② 舒赫德、于敏中等撰:《钦定胜朝殉节诸臣录》,第402页。
③ 《大清世祖章皇帝实录》卷16,顺治二年五月乙酉。
④ 《大清世祖章皇帝实录》卷20,顺治二年八月庚寅。
⑤ 张岱:《石匮书后集》卷48《阮大铖传》,第281页。

与南人之争。"康熙时期的情况已与魏党没有什么关系，而关于顺治时期的情况，谢先生又说：

> 汉族的大臣，他们一方面勾结满洲的大臣，一方面厚植自己的党羽，这样植党的情形很显明的就是冯铨和陈名夏。冯铨是涿州人，陈名夏是溧阳人。冯铨是魏忠贤的逆党，名夏是东林的后裔。冯铨所引用的人，是北方魏党的余孽；名夏所引用的人，多系东林的子孙。我们知道东林和魏党，根本不能合作，并且有传统的思想，因此他们两人因东林和魏党的关系，他们引用的人，就分成南北二派。①

他的这一观点也为后人所继承和发展。如王钟翰先生说："顺康之际，以徐乾学为首的南人党与以冯铨、刘正宗为首的北人党相倾轧；双方并各依满人以自固，复通中贵，以结主知。"② 陈宝良先生也指出："清初党争是明末党争的延续。顺治时代的党争，是南人与北人之争。"③ 合而言之，清初顺治时期的党争，主要是以冯铨为首的魏党与以陈名夏为首的东林、复社之间的相争。

摄政王多尔衮进京后不久即致书征召冯铨为礼部尚书④，借以延揽北方人才，这一点也为当时弘光朝廷的阁臣史可法所察知：

> 适得北信，九陵仍设提督内臣，起罪辅冯铨，选用北人殆尽。或不忘本朝，意图南下，避匿无从，是河北土地、人才俱失矣。乞速诏求贤，遍谕北畿、河北、山东在籍各官及科甲贡监，但怀忠报国，及早南来，破格重用。⑤

冯铨此后在政治上的大致履历，据近人罗继祖《枫窗脞语》"冯铨"条，可以梳理如下：顺治二年（1645）授弘文院大学士兼礼部尚书，十二年母丧夺情，入直如故，因此受到顺治帝的羞辱。十三年致政回籍。十六年

---

① 谢国桢：《明清之际党社运动考》，第98页。
② 王钟翰：《清朝前期的党争问题》，载《清史余考》，第110—123页。
③ 陈宝良：《中国的社与会》，第38页。
④ 《大清世祖章皇帝实录》卷5，顺治元年五月辛丑。
⑤ 谈迁：《国榷》卷103，中华书局1958年版，第6151页。

清朝改设内阁,命他以原衔兼中和殿大学士。康熙十一年(1672)卒,年七十八,谥文敏,但很快又被夺谥。冯铨因曾被赐婚满洲纳兰氏,疏请附籍满洲,后人隶内务府汉军镶黄旗,乾隆时的大学士英廉是他的后人。冯铨的仆人刘次庵为其收藏古玩,巧取豪夺。冯自身擅长书法,刻有《快雪堂帖》。[1] 而陈名夏是崇祯十六年的榜眼,先降附大顺政权[2],大顺政权失败后南逃,因弘光政权惩治"从逆"官员,又北上于顺治二年向清朝投顺。清朝方面以其"慕义远来"而擢为吏部左侍郎,兼翰林院侍读学士。[3]

在多尔衮执政时期,东林、复社和魏党继续相争。顺治二年正月,东林党人吏部侍郎沈惟炳因擅将叶廷秀、左懋泰悬名授官而被革职为民。闰六月,冯铨之党左副都御史刘汉儒又追劾其徇私用人。但是三月后,刑部等衙门会鞫的结果证明,刘汉儒所劾诸款均属诬陷。[4] 二年八月,浙江道御史吴达对"目今一切举用人员,悉取材于明季"的状况提出异议:"有明季所黜而今日不可不黜者,如逆党权翼,与贪墨败类是也",并以阮大铖、袁弘勋、徐复阳等"逆案中人"为例;户科给事中杜立德亦曾因冯铨荐举马士英、阮大铖、宋企郊等人而参其"所行弗类"[5]。此后不久双方又有一次较大规模的冲突。给事中许作梅等多位言官参劾冯铨,并牵连孙之獬、李若琳等人,而刑部经审明后认为他们的诸多指控均无实据。之后摄政王多尔衮召集群臣鞫问,最终也认定许作梅等人所参各款都不属实。他因而严厉斥责他们,并说:"故明诸臣,各立党羽,连章陈奏,陷害忠良,无辜被罚,无功滥用,酿成祸患,以致明亡"[6],把冯铨等视为"忠良"。由此事也可以看出冯铨等人在多尔衮执政时期,是较为受到礼

---

[1] 罗继祖:《枫窗脞语》"冯铨"条,第64页。
[2] 据谈迁《北游录·纪闻上》"汤若望"条载,陈名夏曾躲入天主教堂,欲投缳,却为汤若望所阻(第278页)。
[3] 《大清世祖章皇帝实录》卷14,顺治二年二月丙辰。
[4] 《大清世祖章皇帝实录》卷13,顺治二年正月乙巳;《大清世祖章皇帝实录》卷18,顺治二年闰六月乙巳;《大清世祖章皇帝实录》卷20,顺治二年九月壬申。该年八月,御史王守履参刘汉儒为冯铨之党(《清史列传》卷79《刘汉儒传》,第6537页)。
[5] 《大清世祖章皇帝实录》卷19,顺治二年七月戊寅;《大清世祖章皇帝实录》卷20,顺治二年八月庚寅。
[6] 《大清世祖章皇帝实录》卷20,顺治二年八月丙申。当双方对质时,复社官员龚鼎孳参冯铨为魏忠贤党羽,冯铨为自己辩护,并反纠龚曾投顺李自成,龚以魏徵先为太子李建成效力后又归顺唐太宗作答,摄政王因而切责之。

遇甚至偏袒的①,这或许主要是由他们降清积极所致。

但是时隔六年,当顺治帝亲政后,又重新追论此事,责令冯铨致仕,李若琳、谢启光等魏党官员也都受到处分,同时起复因参劾冯铨而遭罢斥的官员。两年后,冯铨等人又都相继被召还回朝。②顺治帝亲政后不久即谕示吏部:"具列各部院堂官职名,亲行更定",上述对冯铨等人的处理即是这一举措的结果。他此前也曾多次谕示吏部,对官吏贪污成风、徇私枉法等积弊进行斥责。因此他处分冯铨等人,当是亲政之初的力图革新之举,旨在消除官场的不良习气,澄清吏治,"内外大小臣工,亦应各遵所谕,自为何等官职,便应尽何等事业。若仍前上下交欺,不求实效,法必不贷"③。如果再结合当时对多尔衮及其亲信的清算正逐步展开这一背景来看,顺治帝这么做似乎还有警示冯铨等人的用意。

上述争端还没有陈名夏的参与,之后魏党和东林、复社的较量才主要集中在冯、陈两人身上,而这又主要反映在用人的不同倾向上,冯铨推崇北人,陈名夏则偏重南人。冯铨主持的顺治三年的科举考试,中进士者绝大部分都是北方人。④他向顺治帝提出选用官员的标准也明显偏袒北人:"人有优于文而无能无守者,有短于文而有能有守者。南人优于文而行不符,北人短于文而行或善。今取文行兼优者用之,可也。"⑤虽然他说应选用"文行兼优"者,实际褒北贬南的倾向很明显。而陈名夏"在吏部时……所推毂南人甚重,取忌于北"⑥。与二人同朝为官的陈之遴也说:"南北各亲其亲,各友其友。"⑦二人之间的矛盾,也为顺治帝所觉察。⑧

十一年三月陈名夏被清朝处死。韩恒煜《陈名夏"南党"案述略》一文,主要探讨了陈名夏之死因,认为:

> 促使他获罪而死的因素是多方面的,甚至他个人品质方面的缺

---

① 谈迁:《北游录·纪闻下》"冯铨"条,记冯铨所获殊荣(第381页)。
② 李若琳罢归不久即死去。参见《清史列传》卷79《冯铨传》《李若琳传》《谢启光传》。
③ 《大清世祖章皇帝实录》卷54,顺治八年闰二月癸丑。
④ 魏斐德:《洪业——清朝开国史》,第405—406页。
⑤ 《清史列传》卷79《冯铨传》,第6555页。
⑥ 谈迁:《北游录·纪闻下》"陈名夏"条,第390页。
⑦ 赵尔巽等:《清史稿》卷251《陈之遴传》,第520页。
⑧ 顺治十年四月上谕:"冯铨与陈名夏素相矛盾,朕所习知。"(《清史列传》卷79《冯铨传》,第6558)

陷，也可导致他走向死亡。但是，最主要的原因，还是因为他习惯和坚持汉民族的传统制度和文明，触犯了满贵中保守势力的利益。陈名夏"南党"案是清初满汉民族矛盾的一个反映，是统治阶级内部政治斗争的特殊产物。

同时该文对陈、冯矛盾以及冯在陈氏之死中起的作用也有所论述。[①] 谈迁《北游录》对陈名夏与冯铨、宁完我、刘正宗等人之矛盾也有较详尽的记载，其与"宁完我、冯铨同位不相能"，双方互相倾陷，"各隐械以俟"；又与"刘正宗同在吏部，名夏以词林后进凌其上，益贾怨相同"[②]。大学士刘正宗曾协助宁完我参劾陈名夏，有人致书对他加以劝诫，同时也谈到陈名夏得祸是由于"争权竞进"：

> 阁下之所居与阁下之所行，众忌之而欲甘心焉者，非朝夕矣。乃知进而不知退，知存而不知亡……龚芝麓（龚鼎孳）之镌十三级，则以洛、蜀分党也；赵韫退之坎壈终身，则以避马未远也；周栎园（周亮工）之拟立斩，则以报复睚眦也；陈百史（陈名夏）之无辜伏法，则以争权竞进也。[③]

谈迁认为陈名夏招忌冯铨等"北人"，是因为摄政王对他"甚任之"，北人"隐忌而无以发"，他曾两度欲出外"避众忌"而不得[④]。而冯铨死于康熙十七年，其子冯源淮，由侍卫官至总兵；冯源济，顺治十二年进士，官至国子监祭酒。[⑤]

另一魏党人物孙之獬在崇祯帝下令焚毁《三朝要典》时曾赴内阁哭

---

① 中国社会科学院历史研究所清史研究室编：《清史论丛》第7辑，中华书局1986年版，第151—165页。
② 谈迁：《北游录》"陈名夏"，第389—390页。
③ 王士禛：《分甘余话》卷3"杨青藜答刘正宗书"条，第54页。关于陈名夏的个人品质，康雍乾时期的昆山人龚炜说他"凤负文望，而其品卑下"，其子陈掖臣亦"庸劣"，被劾问戍（《巢林笔谈》卷1"陈名夏案"条，第26页）。刘正宗之得祸，见《清史列传》卷79《刘正宗传》，第6573—6574页。
④ 谈迁：《北游录·纪闻下》"陈名夏"条，第390页。
⑤ 《清史列传》卷79《冯铨传》，第6559页。

争，后来以此入"钦定逆案"。① 降清后，他于顺治二年闰六月奉命招抚江西，因与总兵金声桓不和，被加以招抚无功、擅加总兵职衔、任意市恩等罪名革职。② 顺治四年六月，谢迁率义军进攻淄川，孙之獬率家人登城守御，城破后不降被杀，但朝廷不予议恤。其子孙伯龄举顺治三年进士，官至左通政。③

  总的来说，冯铨等魏党人员入清后谨慎侍奉新主，没有什么显著的过失，但仕途并不十分顺畅，结局也不算好。这应该主要与时势的变化以及由此引起的清初统治者对他们态度的变化有关，多尔衮掌权时清朝入关不久，尚需要借助他们为朝廷服务，顺治亲政后他们虽有些起落，但基本还能保住名位。再往后，清朝的统治日益稳固，他们中的很多人也都已作古，其背弃旧主和在崇祯时被列入"逆案"的不光彩往事，便被作为反面典型而受到鄙薄，至于其在清初的投顺、功绩则不再被人问津。张廷玉《明史·阉党传》的编撰，就可反映清朝官方对他们的态度。

---

① 文秉：《先拨志始》卷下，第248页。
② 《大清世祖章皇帝实录》卷18，顺治二年闰六月癸卯；卷28，顺治三年九月壬辰。
③ 《清史列传》卷79《孙之獬传》，第6564页。谈迁《北游录·纪闻下》"辫发"条则谓义军因孙曾首倡剃发而残杀之（第535页）。据孙启新《孙之獬事功述评》，孙之獬一家被义军所杀的有8人（《山东理工大学学报·社会科学版》2007年第1期）。

张廷玉《明史·阉党传》的编撰与政治意蕴（代结语）

一 "阉党"的形成

从构成人员来看，晚明阉党形成于万历、泰昌、天启三个时期，它是这一时期党争的产物。崇祯"钦定逆案"，实质是为万历后期以来东林与非东林，尤其是天启时期东林与魏党的争斗作结，具有进东林、退阉党的倾向。但是此案之后以至南明弘光时期，阉党人员仍在活动，至清初顺治时期才走向末路。"阉党"是张廷玉《明史》的称法，此前在不同时期分别可称为"魏党""逆案中人"。

万历后期的党争趋于激烈。张居正死后，"言路势力"由于得到万历帝的扶持和失去阁臣的控驭而得以"舒张"，掌握官员的进退，逐渐形成齐楚浙昆宣诸党与东林党对立的局面。但是双方究竟是因为什么事由导致对立，学界实际并未完全厘清，因为过去认为划分双方阵营的"淮抚"、王元翰、"三案"等争端，一些非东林人员的主张也与东林一致，如商周祚、过庭训、亓诗教等人。这表明双方的对立，并非全是由于政见不同所致，它只是表象，背后应该还有地缘、利益、科举、私人恩怨等多重因素。非东林与东林都以京察为主要手段打击对方，互有消长，不无过泛、过重等弊端，这无疑进一步加剧了纷争。如邵辅忠、徐兆魁、乔应甲因参劾李三才、东林党，在万历三十九年东林官员主持的京察中受到处分，天启后期被魏忠贤等人召还后，又对东林大肆报复。再如东林党人王之寀因在"梃击案"中反对"疯癫说"，遂罢万历四十五年京察，天启初期复出后便追论此案以"报仇"。非东林与东林不仅对一些政治事件的看法常常相同，其人际关系也非常复杂，并非铁板一块，而是常有变动，如邹之麟的情形就颇具代表性。他在万历时为浙党成员，与齐党亓诗教、赵兴邦等人有矛盾，而与亲东林的夏嘉遇相善，助其离散齐、浙之党。① 天启时他列名"皆不附东林者"的"天鉴录"中②，近人罗继祖也说他天启时投附魏忠贤，作《东林点将录》与东林为难③，但崇祯时却未入逆案。弘光时期他为夺取郭维经左佥都御史之职，"与阮大铖百计媒孽"，唆使隆平侯张拱日、抚宁侯朱国弼参劾郭维经④；但他又与顾宪成的孙子、列于《留都防乱公揭》之首的顾杲结为姻亲⑤。入清以后他拒不仕清，成为明朝遗民⑥。

进入泰昌、天启初期，东林由于争"国本"、争"移宫"以及太监王安的支持等原因掌握政权，而清算万历后期的宿敌，致使部分齐楚浙昆宣诸党的成员离开朝堂。东林在"红丸案""移宫案"的争论中，也新树立了不少敌人；又因客氏、魏忠贤杀害与己关系密切的王安，掀起长期的、连续的"讨魏斗争"，与客、魏及其内宫、外廷的支持者走向对立。尤其值得注意的是，东林还把本跟己方同一立场的阮大铖逼向魏党，这在东林中是独一无二的案例。阮是东林的"叛徒"，这或许是他虽没有什么显著劣迹，却仍入逆案，在崇祯一朝不但复出受阻，还一再受到东林、复社过度逼迫的原因所在；也是他千方百计谋求复出，弘光时期终于夤缘复出后，大肆报复东林、复社，有意"倒行逆施"，促使弘光小朝廷一年覆亡，之后更投降清朝，充当间谍，最后与东林、复社负气争胜而死的原因所在。再如周应秋早年为官"有善政"，还曾主动向赵南星示好，却仍然被东林拒之门外；李春烨、姚宗文早年官声可嘉，只因持论与东林相异也被排斥。天启四年六月杨涟上疏弹劾魏忠贤二十四桩罪状，是一个关键点，如果扳倒了魏忠贤，"树倒猢狲散"，其党羽也必将土崩瓦解，也就不会出现后来的"魏党""逆案中人""阉党"，东林专权的局面将更加稳固；但是结果并不是如此，魏忠贤靠内外支持者的护佑和天启帝的信任，得以转危为安，之后便向东林展开报复。于是天启初被东林斥退的官员纷纷被魏忠贤等人召回，二者结成联盟共同打击东林。应该说，天启初

---

① 万斯同：《明史》卷341《夏嘉遇传》，第122页。
② 计六奇：《明季北略》卷2"天鉴录"，中华书局1984年版，第45页。
③ 罗继祖：《枫窗脞语》"邹之麟题画语"条，第125—126页。
④ 李清：《南渡录》卷4，第209、225页。
⑤ 温睿临：《南疆逸史》卷30《顾杲传》，第265页。
⑥ 罗继祖：《枫窗脞语》"邹之麟题画语"条，第125—126页。

被东林斥退的官员，有些并不是出于门户之见，或意见相左，而是自身品行不端本该受处分，如崔呈秀、石三畏。也有一些官员万历、泰昌、天启初期与东林并无过节，天启后期看到魏忠贤势力熏灼，便投附他打击东林，如杨所修（他在崇祯初见形势变化，又率先"自相携贰"，可见他善于看风使舵，没有操守）、倪文焕。还有些官员与东林无过节，也没有迫害东林，只是跟风颂珰、建祠。以上这些情形的官员，便是"钦定逆案"的入案人员和后来张廷玉《明史·阉党传》中的成员，标准主要有两个：一是曾与东林对立或是陷害东林，二是曾投附魏忠贤。

但也有一些例外，如刘光复曾参淮抚李三才，"梃击案"主张"疯癫说"，但因其死于泰昌时期，故未入逆案。与此相同的还有沈㴶、吴亮嗣，天启初期都受到东林的攻击，但因在天启后期阉党专权之前已死去，故也都不入逆案。魏广微在"钦定逆案"前已死，但仍入案，应该是他在天启时期投附魏忠贤，陷害东林的"劣迹"太显著使然。与他情形相同的还有卢承钦，虽然也在天启后期死去，但因为曾请求榜示东林党人等，也入逆案。还有如方从哲、官应震、黄克缵、崔景荣，要么在阉党专权时没有被召还，要么召还后没有以上"劣迹"（崔还曾营救杨涟等"六君子"），也都没有入逆案。而徐景濂、傅櫆又有不同，徐虽被召还，但未见有何"劣迹"，傅櫆则未被召还，两人却都入逆案，这应该是徐在天启初期关于"红丸案"的争论中持论与东林相左，而傅则有天启四年参邹维琏、汪文言牵连左光斗、魏大中的"肇祸"之举。有意思的是，与徐景濂不同，同样在"红丸案"的争论中持论与东林相左，在天启后期被召还的黄克缵却没有入逆案，反而与崔景荣一起被《明史》称为"中立者"。受命处理逆案的东林党人韩爌，也曾在"红丸案"的争论中为首辅方从哲辩护，同于徐景濂，徐氏入逆案的罪由是"昏聩潦倒，持论舛误"，不知韩爌当时是如何感想？

魏党本来是外廷官员与内廷客、魏为了共同对付东林而结成的政治联盟，具有临时性和松散性的特点，当东林被逐杀殆尽后，其内部的矛盾也暴露出来。刘志刚先生的论文《天变与党争——天启六年王恭厂大灾下的明末政治》，指出魏党内部的外廷官员因王恭厂灾变纷纷上疏言事，是想设法约束魏忠贤等内官的权力。① 除此之外，依据是来自万历后期还是

---

① 《史林》2009年第2期，第120—121页。

天启时期，外官又可分为"老人集团"和"新人集团"，相互争权夺利，最终"老人集团"落败，"新人"之间也有矛盾和争斗。不少魏党成员在天启后期被罢黜，就是这种内部矛盾发展的结果。待到天启帝死，崇祯帝登基，内部矛盾便促使其中的一些人"自相携贰"，由此拉开魏党垮台的序幕。当然，天启后期也有一些魏党成员本身违法应受处罚，如徐大化、徐兆魁。还有一些魏党成员，本想向魏忠贤献媚，却不得其法而被处分，如陈以瑞、石三畏、曹钦程。这些人在崇祯帝登基后都自诩"忤珰"，幻想逃过处罚，也确曾为辨识其真实面目带来麻烦，但最终都被斥退。不可否认，天启后期也有一些人是因为指陈时弊触怒魏忠贤而被处分，王永光就是其中突出的代表，与王绍徽等人"忤珰"被处、崇祯时入逆案不同，他并没有列入逆案，且因为与东林的对立关系，一度受到崇祯帝的信任。他们中的一些才杰之士，还在一直败退的辽东战场取得了"宁远大捷"的重要胜利。

外廷官员与魏忠贤互相借助以报复东林，同时也满足了各自的利禄之欲。如刘诏"释褐九年骤至极品"①，冯铨"释褐十三年为宰辅"，吴淳夫"岁中六迁，骤至极品"②；魏忠贤的家族成员也无不加官晋爵，果真是"一人飞升，仙及鸡犬"。而就天启后期对东林打击之严酷来说，外廷官员起了更重要的作用。他们是报复东林的主要策动者，有些固然是出于逢迎魏忠贤的目的，但大部分则是因为先前与东林相争失利，或者为东林所激。有史料表明魏忠贤曾想对东林网开一面，却因受到其党徒的挑激而作罢，如吴应箕《两朝剥复录》载：当"六君子狱"兴起时，郭万程曾"私为营救于内，忠贤意亦将释，而傅应星、毛昂霄力沮之，且有放虎自噬之语，故诸君子卒不免"③。所谓士大夫对同僚心肠、手段之狠毒，比向来被指责身体残缺、心理变态的阉宦有过之无不及。万斯同说魏忠贤作恶，"要皆群小成之也"④，确实是一语中的。

二　张廷玉《明史·阉党传》的形成与政治意蕴

正如"东林党"的称法是来自其反对者一样，"阉党"一词也显然来自

---

① 万斯同：《明史》卷355《刘诏传》，第287页。
② 王鸿绪：《明史稿列传》卷287《吴淳夫传》，第638页。
③ 卷1，第131页。郭万程与东林有所交往，见邹元标《邹忠介公奏疏》（卷5《救郭中翰疏》，第144—145页）、缪昌期《从野堂存稿》（卷6《答郭中翰》，第548页）。
④ 《明史》卷355《传论》，第295页。

东林、复社及其支持者。但它又不是直接来自东林、复社，后者所处时代主要称之为"魏党""珰党""孽党"，"阉党"之称则形成于张廷玉的《明史》，但对魏党、珰党、孽党应有继承关系，且贬斥意味更为显著和浓厚。张廷玉《明史》称其为"阉党"，应该是因为其党魁魏忠贤是阉宦，在中国古代趋附阉宦是有违道德准则和政治操守的，它显然是一种"春秋笔法"。《明史·阉党传》所列魏忠贤党羽来自崇祯"钦定逆案"，评价也主要依据此案，具有扬东林而抑阉党的倾向；但崇祯帝以东林为"朋党"而加意提防，也反映在《明史》中：对东林总体上褒扬，但也有或隐或显的批评。

《四库全书总目》在提到《明史》设《阉党传》的原因时说："貂珰之祸，虽汉唐以下皆有，而士大夫趋势附膻则惟明人为最夥，其流毒天下亦至酷，别为一传，所以著乱亡之源，不但示斧钺之诛也。"① 即通过编写此传告诫清朝官员，应吸取明朝灭亡的教训，砥砺臣节，不可交结宦官，结党亡国。而与魏党有关者，如温体仁、周延儒、马士英等人则列入"奸臣传"。乾隆四十一年（1776）敕修之《钦定胜朝殉节诸臣录》，对明朝自万历以来与清朝、农民军作战抗节而死者予以赐谥，但是又规定阉党及与其有关之人除外，"明臣如杨所修、王大年、李应荐、张捷、杨维垣辈虽临难不屈，而名丽阉党，其素行已属有亏，自不便令其滥邀谥典"②。前文已说到，阮大铖的诗文、张瑞图的书法以及与阮大铖关系密切的马士英的书法等，在清代都受到贬斥，可以看出清人因鄙薄阉党的为人，而连带其艺术、文学作品也一并憎恶。有清一代，只在清初顺治时期因一些阉党人员积极投顺，尚要利用他们来为统治服务，所以阉党人员虽然起起落落，但基本上还能保住权位；之后清朝统治者则对他们率归于贬斥，这一论调一直延续至今，真可谓永远被钉在历史的耻辱柱上。

顺治时期官修《明史》基本没有什么成绩，史官傅维鳞私修的《明书》没有阉党人物的传记。据《清史列传》卷70《庞垲传》，康熙时期的史官庞垲参与了撰写阉党人物的传记。他是直隶任丘人，康熙十四年中

---

① 纪昀等：《四库全书总目》卷46，史部正史类，"《明史》"条，第1001页。张廷玉《明史》对官员依附宦官的行为加以鞭挞，除立《阉党传》外，再如说英宗、宪宗、孝宗时的王骥等人，"其才皆有过人者"，但因为依附宦官王振、汪直、李广等而影响到声名。"顾以噪于进取，依附攀援，虽剖符受封，在文臣为希世之遇，而誉望因之朘损，甚亦不免削夺。名节所系，可不重哉！"（卷171《赞》，第4577页）

② 舒赫德、于敏中等：《钦定胜朝殉节诸臣录》，第402页。

举人,"召试博学鸿儒,授翰林院检讨,分修《明史》。明都御使某者,谄附魏阉,其裔暮夜怀金,求勿入魏党传,力拒之"。这里的"魏党传"不是指《明史》馆当时创立了这一体例,因为康熙时期修成《明史》的各种版本都没有这一体例,它应该是指传主为魏忠贤党羽。魏党在天启后期任都御史的大有人在,其后人想要通过行贿摆脱史书中其先祖与魏忠贤党羽的关系,这也表明当时清朝官方已对魏忠贤及其党羽采取批判态度。康熙时期修成的徐乾学《明史列传》,时间下限只到万历时期,也没有涉及阉党人物。之后相继形成的万斯同、王鸿绪、张廷玉诸版本《明史》,才都为阉党人物作传。

表3　　　　　　清修诸版本《明史》记载阉党人物对比

	万斯同《明史》	王鸿绪《明史稿列传》	张廷玉《明史》	备注
魏忠贤	卷四〇六。魏的发迹过程;受众人弹劾状;残害宫妃;杨涟参魏;魏党对东林的报复及祠颂、摇动中宫、冒功封赏等劣迹;魏之擅权、宠耀及败亡	卷二八四。万传说劝魏忠贤用廷杖的是冯铨,王传则说是王体乾;王传加叶向高教刘侨只罪汪文言,而不要牵连他人;王传记官员投附魏忠贤陷害东林及其他恶状,较万传更详	卷三〇五。近于王传	
涂文辅	卷四〇六。教授客氏子侯国兴;提督户工二部,威逼驸马都尉李承恩,权势熏灼;助魏忠贤打击异己;逆案"以贿免,居南京"	卷二八四。相比万传,内容更简略,逆案"谪南京死"	卷三〇五。基本同于王传	
王体乾	卷四〇六。参与杀王安,夺其司礼监职;杨涟参魏,王护佑魏;指使田尔耕杖死万㷿;为魏忠贤笞打附马李承恩;与李永贞一起控制"批红";逆案"贿免"	卷二八四。逆案"坐谄附革职籍其家",其他基本同于万传	卷三〇五。同于王传	

续表

	万斯同《明史》	王鸿绪《明史稿列传》	张廷玉《明史》	备注
李永贞	卷四〇六。有才学；助魏忠贤打击东林；"贪狠专恣"状；治信王府邸贪墨；天启帝死后首先背离魏忠贤，想行贿逃避罪责，终以代李实草疏参周起元等人被斩	卷二八四。相比万传，无才华内容，其他相同	卷三〇五。同于王传	
刘若愚	卷四〇六。有才学；为李永贞主笔札，了解李的密谋；被杨维垣参；牵连"七君子"狱初拟大辟，久得减等；狱中作《酌中志》	卷二八四。相比万传，内容更简略	卷三〇五。同于王传	
崔呈秀	卷四〇二《奸臣传》。由许秉彝通魏忠贤；教魏忠贤识字；嫁祸李思诚	卷二八七《奸臣传》。相比万传，不记所载三事。加载其荐李三才求入东林，被拒；冯铨与熊廷弼之矛盾及兴大狱	卷三〇六。近于王传	三书都记：被高攀龙参，投附魏忠贤，进《同志录》《天鉴录》；首倡颂珰；疏陈《要典》之源，追论并封、妖书、之藩三事；天启帝死后，与魏忠贤密谋篡位。在万书之前，查继佐《罪惟录》卷三十《奸壬传》，有崔呈秀

续表

	万斯同《明史》	王鸿绪《明史稿列传》	张廷玉《明史》	备注
吴淳夫	无传	附于《崔呈秀传》。与倪文焕、田吉、李夔龙由崔呈秀进为魏忠贤义子,助崔攻冯铨	卷三〇六。同于王传	
倪文焕	无传	附于《崔呈秀传》。受贿;得罪中官,求救于崔呈秀,引入魏忠贤幕;参李邦华等人;颂珰、建祠	卷三〇六。同于王传	
田吉	无传	附于《崔呈秀传》。官位超擢为魏党之最	卷三〇六。基本同于王传,稍显简略	
李夔龙	无传	附于《崔呈秀传》。按照魏忠贤、崔呈秀之意,引用"邪人"。传后附"钦定逆案"大致过程和入案人员	卷三〇六。基本同于王传,稍显简略	
顾秉谦	卷三五四。请皇帝"节嗜欲,慎起居",诞育皇子;请将杨涟等人从诏狱以往刑部;争内臣出镇。有恕词	卷二八七《奸臣传》。记万书所说诸事都较简略,主贬斥	卷三〇六。顾秉谦、魏广微合传,相比万传、王传,内容对二传有所融合,各有详略。对二人均主贬斥	
丁绍轼	附于《顾秉谦传》	不附于《顾秉谦传》	不附于《顾秉谦传》	天启六年夏死,未入逆案

续表

	万斯同《明史》	王鸿绪《明史稿列传》	张廷玉《明史》	备注
魏广微	卷四〇二《奸臣传》。记其因享庙之事受魏大中等人弹劾，援救杨涟等人触怒魏忠贤较简略。认为其死有余辜	卷二八七《奸臣传》。相比万传，记万传所说诸事更详细，加载其靠魏忠贤力入阁而为赵南星所拒	无传	
阮大铖	卷四〇二《奸臣传》。阮与左光斗"同里有隙"，魏大中、左光斗被杀"多大铖意"；降清后通唐王被杀	卷二八七《奸臣传》。阮对左"倚为重"；左召阮任吏科给事中，因赵南星等欲用魏大中而"意中变"；刘宗周说魏大中被杀，阮为"主使"；随清军攻仙霞关死	卷三〇八《奸臣传》。与马士英合传，内容近于王传。阮之结局，采用王传之说，而以万传之说为"野乘"	在万书之前，查继佐《罪惟录》卷三二《列朝诸臣逸传》，有阮大铖，未入其《奸壬传》。此处所列，只是三书的不同之处，阮之详细行迹，可参见本书有关部分论述
黄立极	卷三五四。被监生胡焕猷参劾，详记辩护全文和给事中马斯理参黄疏	卷二二五。相比万传，内容较简略	卷三〇六。同王传	
施凤来	附于《黄立极传》。"素无节概"	同万传	卷三〇六。同万传	
张瑞图	附于《黄立极传》。会试策文不辨君子小人；为魏忠贤写碑文，拟诏奖美魏忠贤	同万传	卷三〇六。同万传	
来宗道	附于《黄立极传》。为崔呈秀父请恤典；"清客宰相"	同万传	卷三〇六。同万传	

续表

	万斯同《明史》	王鸿绪《明史稿列传》	张廷玉《明史》	备注
杨景辰	附于《黄立极传》。《要典》副总裁，崇祯初又请毁之；颂珰	同于万传	卷三〇六。同于万传	
李国𣚢	附于《黄立极传》。请复胡焕猷监生身份；去官前荐韩爌、孙承宗；不入逆案	附于《李标传》	无传	未入逆案
王绍徽	卷三五四。参李三才，为座师汤宾尹谋官，被孙丕扬贬谪；从魏忠贤意封其从子魏良卿为伯爵；争内臣出镇；救周顺昌等人；请缓殿工以纾民力，打击东林应有度，不应大事牵连；制造《点将录》	卷二二五。相比万传，孙杰等人逐王，加："后进者求速化……"一段评论。其他相同	卷三〇六。融合万传、王传	
周应秋	附于《王绍徽传》。早年"有善政"；天启三年避东林而去，五年复起；以善烹饪迎合魏良卿；代王绍徽为吏部尚书，与文选郎李夔龙"鬻官分贿"，为"十狗"之首	附于《王绍徽传》。相比万传，不记其早年行迹，其他相同	卷三〇六。同于王传	
周维持	附于《王绍徽传》。周应秋弟。请刊党籍，毁天下书院；参赵彦等人	同于万传	相比万传、王传，未全部列出所参之人，其他相同	

续表

	万斯同《明史》	王鸿绪《明史稿列传》	张廷玉《明史》	备注
乔应甲	卷三五四。万历时参钱梦皋，次及首辅沈一贯；参李三才，被孙丕扬贬谪；天启后期复出攻东林，以李三才为党魁；王绍徽用为陕西巡抚，毁冯从吾建书院，追夺孙玮诰命；"大纳贿赂"，激成"流寇之祸"；被魏党袁鲸、张文熙劾罢。	卷二二五。相比万传，不记万历时参钱事，其他相同	无传	
徐兆魁	附于《乔应甲传》。首攻东林，先后依附沈一贯、李廷机；因属吏行私落职。有"后进者竞谋躐迁……"一段评论	附于《乔应甲传》。相比万传，评论稍微改变表达放在《王绍徽传》中，其他相同	无传	
邵辅忠	附于《乔应甲传》。首劾李三才；受魏忠贤指使，参劾毛士龙	附于《刘志选传》。相比万传，多"诸奸党攻击正人多其所主使"一句，其他相同	相比万传、王传，不记参毛士龙，其他相同	
刘廷元	卷三五四。庇护韩敬；"梃击案"首倡"疯癫说"；反对涂宗浚为兵部尚书；齐楚浙三党人员及其离散；请改《光宗实录》；请毁曹学佺所撰野史	卷二二五。相比万传，无庇韩、参涂之事，三党人员及其离散较简略，其他相同	无传	

续表

	万斯同《明史》	王鸿绪《明史稿列传》	张廷玉《明史》	备注
刘光复	附于《刘廷元传》。参李三才；慈宁宫咆哮触怒神宗	附于《刘廷元传》。相比万传，参李较简略，其他相同	无传	泰昌时死，不入逆案
姚宗文	附于《刘廷元传》。万历时谏缺官不补，参税使；与刘廷元谋"梃击案"；阅辽东兵马，请加派，参熊廷弼	同于万传	无传	
亓诗教	附于《刘廷元传》。天启三年赵南星让"四凶"落职；五年因冯铨起复；因不敬崔呈秀被劾罢	同于万传	无传	
赵兴邦	附于《刘廷元传》。万历时促杨镐出战导致败绩，被夏嘉遇、唐世济劾罢；天启末年召还，参练国事等五人；与赵南星的矛盾	同于万传	无传	
官应震	附于《刘廷元传》。天启末未复起，不入逆案	同于万传	无传	不入逆案
吴亮嗣	附于《刘廷元传》。天启末死，不入逆案	同于万传	无传	不入逆案
李春晔	卷三五四。刘一燝、周嘉谟批言官，李反驳；论移宫，参王安及客氏	无传	无传	
郭允厚	附于《李春晔传》。参邹元标建首善书院	无传	无传	
杨梦衮	附于《李春晔传》	无传	无传	
李养德	附于《李春晔传》	无传	无传	

续表

	万斯同《明史》	王鸿绪《明史稿列传》	张廷玉《明史》	备注
单明诩	附于《李春晔传》。为魏忠贤修缮肃宁城	无传	无传	
张文郁	附于《李春晔传》	无传	无传	
杨所修	万斯同《明史》卷三五四,王鸿绪《明史稿》卷二二五。群阉辱钟羽正,抗疏请治罪;请搜集三案章疏仿《明伦大典》编辑成书,颁示天下;参姚希孟等人;崇祯初与陈尔翼、李蕃等谋逐崔呈秀;寇陷商城,被执不屈而死。		无传	万传、王传内容相同
陈尔翼	附于《杨所修传》	同于万传	无传	
徐绍吉	附于《杨所修传》	同于万传	无传	
谢启光	附于《杨所修传》	同于万传	无传	
贾继春	卷三五四。"移宫案"请安选侍,受到处分;高弘图、张慎言相救,王安想要严惩二人;天启末年复出追论"移宫案";崇祯初参崔呈秀"自相携贰";称赞高弘图救杨涟,荐韩爌、倪元璐,崇祯因其"反覆"加入逆案	卷二二五。万传说"李选侍之移也,颇逼迫",王传在其后加"然固无恙也",其他相同	卷三〇六。同于王传	
霍维华	卷三五五。参王安被贬;天启末复起,追论"三案",请改《光宗实录》;进灵露饮使帝得病,有意以己荫授袁崇焕违逆魏忠贤;崇祯初与杨维垣等谋维持"残局"不果;献治河策谋复出,唐世济因荐他被遣戍,忧愤而死	卷二二五。相比万传,传后附弘光时期杨维垣"翻逆案"内容,其他相同。所加内容,万书记在《孙杰传》后	卷三〇六。同于王传	在万书之前,查继佐《罪惟录》卷三十《奸壬传》,有霍维华

张廷玉《明史·阉党传》的编撰与政治意蕴(代结语)　247

续表

	万斯同《明史》	王鸿绪《明史稿列传》	张廷玉《明史》	备注
孙杰	附于《霍维华传》。为霍维华参刘一燝、周嘉谟,被贬;参与冯铨和崔呈秀之争,参去吏部尚书王绍徽。传后附杨维垣"翻逆案"内容	附于《刘志选传》。内容基本与万传相同	卷三〇六。相比万传、王传,内容更简略。无万传后附记内容	王书将邵辅忠、孙杰都附于《刘志选传》,因二人"本谋摇中宫"
阎鸣泰	万斯同《明史》卷三五五,王鸿绪《明史稿》卷二二五,张廷玉《明史》。受知于孙承宗;"颂珰"。传后附各地各官建祠、称颂情形			三书所记内容相同
刘志选	卷三五五。万历时谏皇帝禁止诸曹言事受处;天启末复起,弹劾东林;参劾国丈张国纪;称颂《要典》	卷二八七。相比万传,记其万历时建言得罪较简略;记参张国纪多"惑家人言,谓己老必先忠贤死",其他相同	卷三〇六。融合万传、王传	
梁梦环	附于《刘志选传》。参汪文言;参唐世济等人;"宁远大捷",为崔呈秀请叙功;参熊廷弼;继刘志选后参国纪;"颂珰"	同于万传	卷三〇六。相比万传、王传,不记参唐世济等人,其他相同	
刘诏	附于《刘志选传》。早年"强敏以才称";"释褐九年骤至极品";崇祯时高弘图参他与刘、梁"谋危社稷,摇动宫闱"	附于《刘志选传》。相比万传,无早年称赞语,其他相同	卷三〇六。同于王传	
杨维垣	万斯同《明史》卷三五五。参王纪、顾大章,被赵南星贬外;天启末复起,追论《梃击案》;由其叔徐大化通魏忠贤;为座主徐绍吉谋官忤魏忠贤意,官位不进;罗织甘肃巡抚李若星罪状;崇祯初被刘鸿训削籍;弘光时被钱谦益荐起,重刊《要典》;南京破,殉明。王鸿绪《明史稿》卷二二五。相比万传,为徐绍吉谋官处,加"魏广微潜于忠贤"一句,其他相同		无传	

续表

	万斯同《明史》	王鸿绪《明史稿列传》	张廷玉《明史》	备注
徐大化	万斯同《明史》、王鸿绪《明史稿》均附于《杨维垣传》，张廷玉《明史》卷三〇六。万历时罢京察；参熊廷弼，与周朝瑞相诘，被刑部尚书王纪劾罢；为魏忠贤献计申入"移宫案""封疆案"，以陷害东林；挪移金钱事发，闲住			三书所记内容相同
李鲁生	万斯同《明史》卷三五五，王鸿绪《明史稿》附于《李蕃传》，张廷玉《明史》卷三〇六。参周起元；言中旨；与李蕃谋推冯铨入阁；参韩爌；典试湖广骂杨涟			三书所记内容相同
李蕃	万斯同《明史》附于《李鲁生传》，王鸿绪《明史稿》卷二二五，张廷玉《明史》卷三〇六。阻孙承宗入朝；参去朱国祯；与李鲁生先后依附魏广微、冯铨、崔呈秀			三书所记内容相同
李恒茂	万斯同《明史》附于《李鲁生传》，王鸿绪《明史稿》附于《李蕃传》，张廷玉《明史》卷三〇六。荐起崔呈秀，后又与崔交恶，削籍；劾罢不附魏忠贤诸人			三书所记内容相同
曹钦程	万斯同《明史》卷三五五，王鸿绪《明史稿》卷二八七《奸臣传》，张廷玉《明史》卷三〇六，早年为官赃私狼藉，为周起元所参；依附汪文言谋官，汪败后"力挤之"；通过座主冯铨父事魏忠贤，为"十狗"之一，助冯参罢张慎言等四人；"败群"被潘士闻参罢；逆案论死，后降李自成，不知所终			三书所记内容相同
石三畏	万斯同《明史》、王鸿绪《明史稿》均附于《曹钦程传》，张廷玉《明史》卷三〇六。早年为官大著贪声，赵南星出为王府长史；依靠李恒茂、崔呈秀升迁，为魏忠贤"十孩儿"之一，参刘弘化等人，追论京察、三案；误命优人演刘瑾酗酒，触怒魏忠贤被罢			三书所记内容相同
张讷	附于《曹钦程传》。参赵南星等人；请毁东林等四书院；请瑞王等"三王封国"	同于万传	卷三〇六。相比万传、王传，不记"三王封国"，其他相同	

续表

	万斯同《明史》	王鸿绪《明史稿列传》	张廷玉《明史》	备注
卢承钦	附于《曹钦程传》。请颁东林党人榜；助崔呈秀参冯铨；天启时死，仍入逆案	同于万传	卷三〇六。相比万传、王传，不记助崔呈秀参冯铨，其他相同	
门克新	附于《曹钦程传》。请杀熊廷弼，与吴裕中绝交；请优礼魏广微；制造孙文豸、顾同寅文字狱	附于《曹钦程传》。相比万传，加冯铨唆使吴裕中丁绍轼，又事先告知魏忠贤，使吴被杖死。其他相同	卷三〇六。同于王传	
刘徽	万斯同《明史》、王鸿绪《明史稿》均附于《曹钦程传》，张廷玉《明史》卷三〇六。继陈朝辅后参冯铨；与梁梦环请追熊廷弼赃			三书所记内容相同
智铤	万斯同《明史》、王鸿绪《明史稿》均附于《曹钦程传》，张廷玉《明史》卷三〇六。赵南星门生，由魏广微通魏忠贤参赵；参徐光启等人			三书所记内容相同
田尔耕	卷三五五。与魏良卿交好；与魏广微缔姻；助魏忠贤为虐，崇祯初伏诛	卷二八七。相比万传，不记明代锦衣卫主官任职资格的演变，其他相同	卷三〇六。同于王传	
许显纯	附于《田尔耕传》。杀东林六君子、七君子，问案听魏忠贤指授	附于《田尔耕传》。相比万传，不记天启后期升官，其他相同	卷三〇六。同于王传	
崔应元	附于《田尔耕传》。听命魏忠贤，助许显纯杀害东林	同于万传	卷三〇六。同于王传	
孙云鹤	附于《田尔耕传》	同于万传	卷三〇六。同于王传	
杨寰	附于《田尔耕传》	同于万传	卷三〇六。同于王传	

三书共列66人，但丁绍轼、李国樨、刘光复3人未入逆案，只有万书将他们附于阉党人物传后，王书、张书则将他们置于其他卷篇中，因此三书实际只为63名阉党人员立传。而张廷玉《明史》又只给其中的43名阉党人员立传，相比二百五六十人的阉党人数已是很少，况且这43人中很多传记内容简略，不足以窥见整个阉党的状貌。另外，它把魏忠贤等人置于《宦官传》，阮大铖置于《奸臣传》，可能是出于人物身份、活动与体例相符的考虑，但也造成阉党人物的分散立传，于《阉党传》体例又不符。张书除了周应秋、张讷两传附记其各自兄弟周维持、张朴外，其他人员全部都是单独立传，这也是与万、王二书较多附传的不同之处。在三书中，阮大铖是阉党成员中唯一都被纳入《奸臣传》的人，表明三书作者对他共同的贬斥之意。

由上表可以来看王书对万书的所谓"抄袭"问题。阉党人物传记，万书分布于卷三五四《奸臣传》、卷三五五《奸臣传》、卷四〇二《奸臣传》、卷四〇六《宦官传》，王书分布于卷二二五《奸臣传》、卷二八七《奸臣传》、卷二八四《宦官传》。王书卷二二五包括了万书卷三五四、卷三五五所列的多数人，剩下的除李春晔及其附传人物万书有而王书无外，其他的如刘志选、曹钦程、顾秉谦、田尔耕都在王书《奸臣传》中，这四人也是王书《奸臣传》比万书所增加的。王书《宦官传》所列阉党人物，与万书相同。就阉党人物的传记内容来看，王书很多地方确实都与万书相同，有的只是变更表达的形式，或者是重新编排传主及其附传人物，如李蕃、邵辅忠、孙杰，内容仍与万书相同，因此"抄袭"之说是有根据的。但王书《崔呈秀传》附吴淳夫、倪文焕、田吉、李夔龙，万书则没有；王书《魏忠贤传》对万书所载有所改动；王书《魏广微传》《顾秉谦传》，不仅内容不同于万书，对二人的态度也不同于万书。有的虽然只是增减几句话，但意义完全不同，如《贾继春传》。这表明王氏对晚明史事尤其是党争问题，有较多的了解和独到的看法，所以能够按照自己的理解、具有一定合理性地重新编排传主及其附传人物，对一些人物、事件的评价也与万氏有别。而张书虽然大多取材王书，但也有《施凤来传》等取材万书，《刘志选传》《王绍徽传》融合万书和王书所载。王书与万书的这种关系，放到明代其他时段的人物、事件上是否也成立，需要具体比较阅读。

由上表还可以来看万书、王书对阉党的态度问题。一般认为王书偏袒阉党，故对东林有所批评，万书则与此相反，如清末的魏源、缪荃孙和民国的李晋华。① 王书《崔呈秀传》说崔呈秀举荐李三才，仍被东林拒斥；《魏广微传》说魏广微靠魏忠贤之力入阁而被赵南星羞辱，万书对这两条都没有记载。王书增加这两条，似乎想要表明崔、魏都是被东林逼迫，才投靠魏忠贤与东林为敌；万书不载，则可能是想为东林回护。最能体现二者对阉党态度不同的是《阮大铖传》，万书否认阮大铖与东林党人左光斗的关系，王书则认为阮对左曾"倚为重"；万书认为阮对于魏大中、左光斗之死负有责任，王书则委婉地表明万氏可能是受到其师祖刘宗周的影响。经过本书的有关论述可知，王书的看法是更为客观的。但是两书对东林、阉党的态度也不全然如此。如万书《刘志选传》《刘诏传》《王绍徽传》《周应秋传》对这些阉党人员早年的活动有所称道，这些在王书中都被删掉了。万书《顾秉谦传》对顾秉谦有所宽恕，王书则将他置于《奸臣传》。而对于东林，万书《贾继春传》说移宫案"李选侍之移也，颇逼迫"，王书在其后加上"然故无恙也"，对主持移宫的杨涟、左光斗等人的责备之意顿减。以此来看，两书对东林、阉党究竟持什么态度，要通过全面、具体比对有关的记载来判定，不能想当然。

---

① 魏源：《魏源集》"书明史稿二"，中华书稿1976年版，第223页；萧穆：《敬孚类稿》卷九《记永乐大典·附记王万二家明史稿》，《续修四库全书》，上海古籍出版社2002年影印本，集部，第1561册，第57页；李晋华：《明史纂修考》，《民国丛书》第四编，第4074册，上海书店1989年版，第53页。

征引文献

一 今人论著

［美］贺凯：《晚明东林运动》，费正清《中国的思想和制度》，Chicago Press 1957 年版。

［美］司徒琳：《南明史》，李荣庆等译，上海书店出版社 2007 年版。

［美］魏斐德：《洪业——清朝开国史》，陈苏镇等译，江苏人民出版社 1992 年版。

［美］牟复礼、［英］崔瑞德：《剑桥中国明代史》，张书生等译，中国社会科学出版社 1992 年版。

［新加坡］李焯然：《论东林党与晚明政治》，载《明史散论》，台北允晨文化事业有限公司 1987 年版。

［日］岛田虔次：《中国近代思维的挫折》，甘万萍译，江苏人民出版社 2008 年版。

［日］沟口雄三：《中国前近代思想之曲折与展开》，陈耀文译，上海人民出版社 1997 年版。

［日］小野和子：《明季党社考——东林党与复社》，李庆等译，上海古籍出版社 2006 年版。

赵令扬：《论南明弘光朝之党祸》，载《明史论集》，史学研究会印行 1975 年版。

徐宾：《历代党签》，台北广文书局 1974 年版。

林丽月：《李三才与东林党》，《台湾师范大学历史学报》1981 年第 9 期。

林丽月：《阁部冲突与明万历朝的党争》，《台湾师范大学历史学报》1982 年第 10 期。

林丽月：《明末东林派的几个政治观念》，《台湾师范大学历史学报》1983

年第 11 期。

林丽月：《"击内"抑或"调和"——试论东林领袖的制宦策略》，《台湾师范大学历史学报》1986 年第 14 期。

周忠泉：《李三才与东林党之关系新论》，《史苑》1990 年第 51 期。

陈文豪：《读明史"阉党"传——明史体例研究之一》，载吴智和编《明史研究专刊》1980 年第 3 期。

雷飞龙：《汉唐宋明朋党形成的原因》，台湾韦伯文化国际出版有限公司 2002 年版。

林璀瑶：《从内阁人事嬗变看崇祯朝之政局——以"五十宰相"为中心之探讨》，《史耘》2002 年第 8 期。

吕士朋：《崇祯初年钱谦益事件与东林内阁的瓦解》，《明史研究》第 12 辑，黄山书社 2012 年版。

钱穆：《国史大纲》，商务印书馆 1991 年版。

朱倓：《明季桐城中江社考》，《中央研究院历史语言研究所集刊》第 1 本第 2 分。

罗继祖：《枫窗脞语》，中华书局 1984 年版。

李晋华：《明史纂修考》，《民国丛书》第四编，第 4074 册，上海书店 1989 年版。

谢国桢：《增订晚明史籍考》，上海古籍出版社 1981 年版。

谢国桢：《明清之际党社运动考》，中华书局 1982 年版。

邓之诚：《骨董琐记全编》，中华书局 2008 年版。

雷海宗：《中国文化与中国的兵》，生活·读书·新知三联书店 2001 年版。

黄云眉：《明史编纂考略》，见《史学杂稿订存》，齐鲁书社 1980 年版。

孟森：《明史讲义》，上海古籍出版社 2002 年版。

孟森：《明清史论著集刊》，中华书局 1959 年版。

王桐龄：《中国历代党争史》，北平文化学社 1931 年版。

朱东润：《陈子龙及其时代》，上海古籍出版社 1984 年版。

陈寅恪：《柳如是别传》，生活·读书·新知三联书店 2001 年版。

朱希祖：《明季史料题跋》，辽宁教育出版社 1998 年版。

李洵：《论明末政局》，《史学集刊》1986 年第 1 期。

李抉：《东林党籍考》，人民出版社 1957 年版。

柴德赓：《史学丛考》，中华书局 1982 年版。

樊树志：《晚明史（1573—1644 年）》，复旦大学出版社 2003 年版。

刘志琴：《晚明史论——重新认识末世衰变》，江西教育出版社 2004 年版。

万明：《晚明社会变迁与问题研究》，商务印书馆 2005 年版。

陈梧桐等：《明史十讲》，上海古籍出版社 2007 年版。

王钟翰：《清朝前期的党争问题》，载《清史余考》，辽宁大学出版社 2001 年版。

陈宝良：《中国的社与会》，浙江人民出版社 1996 年版。

冯天瑜、谢贵安：《解构专制——明末清初"新民本"思想研究》，湖北人民出版社 2003 年版。

苗棣：《魏忠贤专权研究》，中国社会科学出版社 1994 年版。

韩大成、杨欣：《魏忠贤传》，人民出版社 1997 年版。

王天有：《晚明东林党议》，上海古籍出版社 1991 年版。

汤纲、王鸿江、傅贵九：《〈明史〉的纂修及史学思想》，中国社会科学院历史研究所明史研究室编：《明史研究论丛》第二辑，江苏古籍出版社 1983 年版。

乔治忠：《清朝官方史学研究》，文津出版社 1994 年版。

冷东：《叶向高与明末政坛》，汕头大学出版社 1996 年版。

徐凯：《泰昌帝天启帝》，吉林文史出版社 1996 年版。

林金树、高寿仙：《天启皇帝大传》，中国社会出版社 2008 年版。

朱子彦、陈生民：《朋党政治研究》，华东师范大学出版社 1992 年版。

周明初：《晚明士人心态及文学个案》，东方出版社 1997 年版。

何孝荣：《论高攀龙的用人思想》，《史学集刊》1999 年第 2 期

朱端强：《万斯同与〈明史〉修纂纪年》，中华书局 2004 年版。

耿庆国等：《王恭厂大爆炸——明末京师奇灾研究》，地震出版社 1990 年版。

姜胜利：《清人明史学探研》，南开大学出版社 1997 年版。

蒋逸雪：《张溥年谱》，齐鲁书社 1982 年版。

毛佩琦、张自成：《中国明代政治史》，人民出版社 1994 年版。

谢谦：《论明末文人阮大铖的堕落》，《四川师范大学学报·社会科学版》2003 年第 6 期。

温功义：《三案始末》，重庆出版社2004年版。

廖心一：《刘瑾"变乱旧制"考略》，中国社会科学院历史研究所明史研究室编：《明史研究论丛》第三辑，江苏古籍出版社1985年版。

张嘉沧：《略论入清后的冯铨》，《史学月刊》1984年第2期。

张升：《冯铨史事杂考》，《清史研究》1998年第3期。

韩恒煜：《陈名夏"南党"案述略》，中国社会科学院历史研究所清史研究室编：《清史论丛》第七辑，中华书局1986年版。

刘志刚：《天变与党争——天启六年王恭厂大灾下的明末政治》，《史林》2009年第2期。

刘志刚：《康熙帝对明朝君臣的评论及其政治影响》，《清史研究》2009年第1期。

黄江华：《明大学士张瑞图及其夫人墓志铭浅析》，《福建文博》2010年第4期。

徐东树等：《狂狷笔墨懦懦人——读张瑞图行草立轴》，《福建艺术》2013年第4期。

孙启新：《孙之獬事功述评》，《山东理工大学学报·社会科学版》2007年第1期。

何平立：《明代内阁与朋党关系略论》，《上海大学学报》1986年第3—4期。

胡金望：《人生喜剧与喜剧人生：阮大铖研究》，中国社会科学出版社2004年版。

李玉栓：《阮大铖结社考略》，《安庆师范学院学报·社会科学版》2010年第1期。

尹玲玲：《阮大铖研究综述》，《长春工业大学学报·社会科学版》2010年第5期。

郑雷：《阮大铖丛考》（上、中、下），《华侨大学学报·哲学社会科学版》2004年第1期、2006年第2期、2006年第4期。

张慧：《阮大铖之死考辨》，《广西民族大学学报·哲学社会科学版》2008年第2期。

陈友冰等：《阮大铖创作论》，《江淮论坛》2010年第1期。

朱子彦：《论明代的内阁与党争》，《社会科学战线》1996年第1期。

刘晋华：《明代内阁制度与党争》，《社科纵横》2003年第6期。

蔡明伦：《论明万历中后期言官对神宗的批判》，《史学月刊》2006年第4期。
王美：《马士英文学研究》，硕士学位论文，西南大学，2012年。
阳正伟：《一本不该被忽视的史著——〈马阁老洗冤录〉》，《贵州文史丛刊》2008年第2期。
阳正伟：《史可法与"顺案"——以史可法三份奏疏为中心》，《古典文献研究》第12辑，凤凰出版社2009年版。
阳正伟：《〈明史·魏忠贤传〉考疑一则》，《江海学刊》2009年第4期。
阳正伟：《〈弘光实录钞〉辨误及其他》，《书品》2008年第4辑。
阳正伟：《〈明史〉考疑一则》，《书品》2009年第2辑。
阳正伟：《善恶忠奸任评说——马士英政治行迹研究》，云南人民出版社2013年版。

二 古籍

（一）官修史书

刘珍等撰：《东观汉记》，《文渊阁四库全书》，台湾商务印书馆1983年影印本，史部，第370册。
朱熹撰，清圣祖批：《御批资治通鉴纲目》，《文渊阁四库全书》，台湾商务印书馆1983年影印本，史部，第691册。
《明神宗实录》，台湾"中央"研究院历史语言研究所1962年校印本。
《明熹宗实录》，台湾"中央"研究院历史语言研究所1966年校印本。
《崇祯长编》，台湾"中央"研究院历史语言研究所1967年校印本。
《大清世祖章皇帝实录》，日本东京大藏出版株式会社承印。
徐乾学：《明史列传》，周骏富辑：《明代传记丛刊》，台湾明文书局1991年影印本。
万斯同：《明史》，《续修四库全书》，上海古籍出版社2002年影印本，第324—330册。
王鸿绪：《明史稿列传》，周骏富辑：《明代传记丛刊》，台湾明文书局1991年影印本。
张廷玉：《明史》，中华书局1974年版。
《清史列传》，中华书局1987年版。
舒赫德、于敏中等撰：《钦定胜朝殉节诸臣录》，台湾商务印书馆1983年影印本，史部，第456册。

纪昀等：《四库全书总目》，艺文印书馆1969年版。

（二）文集、奏疏、年谱

黄宗羲：《南雷文定》，《丛书集成初编》，第2463册。

缪荃孙：《艺风堂文续集》，《续修四库全书》，上海古籍出版社2002年影印本，集部，第1574册。

张岱：《琅嬛文集》，云告点校，岳麓书社1985年版。

张鉴：《冬青馆甲集》，《续修四库全书》，上海古籍出版社2002年影印本，集部，第1492册。

张鉴：《冬青馆乙集》，《续修四库全书》，上海古籍出版社2002年影印本，集部，第1492册。

全祖望：《鲒崎亭集》，《四部丛刊初编》，上海书店1989年版，集部，第372册。

全祖望：《鲒崎亭集外编》，《四部丛刊初编》，上海书店1989年版，集部，第376册。

林时对：《留补堂文集选》，《四明丛书》本。

归庄：《归庄集》，上海古籍出版社1984年标点本。

陈子龙：《安雅堂稿》，《续修四库全书》，上海古籍出版社2002年影印本，集部，第1387册。

钱谦益：《牧斋初学集》，《四部丛刊初编》，上海书店1989年版，集部，第347册。

钱谦益：《牧斋有学集》，《四部丛刊初编》，上海书店1989年版，集部，第349册。

张邦纪：《张文悫公遗集》，《四库禁毁书丛刊》，北京出版社1997年影印本，集部，第104册。

汪琬：《尧峰文钞》，《四部丛刊初编》，上海书店1989年版，集部，第355—356册。

汤显祖：《汤显祖诗文集》，徐朔方笺校，上海古籍出版社1982年版。

于慎行：《谷山笔麈》，《续修四库全书》，上海古籍出版社2002年影印本，子部，第1128册。

顾炎武：《顾亭林诗文集》，华忱之点校，中华书局1959年版。

姚希孟：《公槐集》，《四库禁毁书丛刊》，北京出版社1997年影印本，集部，第178册。

萧穆：《敬孚类稿》，《续修四库全书》，上海古籍出版社2002年影印本，集部，第1560—1561册。

缪昌期：《从野堂存稿》，《续修四库全书》，上海古籍出版社2002年影印本，集部，第1373册。

李应昇：《落落斋遗集》，《四库禁毁书丛刊》，北京出版社1997年影印本，集部，第50册。

温璜：《温宝忠先生遗稿》，《四库禁毁书丛刊》，北京出版社1997年影印本，集部，第83册。

黄尊素：《黄忠端公文略》，《四库禁毁书丛刊》，北京出版社1997年影印本，集部，第185册。

黄克缵：《数马集》，《四库禁毁书丛刊》，北京出版社1997年影印本，集部，第180册。

杨涟：《杨忠烈公文集》，《四库禁毁书丛刊》，北京出版社1997年影印本，集部，第13册。

阮大铖：《咏怀堂诗集》，《续修四库全书》，上海古籍出版社2002年影印本，集部，第1374册。

钱大昕：《潜研堂文集》，陈文和点校，江苏古籍出版社1997年版。

刘宗周：《刘蕺山先生集》，《四库禁毁书丛刊》，北京出版社1997年影印本，史部，第38册。

刘宗周：《刘子全书》，清道光会稽吴氏刊本。

郑鄤：《峚阳草堂文集》，《四库禁毁书丛刊》，北京出版社1997年影印本，集部，第126册。

朱彝尊：《曝书亭集》，《四部丛刊初编》，上海书店1989年影印本，集部，第358册。

徐乾学：《憺园文集》，《续修四库全书》，上海古籍出版社2002年影印本，集部，第1412册。

方苞：《方苞集》，刘季高校点，上海古籍出版社1983年版。

陈瑚：《确庵文稿》，《四库禁毁书丛刊》，北京出版社1997年影印本，集部，第184册。

杨凤苞：《秋室集》，《续修四库全书》，上海古籍出版社2002年影印本，集部，第1476册。

征引文献

祁彪佳：《祁忠敏公日记》，见《甲申日历》，民国二十六年绍兴县修志委员会校刊本。

徐元叹：《徐元叹先生残稿》，《丛书集成初编》，第 2287 册。

史可法著，张纯修编辑，罗振常校补：《史可法集》，上海古籍出版社 1984 年版。

张瑞图：《白毫庵内篇》《外篇》《集篇》，《四库禁毁书丛刊》，北京出版社 1997 年影印本，集部，第 142 册。

瞿式耜：《瞿忠宣公集》，《续修四库全书》，上海古籍出版社 2002 年影印本，集部，第 1375 册。

朱国盛纂，徐标续纂：《南河志》《南河全考》，《续修四库全书》，上海古籍出版社 2002 年影印本，史部，第 728、729 册。

周同谷：《霜猿集》，《丛书集成初编》，第 2287 册。

朱舜水：《朱舜水集》，朱谦之整理，中华书局 1981 年版。

邵廷采：《思复堂文集》，《四库全书存目丛书》，齐鲁书社 1997 年影印本，集部，第 252 册。

侯方域：《壮悔堂文集》，《四库禁毁书丛刊》，北京出版社 1997 年影印本，集部，第 51 册。

金之俊：《金文通公集》，《续修四库全书》，上海古籍出版社 2002 年影印本，集部，第 1393 册。

徐元文：《含经堂集》，《续修四库全书》，上海古籍出版社 2002 年影印本，集部，第 1413 册。

许宗彦：《鉴止水斋集》，《续修四库全书》，上海古籍出版社 2002 年影印本，集部，第 1492 册。

魏源：《魏源集》，中华书稿 1976 年版。

顾大韶：《炳烛斋稿》，《四库禁毁书丛刊》，北京出版社 1997 年影印本，集部，第 104 册。

叶向高：《蘧编》，《四库禁毁书丛刊补编》，北京出版社 2005 年影印本，第 25 册。

洪思等撰：《黄道周年谱》，福建人民出版社 1999 年版。

倪会鼎：《倪元璐年谱》，中华书局 1994 年标点本。

叶向高：《续光庑奏草》，《四库禁毁书丛刊》，北京出版社 1997 年影印本，史部，第 37 册。

叶向高：《纶扉奏草》，《四库禁毁书丛刊》，北京出版社 1997 年影印本，史部，第 36 册。

邹元标：《邹忠介公奏疏》，《续修四库全书》，上海古籍出版社 2002 年影印本，史部，第 481 册。

陈子龙：《明经世文编》，中华书局 1962 年标点本。

蔡士顺：《傃庵野抄》，《四库禁毁书丛刊》，北京出版社 1997 年影印本，史部，第 69 册。

顾秉谦等：《三朝要典》，《四库禁毁书丛刊》，北京出版社 1997 年影印本，史部，第 56 册。

周宗建：《周忠毅公奏议》，《四库禁毁书丛刊》，北京出版社 1997 年影印本，史部，第 38 册。

金日升：《颂天胪笔》，《续修四库全书本》，上海古籍出版社 2002 年影印本，史部，第 439 册。

徐肇台：《甲乙记政录》，《续修四库全书本》，上海古籍出版社 2002 年影印本，史部，第 438 册。

冯梦龙编辑：《中兴实录》，见《南明史料（八种）》，江苏古籍出版社 1999 年版。

（三）野史、笔记

何良俊：《四友斋丛说》，李剑雄校点，见《明代笔记小说大观》，上海古籍出版社 2005 年版。

黄宗羲：《弘光实录钞》，见《南明史料（八种）》，江苏古籍出版社 1999 年版。

黄宗羲：《明儒学案》，沈芝盈点校，中华书局 1985 年版。

夏允彝：《幸存录》，留云居士辑：《明季稗史初编》卷 14、15，上海书店 1988 年版。

王夫之：《读通鉴论》，中华书局 1975 年版。

史惇：《恸余杂记》，《四库禁毁书丛刊》，北京出版社 1997 年影印本，史部，第 72 册。

文秉：《先拨志始》，上海书店 1982 年版。

文秉：《定陵注略》，北京大学图书馆藏善本。

文秉：《烈皇小识》，留云居士辑：《明季稗史初编》卷 1，上海书店 1988 年版。

文秉：《甲乙事案》，见《南明史料（八种）》，江苏古籍出版社1999年版。

黄景昉：《国史唯疑》，陈士楷等点校，上海古籍出版社2002年版。

李清：《南渡录》，何槐昌点校，浙江古籍出版社1988年版。

李清：《三垣笔记》，顾思点校，中华书局1982年版。

邹漪：《明季遗闻》，《四库禁毁书丛刊》，北京出版社1997年影印本，史部，第72册。

谈迁：《国榷》，中华书局1958年标点本。

谈迁：《枣林杂俎》，罗仲辉点校，中华书局2006年版。

谈迁：《北游录》，中华书局1960年标点本。

吴嶽：《清流摘镜》，《四库禁毁书丛刊补编》，北京出版社2005年影印本，第17册。

李逊之：《三朝野记》，上海书店1982年版。

李逊之：《崇祯朝纪事》，《四库禁毁书丛刊》，北京出版社1997年影印本，史部，第6册。

温睿临：《南疆逸史》，中华书局1959年标点本。

钱澄之：《所知录》，《四库禁毁书丛刊》，北京出版社1997年影印本，史部，第72册。

杜登春：《社事始末》，《中国野史集成》编委会、四川大学图书馆编：《中国野史集成》，巴蜀书社1993年版，第27册。

汪有典：《史外》，《四库禁毁书丛刊》，北京出版社1997年影印本，史部，第20册。

佚名：《鹿樵纪闻》，《痛史》本。

戴名世：《弘光朝伪东宫伪后及党祸纪略》，见《忧患集偶钞》，《四库禁毁书丛刊》，北京出版社1997年影印本，集部，第187册。

张岱：《石匮书后集》，中华书局1959年标点本。

陆圻：《纤言》，上海书店1982年版。

陈贞慧：《书事七则》，《昭代丛书》本。

朱长祚：《玉镜新谭》，《四库禁毁书丛刊》，北京出版社1997年影印本，史部，第71册。

吴应箕：《两朝剥复录》，《四库禁毁书丛刊》，北京出版社1997年影印本，史部，第19册。

吴应箕：《东林本末》，《四库禁毁书丛刊补编》，北京出版社 2005 年影印本，第 16 册。

邹漪：《启祯野乘二集》，《四库禁毁书丛刊》，北京出版社 1997 年影印本，史部，第 41 册。

陈田：《明诗纪事》，周骏富辑：《明代传记丛刊》，台湾明文书局 1991 年影印本，第 15 册。

谷应泰：《明史纪事本末》，中华书局 1977 年标点本。

龚炜：《巢林笔谈》，钱炳寰点校，中华书局 1981 年版。

钟惺撰，王汝南补：《明纪编年》，《四库禁毁书丛刊》，北京出版社 1997 年影印本，史部，第 35 册。

计六奇：《明季北略》，中华书局 1984 年标点本。

计六奇：《明季南略》，中华书局 1984 年标点本。

外史氏辑：《圣朝新政要略》，《续修四库全书》，上海古籍出版社 2002 年影印本，史部，第 439 册。

陈鼎：《东林列传》，《文渊阁四库全书》，台湾商务印书馆 1983 年影印本，史部，第 458 册。

叶绍袁：《启祯记闻录》，《痛史》本。

林时对：《荷锸丛谈》，《清代稿本百种汇刊》，台湾文海出版社 1974 年版，第 26 册。

蒋平阶：《东林始末》，《四库全书存目丛书》，齐鲁书社 1997 年影印本，史部，第 55 册。

曹溶：《崇祯五十宰相传》，《续修四库全书》，上海古籍出版社 2002 年影印本，史部，第 537 册。

韩爌等撰：《钦定逆案》，《四库全书存目丛书》，齐鲁书社 1997 年影印本，史部，第 55 册。

刘若愚：《酌中志》，阳羡生点校，见《明代笔记小说大观》，上海古籍出版社 2005 年版。

王世德：《崇祯遗录》，《四库禁毁书丛刊》，北京出版社 1997 年影印本，史部，第 72 册。

孙承泽：《山书》，《续修四库全书》，上海古籍出版社 2002 年影印本，史部，第 367 册。

孙承泽：《天府广记》，北京古籍出版社 1982 年版。

孙承泽：《畿辅人物志》，《续修四库全书》，上海古籍出版社2002年影印本，集部，第540册。

吴甡：《忆记》，《四库禁毁书丛刊》，北京出版社1997年影印本，史部，71册。

顾苓：《三朝大议录》，《中国野史集成》，第27册。

顾苓：《南都死难纪略》，见《南明史料（八种）》，江苏古籍出版社1999年版。

赵翼：《廿二史札记》，王树民校证，中华书局1984年版。

张萱：《西园闻见录》，《续修四库全书》，上海古籍出版社2002年影印本，子部，第1168—1170册。

沈德符：《野获编》，《续修四库全书》，上海古籍出版社2002年影印本，子部，第1174册。

顾炎武：《圣安皇帝本纪》，见《南明史料（八种）》，江苏古籍出版社1999年版。

王弘撰：《山志》，何本方点校，中华书局1999年版。

沈国元：《两朝从信录》，《续修四库全书》，上海古籍出版社2002年影印本，史部，第356册。

董含：《三冈识略》，致之校点，辽宁教育出版社2000年版。

孙肩：《甲乙杂著》，《丛书集成初编》，第2460册。

孔尚任：《桃花扇》，人民文学出版社1982年版。

陈建辑，江旭奇补订：《皇明通纪集要》，《四库禁毁书丛刊》，北京出版社1997年影印本，史部，第34册。

查继佐：《罪惟录》，浙江古籍出版社1986年版。

黄煜：《碧血录》，《丛书集成初编》，第3973册。

赵吉士：《续表忠记》，《四库全书存目丛书》，齐鲁书社1997年影印本，史部，第120册。

赵吉士：《二续表忠记》，《四库禁毁书丛刊》，北京出版社1997年影印本，史部，第41册。

朱彝尊：《静志居诗话》，《续修四库全书》，上海古籍出版社2002年影印本，集部，第1698册。

王世贞撰，王政敏订，王汝南补：《新刻明朝通纪会纂》，《四库禁毁书丛刊》，北京出版社1997年影印本，史部，第13册。

潘柽章：《松陵文献》，《北京图书馆古籍珍本丛刊》，史部，第 19 册。

俞正燮：《癸巳存稿》，蒋金德等点校，辽宁教育出版社 2003 年版。

沈德潜：《明诗别裁集》，《四库禁毁书丛刊》，北京出版社 1997 年影印本，集部，第 97 册。

王士禛：《分甘余话》，张世林点校，中华书局 1989 年版。

李天根：《爝火录》，仓修良等点校，浙江古籍出版社 1986 年版。

张道：《临安旬制记》，浙江古籍出版社 1985 年版。

东邨八十一老人：《明季甲乙汇编》，《四库禁毁书丛刊》，北京出版社 1997 年影印本，史部，第 33 册。

刘近思：《四朝大政录》，清光绪十一年六世孙宝楠刊本。

叶廷琯：《鸥陂渔话》，《续修四库全书》，上海古籍出版社 2002 年影印本，子部，第 1163 册。

抱阳生：《甲申朝事小纪》，任道斌校点，书目文献出版社 1987 年版。

杨士聪：《玉堂荟记》，《续修四库全书》，上海古籍出版社 2002 年影印本，集部，第 1175 册。

佚名：《金陵纪略》，《痛史》本。

查慎行：《人海记》，《续修四库全书》，上海古籍出版社 2002 年影印本，子部，第 1177 册。

叶珍：《明纪编遗》，《四库禁毁书丛刊》，北京出版社 1997 年影印本，史部，第 19 册。

陈盟：《崇祯内阁行略》，《四库全书存目丛书》，齐鲁书社 1997 年影印本，第 116 册。

叶梦珠：《阅世编》，来新夏点校，中华书局 2007 年版。

夏燮：《明通鉴》，沈仲九点校，中华书局 1959 年版。

徐鼒：《小腆纪传》，中华书局 1957 年标点本。

宋起凤：《稗说》，中国社会科学院历史研究所明史室编：《明史资料丛刊》第二辑，江苏人民出版社 1982 年版。

方浚师：《蕉轩随录》，盛冬铃点校，中华书局 1995 年版。

马其昶：《桐城耆旧传》，《续修四库全书本》，上海古籍出版社 2002 年影印本，史部，第 547 册。

九龙真逸：《明季东莞五忠传》，《明季史料汇编》第 8 辑，第 75 册，台湾文海出版社 1971 年版。

后　　记

　　三年前,我的硕士论文出版,对晚明"奸臣"马士英的政治活动进行了梳理。马士英与东林、阉党均有交往,既与阉党阮大铖来往甚密,又称复社领袖张溥为"故人",在崇祯后期复出为凤阳总督,跟这两层关系都分不开。这一点与另一"奸臣"周延儒相似,周也与东林、阉党两边有过往,复社支持他复出任首辅,一个重要原因就是想让他为"两家骑邸"。他虽曾营救东林党人黄道周,但也曾想起复阉党人员冯铨,并为阮大铖起复马士英任凤阳总督。实在地说,二人都无意要与东林交恶,除了结交一些阉党人员外,并没有什么于东林不利的行为。张廷玉《明史》按照与党争的关系,在东林、阉党之外,还列出崔景荣、黄克缵等"中立者",如此马、周二人似可称为"骑墙者",他们的"奸臣"之名,似乎都可从"骑墙"二字寻找根源。东林对"中立者"尚且不能容纳,更何况是"骑墙者",自是要不遗余力地口诛笔伐。不仅马、周,本书提到的叶向高、魏广微,又何尝不是这样的"骑墙者"?至于他们为什么如此,则可以从个人性格、私人交谊、职位设限等方面做具体分析。

　　"忠奸自古同冰炭,毁誉于今辨伪真",很多人都用前句来解释东林拒斥马士英、周延儒等人的原因。马、周在张廷玉《明史》中都被称为"奸臣";叶向高被其门生缪昌期称为"亡国之相";魏广微生前已得"门生宰相""焦芳同传"恶名,死于崇祯"钦定逆案"前,万斯同说"天下以广微逭诛为恨",认为他死有余辜,将其列入所撰《明史》的"奸臣传"。但是也有不少人为他们鸣不平。再看东林是否就是"忠"呢?在政治品格上,东林总体上或许要优于阉党,阉党中的"四姓奴""魏家阁老""清茗宰相""煨蹄总宪"等自是令人不齿,但东林也并非毫无瑕疵。如汪文言曾经对东林大力相助,为很多东林人士引重,但当傅櫆参劾他并牵连左光斗、魏大中时，魏大中却托黄尊素告诉刘侨只加罪于汪文言，不要牵连其他人。张廷玉《明史》或许也觉得此举不光彩，跟为东林立佳传的主流不符，所以隐去了魏托黄一节，但黄尊素《黄忠端公文略》及其子黄宗羲《南雷文定》记得明白，应不会有错。说魏大中这是卸磨杀驴，应不为过！相比之下，汪文言在狱中虽遭受百般折磨，却至死不肯诬陷东林，要显得更为仗义。如周朝瑞、袁化中起初助杨涟上疏弹劾魏忠贤，被捕下狱后，因不堪拷打，为求保命，曾请顾大章转告杨涟，促其自行了断。这种为求自保，不惜牺牲同道的做法，恐怕不是真正的"君子"所为！再比如赵南星利用掌握的人事大权，吸引周宗建、吴牲为己方出力，不顾嫌疑任用邹维琏、高攀龙、谢应祥；东林在万历时期的"国本"之争中强调皇位继承的礼法，拥立皇长子朱常洛，但在另一次"国本"之争即南京的"定策"之争中，钱谦益、吕大器等人又违背礼法，拥立"疏藩"朱常淓。可见东林为了私利，也会抛却公义。这些也是我对其难以产生好感的原因所在。由此至少说明：东林的阵营、行事均非纯忠，说他们的成员龙蛇混杂，在不少事情上是公义与私心夹杂，或许更为客观；以东林的是非为是非，先入为主地以东林为"忠臣"，反对者则为"奸臣"，是有失公允的。更进一步说，古代政治场域纷繁复杂，活动在其中的政治人物只"忠"或只"奸"，恐怕都不足以应对，因此用这种政治品格二元对立的观点来看待他们及其行事，是过于简单化的。

  现在我的博士论文又要出版了。选取"阉党"作为研究对象，是因为在写硕士论文时，涉及如何看待晚明党争的问题。对党争的一方——东林的研究已较多，对阉党的研究虽有一些，但多是遵循东林的话语，所剩空间仍然较大。况且，正如美国学者贺凯先生早年所言："我们必须承认，要彻底解释清楚东林运动，而不对朝廷中的反东林集团进行广泛的研究是不可能的。"本书立论都力求依据史料考据与事理推断，不同于以往褒东林、贬阉党的基调，而是对东林有较多批评，为阉党说了些"好话"，因为对二者的高评与贬斥已太多，"以水济水"，似无必要。"兼听则明，偏信则暗"，本书或许对阉党的言论有些"偏信"，但如果与过去"偏信"东林的做法"中和"一下，对于两者相争的始末、是非等做出更为客观公允的认识和结论，或许不为无益。

  我本是一懵懂顽童，正是得益于范金民师、夏维中师与其他老师的教诲，以及南京大学深厚文化底蕴和良好学习氛围的熏陶，才逐渐对学术产生兴趣。

　　范师主要研究明清江南社会经济史，又淹贯古今，听他上课，常有"通古今，若亲目"之感。范师常给我们改论文，指出不足，常常简单几笔，就能让文章更为顺达，我从中受益很大。范师说他对学生的论文不推荐发表，因为他的导师洪焕椿先生曾说："好的文章，为什么要推荐；不好的文章，推荐又有什么用？"但实际上学生如果平时很用功，在发表资格论文上确有困难时，他也会予以相助。这种"顺水推舟"的做法，既能激励学生充分努力，又考虑到学生的实际困难，反映出范师宽严相济、讲原则又有变通的风格。最令人钦佩的是，范师当时身兼行政职务，仍常常去学校图书馆的古籍部看书，老师学成名就尚且如此，更何况我等学生辈，无声的感召远胜烦琐的说教。范师不仅指导学术，也常告诫我们做人要有原则，作为学人，应有品行操守，不能被社会的不良风气侵蚀，更不能做一些有违道德、法规的事，即使对一些不良风气不能改进，至少也不能推波助澜。夏师也曾多次诙谐地提醒我不要成为"阉党"的"亲戚"，意即要保持价值中立。难忘夏师经常自掏腰包邀学生们吃饭，有时还会乘兴去 K 歌，我由此学到很多为师向学、待人处世的道理，也感受到他的真性情。

　　复旦大学的张海英教授、苏州大学的余同元教授、南京师范大学的邹农俭教授、江苏省社会科学研究院的潘清研究员以及南京大学的高荣盛教授、许苏民教授，作为我的博士论文的评阅和答辩教师，对论文的理论欠缺、题目拟定、结构完善、对史料的进一步解析发挥、对某些阶级应持的态度和措辞等，都提出了中肯的意见，为我后来修改完善论文指明了方向。我的同门胡正宁博士、吕杨副教授，如同兄长一般，在学业、生活上给我很多指点和帮助。昆明学院人文学院吴彦勤教授也曾对本书的一些观点提出商榷意见，提出另一种角度的思考。

　　自己取得的些微成绩，与家人的无私付出是密不可分的。两边的老人都不愿出远门，也不太能适应昆明的气候，但如果我和爱人实在忙不过来时，他们都会赶过来帮忙料理里里外外的事情。妻子常与我在学业上互相激励和研讨，工作上常给我提出良好建议，堪称贤内助。女儿天真烂漫，常带给我好的心情。

　　此外，还应感谢昆明学院的诸多领导、同仁的宽容与厚爱，让我得以在一个较为宽松的环境里，心情愉悦地工作。感谢范师介绍我加入中国明史学会，学会经常给我发学术会议邀请函，让我有弥足珍贵的学术交流机会，在每次研讨会上的倾听发言、拜读大作或是当面交流，都给我很多启发。犹记 2013 年 8 月在山东蓬莱开会时，香港中文大学的邱澎生教授跟我聊到如何看待晚明言官与言论的问题，提示我在史料之外，还要有对现世的观照，这样立论才会更妥当。而且参会对我来说，还有一个重要的动机就是"找刺激"，每每看到学者们尤其是同龄人成果丰硕，自己都会受到鞭策，更加发奋努力，向他们看齐。感谢致公党市委的领导，让我有机会参加各种活动，尤其是赴各地的考察学习，让我开眼界、长见识，这于我学业的长进也是有帮助的。最后，也要重点感谢昆明市社科联的领导及评审专家，给予本书较高的评价，并为之提供出版资助。

衡量一个大学教师是否成功，主要应有两个标准："桃李满天下"与"著作等身"，两者都值得我为之付出毕生努力。

作者

2016 年 3 月于昆明